AF752876

Verrechnungspreise für die Nutzung von geistigem Eigentum
im Business-to-Business Markt am Beispiel der
Automobilzulieferindustrie

Internationale Steuerlehre, Steuerrecht und Wirtschaftsprüfung

Herausgegeben von Rainer Heurung/Gerd Morgenthaler/Andreas Dutzi

Band 15

Zur Qualitätssicherung und Peer Review der vorliegenden Publikation

Die Qualität der in dieser Reihe erscheinenden Arbeiten wird vor der Publikation durch einen Herausgeber der Reihe geprüft.

Notes on the quality assurance and peer review of this publication

Prior to publication, the quality of the work published in this series is reviewed by one of the editors of the series.

Ralph Löckener

Verrechnungspreise für die Nutzung von geistigem Eigentum im Business-to-Business Markt am Beispiel der Automobilzulieferindustrie

PETER LANG

Bibliografische Information der Deutschen Nationalbibliothek
Die Deutsche Nationalbibliothek verzeichnet diese Publikation in der Deutschen Nationalbibliografie; detaillierte bibliografische Daten sind im Internet über http://dnb.d-nb.de abrufbar.

Zugl.: Siegen, Univ., Diss., 2022

D 467
ISSN 2191-1223
ISBN 978-3-631-89205-3 (Print)
E-ISBN 978-3-631-89206-0 (E-PDF)
E-ISBN 978-3-631-89207-7 (EPUB)
DOI 10.3726/b20306

© Peter Lang GmbH
Internationaler Verlag der Wissenschaften
Berlin 2023
Alle Rechte vorbehalten.

Peter Lang – Berlin · Bern · Bruxelles · New York · Oxford · Warszawa · Wien

Das Werk einschließlich aller seiner Teile ist urheberrechtlich geschützt. Jede Verwertung außerhalb der engen Grenzen des Urheberrechtsgesetzes ist ohne Zustimmung des Verlages unzulässig und strafbar. Das gilt insbesondere für Vervielfältigungen, Übersetzungen, Mikroverfilmungen und die Einspeicherung und Verarbeitung in elektronischen Systemen.

Diese Publikation wurde begutachtet.

www.peterlang.com

Geleitwort

Die Verrechnungspreise haben im internationalen Steuerrecht zunehmend Konjunktur. Der Gesetzgeber trägt dazu durch eine Fülle von Regelungen, die insbesondere auf nationalen Gesetzesinitiativen sowie die Umsetzung von EU-Richtlinien basieren, bei. Gleichzeitig wird das Thema von der OECD intensiv vorangetrieben. Zudem lassen BFH- und EuGH-Urteile in regelmäßigen Abständen immer wieder aufhorchen.

Mit seinen Gesetzesinitiativen hat der Gesetzgeber insbesondere die internationale Steuergestaltung der Konzerne im Blick. Dabei ist die Bedeutung der Verrechnungspreise im Wesentlichen auf die globale Vernetzung der Wirtschaft zurückzuführen. Für den Deutschen Staat erhalten die Verrechnungspreise zur Nutzung von geistigem Eigentum eine besondere Aufmerksamkeit. Dieser Fokus ist dem Staat keinesfalls anzulasten. So hat sich Deutschland in den letzten Jahrzehnten von einem Produktionsstandort zu einem Innovations- und Dienstleistungsstandort gewandelt, sodass die bloße Besteuerung von Unternehmensgewinnen auf Umsatzerlöse gegenüber externen Kunden keine geeignete Besteuerungsgrundlage mehr bildet. Insofern sind die Verrechnungspreise für die Nutzung von geistigem Eigentum in der Automobilindustrie von besonderer Bedeutung, da dieser Industriezweig eine besondere Rolle in der deutschen Wirtschaft einnimmt und zugleich von einer weitgehend zentralen Forschung & Entwicklung sowie dezentralen Produktions- und Vertriebsstätten geprägt ist. Allerdings lassen sich diese Verrechnungspreise zumeist nur schwierig in belastbare Zahlen fassen, die als Vergütung herangezogen werden können. Dies ist nicht zuletzt darauf zurückzuführen, dass es sich dabei regelmäßig um Leistungen handelt, für die am Markt keine oder nur unzureichende Vergleichswerte existieren, sodass der bekannte Fremdvergleichsgrundsatz nur sehr eingeschränkt Abhilfe leisten kann.

„Vor Gericht und auf hoher See ist man in Gottes Hand". Das besagt eine Binsenweisheit, die nicht nur für Juristen gilt. Vor diesem Hintergrund setzt sich die vorliegende Arbeit intensiv mit der Festlegung von Verrechnungspreisen anhand der geschäftsvorfallbezogenen Gewinnaufteilungsmethode auseinander. Sie zielt insbesondere darauf ab, Empfehlungen zur allgemeinen Anwendung der geschäftsvorfallbezogenen Gewinnaufteilungsmethode sowie dessen Berücksichtigung im Business-to-Business Markt – jeweils bezogen auf die Überlassung von Produkt- und Prozessinnovationen sowie Marken – zu geben, um auf diese Weise die Rechtssicherheit bei der Festlegung von Verrechnungspreisen zu erhöhen. So wird eine Modifizierung der Methode erarbeitet, die sich langfristig an der Umsatzentwicklung der Güter, die mithilfe des überlassenen geistigen Eigentums produziert werden, orientiert. Darüber hinaus wird durch die Arbeit ein Ansatz verfolgt, der die verursachungsgerechte Vergütung von Prozessinnovationen und Marken im Business-to-Business Markt in den Mittelpunkt stellt. Diesbezüglich erhält der Leser einen Baukasten, um die Vergütung verursachungsgerecht auf den Lizenzgeber, Lizenznehmer und Dritte aufzuteilen. Dabei wird die Gelegenheit genutzt, die Restgewinnanalyse als Methode zur Gewinnaufteilung für geistiges Eigentum über ein Anwendungsbeispiel ausführlich zu beleuchten. Ferner geht die Arbeit umfassend auf die Besonderheiten in der Automobilzulieferindustrie sowie deren Auswirkungen auf die Verrechnungspreisgestaltung ein.

Das vorliegende Werk ist ein bedeutender Beitrag zur Verrechnungspreisermittlung für die Nutzung von geistigem Eigentum im Business-to-Business Markt. Zugleich lassen sich zahlreiche Erkenntnisse auf die Verrechnungspreisbestimmung im Business-to-Consumer Markt übertragen. Dabei knüpft die Arbeit nahtlos an die aktuellsten Ausarbeitungen der OECD, wonach eine verursachungsgerechte Gewinnaufteilung auf die Konzernunternehmen erfolgen sollte, an. Sie geht sogar noch weiter, indem sie konkrete Handlungsempfehlungen bei der Vergütung von Produkt- und Prozessinnovationen sowie Marken im Business-to-Business Markt gibt.

„Gott würfelt nicht". So oder so ähnlich soll sich Albert Einstein einst zur Quantentheorie geäußert haben. Die vorliegende Arbeit folgt diesem Ausspruch, indem sie den Leser bei der Festlegung von handfesten Verrechnungspreisen für die Überlassung von geistigem Eigentum unterstützt. Dieses Werk kann man getrost an seinen Arbeitsplatz oder vielleicht sogar mit nach Hause nehmen. Insofern wünsche ich Herrn Löckener, dass die Arbeit in der Wissenschaft und Unternehmenspraxis die ihr gebührende Beachtung findet.

Siegen, im August 2022

Univ.-Prof. Dr. Rainer Heurung

Vorwort

Die vorliegende Arbeit wurde unter dem Titel „Verrechnungspreise für die Nutzung von geistigem Eigentum im Business-to-Business Markt am Beispiel der Automobilzulieferindustrie“ im Juni 2022 von der Fakultät Wirtschaftswissenschaften, Wirtschaftsinformatik, Wirtschaftsrecht, der Universität Siegen, insbesondere der Professur für Prüfungswesen und Betriebswirtschaftliche Steuerlehre der Universität Siegen als Dissertation angenommen.

Mein besonderer Dank gilt meinem Doktorvater, Herrn Univ.-Prof. Dr. Rainer Heurung, für die Betreuung des Dissertationsvorhabens sowie die jederzeitige wissenschaftliche Unterstützung. Mein weiterer Dank gilt Frau Univ.-Prof. Dr. Inga Hardeck für die freundliche Übernahme des Zweitgutachtens sowie Herrn Univ.-Prof. Dr. Andreas Dutzi für den Vorsitz in der Disputation.

Die Geschichte zur Entstehung dieser Arbeit begann durch ein persönliches Gespräch mit Herrn Dr. Martin Cordes und Herrn Prof. Dr. Hubertus Baumhoff in den Geschäftsräumen der Flick Gocke Schaumburg Rechtsanwälte Wirtschaftsprüfer Steuerberater Partnerschaft mbB in Bonn. An diesem Nachmittag sprachen wir ausführlich über die Möglichkeiten, die das Thema „Verrechnungspreise für die Nutzung von geistigem Eigentum im Business-to-Business Markt“ für eine wissenschaftliche Arbeit mit sich bringt. Da sich zu dieser Zeit eine Anstellung bei der Muhr und Bender KG in Attendorn, die wiederum in der Automobilzulieferindustrie agiert, anbahnte und kurz darauf tatsächlich zustande kam, war das Thema der Arbeit schnell gefunden.

Während meiner Anstellung bei der Muhr und Bender KG schritt die Arbeit zügig voran. Dabei erfuhr ich große Unterstützung durch meine direkte Vorgesetzte, Frau Julia Schlabach, indem sie mir die flexible Kombination von Berufstätigkeit und Promotion ermöglichte. So konnte ich mich an den arbeitsfreien Tagen vollständig auf die Arbeit konzentrieren und in der Arbeitszeit das erlernte Wissen über Verrechnungspreise frei und unabhängig zur Anwendung bringen. Die praktische Anwendung des erlernten Wissens brachte wiederum viele Ideen für die Arbeit hervor. Zudem erhielt ich große Unterstützung durch zahlreiche Mitarbeiter der Muhr und Bender KG, die mir stets zur Seite standen und die Automobilzulieferindustrie näher brachten. Diesbezüglich möchte ich mich ausdrücklich bei dem Chief Financial Officer der Mubea Gruppe, Herrn Stefan Lemmen, für die sehr wertvollen fachlichen Gespräche, vereinzelt bis tief in den Abend hinein bedanken. Ferner möchte ich mich bei Herrn

Dr. Cordes für die fortwährende Unterstützung bedanken. Diese Beiträge aller Beteiligten haben in erheblichem Maße zum Gelingen der Arbeit beigetragen.

Mein größter Dank gilt schließlich meinen Eltern, die mir stets einen uneingeschränkten Rückhalt gaben, mit dem meine Ausbildung und diese Arbeit erst ermöglicht wurden. Ihnen ist diese Arbeit gewidmet.

Münster, im August 2022

Ralph Löckener

Inhaltsverzeichnis

Abbildungsverzeichnis

Tabellenverzeichnis

Abkürzungsverzeichnis

Abkürzung	**Bedeutung**
ABl.	Amtsblatt
Abs.	Absatz
ACEA	Association des Constructeurs Européens d'Automobiles (Verband der europäischen Automobilbauer)
AfA	Absetzung für Abnutzung
AG	Die Aktiengesellschaft (Zeitschrift)
AK Wien	Arbeiterkammer Wien (Zeitschrift)
AktG	Aktiengesetz
Anh.	Anhang
Anm.	Anmerkung(en)
AO	Abgabenordnung
APA	Advanced Pricing Agreement
Art.	Artikel
AStG	Außensteuergesetz
ASW	Absatzwirtschaft (Zeitschrift)
ATADUmsG	Anti-Tax-Avoidance Directive Umsetzungsgesetz
AW	Automobilwoche (Zeitschrift)
B2B	Business-to-Business
B2C	Business-to-Consumer
BB	Der Betriebs-Berater (Zeitschrift)
Bd.	Band
BDI	Bundesverband der Deutschen Industrie e.V.
BEPS	Base Erosion and Profit Shifting
ber.	berichtigt
BEV	Battery Electric Vehicle
BfF	Bundesamt für Finanzen
BFH	Bundesfinanzhof
BFuP	Betriebswirtschaftliche Forschung und Praxis (Zeitschrift)
BGB	Bürgerliches Gesetzbuch
BGBl.	Bundesgesetzblatt
BGH	Bundesgerichtshof
BIP	Bruttoinlandsprodukt
BMF	Bundesministerium der Finanzen

BMW	Bayerische Motorenwerke AG
BRICS	Brasilien, Russland, Indien, China, Südafrika
BStBl.	Bundessteuerblatt
BT-Drucks.	Deutscher Bundestag Drucksache
Buchst.	Buchstabe
BVerfG	Bundesverfassungsgericht
bzw.	beziehungsweise
Chin. PatG	Patentgesetz der VR China
CN	China
CPI	Corruption Perceptions Index
CPM	Comparable Profit Method
D	Deutschland
d.h.	das heißt
DB	Der Betrieb (Zeitschrift)
DBA	Doppelbesteuerungsabkommen
DEMPE	Development, Enhancement, Maintenance, Protection, Exploitation
DK	Der Konzern (Zeitschrift)
DRS	Deutscher Rechnungslegungsstandard
DStJG	Deutsche Steuerjuristische Gesellschaft (Zeitschrift)
DStR	Deutsches Steuerrecht (Zeitschrift)
DStRE	Deutsches Steuerrecht / Entscheidungen (Datenbank)
DStZ	Deutsche Steuer-Zeitung (Zeitschrift)
DTA	Double Treaty Agreement
e.V.	eingetragener Verein
Ebd.	Ebenda
EBIT	Earnings before Interest and Taxes
EBT	Earnings before Taxes
Econ Innovat New Tech	Economics of Innovation and New Technology (Zeitschrift)
EER	European Economic Review (Zeitschrift)
EFG	Entscheidungen der Finanzgerichte (Zeitschrift)
EGAO	Einführungsgesetz-Abgabenordnung
EJ	The Economic Journal (Zeitschrift)
Erg.-Lfg.	Ergänzungslieferung(en)
EStG	Einkommensteuergesetz
et al.	et alii (und andere, lateinisch)
etc.	et cetera (und so weiter, lateinisch)

EU	Europäische Union
EuGH	Europäischer Gerichtshof
EY	Ernst & Young
F&E	Forschung und Entwicklung
f.	folgend(e, er, es)
FedEx	Federal Express
ff.	folgende
FG	Finanzgericht
FN-IDW	IDW Fachnachrichten (Zeitschrift)
FR	Frankfurter Rundschau (Zeitung)
FVerlV	Funktionsverlagerungsverordnung
G20	Group of 20
GAufzV	Gewinnabgrenzungsaufzeichnung-Verordnung
GC	Großraum China
GE	Geldeinheit(en)
GewStG	Gewerbesteuergesetz
GG	Grundgesetz
ggf.	gegebenenfalls
GmbHG	Gesellschaft-mit-beschränkter-Haftungs-Gesetz
GRUR	Gewerblicher Rechtsschutz und Urheberrecht (Zeitschrift)
GSJ	Global Strategy Journal (Zeitschrift)
GuV	Gewinn- und Verlustrechnung
HBR	Harvard Business Review (Zeitschrift)
HFA	Hauptfachausschuss
HGB	Handelsgesetzbuch
HR	Human Resources
Hrsg.	Herausgeber
Hs.	Halbsatz
i.d.R.	in der Regel
i.H.v.	in Höhe von
i.S.d.	im Sinne des
i.V.m.	in Verbindung mit
IAS	International Accounting Standards
IATF	International Automotive Task Force
IBM	International Business Machines
ICC	Industrial and Corporate Change (Zeitschrift)
IDW	Institut der Deutschen Wirtschaft e.V.

IE	Republik Irland
ifo Schnelldienst	Institut für Wirtschaftsforschung Schnelldienst (Zeitschrift)
IFRS	International Financial Reporting Standards
IJEB	International Journal of the Economics of Business (Zeitschrift)
IJMS	Iranian Journal of Management Studies (Zeitschrift)
IJRM	International Journal of Research in Marketing (Zeitschrift)
IMM	Industrial Marketing Management (Zeitschrift)
incl.	inklusive
IP	Intellectual Property
ISO	International Standard Organization
IStR	Internationales Steuerrecht (Zeitschrift)
IT	Informationstechnologie
JAMS	Journal of the Academy of Market Science (Zeitschrift)
JBE	Journal of Business Economics (Zeitschrift, bis 2012 deutschsprachig unter ZfB publiziert)
JBIM	Journal of Business and Industrial Marketing (Zeitschrift)
JBM	Journal of Brand Management (Zeitschrift)
JBNST	Jahrbücher für Nationalökonomie und Statistik (Zeitschrift)
JCR	Journal of Customer Research (Zeitschrift)
JEP	Journal of Economic Perspectives (Zeitschrift)
JK	Japan, Korea
JMR	Journal of Marketing Research (Zeitschrift)
Kap.	Kapitel
KMU	kleine und mittlere Unternehmen
KStG	Körperschaftsteuergesetz
lit.	litera (Buchstabe, lateinisch)
LMd	Le Monde diplomatique (Zeitung)
M&A	Mergers & Acquisitions
M&A Review	Mergers & Acquisitions Review (Zeitschrift)
m.W.	Meines Wissens
ME	Mengeneinheit(en)
Mio.	Millionen
MLI	multilaterales Instrument

MNC	Multi-National Corporation
MOA	Mittlerer Osten/Afrika
Mrd.	Milliarden
MüKo	Münchener Kommentar
n/a	not available
NA	Nordamerika
NAFTA	North America Free Trade Agreement (nordamerikanisches Freihandelsabkommen, ersetzt durch USMCA mit Wirkung zum 1. Juli 2020)
NEV	New Energy Vehicles
NJW	Neue Juristische Wochenschrift (Zeitschrift)
NL	Königreich der Niederlande
No.	number
Nr.	Nummer
o.V.	ohne Verfasser
OECD	Organisation for Economic Cooperation and Development
OECD-MA	OECD-Musterabkommen
OEM	Original Equipment Manufacturer
OHSAS	Occupational Health and Safety Assessment Series
OI	Operating Income
P.R.C.	Peoples Republik of China
PatG	Patentgesetz
PHEV	Plug-in Hybrid Electric Vehicle
PI-Mitteilungen	Mitteilungen aus der Erhebung Modernisierung der Produktion – Fraunhofer ISI (Zeitschrift)
Pkw	Personenkraftwagen
PLI	Profit-Level-Indicator
PLOS ONE	Public Library of Science (Zeitschrift)
PwC	PricewaterhouseCoopers
R&D	Research and Development
RACI	Responsible, Accountable, Consulted, Informed
RGBl.	Reichsgesetzblatt
RIW	Recht der Internationalen Wirtschaft (Zeitschrift)
Rn.	Randnummer(n)
RP	Research Policy (Zeitschrift)
RS	Rechnungslegungsstandard
Rs.	Rechtssache

Rz.	Randziffer(n)
S.	Seite(n)
SA	Südamerika
SAJBM	South African Journal of Business Management (Zeitschrift)
SIPO	State Intellectual Property Office of the P.R.C. (Chinesisches Patentamt)
Small Bus Econ	Small Business Economics (Zeitschrift)
SME	Small to Midsize Enterprise
SMJ	Strategic Management Journal (Zeitschrift)
SOA	Südostasien
sog.	sogenannte(n, r, s)
StBp	Die Steuerliche Betriebsprüfung (Zeitschrift)
Stk.	Stück
StuB	Steuern und Bilanzen (Zeitschrift)
StuW	Steuern und Wirtschaft (Zeitschrift)
SysLM	Systems Lifecycle Management
Tab.	Tabelle(n)
Tax-CMS	Tax Compliance Management System
Tobin´s-q	Tobinscher Quotient
TPI	Transfer Pricing International (Zeitschrift)
TRIPS	Trade Related Aspects of Intellectual Property (Handelsabkommen der WTO zu Urheberrechten)
Tz.	Textziffer(n)
u.a.	unter anderem
Ubg	Die Unternehmensbesteuerung (Zeitschrift)
UK	United Kingdom
UN	United Nations
UR	Umsatzsteuer-Rundschau (Zeitschrift)
UrhG	Urheberrechtsgesetz
US	United States
USA	United States of America
US-GAAP	United States - Generally Accepted Accounting Principles
USMCA	United States, Mexiko, Kanada (nordamerikanisches Freihandelsabkommen, ersetzt NAFTA mit Wirkung bis zum 30. Juni 2020)
UWG	Unlauterer Wettbewerbs-Gesetz

v.	von, vom
v.a.	vor allem
VDA	Verband der Automobilindustrie e.V.
VDI Nachrichten	Verein Deutscher Ingenieure Nachrichten (Zeitschrift)
VerwGr.Verf.	Verwaltungsgrundsätze-Verfahren
vgl.	vergleiche
VHG	Verhandlungsgrundlage
Vol.	volume
VP	Verrechnungspreis
VR China	Volksrepublik China
VW	Volkswagen
VWG	Verwaltungsgrundsätze
WiWo	WirtschaftsWoche (Zeitschrift)
WPg	Wirtschaftsprüfung (Zeitschrift)
WTO	World Trade Organisation
z.B.	zum Beispiel
z.T.	zum Teil
z.Zt.	zur Zeit
ZfB	Zeitschrift für Betriebswirtschaft (Zeitschrift, seit 2013 englischsprachig unter JBE publiziert)
ZfbF	Zeitschrift für betriebswirtschaftliche Forschung (Zeitschrift)
zfo	Zeitschrift Führung und Organisation (Zeitschrift)
zit.	zitieren, zitiert
zzgl.	zuzüglich

Symbolverzeichnis

Griechische Symbole

Symbol	Bedeutung
Δ	Differenzzeichen (Delta)
α	durchschnittliche Lernrate
λ	Kostenelastizität

Kennzahlen

Symbol	Bedeutung
G	Gesamtgewinn
$G_{o}^{iP,Ln}$	Gewinn des Lizenznehmers aus internen Umsätzen zur Produktion ohne Einbeziehung der Lizenz in Intercompany-Preise
G_{L}	Gewinn Lizenzgeber
gE	Vergütung von geistigem Eigentum gesamt
gE^{M}	Anteil am geistigen Eigentum für Vergütung von Marke
gE^{Pi}	Anteil am geistigen Eigentum für Vergütung von Produktinnovation
gE^{Pzi}	Anteil am geistigen Eigentum für Vergütung von Prozessinnovation
K	Fixkosten
k	variable Kosten
$K_{o}^{iP,Ln}$	Kosten des Lizenznehmers aus internen Umsätzen zur Produktion ohne Einbeziehung der Lizenz in Intercompany-Preise
$L^{UE^{e},Ln}$	Lizenzgebühr des Lizenznehmers für externe Umsätze
$L^{UE^{iP},Ln}$	Lizenzgebühr des Lizenznehmers für interne Umsätze zur Produktion
$L^{UE^{iV},Ln}$	Lizenzgebühr des Lizenznehmers für interne Umsätze an Handelsvertreter
$L^{M,Ln}$	Lizenzgebühr des Lizenznehmers für Marke
$L_{n}^{UE^{iP},Ln}$	Lizenzgebühr des Lizenznehmers für interne Umsätze zur Produktion nach Korrektur

$\mathrm{L}^{\mathrm{Pi,Ln}}$	Lizenzgebühr des Lizenznehmers für Produktinnovation
$\mathrm{L}^{\mathrm{Pzi,Ln}}$	Lizenzgebühr des Lizenznehmers für Prozessinnovation
$\mathrm{L}_{\mathrm{v}}^{\mathrm{UE}^{\mathrm{iP}},\mathrm{Ln}}$	Lizenzgebühr des Lizenznehmers für interne Umsätze zur Produktion vor Korrektur
$ME^{e,Ln}$	produzierte Menge an Einheiten des Lizenznehmers für externe Umsätze
ME^{e}	Ausbringungsmenge für externe Umsätze
$ME^{G,Ln}$	produzierte Menge an Einheiten des Lizenznehmers gesamt
ME^{i}	Ausbringungsmenge für interne Umsätze
$ME^{iP,Ln}$	produzierte Menge an Einheiten des Lizenznehmers für interne Umsätze zur Produktion
$ME^{iV,Ln}$	produzierte Menge an Einheiten des Lizenznehmers für interne Umsätze zum Vertrieb
p^{e}	Marktpreis für Vertrieb an fremde Dritte
p^{i}	Marktpreis für Vertrieb an verbundene Unternehmen
$\mathrm{sF}_{\mathrm{t}}^{\mathrm{Ln}}$	Vergütung sonstiger Faktoren des Lizenznehmers
$\mathrm{UE}^{\mathrm{e,Ln}}$	externe Umsätze des Lizenznehmers
UE^{e}	externe Umsätze gesamt
$\mathrm{UE}^{\mathrm{G,Ln}}$	Umsätze des Lizenznehmers gesamt
UE^{G}	Umsätze gesamt
$\mathrm{UE}^{\mathrm{iP,Ln}}$	interne Umsätze des Lizenznehmers zur Produktion
$\mathrm{UE}^{\mathrm{iP}}$	interne Umsätze zur Produktion gesamt
$\mathrm{UE}^{\mathrm{iV,Ln}}$	interne Umsätze des Lizenznehmers an Handelsvertreter
$\mathrm{UE}^{\mathrm{iV}}$	interne Umsätze an Handelsvertreter gesamt

Lateinische Symbole

Symbol	Bedeutung
%	Prozent
&	und
=	gleich
>	größer als
≤	kleiner oder gleich
§	Paragraph
§§	Paragraphen
M	Median
n	Anzahl
ø	Durchschnitt
p	Preis
Q	Produktionsmenge
SD	Standardabweichung
T, t	Zeitpunkt
t+*n*	Zeitpunkt t+n
t-*n*	Zeitpunkt t-n
x	Produktionsmenge

Währungssymbole

Symbol	Bedeutung
$	US-Dollar
€	Euro

1 Einführung

1.1 Funktion und Wirkung von Verrechnungspreisen zwischen international verbundenen Unternehmen

1.1.1 Auswirkungen der Globalisierung auf das Steuerrecht

Der Business-to-Business Markt im Allgemeinen und die Automobilindustrie im Besonderen werden zunehmend von der Globalisierung geprägt. So sind die Unternehmen im Zuge der überwiegend international gestalteten Absatzmärkte bemüht, ihre Aktivitäten weltweit auszurichten, um die Wettbewerbsfähigkeit zu steigern. Dies hängt einerseits mit der Verschiebung der Absatzmärkte von den bereits weitgehend gesättigten Märkten der Triade[1] hin zu den Märkten der BRICS-Staaten[2] zusammen.[3] Andererseits versuchen die Unternehmen von Standortvorteilen, wie den geringen Lohnstückkosten in Niedriglohnländern sowie der räumlichen Nähe zum Kunden[4], zu profitieren. Somit ermöglicht die zunehmende Globalisierung den Unternehmen, ihre Geschäftsfelder auf die Wachstumsmärkte auszudehnen, zielgerichtet an die lokalen Kundenbedürfnisse anzupassen und bestmögliche EBT-Margen zu erwirtschaften.

---

1 In der Wirtschaft werden die drei stärksten Wirtschaftsregionen der Welt, die USMCA, die EU und die industrialisierte Region in Ostasien (Hongkong, Japan, Singapur, Südkorea, Taiwan), als Triade bezeichnet. Allerdings wird diese Definition insbesondere aufgrund des rasanten wirtschaftlichen Aufstiegs Chinas zunehmend hinfällig.

2 Als BRICS-Staaten werden die aufstrebenden Volkswirtschaften Brasilien, Russland, Indien, China und Südafrika zusammengefasst.

3 Bereits in den Jahren 2000 bis 2009 stieg der Absatz in den BRICS-Staaten Brasilien, Russland, Indien und China um mehr als 15 Mio. Fahrzeuge, während der weltweite Verkauf an Fahrzeugen um lediglich 5 Mio. zunahm. Vgl. *Becker*, Automobilindustrie, 2010, S. 27. Zudem besteht in einigen BRICS-Staaten – auch vor dem Hintergrund der rasanten Bevölkerungsentwicklung – weiterhin ein enormes Wachstumspotenzial. So lag die Pkw-Dichte in 2015 auf dem weitgehend gesättigten Automobilmarkt der USA bei 788 Pkw je 1.000 Einwohner, während die Pkw-Dichte in China mit 73 Pkw je 1.000 Einwohner und in Indien sogar mit 22 Pkw je 1.000 Einwohner vergleichsweise gering ausfiel. Vgl. *Statista*, Pkw-Dichte, 2015.

4 Durch die räumliche Nähe zum Kunden versprechen sich Unternehmen beispielsweise kürzere Lieferzeiten und einen engeren Informationsaustausch. Vgl. *Schnurpfeil*, Markt und Mittelstand 2016, S. 68.

Die internationale Präsenz der Unternehmen wirkt sich insbesondere auf ihre strukturelle Ausrichtung aus. So führen die globalen Aktivitäten dazu, dass in den jeweiligen Staaten Niederlassungen in Form von rechtlich selbständigen Einheiten entstehen, die zu einem internationalen Konzern zusammengefasst werden.[5] Ein derartiges Konzerngeflecht bietet die Möglichkeit, eine an die Kostenstruktur und die Qualifikation der Mitarbeiter der jeweiligen Niederlassungen angepasste Arbeitsteilung innerhalb des Konzernverbundes zu etablieren und somit Synergieeffekte zu nutzen. Beispielsweise kann es sinnvoll sein, die Forschung und Entwicklung zentral zu steuern und zugleich reine Produktions- und Handelsniederlassungen zu betreiben.

Das internationale Wirken von Konzernen stellt die nationalen Finanzbehörden jedoch vor große Herausforderungen. So ist eine angemessene Erfolgs- und Vermögensabgrenzung der einzelnen Konzernunternehmen unerlässlich, soweit sie in unterschiedlichen Staaten ansässig sind. Andernfalls ist eine sachgerechte Besteuerung der jeweiligen Niederlassungen nicht möglich.[6] Allerdings besteht innerhalb eines Konzernverbunds typischerweise ein Beherrschungspotenzial, das regelmäßig zu gleichgerichteten Interessen führt und unausgewogene Transaktionen zwischen den Konzerneinheiten zur Folge haben kann.[7] Dies resultiert nicht selten in grenzüberschreitenden Gewinnverlagerungen innerhalb des Konzerns. Dahinter steht häufig die Absicht, Steuersubstrat in Länder zu verlagern, die zu der günstigsten erreichbaren Steuerlast

---

5 Vgl. *Herzig*, WPg 1998, S. 280 f. Nach § 18 AktG ist von einem Konzern auszugehen, wenn ein beherrschendes und ein oder mehrere abhängige Unternehmen unter der einheitlichen Leitung des beherrschenden Unternehmens zusammengefasst sind. Die einzelnen Unternehmen des Konzerns werden als Konzernunternehmen bezeichnet. Im Folgenden wird der Begriff „verbundenes Unternehmen“, „Konzernunternehmen“, „Konzerngesellschaft“, „Konzernmitglied“ oder „Konzerneinheit“ verwendet, soweit es darauf ankommt, dass es sich um ein Konzernunternehmen handelt.

6 Zwar wirken sich die Verrechnungspreise nicht auf die Erfolgsermittlung des Konzerns aus, indem die konzerninternen Leistungsbeziehungen durch die Konsolidierung im Rahmen der Aufstellung des Konzernabschlusses eliminiert werden. Allerdings erfolgt die Ertragsbesteuerung auf Basis des ausgewiesenen Gewinns der jeweiligen Konzernunternehmen, sodass sich die Verrechnungspreise direkt auf die steuerliche Bemessungsgrundlage auswirken. Vgl. *Cordes*, Aufzeichnungspflichten, 2009, S. 2.

7 Vgl. *Jacobs*, Internationale Unternehmensbesteuerung, 2016, S. 543.

für den gesamten Konzernverbund führen.[8] Dieser Problematik tritt Deutschland mit zahlreichen Vorschriften entgegen, die auf den folgenden drei Säulen beruhen:

- nationale Gesetze,[9]
- bilaterale Abkommen,[10]
- multinationale Regelungen[11].

Die Vorschriften aus diesen drei Säulen können sowohl nebeneinander bestehen als auch miteinander interagieren. So ist die Umsetzung des BEPS-Reports aus dem Jahr 2015 in nationales Recht[12] eine weitgehend eigenständige Initiative der teilnehmenden Staaten, um den zwischenstaatlichen Informationsaustausch zu fördern. Dagegen ergänzen sich die nationalen Gesetze und die bilateralen Abkommen, um einerseits einer Steuervermeidung vorzubeugen und andererseits eine Doppelbesteuerung zu vermeiden.[13]

---

8 Vgl. *Kraft* in: Kraft, AStG, 2019, § 1 Rz. 10; *Kussmaul*, RIW 1987, S. 682. Eine weit verbreitete Gestaltung zur Steuervermeidung ist das sogenannte „Double Irish with a Dutch Sandwich". Allgemein hierzu Kapitel 2.4.1. Gleichzeitig kann auch die Ausnutzung des nationalen Steuergefälles zu einer Steuerreduzierung beitragen. So ist durch die innerdeutsche Gewinnverlagerung zu einer Gemeinde mit einem niedrigen Gewerbesteuerhebesatz eine Verringerung der Gewerbesteuerlast möglich. Siehe auch *Fischer*, WiWo 2016, S. 68 ff.; *Kussmaul*, RIW 1987, S. 682.

9 Bei den nationalen Gesetzen zur Steuervermeidung ist insbesondere das AStG zu nennen. Mit dem Gesetzentwurf des AStG im Jahr 1971 war die Absicht verbunden, die Wahrung der steuerlichen Gleichmäßigkeit von Auslandsbeziehungen und die Verbesserung der steuerlichen Wettbewerbslage bei Auslandsinvestitionen sicherzustellen. Vgl. *Hofacker* in: Haase, AStG/DBA, 2016, § 1 Rz. 10; *Kraft* in: Kraft, AStG, 2019, § 1 Rz. 1.

10 Unter den bilateralen Abkommen sind steuerrechtlich insbesondere die Doppelbesteuerungsabkommen (DBA) von Bedeutung. DBA dienen der gerechten Verteilung der Steuergüter unter den Vertragsstaaten. Vgl. *Schaumburg/Häck* in: Schaumburg, Steuerrecht, 2017, Rz. 19.194.

11 Vgl. *OECD*, BEPS, 2015, Art. 1 ff.

12 Die multinationalen Regelungen sind in nationales Recht umzusetzen, um ihre Wirkung auf nationaler Ebene entfalten zu können. Auf diese Weise finden sich auch einzelne Inhalte des BEPS-Reports, zu denen sich Deutschland verpflichtet hat, in den deutschen Gesetzen wieder. Vgl. u.a. § 138a Abs. 1 AO.

13 Vgl. *Rose/Watrin*, Internationales Steuerrecht, 2016, S. 107.

1.1.2 Bedeutung der Verrechnungspreise im internationalen Kontext

Die Betriebswirtschaft ist auf eine zuverlässige und genaue Informationsgrundlage zur Ermittlung von Unternehmensdaten[14] angewiesen. Allerdings besteht die Gefahr einer bewussten oder unbewussten Verfälschung der Informationsgrundlage, soweit sie von anderen betrieblichen Faktoren überlagert wird. So kann beispielsweise ein Konzern die bewusste Verzerrung der Informationsgrundlage durch eine betriebswirtschaftlich nicht sachgerechte Gewinnverlagerung in ein anderes Land herbeiführen, um seine Steuerlast zu minimieren. Daraus folgt schließlich eine nicht ordnungsgemäße Gewinnabgrenzung zwischen den in unterschiedlichen Steuerhoheitsgebieten niedergelassenen Konzerneinheiten des Konzerns.

Eine Verzerrung der Informationsgrundlage kann insbesondere daraus resultieren, dass bei einer Transaktion zwischen Konzerneinheiten auf die Festlegung eines Preises verzichtet wird. Um ein Zerrbild der Informationsgrundlage zu vermeiden, ist daher der Ansatz eines Preises für die Leistungsbeziehungen zwischen Konzerneinheiten unumgänglich. Diese Preise werden als Verrechnungspreise bezeichnet.[15] Die Verrechnungspreise fungieren dabei als Instrument zur angemessenen Preisfindung für grenzüberschreitende Geschäftsbeziehungen zwischen Konzernunternehmen.[16] Die Preisfindung

---

14 Unternehmensdaten basieren regelmäßig auf betriebswirtschaftlichen Kennzahlen, wie Erfolgskennzahlen (z.B. Jahresüberschuss, EBT), Liquiditätskennzahlen (z.B. Working Capital) und Rentabilitätskennzahlen (z.B. Eigenkapitalrentabilität, Umsatzrentabilität).

15 Bei der Bestimmung von Verrechnungspreisen ergibt sich ein Angemessenheitsproblem durch rechtliche Restriktionen. Somit entsteht ein Angemessenheitsproblem bei Geschäftsbeziehungen zwischen rechtlich selbständigen Konzernunternehmen sowie zwischen einer in- und ausländischen Betriebsstätte eines rechtlich geschlossenen Unternehmens. Ansonsten ist die Festsetzung von Verrechnungspreisen frei von Restriktionen und liegt somit im Ermessen des Unternehmens. Vgl. *Kussmaul*, RIW 1987, S. 681. Die Verzerrung der Informationsgrundlage bleibt davon allerdings unberührt, d.h. sie tritt bei jedem Verzicht auf die Festsetzung eines Verrechnungspreises auf.

16 Ein Verrechnungspreis nach dem Steuerrecht ist anzusetzen, soweit ein Unternehmen mit einer ihm nahestehenden Person eine Geschäftsbeziehung zum Ausland unterhält. Eine nahestehende Person liegt vor, wenn nach § 1 Abs. 2 Nr. 1 AStG eine unmittelbare oder mittelbare Beteiligungsquote von mindestens 25 % besteht oder ein beherrschender Einfluss nach § 1 Abs. 2 Nr. 2 oder 3 AStG ausgeübt werden kann. Allgemein hierzu *Wassermeyer* in: Flick/Wassermeyer/Baumhoff/Schönfeld, Außensteuerrecht, 2019, § 1 Anm. 513 ff.

basiert auf dem Fremdvergleichsgrundsatz (dealing-at-arm's-length- Grundsatz),[17] um eine ordnungsgemäße Erfolgs- und Vermögensabgrenzung zu gewährleisten. Es wird untersucht, ob die tatsächliche Ausgestaltung der Geschäftsbeziehung mit den Bedingungen übereinstimmt, die unter unabhängigen Dritten vereinbart werden.[18] Dabei ist zu beachten, dass ein geeigneter Fremdvergleichspreis erst dann vorliegt, wenn Käufer und Verkäufer ihre Preisvorstellungen durch einen Kaufvertrag in Übereinstimmung gebracht haben.[19]

Die uneingeschränkte Geltung des Fremdvergleichsgrundsatzes ist jedoch durch das EuGH-Urteil vom 31.05.2018 in Zweifel gezogen worden, indem das Gericht entschieden hat, dass in einer Geschäftsbeziehung zwischen verbundenen Unternehmen die wirtschaftlichen Gründe den dealing-at-arm's-length-Grundsatz überlagern können.[20] Im vorliegenden Fall hatte die deutsche Konzernmutter eine unentgeltliche und demnach nicht fremdübliche Patronatserklärung zugunsten zweier ausländischer Tochtergesellschaften abgegeben, um ihre Zahlungsfähigkeit zu gewährleisten. Es ist jedoch zu erwarten, dass die Abweichung vom Fremdvergleichsgrundsatz auf Bürgschaften, Patronatserklärungen und Darlehen, die im Fall der Insolvenzgefährdung oder in Sanierungsfällen gegeben bzw. gezahlt werden, beschränkt bleibt.[21] In diese Richtung bewegt sich ebenfalls die deutsche Finanzverwaltung, indem sie eine

---

17 Vgl. *Kraft* in: Kraft, AStG, 2019, § 1 Rz. 10. Im Steuerrecht ist der Fremdvergleichsgrundsatz in § 1 AStG niedergeschrieben. Der § 1 AStG ist eine Einkünfte-Korrekturvorschrift, die nachrangig zu anderen Vorschriften Anwendung findet. Gleichzeitig wird der § 1 AStG nicht durch andere Vorschriften verdrängt. Somit gehen die Rechtsfolgen des § 1 AStG weiter als die Rechtsfolgen anderer Vorschriften. Vgl. *Kraft* in: Kraft, AStG, 2019, § 1 Rz. 20. Der Grundgedanke des Fremdvergleichsgrundsatzes wird in gleicher Weise bei der Wertermittlung einer verdeckten Gewinnausschüttung nach § 8 Abs. 3 S. 2 KStG verwendet, um eine sachgerechte Abgrenzung der betrieblichen von der privaten Sphäre im Rahmen des Trennungsprinzips zu ermöglichen. Vgl. BFH, Urteil vom 27.11.1974, I R 250/72, BStBl. II 1975, S. 306.

18 Vgl. *Jacobs*, Internationale Unternehmensbesteuerung, 2016, S. 548; *Klein*, IStR 1995, S. 547.

19 Allerdings existieren i.d.R. keine vollkommenen Märkte, sodass lediglich eine Bandbreite von Preisen zur Ermittlung eines Verrechnungspreises zur Verfügung steht. Demnach ist die Anwendung des Fremdvergleichs regelmäßig auf eine Annährung der Vergleichbarkeitsfaktoren beschränkt. Vgl. *Baumhoff/Liebchen* in: Flick et al., Außensteuerrecht, 2019, § 1 Anm. 157 f.; *OECD*, Verrechnungspreisleitlinien, 2017, Tz. 3.55; BFH, Urteil vom 17.10.2001, I R 103/00, BStBl. II 2004, S. 171.

20 Vgl. EuGH, Urteil vom 31.05.2018, Rs. C-382/16, BB 2018, S. 1429.

21 Vgl. *Eggert*, BB 2019, S. 418.

Abweichung vom Fremdvergleichsgrundsatz nur für sanierungsbedingte Maßnahmen bei Konzerngesellschaften mit Sitz innerhalb des Gemeinschaftsgebiets anerkennt.[22]

In der Betriebswirtschaft sind die Verrechnungspreise vorwiegend für die Unternehmensführung und das Steuerrecht von Bedeutung. Die Unternehmensführung benötigt eine zuverlässige Informationsgrundlage insbesondere für ihre operativen und strategischen Entscheidungen.[23] Das Steuerrecht hingegen verwendet die genaue Informationsgrundlage zur sachgerechten Aufteilung des Steuersubstrats eines Konzerns auf die beteiligten Länder.[24] Dementsprechend werden den Verrechnungspreisen die folgenden Funktionen zugeordnet:[25]

- Vereinfachung der innerbetrieblichen Leistungsverrechnung (Vereinfachungsfunktion),
- Wirtschaftlichkeitskontrolle von Kostenstellen (Kontrollfunktion),
- organisatorische Lenkung zur Koordination dezentraler Entscheidungen in Teilbereichen der Unternehmung (organisatorische Lenkungsfunktion) und
- getrennte Erfolgsermittlung für die autonomen Teilbereiche eines Unternehmens (Erfolgsermittlungsfunktion).

Für die Unternehmensführung nehmen die Verrechnungspreise vorwiegend eine Kontrollfunktion, eine organisatorische Lenkungsfunktion und eine Erfolgsermittlungsfunktion ein. Auf Grundlage dieser Preise investiert, rationalisiert, optimiert und ermittelt eine Konzerneinheit ihren Erfolg.[26] Die Verrechnungspreise stellen somit sicher, dass der Unternehmensführung eine zuverlässige und genaue Informationsgrundlage zur Verfügung steht, um die

---

22 Vgl. BMF-Schreiben vom 14.07.2021, BStBl. I 2021, S. 1098 Tz. 3.97. Die Beschränkung auf Konzernunternehmen innerhalb des Gemeinschaftsgebiets ergibt sich aus dem Umstand, dass die Einschränkung des Fremdvergleichsgrundsatzes mit der Niederlassungsfreiheit innerhalb der EU begründet worden ist. Vgl. EuGH, Urteil vom 31.05.2018, Rs. C-382/16, BB 2018, S. 1429.

23 So auch *Klein*, IStR 1995, S. 546. Demnach sind in gleicher Weise die Geschäftsbereiche und Abteilungen, die der Unternehmensleitung die entscheidungsrelevanten Informationen zur Verfügung stellen, auf die Verrechnungspreise angewiesen.

24 Vgl. *Jacobs*, Internationale Unternehmensbesteuerung, 2016, S. 543.

25 Vgl. *Baumhoff/Liebchen* in: Mössner et al., Steuerrecht, 2018, Rz. 4.6; *Kussmaul*, RIW 1987, S. 680. Für weitere Ausführungen siehe *Baumhoff* in: Wassermeyer/Baumhoff, Verrechnungspreise, 2014, Rz. 1.8 ff. Für andere Funktionsaufteilung siehe *Schwarz/Stein*, Verrechnungspreise, 2018, S. 38 f.

26 Vgl. *Masuch*, ZfbF 1986, S. 805; *Wellens/van der Ham*, DB 2012, S. 1535.

gebotenen markt- und investitionspolitischen Maßnahmen im Sinne des Konzerns ergreifen zu können.[27] Zudem ist die Verwendung von Verrechnungspreisen zur sachgerechten Ermittlung und Beurteilung von Soll-Ist-Abweichungen im Rahmen des Unternehmenscontrollings sowie zur dezentralen Koordination und Steuerung von Teilbereichen des Konzerns von Bedeutung.[28] Zugleich wird ein fiktiver interner Markt geschaffen, der zur Optimierung der einzelnen Konzerneinheiten und infolgedessen zu einer optimalen Ressourcenallokation beiträgt.[29] Die sachgerechte Verteilung der Ressourcen ist insbesondere erforderlich, um die Konzernunternehmen mit ausreichend Kapital für das laufende Geschäft und Investitionen auszustatten. Dies führt schließlich zu einer steigenden Effizienz des gesamten Konzerns.[30]

Im Steuerrecht haben die Verrechnungspreise vorwiegend eine Vereinfachungsfunktion und eine Erfolgsermittlungsfunktion. Die Vereinfachungsfunktion dient insbesondere dazu, Transaktionspreise für Dienstleistungen zwischen Konzernunternehmen in zumutbarer Weise ermitteln zu können. Dies wird in aller Regel mithilfe einer Kostenumlage realisiert.[31] Gleichzeitig können durch diese Art der Verrechnungspreisermittlung Schwankungen

---

27 Vgl. *Masuch*, AG 1986, S. 154 f. Würden die Unternehmensentscheidungen hingegen ohne die Verfügbarkeit angemessener Verrechnungspreise getroffen werden, so könnten die ersatzweise zwischenbetrieblich verwendeten und nicht am Marktpreis orientierten Verrechnungspreise im Laufe der Zeit konzernintern als Marktpreise angesehen und daraus marktpolitische und/oder investitionspolitische Konsequenzen gezogen werden, die von den gebotenen Unternehmensentscheidungen abweichen. Vgl. *Kussmaul*, RIW 1987, S. 680; *Klein*, IStR 1995, S. 546 f.

28 Ein Verzicht auf Dezentralisierung und damit auf die Einführung von Verrechnungspreisen ist ab einer bestimmten Unternehmensgröße ohnehin nicht mehr sinnvoll. Vgl. *Jaensch*, DB 1972, S. 1301; *Masuch*, AG 1986, S. 155; *Hanken/Kleinhietpaß*, Verrechnungspreise, 2014, S. 287 f.

29 Allgemein hierzu *Baumhoff* in: Wassermeyer/Baumhoff, Verrechnungspreise, 2014, Rz. 1.11 f. Durch die Verwendung von Preisen zur internen Leistungsverrechnung wird der Markt in das Unternehmen geholt und folglich ein erhöhter Marktdruck geschaffen. Dies führt dazu, dass die Konzerneinheiten weitgehend selbständig und effizient agieren können. Allgemein hierzu *Hanken/Kleinhietpaß*, Verrechnungspreise, 2014, S. 287 ff. Gleichzeitig ermöglichen die Verrechnungspreise die strategische Steuerung der Konzernunternehmen durch die Konzernleitung.

30 Die Dezentralisierung der Konzerneinheiten mithilfe von Verrechnungspreisen dient ebenfalls der Motivation und der Anreizsteuerung von Mitarbeitern, da sich Boni regelmäßig am Unternehmenserfolg orientieren. Vgl. *Hanken/Kleinhietpaß*, Verrechnungspreise, 2014, S. 23.

31 Allgemein hierzu Kapitel 2.1.2.3.

über eine gewisse Periode hinweg ausgeglichen werden.[32] Die steuerrechtliche Erfolgsermittlungsfunktion dient der sachgerechten Gewinn- und Vermögensabgrenzung zwischen den einzelnen Konzernunternehmen eines Konzerns. Nach dem Trennungsprinzip ist festzustellen, welche Erträge und Aufwendungen bei der jeweiligen Konzerneinheit betrieblich veranlasst sind.[33] Die Verwendung von Verrechnungspreisen bei Transaktionen zwischen diesen Konzerneinheiten reduziert demnach eine Verzerrung des Betriebsergebnisses eines Konzernunternehmens. Somit kann mithilfe der Verrechnungspreise das Ergebnis der einzelnen Konzerneinheiten fixiert und das Steuersubstrat eines Konzerns entsprechend der Gewinnrealisation auf die beteiligten Länder verteilt werden.[34]

Allerdings kommt es vor, dass sich die Ermittlung von Verrechnungspreisen als schwierig gestaltet, soweit keine bestimmbaren Fremdvergleichswerte vorliegen. Dies ist insbesondere bei der Ermittlung von Vergleichswerten für die Nutzung von geistigem Eigentum der Fall.[35] Grund dafür ist, dass wertbehaftetes geistiges Eigentum regelmäßig ein Alleinstellungsmerkmal besitzt und folglich keine Vergleichsgüter existieren. Gleichzeitig stehen die Verrechnungspreise besonders in Hochsteuerländern stets unter dem Verdacht, vorrangig der Minderung der Konzernsteuerquote zu dienen.[36] Nicht zuletzt deshalb wird die Angemessenheitsprüfung der Verrechnungspreisegestaltung von Konzernen zunehmend zu einem Prüfungsschwerpunkt in Betriebsprüfungen.[37] Demnach erhält der Ansatz von angemessenen Verrechnungspreisen eine stetig zunehmende Bedeutung.

---

32 Vgl. *Baumhoff* in: Wassermeyer/Baumhoff, Verrechnungspreise, 2014, Rz. 1.10.

33 Vgl. *Wassermeyer* in: Flick et al., Außensteuerrecht, 2019, § 1 Anm. 33; *Jacobs*, Internationale Unternehmensbesteuerung, 2016, S. 546.

34 Vgl. *Jacobs*, Internationale Unternehmensbesteuerung, 2016, S. 543. In der EU wird bereits seit Jahren die Einführung einer einheitlichen Konzernbesteuerung diskutiert. Demnach wird vorgeschlagen, für Konzerne eine europaweite konsolidierte Körperschaftssteuerbemessungsgrundlage einzuführen, mit dessen Hilfe die Konzerngewinne auf die einzelnen Mitgliedsländer verteilt werden können. Allgemein hierzu *Saringer*, AK Wien 2015, Nr. 4, S. 29 f.

35 So auch *Kussmaul*, RIW 1987, S. 691.

36 So auch *Baumhoff* in: Flick et al., Außensteuerrecht, 2019, § 1 Anm. 27.

37 Die Korrektur eines Verrechnungspreises kommt nur in Betracht, soweit der zugrundeliegende Preis zu niedrig ausgewiesen wurde, nicht hingegen bei einem zu hohen Ausweis. Vgl. *Dannecker*, Steuerhinterziehung, 1984, S. 16.

1.2 Abgrenzung des Business-to-Business Marktes

In der Wirtschaft existieren verschiedene Formen des Marktes, die sich als Geschäftsbeziehungen zwischen den teilnehmenden Akteuren darstellen. Sie werden vornehmlich im Marketing beschrieben und unterliegen einer nachfrageorientierten Definitionsbasis, die sich durch die Zielgruppe unterscheidet.[38] Demzufolge richtet sich der Aufbau der Vertriebsstrukturen eines Unternehmens im Wesentlichen nach der vorherrschenden Marktform.

Die beiden bedeutendsten Marktformen werden als Business-to-Business Markt und Business-to-Consumer Markt bezeichnet.[39] Der Business-to-Business Markt beinhaltet eine Geschäftsbeziehung auf dem Industriegütermarkt.[40] Demnach stehen sich in dieser Form der Geschäftsbeziehung zwei Unternehmen gegenüber, von denen das eine als Verkäufer und das andere als Käufer fungiert. Die Produkte[41] werden vom Käufer mit Wiederverkaufsabsicht oder zur Verarbeitung im Rahmen der Erstellung weiterer Güter für die Fremdbedarfsdeckung erworben.[42] Der Business-to-Consumer Markt wird indessen als Konsumgütermarkt bezeichnet. Dort besteht die Geschäftsbeziehung zwischen einem Unternehmen und einem individuellen Privat- oder Endkunden,[43] wobei das Unternehmen als Verkäufer und der Endkunde als Käufer auftritt. Sowohl auf dem Business-to-Business Markt als auch auf dem Business-to-Consumer Markt ist es allein den Unternehmen vorbehalten, als Verkäufer zu fungieren. Zugleich agieren auf dem Business-to-Business Markt lediglich Unternehmen als Käufer. Nur auf dem Business-to-Consumer Markt können sowohl Unternehmen als auch Privatpersonen als Verbraucher handeln. Dies lässt sich dadurch erklären, dass Privatpersonen einerseits am freien Markt nicht nachhaltig als Verkäufer auftreten und andererseits stets für den privaten Bedarf einkaufen. Dagegen können Unternehmen ein Produkt mit Wiederverkaufsabsicht, zur Verarbeitung oder zum Verbrauch erwerben.

---

38 So auch *Caspar et al.*, Markenrelevanz, 2002, S. 9.

39 Für weitere Marktformen siehe *Hudetz/Kaapke*, Handelsmanagement, 2009, S. 35.

40 Vgl. *Thommen*, Betriebswirtschaft, 2008, S. 120.

41 Im Industriegütermarkt wird zwischen Produkten, Systemen und Anlagen unterschieden. Vgl. *Pepels*, Produktmanagement, 2016, S. 131. Im Folgenden wird auf diese Differenzierung verzichtet und einheitlich der Begriff Produkt, Gut, Erzeugnis oder Leistung verwendet, soweit eine Unterscheidung nicht von Bedeutung ist.

42 Allgemein hierzu *Pepels*, Produktmanagement, 2016, S. 131; *Caspar et al.*, Markenrelevanz, 2002, S. 9 f.

43 Vgl. *Thommen*, Betriebswirtschaft, 2008, S. 120.

Unternehmen fokussieren ihren Vertrieb in der Regel auf einen Markt. Die Spezialisierung ergibt sich vornehmlich bereits aufgrund der Produktpalette des jeweiligen Unternehmens. So treten konsumgüterorientierte Unternehmen regelmäßig auf dem Business-to-Consumer Markt in Erscheinung, wogegen industriegüterorientierte Unternehmen insbesondere auf dem Business-to-Business Markt tätig sind. Einige Unternehmen sind indessen in beiden Märkten vertreten. Beispielsweise generiert der Automobilzulieferer Continental einerseits den Großteil seiner Umsätze am Business-to-Business Markt. Andererseits tritt der Konzern ebenfalls mit Reifen und weiteren Produkten am Business-to-Consumer Markt in Erscheinung. Es wird deutlich, dass weder eine Branche noch ein Unternehmen pauschal dem Industrie- oder Konsumgütermarkt zugeordnet werden kann. Vielmehr ist allenfalls das Produkt selbst einem Markt zuzurechnen, sofern es nicht zum Wiederverkauf gedacht ist und sowohl am Business-to-Business Markt als auch am Business-to-Consumer Markt gehandelt wird.

1.3 Einordnung der Automobilzulieferindustrie in die Automobilindustrie

Die Automobilindustrie stellt einen Eckpfeiler der deutschen Wirtschaft dar.[44] So erwirtschaftete die deutsche Automobilindustrie im Jahr 2019 einen Gesamtumsatz von 563,3 Mrd. €.[45] Zugleich waren dort in 2019 insgesamt 833.000 Mitarbeiter beschäftigt, wovon 484.000 Mitarbeiter auf die Automobilhersteller, 310.000 Mitarbeiter auf die Automobilzulieferer und 38.000 Mitarbeiter auf Unternehmen im Bereich der Aufbauten und Anhänger entfielen.[46] Zudem stellt der Fahrzeugmarkt mit 93,3 Mio. Neuzulassungen weltweit im Jahr 2019 einen wichtigen Wirtschaftszweig dar, der insbesondere vom europäischen, nordamerikanischen und asiatischen Absatzmarkt getragen wird.[47]

Die Automobilindustrie umfasst sämtliche Unternehmen, die an der Herstellung, dem Verkauf und der Reparatur von Fahrzeugen mitwirken. Sie setzt sich im Wesentlichen aus den Automobilherstellern und den Automobilzulieferern[48]

---

44 So auch *Pfäfflin/Schwarz-Kocher*, Automobilzulieferindustrie, 2017, S. 1; *Fraß*, Automobilzulieferindustrie, 2012, S. 1.

45 Vgl. *Statista*, Automobilindustrie, 2019, S. 5.

46 Vgl. *VDA*, Jahresbericht, 2020, S. 13.

47 Vgl. *ACEA*, Pocket Guide, 2020, S. 25.

48 Als Automobilzulieferer können solche Unternehmen bezeichnet werden, die eine Leistung für ein in der Wertschöpfungskette nachgelagertes Unternehmen erbringen. Vgl. *Reeg*, Liefer- und Leistungsbeziehungen, 1998, S. 28.

zusammen. Die Automobilzulieferer wiederum lassen sich in eine interaktive Zulieferkette einordnen. Dabei unterhalten sie sowohl Geschäftsbeziehungen zu den Automobilherstellern als auch untereinander.[49] Somit kann die gesamte Automobilindustrie wie folgt abgebildet werden:

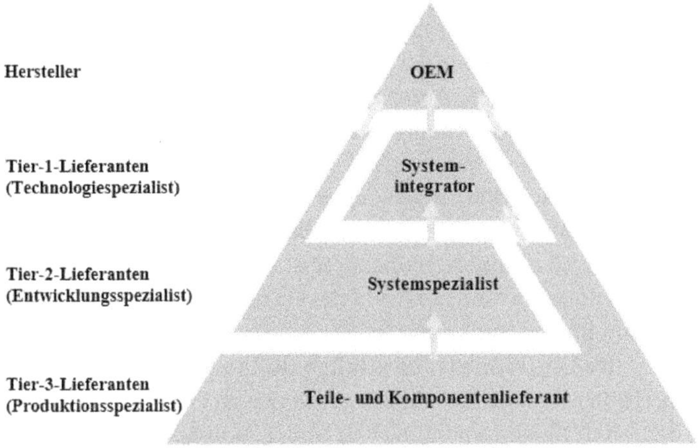

Abbildung 1: Wertschöpfungspyramide in Automobilindustrie[50]

Der Wettbewerb unter den Automobilherstellern hat sich in den vergangenen Jahrzehnten auf einige wenige Anbieter konzentriert. Anders verhält es sich mit der Automobilzulieferindustrie. Hier ist derzeit noch eine Konkurrenz mit zahlreichen Wettbewerbern vorhanden. Dies hat zur Folge, dass von den Herstellern eine große Marktmacht auf die Zulieferer ausgeübt wird. Das weltweite Einflusspotenzial der Automobilherstellerindustrie wird vor allem durch eine Gegenüberstellung der Anzahl von Marktteilnehmern in den jeweiligen Industriezweigen deutlich. So standen in 2016 den weltweit etwa 20 bedeutenden Automobilherstellern rund 60.000 Automobilzulieferer gegenüber.[51]

49 Die Automobilhersteller und die Automobilzulieferer befinden sich allgemein in einem gegenseitigen wirtschaftlichen Abhängigkeitsverhältnis. Einerseits sind die Zulieferer auf die Aufträge der Hersteller angewiesen. Andererseits können die Hersteller auf die Produkte und das Know-how der Zulieferer nicht verzichten, um wirtschaftlich erfolgreich zu sein. Siehe hierzu *Eisert/Schaal*, WiWo 2016, S. 35 f.

50 In Anlehnung an *Becker*, Automobilindustrie, 2010, S. 11.

51 Vgl. *Jörgl*, Logistik heute 2016, S. 27. Ausführlich zum Machtgefüge zwischen Automobilherstellern und Automobilzulieferern siehe *Keßler*, Wandel, 2018, S. 88 ff.

Dies führt regelmäßig dazu, dass die Hersteller ihren Kostendruck in vollem Umfang auf die Zulieferer übertragen können.[52] Zudem nutzen die Hersteller ihren Einfluss, um auf die strategischen Entscheidungen der Zulieferer einzuwirken. So ist es üblich, dass die Produktionsstandorte der Zulieferer mit den jeweiligen Herstellern abzustimmen sind.[53]

Dennoch ist die Automobilzulieferindustrie in der Lage, auf die Automobilhersteller ebenfalls Einfluss zu nehmen. So haben zahlreiche Hersteller einen Großteil der Produktion sowie der Forschung und Entwicklung auf die Zulieferer ausgelagert, sodass die Automobilzulieferindustrie inzwischen zu etwa 65 % zur automobilen Wertschöpfung der Hersteller beiträgt und sich zugleich für 40 % der innovativen Wertschöpfung in der Automobilindustrie verantwortlich zeigt.[54] Diesem Einfluss einzelner Zulieferer versuchen die Hersteller regelmäßig mit einer Beschaffungsdiversifikation entgegenzutreten. Die Einführung einer Beschaffungsdiversifikation ist allerdings kein Allheilmittel, da sie häufig kostenintensiv und aufgrund des einzigartigen Know-how einzelner Zulieferer nicht immer realisierbar ist.[55]

Aufgrund der Unterschiede hinsichtlich der Anzahl der Marktteilnehmer unter den Herstellern und Zulieferern sowie den zu erwartenden Umwälzungen im Bereich der Elektromobilität[56] ist in der Automobilzulieferindustrie in den nächsten Jahren ein extremer Verdrängungswettbewerb zu erwarten.[57]

---

52 So auch *Becker*, Automobilindustrie, 2010, S. 173. Siehe auch *Cipurek/Kellerhoff*, VDI Nachrichten 2016, Nr. 35, S. 10.

53 So auch *Schömann*, Produktentwicklung, 2012, S. 52.

54 Vgl. *Russwurm* in: Sendler, Zukunft, 2013, S. 22; Siehe auch *Bangemann/Köth*, Automobil Industrie 2017, S. 16.

55 Vgl. *Eisert/Schaal*, WiWo 2016, S. 35. In 2016 führte sogar ein Streit zwischen dem Automobilhersteller Volkswagen und zwei Zulieferern zu einem Lieferstopp, der in einem Stillstand der Produktion mündete, von der 28.000 Mitarbeiter von Volkswagen betroffen waren. Vgl. *Jörgl*, Logistik heute 2016, S. 26 f.; *Eisert/Schaal*, WiWo 2016, S. 35 f. Derartige Zwischenfälle sind vornehmlich der Tatsache geschuldet, dass sich insbesondere das Einkaufsverhalten der Automobilhersteller seit den neunziger Jahren vom Geschäftsgebaren eines ehrbaren Kaufmanns verabschiedet hat. Vgl. *Becker*, Automobilindustrie, 2010, S. 174.

56 Es wird erwartet, dass der Anteil der Neuzulassungen von Pkw mit Elektroantrieb an den gesamten Neuzulassungen in den absatzstärksten Regionen Europa, USA und China von 3–9 % im Jahr 2020 auf 29–38 % im Jahr 2030 ansteigen wird. Vgl. *Statista*, Automobilindustrie, 2019, S. 47.

57 Siehe auch *Gerster*, AW 2016, S. 3; *Winterhagen*, AW 2017, S. 12; *Becker*, Automobilindustrie, 2010, S. 176. Bereits die Wirtschaftskrise 2008 hat zu zahlreichen Insolvenzen in der Automobilzulieferindustrie geführt. Vgl. *Flörecke*, AW 2017, S. 50.

Dies wird in der Automobilzulieferindustrie eine erhebliche Reduzierung der Wettbewerber zur Folge haben, was zugleich mit einem beachtlichen Wachstum der verbliebenen Zulieferer verbunden sein wird.

Neben den bereits erwähnten Disparitäten existieren zwischen den Herstellern und Zulieferern zudem grundlegende Unterschiede in ihrer Marktausrichtung. So bieten die Hersteller ihr Produktportfolio vornehmlich auf dem Business-to-Consumer Markt an, wogegen sich die Zulieferer zwangsläufig überwiegend auf den Business-to-Business Markt beschränken. Demzufolge unterscheiden sich die Marketing- und Vertriebsstrategien von Herstellern und Zulieferern erheblich.

1.4 Zielsetzung und Gang der Untersuchung

Mit der vorliegenden Arbeit sollen die Verrechnungspreise für die Nutzung von geistigem Eigentum im Business-to-Business Markt am Beispiel der Automobilzulieferindustrie analysiert und auf ihre Angemessenheit hin überprüft werden.[58] Dabei liegt der Schwerpunkt der Untersuchung auf der Verrechnungspreisermittlung für die grenzüberschreitende Lizenzierung von Produkt- und Prozessinnovationen sowie Marken eines Konzernunternehmens.[59]

Nach einer kurzen Einführung in die Thematik der Verrechnungspreise im internationalen Kontext in Kapitel 2 werden mit Kapitel 3 zunächst die gängigen Analyse- und Verrechnungspreismethoden vorgestellt. Dabei werden insbesondere die Methoden herausgearbeitet, die für die Überlassung von geistigem Eigentum von besonderer Bedeutung sind.

In Kapitel 4 wird sich auf die Verrechnungspreisermittlung zur Lizenzierung von geistigem Eigentum mithilfe der geschäftsvorfallbezogenen Gewinnaufteilungsmethode fokussiert. Dabei werden zunächst die Einflussfaktoren auf die Verrechnungspreisermittlung herausgearbeitet. Anschließend wird die geschäftsvorfallbezogene Gewinnaufteilungsmethode dahingehend untersucht, inwiefern sie in ihrer derzeitigen Anwendung allgemeinhin und

58 In der Arbeit wird nicht explizit die Verrechnungspreisermittlung für geistiges Eigentum im Business-to-Consumer Markt untersucht. Allerdings lassen sich zahlreiche Erkenntnisse auf die Verrechnungspreisbestimmung im Konsumgütermarkt übertragen.

59 Die Verrechnungspreise für geistiges Eigentum von Dienstleistungsunternehmen sind nicht Gegenstand dieser Dissertation, wenngleich sich aus der Arbeit ebenfalls umfassende Rückschlüsse auf die Bestimmung von Verrechnungspreisen im Dienstleistungssektor ziehen lassen.

besonders im Business-to-Business Markt – jeweils bezogen auf die Überlassung von Produkt- und Prozessinnovationen sowie Marken – zu angemessenen Ergebnissen führt. Diesbezüglich werden Empfehlungen zur allgemeinen Anwendung der geschäftsvorfallbezogenen Gewinnaufteilungsmethode gegeben und mögliche Modifikationen der Methode erarbeitet.

Im darauf folgenden Kapitel 5 wird die geschäftsvorfallbezogene Gewinnaufteilungsmethode für die Überlassung von Produkt- und Prozessinnovationen sowie Marken auf ihre Anwendbarkeit in der Automobilzulieferindustrie hin untersucht. Dabei wird zunächst analysiert, welche Faktoren einen Einfluss auf die Verrechnungspreisermittlung in der Automobilindustrie im Allgemeinen und die Automobilzulieferindustrie im Besonderen ausüben, um anschließend Handlungsempfehlungen für die Ermittlung von Verrechnungspreisen zur Überlassung von geistigem Eigentum in der Automobilzulieferindustrie zu geben.

Kapitel 6 enthält schließlich eine Zusammenfassung der in den vorangehenden Kapiteln herausgearbeiteten Ergebnisse.

2 Definition und Besteuerung von geistigem Eigentum im internationalen Kontext

2.1 Betriebswirtschaftliche und rechtliche Einordnung von geistigem Eigentum

2.1.1 Begriff des geistigen Eigentums

Das geistige Eigentum steht im Fokus der Finanzverwaltungen weltweit. Dies beruht darauf, dass es einen sehr hohen Wert aufweisen kann[60] und deren wertmäßige Bestimmung zugleich sehr streitanfällig ist. Vor diesem Hintergrund ergreifen die nationalen Finanzverwaltungen umfassende Maßnahmen, um die Besteuerung des im eigenen Land geschaffenen geistigen Eigentums sicherzustellen.[61] Um dies zu gewährleisten, ist das geistige Eigentum jedoch zunächst abzugrenzen.

Eine allgemeingültige Begriffsdefinition für geistiges Eigentum existiert nicht. Dennoch lässt sich die Bedeutung des geistigen Eigentums aus verschiedenen Quellen entnehmen. So bezeichnet das geistige Eigentum nach deutschem Verständnis im juristischen Sinne alle hoheitlich gewährten Exklusivrechte im Bezug auf immaterielle Wirtschaftsgüter.[62] Dabei setzt sich das geistige Eigentumsrecht aus den folgenden drei Teilbereichen zusammen:[63]

- gewerbliche Schutzrechte,
- Urheberrecht und
- Wettbewerbsrecht.

---

60 Vgl. *Hoffmann/Richter*, Geistiges Eigentum in der Betriebspraxis, 2017, S. 2 f.

61 Vgl. *Greinert* in: Wassermeyer/Baumhoff, Verrechnungspreise, 2014, Rz. 6.547.

62 Vgl. *Hoffmann/Richter*, Geistiges Eigentum in der Betriebspraxis, 2017, S. 19. Demnach erscheint es sinnvoll, zur Erläuterung des Terminus „geistiges Eigentum" auch auf die Begriffsdefinition des immateriellen Wirtschaftsguts und des immateriellen Wertes zurückzugreifen. Zur Definition des Begriffs immaterielles Wirtschaftsgut und immaterieller Wert siehe *IDW*, FN-IDW 2011, S. 468; *OECD*, Verrechnungspreisleitlinien, 2017, Tz. 6.5 ff.

63 Vgl. *Hoffmann/Richter*, Geistiges Eigentum in der Betriebspraxis, 2017, S. 21 f.; *Ahrens*, Geistiges Eigentum und Wettbewerbsrecht, 2016, S. 4. Allgemein hierzu *Engler/Kachur* in: Vögele et al., Verrechnungspreise, 2015, Kap. O Rz. 6 ff.

Zu den gewerblichen Schutzrechten zählen vor allem das Patentrecht, das Gebrauchsmusterrecht, das Designrecht und das Markenrecht.[64] Das Urheberrecht bezieht sich hingegen auf die persönliche geistige Schöpfung und schützt die Werke der Wissenschaft, Literatur und der Kunst.[65] Das Wettbewerbsrecht wird häufig als Auffangrecht der gewerblichen Schutzrechte verstanden und regelt ein faires Verhalten im Markt zu anderen Marktteilnehmern und gegenüber dem Verbraucher.[66]

Die OECD fasst die Definition des geistigen Eigentums erheblich weiter und verwendet in diesem Zusammenhang vorwiegend den Begriff der „immateriellen Werte". Diesbezüglich werden „immaterielle Marketingwerte" und „betriebliche immaterielle Werte" unterschieden.[67] Als immaterielle Marketingwerte werden jene Wirtschaftsgüter bezeichnet, die Marketingtätigkeiten betreffen, die kommerzielle Nutzbarmachung eines Produktes oder einer Dienstleistung unterstützen und/oder für das betreffende Produkt einen bedeutsamen verkaufsfördernden Wert haben. Hierzu zählen Marken, Firmennamen, Kundenlisten, Kundenbeziehungen und unternehmenseigene Markt- und Kundendaten.[68] Die übrigen immateriellen Werte werden unter den betrieblichen immateriellen Werten subsumiert.[69] Demnach hat das geistige Eigentum nach der OECD-Definition nicht die hohen Anforderungen an ein hoheitlich gewährtes Exklusivrecht zu erfüllen.[70]

In der Automobilindustrie werden die betrieblichen immateriellen Werte vorwiegend mit dem Begriff der „Innovation"[71] verbunden, wogegen die immateriellen Marketingwerte im Wesentlichen die Marken umfassen. Dabei wird die Innovation als wesentlicher Bestandteil des technologischen Fortschritts betrachtet und kann in der Automobilindustrie in Produktinnovationen,

---

64 Vgl. *Ahrens*, Geistiges Eigentum und Wettbewerbsrecht, 2016, S. 4.

65 Ebd.; § 1 UrhG.

66 Vgl. § 1 ff. UWG; *Hoffmann/Richter*, Geistiges Eigentum in der Betriebspraxis, 2017, S. 22; *Breuer* in: David/Breuer, Wettbewerbsrecht, 2016, Rn. 9 f.

67 Vgl. *OECD*, Verrechnungspreisleitlinien, 2017, Tz. 6.16.

68 Vgl. *OECD*, Verrechnungspreisleitlinien, 2017, Glossar S. 26.

69 Vgl. *OECD*, Verrechnungspreisleitlinien, 2017, Glossar S. 24.

70 Im weiteren Verlauf der Arbeit soll das geistige Eigentum im Sinne der OECD-Definition verstanden werden.

71 Innovation beschreibt die planvolle und systematische Suche nach neuen Erkenntnissen und deren erstmalige praktische Umsetzung bis zur Verwertungsreife im Rahmen der Forschung und Entwicklung. Vgl. *Schwarz/Stein*, Verrechnungspreise, 2018, S. 21.

Prozessinnovationen und sonstige Innovationen unterteilt werden.[72] Als Produktinnovation werden verbesserte oder völlig neue Produkte bezeichnet, wogegen Prozessinnovationen verbesserte Produktionstechniken umfassen.[73] Sonstigen Innovationen wird in der Automobilindustrie hingegen nur eine nachrangige Rolle zugewiesen. Die Marken lassen sich in die Unternehmensmarke sowie die dazugehörigen Familien- und Produktmarken unterteilen.[74] Dabei richtet sich die Unternehmensmarke vornehmlich an die Stakeholder und dient insbesondere der Kennzeichnung des Unternehmens. Die Familien- und Produktmarken bestehen dagegen zur inhaltlichen Abgrenzung von Produktgruppen sowie einzelnen Produkten und sind vorwiegend kundenorientiert aufgestellt.[75]

Die Verwendung von geistigem Eigentum erfolgt über ein Nutzungsrecht. Dabei handelt es sich um ein Recht, die dem Urheber vorbehaltenen Verwertungsrechte ausüben zu dürfen. Ein Nutzungsrecht kann räumlich, zeitlich und inhaltlich beschränkt übertragen werden.[76] Es wird durch die Vergabe von Lizenzen gesteuert und mithilfe einer Gebühr vergütet. Der Begriff Lizenzgebühr beinhaltet nach dem Abkommensrecht alle Vergütungen, die für das Recht auf die Nutzung von Urheberrechten an Patenten, Mustern, Modellen, Marken, geheimen Formeln oder Verfahren oder für die Mitteilung gewerblicher, kaufmännischer oder wissenschaftlicher Erfahrungen etc.[77] gezahlt werden.[78] Dabei

---

72 Ähnlich auch *Gerpott*, Innovationsmanagement, 2005, S. 38. Für andere Unterteilungen siehe *Bergmann/Tiwari*, Innovationspfade, 2017, S. 2 ff.

73 Vgl. *Happe et al.*, Wirtschaftslexikon, 2012, S. 181.

74 Vgl. *Baumgarth* in: Backhaus/Voeth, B2B-Marketing, 2015, S. 398.

75 Ähnlich auch *Duncker*, ASW 2012, S. 46. In der Automobilindustrie stellt beispielsweise VW eine Unternehmensmarke dar. Dabei ist ihr u.a. die Familienmarke „VW Golf" zuzuordnen, die z.B. die Produktmarke „VW Golf 5" einschließt.

76 *Gabler Wirtschaftslexikon*, Nutzungsrecht, 2018.

77 Insoweit handelt es sich um ungeschütztes Wissen, wie beispielsweise Know-how. Demnach geht das Abkommensrecht bei der Begriffsbestimmung für Lizenzgebühren von der Überlassung geistigen Eigentums im weitesten Sinne aus, da geistiges Eigentum allgemeinhin nur geschützte Rechte beinhaltet. Vgl. *Dorfmueller* in: Gosch et al., DBA, 2019, Art. 12 Rn. 46/2.

78 Vgl. Art. 12 Abs. 2 OECD-MA; *Bozza-Bodden* in: Schönfeld/Ditz, DBA, 2013, Art. 12 Rz. 35; *Dorfmueller* in: Gosch et al., DBA, 2019, Art. 12 Rn. 106. Die Definition der Lizenzgebühr nach dem Abkommensrecht einerseits und dem deutschen Steuerrecht andererseits stimmen weitgehend überein. Vgl. Art. 12 Abs. 2 OECD-MA i.V.m. § 50g Abs. 3 Nr. 4 lit. b EStG; *von Pannwitz* in: Haase, AStG/DBA, 2016, Art. 12 Rz. 86. Zu den Voraussetzungen an einen Lizenzvertrag siehe *Engler/Gotsis* in: Vögele et al., Verrechnungspreise, 2015, Kap. O Rz. 441 ff.

ist der Begriff der Lizenzgebühr nach dem Abkommensrecht um die Begriffsdefinition der Lizenzgegenstände nach innerstaatlichem Recht zu ergänzen.[79] Die Vergütung einer Lizenz ist jedoch nur solange gerechtfertigt, wie das fragliche Schutzrecht besteht oder das betreffende Know-how nicht bereits offenkundig geworden ist.[80] Ist dies nicht der Fall, so ist davon auszugehen, dass ein fremder Dritter ebenfalls kein Entgelt mehr für das geistige Eigentum zahlen würde. Die Nutzungsüberlassung durch eine Lizenzgebühr ist indessen von dem Rechtskauf abzugrenzen. Sieht beispielsweise die getroffene Vereinbarung den Übergang des Rechts vor, so ist von einem Veräußerungsgeschäft und einer Vergütung in Kaufpreisraten auszugehen.[81]

In der Automobilzulieferindustrie ist die Lizenzierung von besonderer Bedeutung, da dort die Produktion des Endprodukts weitgehend über Produktionsstätten erfolgt, die in der Region des Kunden verortet sind. Demnach wird das für die Produktion notwendige, zumeist zentral verwaltete Know-how der regionalen, weitgehend autark agierenden Produktionsstätte zeitlich befristet überlassen. Die Automobilhersteller beschränken sich hingegen in den kundennahen Produktionsstätten häufig auf die Montage des Endprodukts. Insoweit ist keine Know-how Überlassung über Lizenzverträge erforderlich. Vielmehr werden zwischen den Tochterunternehmen eines Herstellers Lieferverträge abgeschlossen.

2.1.2 Entwicklung von geistigem Eigentum im Konzern

2.1.2.1 Eigenforschung

Das geistige Eigentum ist einem Unternehmen zuzurechnen, wenn es entweder entgeltlich erworben oder selbst geschaffen und anschließend eigentumsrechtlich oder in anderer Weise geschützt wird.[82] Die eigenständige Schaffung von geistigem

79 Allgemein hierzu *Bozza-Bodden* in: Schönfeld/Ditz, DBA, 2013, Art. 12 Rz. 95 ff.; *Dorfmueller* in: Gosch et al., DBA, 2019, Art. 12 Rn. 106/1 ff.; *Käbisch/Strunk* in: Strunk et al., AStG/DBA, 2019, Art. 12 Anm. 80 ff.; *von Pannwitz* in: Haase, AStG/DBA, 2016, Art. 12 Rz. 86 ff.

80 Vgl. *Böcker*, StBp 1991, S. 77.

81 Zur Abgrenzung zwischen Nutzungsüberlassung und Rechtskauf siehe *Dorfmueller* in: Gosch et al., DBA, 2019, Art. 12 Rn. 48 ff.; *Bozza-Bodden* in: Schönfeld/Ditz, DBA, 2013, Art. 12 Rz. 83.

82 So auch *Jacobs*, Internationale Unternehmensbesteuerung, 2016, S. 1115.

Eigentum erfolgt zumeist über eine unternehmens- oder konzerneigene Forschung und Entwicklung.[83] Diese Art der Forschung wird als Eigenforschung bezeichnet.

Die Eigenforschung kennzeichnet sich insbesondere dadurch, dass ein Konzernunternehmen auf eigene Kosten und eigenes Risiko forscht und anschließend das Eigentumsrecht an den Ergebnissen der Forschung und Entwicklung erhält.[84] Diese Forschungsvariante wird häufig bewusst in der Automobilzulieferindustrie gewählt, um das Eigentum an den Forschungsergebnissen bei einer Konzerngesellschaft zu konzentrieren und gegenüber der Konkurrenz zu schützen. Die Eigenforschung kann einerseits die selbständige Verwertung und andererseits die Überlassung der Ergebnisse an andere Unternehmen zum Ziel haben.[85] Die Überlassung der Forschungsergebnisse erfolgt schließlich über eine fremdübliche Lizenzgebühr.[86]

Die Eigenforschung ist mit einem zum Teil erheblichen Vorfinanzierungsbedarf verbunden, da den während der Entwicklungsphase anfallenden Kosten zunächst keine Erträge aus dem Verkauf von Produkten oder der Lizenzierung gegenüberstehen.[87] Demnach stellt die ausreichende Kapitalausstattung eine elementare Voraussetzung für die Entwicklung von geistigem Eigentum im Rahmen der Eigenforschung dar. Erträge aus dem selbst geschaffenen geistigen Eigentum ergeben sich hingegen erst mit der Verwertung der gewonnenen Forschungsergebnisse.

2.1.2.2 Auftragsforschung

Die Auftragsforschung unterscheidet sich insofern von der Eigenforschung als der Forschungsauftrag an ein anderes Unternehmen vergeben und insoweit auf

---

83 Zur Definition des Begriffs Forschung und Entwicklung siehe *Engler/Kachur* in: Vögele et al., Verrechnungspreise, 2015, Kap. O Rz. 53 ff.

84 Vgl. *Greinert* in: Wassermeyer/Baumhoff, Verrechnungspreise, 2014, Rz. 6.605; *Jacobs*, Internationale Unternehmensbesteuerung, 2016, S. 1113; *Broemel*, Steuerplanung, 2016, S. 17 f.; *Engler/Kachur* in: Vögele et al., Verrechnungspreise, 2015, Kap. O Rz. 124.

85 Vgl. *Broemel*, Steuerplanung, 2016, S. 18.

86 Vgl. *Greinert* in: Wassermeyer/Baumhoff, Verrechnungspreise, 2014, Rz. 6.605. Alternativ kann die Veräußerung der Forschungsergebnisse erwogen werden.

87 Vgl. *Engler/Kachur* in: Vögele et al., Verrechnungspreise, 2015, Kap. O Rz. 124; *Broemel*, Steuerplanung, 2016, S. 18 f. In der Automobilzulieferindustrie werden durchschnittlich 7–8 % der Umsatzerlöse für Forschung und Entwicklung aufgewendet. Die Automobilhersteller hingegen investieren lediglich 3–5 % ihrer Umsatzerlöse für Forschung und Entwicklung. Vgl. *Fraß*, Automobilzulieferindustrie, 2012, S. 14–15.

eine selbständige Forschung verzichtet wird. Dabei treten nicht selten mehrere Unternehmen als einheitlicher Auftraggeber auf. Die Forschungsergebnisse und das damit verbundene Verwertungsrecht kommen indessen dem Auftraggeber zugute.[88]

Die Auftragsforschung kann einerseits als Dienstvertrag und andererseits als Werkvertrag vereinbart werden.[89] Wird der Forschungsauftrag in Form eines Dienstvertrages vergeben, so trägt der Auftragnehmer kein Risiko an dem Erfolg oder Misserfolg der beauftragten Forschung und Entwicklung.[90] Gleichzeitig bleiben dem Auftraggeber sämtliche wichtigen Entscheidungen über den Inhalt der Forschungs- und Entwicklungstätigkeit des Auftragnehmers vorbehalten.[91] Erfolgt die Auftragsforschung hingegen im Rahmen eines Werkvertrages, geht das Forschungsrisiko allein auf den forschenden Auftragnehmer über.[92] Gleichzeitig schuldet der Auftragnehmer dem Auftraggeber ein zuvor definiertes Forschungsergebnis.[93] Sowohl im Dienst- als auch im Werkvertrag ist das Forschungsprojekt, d.h. Ziel, Art und Umfang der Forschungs- und Entwicklungstätigkeit, zur eindeutigen Abgrenzung genau zu definieren.[94]

Zur Vergütung der Auftragsforschung zahlt das beauftragende Unternehmen häufig einen Betrag in Höhe der anfallenden Kosten zuzüglich eines

---

88 Vgl. *Engler/Kachur* in: Vögele et al., Verrechnungspreise, 2015, Kap. O Rz. 181; *Zißler*, Auftragsforschung, 2011, S. 29; *Jacobs*, Internationale Unternehmensbesteuerung, 2016, S. 1117.

89 Vgl. BGH, Urteil vom 16.07.2002, X ZR 27/01, NJW 2002, S. 3323; *Zißler*, Auftragsforschung, 2011, S. 30. Zum Vertragsinhalt eines Forschungsvertrages auf Basis einer Auftragsforschung siehe *Engler/Kachur* in: Vögele et al., Verrechnungspreise, 2015, Kap. O Rz. 203 ff.

90 Vgl. *Broemel*, Steuerplanung, 2016, S. 19.

91 Vgl. *Jacobs*, Internationale Unternehmensbesteuerung, 2016, S. 1118; *Engler/Kachur* in: Vögele et al., Verrechnungspreise, 2015, Kap. O Rz. 182. Zur Bilanzierung der Forschungsergebnisse auf Basis eines Dienstvertrages siehe *Engler/Kachur* in: Vögele et al., Verrechnungspreise, 2015, Kap. O Rz. 188.

92 Vgl. *Greinert* in: Wassermeyer/Baumhoff, Verrechnungspreise, 2014, Rz. 6.605.

93 Vgl. *Broemel*, Steuerplanung, 2016, S. 19; BGH, Urteil vom 16.07.2002, X ZR 27/01, NJW 2002, S. 3323. Zur Bilanzierung der Forschungsergebnisse auf Basis eines Werkvertrages siehe *Engler/Kachur* in: Vögele et al., Verrechnungspreise, 2015, Kap. O Rz. 189.

94 Vgl. *Engler/Kachur* in: Vögele et al., Verrechnungspreise, 2015, Kap. O Rz. 186. Zur zivilrechtlichen Abgrenzung des Werkvertrages von Dienstvertrag siehe *Leupertz/Halfmeier* in: Prütting et al., BGB, 2014, Vor § 631–651 Rn. 7.

angemessenen Gewinnaufschlags.[95] Dabei werden regelmäßig bereits während der Entwicklungsphase Zahlungen an das Forschungsunternehmen geleistet.[96] Insofern kann die Auftragsforschung ebenso wie die Eigenforschung hohe Kosten verursachen. Demzufolge wird die Auftragsforschung vor allem gewählt, soweit das beauftragende Unternehmen keine ausreichenden Forschungskapazitäten besitzt oder eine bewusste Auslagerung des Forschungsrisikos beabsichtigt wird. Die Auftragsforschung ist insbesondere zwischen einem Automobilhersteller als Auftraggeber und einem Automobilzulieferer als Auftragnehmer anzutreffen.

2.1.2.3 Gemeinschaftsforschung

Die Gemeinschaftsforschung findet vornehmlich im Rahmen der Forschung und Entwicklung innerhalb eines Konzerns Anwendung. Dabei koordinieren mehrere Konzernunternehmen ihre Forschungs- und Entwicklungsaktivitäten in einem Forschungspool als gleichberechtigte Partner im gemeinsamen Interesse, auf gemeinsames Risiko und mit gemeinsamer Ertragschance.[97] Auf diese Weise werden einerseits die Fähigkeiten gebündelt und andererseits die Kosten und Risiken auf die Vertragsmitglieder verteilt.

Hinsichtlich der Ausgestaltung der Gemeinschaftsforschung hat die deutsche Finanzverwaltung die Einkünfteabgrenzung aus der Konzernumlage mit BMF-Schreiben vom 05.07.2018[98] – inzwischen ersetzt durch das BMF-Schreiben vom 14.07.2021[99] – neu definiert, indem sie nunmehr auf die Ausführungen der OECD Verrechnungspreisrichtlinien 2017 verweist.[100] Demnach wird zwischen Kostenumlagevereinbarungen für Entwicklungszwecke einerseits und Dienstleistungszwecke andererseits unterschieden.[101] Dabei haben die

95 Vgl. *Greinert* in: Wassermeyer/Baumhoff, Verrechnungspreise, 2014, Rz. 6.605; *Broemel*, Steuerplanung, 2016, S. 20; *Haas* in: Achatz, Internationales Steuerrecht, 2013, S. 292. Sowohl die Preisvergleichsmethode als auch die Wiederverkaufspreismethode sind hingegen für gewöhnlich nicht anwendbar, da es häufig an einem angemessenen Fremdvergleich fehlt. Vgl. *Jacobs*, Internationale Unternehmensbesteuerung, 2016, S. 1118.

96 Vgl. *Broemel*, Steuerplanung, 2016, S. 20.

97 Vgl. *Jacobs*, Internationale Unternehmensbesteuerung, 2016, S. 1118.

98 Vgl. BMF-Schreiben vom 05.07.2018, BStBl. I 2018, S. 743.

99 Vgl. BMF-Schreiben vom 14.07.2021, BStBl. I 2021, S. 1098 Tz. 6.1.

100 Vgl. BMF-Schreiben vom 14.07.2021, BStBl. I 2021, S. 1098 Tz. 3.81 ff. Die neue Regelung gilt grundsätzlich seit dem 01.01.2019. Allgemein hierzu BMF-Schreiben vom 05.07.2018, BStBl. I 2018, S. 743.

101 Allgemein hierzu *OECD*, Verrechnungspreisleitlinien, 2017, Tz. 8.10.

Kostenumlagen strikt dem Fremdvergleichsgrundsatz zu folgen.[102] Demzufolge sind die Beiträge der einzelnen Mitglieder wie unter fremden Dritten zu bemessen, sodass neben der Kostenaufschlagsmethode bei Bedarf auch andere Maßstäbe heranzuziehen sind.[103] Gleichzeitig hat der Umfang des Beitrags eines Unternehmens mit dem Anteil der Beteiligung am Ergebnis übereinzustimmen. Dabei sind notfalls Ausgleichszahlungen zwischen den einzelnen Teilnehmern zu leisten, um eine Parität zwischen dem Beitrag und der Beteiligung am Ergebnis zu erreichen.[104] Zudem wird ein Unternehmen erst als Teilnehmer einer Kostenumlagevereinbarung anerkannt, wenn es eine Funktion innerhalb des Verbundes, das entsprechende Risiko und die Kontrolle über dieses Risiko übernimmt.[105] Erst dann ist es berechtigt, am Erfolg der Vereinbarung zu partizipieren. Die steuerliche Behandlung der Beiträge hat schließlich so zu erfolgen, als wenn sie außerhalb der Kostenumlagevereinbarung gezahlt worden wären.[106]

2.2 Durchführung der Besteuerung

Das geistige Eigentum kann unterschiedlichen Einkunftsarten zugeordnet werden[107] und infolgedessen eine Besteuerung auslösen.[108] Der Besitz von geistigem Eigentum für sich genommen stellt jedoch noch keinen steuerbaren Tatbestand dar. Der Steuergegenstand ist vielmehr das durch die Nutzung des geistigen Eigentums erzielte Einkommen.[109] Dabei werden die Einkünfte in der Regel einem gewerblich tätigen Unternehmen zugeordnet und den Einkünften aus Gewerbebetrieb zugerechnet. Nur in Ausnahmefällen stellen die Erträge Einkünfte aus Vermietung und Verpachtung dar. Die Überlassung von geistigem Eigentum innerhalb eines Konzernverbundes wird indessen stets den Einkünften aus Gewerbebetrieb zuzuordnen sein.

---

102 Vgl. *OECD*, Verrechnungspreisleitlinien, 2017, Tz. 8.13; BMF-Schreiben vom 14.07.2021, BStBl. I 2021, S. 1098 Tz. 3.82.

103 Vgl. *OECD*, Verrechnungspreisleitlinien, 2017, Tz. 8.24 ff.

104 Vgl. *OECD*, Verrechnungspreisleitlinien, 2017, Tz. 8.34 ff.

105 Vgl. *OECD*, Verrechnungspreisleitlinien, 2017, Tz. 8.14 f.

106 Vgl. *OECD*, Verrechnungspreisleitlinien, 2017, Tz. 8.41 ff.

107 Welcher Einkunftsart die Einkünfte zugeordnet werden, bestimmt sich nach den §§ 13–24 EStG. Vgl. *Kanzler* in: Kanzler et al., EStG, 2017, § 2 Rn. 307.

108 Zu Einkunftsarten siehe *Kirchhof* in: Kirchhof, EStG, 2017, § 2 Rn. 46 ff.; *Zenthöfer*, Einkommensteuer, 2016, S. 435 ff.

109 Vgl. *Kirchhof* in: Kirchhof, EStG, 2017, § 2 Rn. 81; *Musil* in: Herrmann et al., EStG/KStG, 2019, § 2 Anm. 17.

Allerdings kommt es mitunter zu Konflikten hinsichtlich des Besteuerungsrechts einzelner Staaten für die Einkünfte aus der Nutzung des geistigen Eigentums, soweit es grenzüberschreitend zur Verfügung gestellt wird. So hat allgemeinhin der Ansässigkeitsstaat des Nutzungsberechtigten der Gebühr das Besteuerungsrecht für die Einkünfte aus der Nutzung des geistigen Eigentums. Dies gilt insbesondere, wenn die Gebühr aus dem Wohnsitzstaat des Nutzungsberechtigten zufließt. Ein Problem kann allerdings entstehen, soweit die Nutzungsgebühr aus einem anderen Land als dem Ansässigkeitsstaat des Nutzungsberechtigten zufließt. Insoweit besitzen nach nationalem Recht regelmäßig sowohl der Wohnsitzstaat des Nutzungsberechtigten als auch der Staat, in dem das geistige Eigentum verwertet wird, das Besteuerungsrecht. So übt der Ansässigkeitsstaat des Nutzungsberechtigten sein Besteuerungsrecht nach dem weit verbreiteten Welteinkommensprinzip[110] aus. Der Staat, aus dem die Nutzungsgebühr stammt, beruft sich indessen als Quellenstaat auf die Besteuerung an dem Ort der Verwertung des geistigen Eigentums.[111] Dies führt schließlich zu einer Doppelbesteuerung, die es zu vermeiden gilt.

2.3 Instrumente zur Vermeidung der Doppelbesteuerung

2.3.1 Bedeutung

Internationale Investitionsentscheidungen in einem Konzernverbund werden zunehmend durch Steuern beeinflusst. Somit wird die Steuerpolitik immer mehr zu einem Standortfaktor, sodass die Staaten in Konkurrenz zueinander treten und um die Gunst der Unternehmen werben.[112] So wurden im Zuge der Unternehmenssteuerreform 2008 die Ertragssteuersätze in Deutschland erheblich gesenkt. Seitdem liegt die durchschnittliche Unternehmenssteuerquote[113]

---

110 Vgl. *Tiede* in: Herrnann et al., EStG/KStG, 2019, § 1 Anm. 88. Allgemein hierzu *Blusz* in: Kanzler et al., EStG, 2017, § 1 Rn. 31 ff.; *Zenthöfer*, Einkommensteuer, 2016, S. 5 ff.

111 Vgl. u.a. § 49 Abs. 1 Nr. 6 EStG; *Zenthöfer*, Einkommensteuer, 2016, S. 1071; *Kraft* in: Kanzler et al., EStG, 2017, § 49 Rn. 197.

112 Vgl. *Schön*, DStJG 2000, S. 195. Es liegt insbesondere im Interesse der hoch besteuernden Staaten, den Einfluss der Steuern auf internationale Investitionsentscheidungen zurückzudrängen und damit den zwischenstaatlichen Steuerwettbewerb zu reduzieren. Vgl. *Schaumburg* in: Schaumburg, Steuerrecht, 2017, Rz. 5.4.

113 Unternehmen verwenden die Unternehmenssteuerquote zunehmend in der Investitionsplanung sowie zur Beurteilung der Steuerpolitik eines Landes. Zudem dient sie Analysten, Managern und Anlegern als Gradmesser für die Effizienz der Unternehmenssteuerplanung. Kapitalmarktorientierte Unternehmen sind verpflichtet,

bei 31,2 %.[114] Damit ist Deutschland zwar weiterhin ein Hochsteuerland unter den Staaten der Europäischen Union.[115] Allerdings wurde durch diese Maßnahme die internationale Wettbewerbsfähigkeit des Standorts Deutschland wiederhergestellt.

Neben der Steuerquote stellt die Doppelbesteuerung[116] eine große Belastung für die Unternehmen dar. Die Doppelbesteuerung entsteht insbesondere bei grenzüberschreitenden Steuersachverhalten,[117] in denen mehreren Staaten das Zugriffsrecht auf das Steuersubstrat zusteht. Sie gilt als wettbewerbshemmend und stellt zugleich einen Eingriff in das Leistungsfähigkeitsprinzip[118] dar. Die Doppelbesteuerung ist sowohl durch unilaterale als auch bilaterale Maßnahmen vermeidbar. Multilaterale Maßnahmen hingegen haben aufgrund unterschiedlicher fiskalpolitischer Interessenlagen der einzelnen Staaten bisher keine nennenswerte Bedeutung erlangt.[119] Sie werden jedoch zunehmend zur rechtlichen Auslegung der bilateralen Maßnahmen wie zur Interpretation von Doppelbesteuerungsabkommen (DBA) herangezogen.

---

die Unternehmenssteuerquote im Jahresabschluss zu veröffentlichen. Vgl. *Sureth et al.*, StuW 2009, S. 50 ff.; *Müller et al.*, WPg 2010, S. 1028 f. Siehe auch *Jacobs*, Internationale Unternehmensbesteuerung, 2016, S. 885 ff.

114 Es wird von einer Kapitalgesellschaft unter Einbeziehung der Körperschaftssteuer, des Solidaritätszuschlages und der Gewerbesteuer bei einem Gewerbesteuerhebesatz von 440 % ausgegangen. Die Unternehmenssteuerquote kann zum einen durch einen abweichenden Gewerbesteuerhebesatz und zum anderen aufgrund einer anderen Rechtsform von diesem Wert abweichen.

115 Siehe hierzu *Jacobs*, Internationale Unternehmensbesteuerung, 2016, S. 168.

116 Der Tatbestand der Doppelbesteuerung ist erfüllt, wenn derselbe Steuerpflichtige mit denselben Einkünften oder Vermögenswerten gleichzeitig in mehreren Staaten zu gleichen oder vergleichbaren Steuern herangezogen wird. Vgl. *Jacobs*, Internationale Unternehmensbesteuerung, 2016, S. 3; *Rupp et al.*, Steuerrecht, 2014, S. 8 f. Siehe auch *Kluge*, Steuerrecht, 2000, S. 23 ff.; *Haase* in: Haase, AStG/DBA, 2016, Einleitung II Rz. 33 ff. Zum Begriff „Doppelbesteuerung" siehe *Wassermeyer et al.* in: Wassermeyer, Doppelbesteuerung, 2019, vor Art. 1 Anm. 1 f.

117 So auch *Schaumburg* in: Schaumburg, Steuerrecht, 2017, Rz. 15.2.

118 Die universelle Erfassung der Einkünfte nach dem Welteinkommensprinzip verlangt auch eine Berücksichtigung der internationalen Leistungsfähigkeit des Steuerpflichtigen. Somit ist die Vermeidung der Doppelbesteuerung über Art. 3 GG verfassungsrechtlich geboten. Vgl. *Schaumburg* in: Schaumburg, Steuerrecht, 2017, Rz. 17.8 ff., 17.13; *Schönfeld/Häck* in: Schönfeld/Ditz, DBA, 2013, Systematik Rz. 10.

119 Vgl. *Schaumburg/Häck* in: Schaumburg, Steuerrecht, 2017, Rz. 19.2.

Durch die Vermeidung der Doppelbesteuerung werden im Wesentlichen die Kapitalexport- und Kapitalimportneutralität verwirklicht.[120] Die Kapitalexportneutralität beinhaltet, dass ein Investor für ein bestimmtes Einkommen dieselbe Gesamtsteuer im Wohnsitzstaat zu zahlen hat, unabhängig davon, ob das Einkommen aus einer in- oder ausländischen Quelle bezogen wird. Dies wird durch die Steueranrechnung von ausländischen Erträgen im Ansässigkeitsstaat erreicht. Demgegenüber zielt die Kapitalimportneutralität mithilfe der Steuerfreistellung im Wohnsitzstaat auf die gleiche steuerliche Belastung von in- und ausländischen Investoren im Quellenstaat ab.[121] Die Kapitalexportneutralität beinhaltet demnach die steuerliche Gleichbehandlung der Unternehmen im Wohnsitzstaat nach dem Welteinkommensprinzip, wohingegen die Kapitalimportneutralität die Wettbewerbsneutralität des inländischen Unternehmens im Quellenstaat nach dem Territorialprinzip garantiert.[122] Allerdings sind die Kapitalexport- und Kapitalimportneutralität nicht in gleichem Maße realisierbar, solange kein international einheitliches Steuersystem besteht.

Deutschland als exportorientierte Nation mit einer hohen Investitionsquote im Ausland ist besonders bestrebt, wettbewerbsverzerrende Einflüsse durch eine internationale Doppelbesteuerung zu unterbinden und somit die Konkurrenzfähigkeit der deutschen Konzerne zu gewährleisten.[123] Daher legt Deutschland einen großen Wert auf unilaterale und bilaterale Maßnahmen zur Vermeidung einer Doppelbesteuerung. Zusätzlich wird auf diese Weise eine höhere Akzeptanz in der Besteuerung von Einkünften an sich erreicht, da eine angemessene Unternehmenssteuerquote vielfach akzeptiert wird. Demnach ist die Vermeidung einer Doppelbesteuerung ein wesentlicher Schritt zur Eindämmung von Steuerflucht.

---

120 Vgl. *Schaumburg* in: Schaumburg, Steuerrecht, 2017, Rz. 5.2.

121 Vgl. *Schaumburg* in: Schaumburg, Steuerrecht, 2017, Rz. 5.2.; *Lehner*, StuW 1998, S. 165; *Vogel*, StuW 1993, S. 386; *Schön*, DStJG 2000, S. 196 f.

122 Vgl. *Jacobs*, Internationale Unternehmensbesteuerung, 2016, S. 20 f.; *Homburg*, Steuerlehre, 2015, S. 306 f.

123 Vgl. *Haase* in: Haase, AStG/DBA, 2016, Einleitung II Rz. 13; *Schaumburg* in: Schaumburg, Steuerrecht, 2017, Rz. 17.14.

2.3.2 Bilaterale Maßnahmen

2.3.2.1 Doppelbesteuerungsabkommen

Ein DBA stellt einen völkerrechtlichen Vertrag[124] und damit eine bilaterale Maßnahme zur Vermeidung der Doppelbesteuerung dar.[125] Es ist darauf gerichtet, einen Ausgleich zwischen dem Besteuerungsrecht des Wohnsitzstaates auf der einen und des Quellenstaates auf der anderen Seite herzustellen.[126] Gleichzeitig entfaltet das DBA gegenüber dem nationalen Steuerrecht, das in der Regel auf die Besteuerung des Welteinkommens abzielt, eine Schrankenwirkung.[127] Daher wird dem DBA im deutschen Steuerrecht nach § 2 Abs. 1 AO ein Vorrang vor den nationalen Steuergesetzen eingeräumt,[128] sodass es einen in sich geschlossenen Regelungskreis darstellt.[129]

Um mit dem DBA die Doppelbesteuerung wirksam vermeiden zu können, ist eine einheitliche Auslegung der DBA-Vorschriften durch die Vertragsstaaten notwendig.[130] Aus diesem Grund wurde von der OECD ein Musterabkommen zur Vermeidung der Doppelbesteuerung (OECD-MA) entwickelt, das inzwischen einen weltweit bekannten und in vielen Ländern anerkannten Standard

---

124 Vgl. *Wassermeyer et al.* in: Wassermeyer, Doppelbesteuerung, 2019, vor Art. 1 Anm. 9.

125 Die Vermeidung der doppelten Nichtbesteuerung stellt hingegen keine generelle Abkommenszielsetzung des DBA dar. Dennoch wird versucht, der doppelten Nichtbesteuerung zumindest in Teilbereichen zu begegnen. So auch in Art. 23A Abs. 4 OECD-MA. Vgl. *Lang*, IStR 2002, S. 611 f.; *Schönfeld/Häck* in: Schönfeld/Ditz, DBA, 2013, Systematik Rz. 13; *Lehner*, FR 2011, S. 1091.

126 Die Doppelbesteuerung wird nach dem DBA nur im Rahmen ihres Anwendungsbereichs vermieden. Demnach ist zur Anwendung eines DBA erforderlich, dass der Steuerpflichtige in einem der beiden Vertragsstaaten ansässig ist. Vgl. *Lang*, IStR 2002, S. 610.

127 Siehe auch *Schaumburg/Häck* in: Schaumburg, Steuerrecht, 2017, Rz. 19.5; *Debatin*, DB 1985, Beilage 23 S. 1; *Lehner* in: Vogel/Lehner, DBA, 2021, Grundlagen Rn. 66.

128 Das DBA wird in der Bundesrepublik Deutschland durch Transformation gemäß Art. 59 Abs. 2 GG zu nationalem Recht. Vgl. *Schaumburg/Häck* in: Schaumburg, Steuerrecht, 2017, Rz. 19.37 f.; *Rose/Watrin*, Internationales Steuerrecht, 2016, S. 72; *Wassermeyer et al.* in: Wassermeyer, Doppelbesteuerung, 2019, vor Art. 1 Anm. 10 f.

129 Vgl. *Debatin*, DB 1985, Beilage 23 S. 2; *Büge* in: Gosch et al., DBA, 2019, Art. 2 Rn. 9; BFH, Urteil vom 09.11.1977, I R 254/75, BStBl. II 1978, S. 195; BFH, Urteil vom 21.08.1985, I R 63/80, BStBl. II 1986, S. 4; BFH, Urteil vom 27.01.1988, I R 241/83, BStBl. II 1988, S. 574.

130 Vgl. *Haase* in: Haase, AStG/DBA, 2016, Einleitung II Rz. 69; *Debatin*, DB 1985, Beilage 23 S. 3.

darstellt.[131] Zudem wird das DBA regelmäßig durch eine abkommensrechtliche Auslegungsrichtlinie ergänzt, um bei der Deutung der Vorschriften nicht auf z.T. divergierende nationale Begriffsdefinitionen zurückgreifen zu müssen.[132] Deutschland lehnt sich bei der Ausarbeitung seiner DBA wie viele andere Nationen an das OECD-MA an.[133] Allerdings versuchen die Vertragsparteien stets ihre individuellen nationalen Interessen durchzusetzen, sodass die von Deutschland abgeschlossenen DBA für gewöhnlich geringfügige Abweichungen von dem OECD-MA aufweisen.

Das geistige Eigentum wird regelmäßig über Lizenzverträge zur Nutzung überlassen. Demnach ist der Art. 12 OECD-MA anzuwenden, um eine Doppelbesteuerung zu vermeiden. Der Art. 12 Abs. 1 OECD-MA weist ausschließlich dem Ansässigkeitsstaat des Nutzungsberechtigten der Lizenzgebühr das Besteuerungsrecht zu.[134] Eine Quellenbesteuerung auf Lizenzgebühren ist im OECD-MA hingegen nicht vorgesehen. Gleichwohl sehen zahlreiche DBA eine Quellenbesteuerung vor[135] und weichen insoweit vom OECD-MA

---

131 Vgl. *Haase* in: Haase, AStG/DBA, 2016, Einleitung II Rz. 69. Neben dem OECD-MA existieren insbesondere ein US-Musterabkommen und ein UN-Modell als DBA-Vorlage. Vgl. *Schaumburg/Häck* in: Schaumburg, Steuerrecht, 2017, Rz. 19.16 f.; *Wassermeyer et al.* in: Wassermeyer, Doppelbesteuerung, 2019, vor Art. 1 Anm. 22 f.; *Rose/Watrin*, Internationales Steuerrecht, 2016, S. 72. Zur Entwicklungsgeschichte des OECD-MA siehe *Schaumburg/Häck* in: Schaumburg, Steuerrecht, 2017, Rz. 19.14 ff.

132 Die Auslegungsrichtlinie eines DBA beinhaltet als Orientierungsmaßstab die Begriffsdefinitionen des Abkommens, den Sinnzusammenhang des Abkommens und alternativ den Rückgriff auf die Begriffswelt des innerstaatlichen Rechts. Allgemein hierzu *Schaumburg/Häck* in: Schaumburg, Steuerrecht, 2017, Rz. 19.54 ff.; *Gaffron* in: Haase, AStG/DBA, 2016, Art. 3 Rz. 71 ff.; *Debatin*, DB 1985, Beilage 23 S. 5 f.

133 Abgesehen von Brasilien hat die Bundesrepublik Deutschland mit allen wirtschaftlich bedeutenden Ländern ein DBA abgeschlossen. Zum Stand der Abkommen am 01.01.2021 siehe BMF-Schreiben vom 18.02.2021, BStBl. I 2021, S. 265 ff.

134 In den DBA dominiert die Wohnsitzbesteuerung. Auf diese Weise wird der Ansatz des Welteinkommensprinzips auch auf Abkommensebene verwirklicht, vgl. *Schaumburg/Häck* in: Schaumburg, Steuerrecht, 2017, Rz. 19.194; *Bozza-Bodden* in: Schönfeld/Ditz, DBA, 2013, Art. 12 Rz. 33.

135 Vgl. *Rose/Watrin*, Internationales Steuerrecht, 2016, S. 76; *Käbisch/Strunk* in: Strunk et al., AStG/DBA, 2019, Art. 12 Anm. 22 f. Beispielsweise sieht das DBA zwischen der Bundesrepublik Deutschland und der Volksrepublik China eine Quellensteuer auf Lizenzen in Höhe von 10 % vor. Vgl. Art. 12 Abs. 2 a) und b) DBA D-CN. Innerhalb

ab.[136] Neben der Besteuerung im Ansässigkeitsstaat des Nutzungsberechtigten beinhaltet der Art. 12 Abs. 3 OECD-MA zudem einen Betriebsstätten-Vorbehalt. Demnach werden die Lizenzgebühren der Besteuerung im Quellenstaat nach Art. 7 OECD-MA unterworfen, soweit der Nutzungsberechtigte der Lizenzgebühren dort eine Betriebsstätte unterhält und das geistige Eigentum dieser Betriebsstätte zuzurechnen ist.[137] Falls allerdings für das geistige Eigentum eine unangemessen hohe Lizenzgebühr gezahlt wird, ist das die angemessene Lizenzgebühr übersteigende Entgelt nach nationalem Recht zu qualifizieren.[138]

Soweit eine Quellenbesteuerung erfolgt, wird die Vermeidung der Doppelbesteuerung durch den Ansässigkeitsstaat anhand der im OECD-MA vorgesehenen Freistellungs- oder Anrechnungsmethode realisiert.[139] Die Freistellungsmethode beinhaltet, dass die betroffenen Einkünfte im Wohnsitzstaat nach Art. 23A OECD-MA von der Besteuerung ausgenommen werden. Gleichwohl unterliegen die Einkünfte in dem Staat, der die Einkünfte steuerfrei stellt, regelmäßig dem Progressionsvorbehalt, um die Besteuerung nach der Leistungsfähigkeit des Steuerpflichtigen zu gewährleisten.[140] Demgegenüber

---

der EU wird die Quellensteuer auf Lizenzen aufgrund des § 50g EStG für gewöhnlich vermieden.

136 Diesbezüglich wird vielfach argumentiert, dass den Lizenzgebühren allenfalls geringe Aufwendungen gegenüberstehen und somit eine Quellenbesteuerung gerechtfertigt sei. Diese Argumentation ist jedoch haltlos, da einer Lizenzgebühr regelmäßig umfassende Investitionen in Grundlagenforschung, Produktentwicklung etc. vorangehen.

137 Vgl. *Bozza-Bodden* in: Schönfeld/Ditz, DBA, 2013, Art. 12 Rz. 121.

138 Vgl. Art. 12 Abs. 4 OECD-MA; *Bozza-Bodden* in: Schönfeld/Ditz, DBA, 2013, Art. 12 Rz. 136.

139 Bei der Steuerfreistellungsmethode bleibt das ausländische Steuerniveau grundsätzlich erhalten. Dagegen schleust die Steueranrechnungsmethode die Steuerbelastung auf das Steuerniveau des Ansässigkeitsstaates hoch, soweit dies über dem Steuerniveau des Quellenstaates liegt. Im umgekehrten Fall verbleibt die Steuerbelastung auf dem höheren Niveau des Quellenstaates. Vgl. *Schmidt/Blöchle* in: Strunk et al., AStG/DBA, 2019, Art. 23 A/B Anm. 7; *Vogel*, StuW 1993, S. 386. Zu wirtschaftlichen sowie investitionspolitischen und steuerpolitischen Vor- und Nachteilen der beiden Methoden siehe *Ismer* in: Vogel/Lehner, DBA, 2021, Art. 23A, 23B Rn. 6 ff.; *Schmidt/Blöchle* in: Strunk et al., AStG/DBA, 2019, Art. 23 A/B Anm. 7 ff.

140 Der Progressionsvorbehalt gilt sowohl für positive als auch negative Einkünfte. Vgl. *Reith*, Internationales Steuerrecht, 2004, Anm. 4.953 ff.; *Ismer* in: Vogel/Lehner, DBA, 2021, Art. 23A, 23B Rn. 42, 58; BFH, Urteil vom 25.05.1970, I R 146/68, BStBl. II 1970, S. 755; BFH, Urteil vom 06.10.1982, I R 121/79, BStBl. II 1983, S. 34; BFH,

werden die Einkünfte bei der Anrechnungsmethode der Besteuerung im Ansässigkeitsstaat unterworfen. Gleichzeitig wird die auf diese Einkünfte entfallende ausländische Steuer – incl. möglicherweise anfallender Quellensteuer – nach Art. 23B OECD-MA auf die inländische Steuer des Ansässigkeitsstaates angerechnet, die auf diese Einkünfte entfällt.[141] Ersatzweise kann eine Steuerfreistellung oder -anrechnung durch die nationale Regelung im § 34c EStG vorgenommen werden. Dies ist insbesondere der Fall, wenn mit dem betreffenden Land kein DBA besteht[142] oder im DBA zur Beseitigung der Doppelbesteuerung auf das nationale Recht verwiesen wird.

2.3.2.2 Verständigungsverfahren nach Art. 25 OECD-MA und EU-Schiedsverfahrenskonvention

Zwischenstaatliche Verfahren zur Streitbeilegung erlangen aufgrund des voranschreitenden Umfangs grenzüberschreitender Aktivitäten eine zunehmende Bedeutung.[143] Dies gilt insbesondere für die Überlassung von geistigem Eigentum innerhalb eines Konzernverbundes. Die zwischenstaatlichen Verfahren bestehen unabhängig von den nationalen Verfahren, sodass beide Verfahren sowohl nebeneinander als auch nacheinander geführt werden können.[144] Die

---

Urteil vom 11.09.1987, VI R 19/84, BStBl. II 1987, S. 856; BFH, Urteil vom 06.10.1993, I R 32/93, BStBl. II 1994, S. 113. Zur allgemeinen Rechtmäßigkeit des Progressionsvorbehalts siehe BFH, Urteil vom 17.10.1990, I R 182/87, BStBl. II 1991, S. 136.

141 Vgl. *Ismer* in: Vogel/Lehner, DBA, 2021, Art. 23A, 23B Rn. 136. Der Progressionsvorbehalt in Art. 23B Abs. 2 OECD-MA bezieht sich auf Einkünfte, die bereits nach der Zuordnungsmethode einem der beiden Vertragsstaaten zugerechnet werden. Vgl. *Reith*, Internationales Steuerrecht, 2004, Anm. 4.985. Die Quellensteuer wird nach Art. 12 Abs. 1 OECD-MA auf den Bruttobetrag der Lizenzeinnahmen erhoben. Da im Wohnsitzstaat die Steueranrechnung regelmäßig nur auf die Einkünfte erfolgt, die der Quellensteuer unterlegen haben, kann es zu einer Doppelbesteuerung kommen, soweit im Wohnsitzstaat entsprechende Betriebsausgaben oder Werbungskosten zum Abzug gebracht werden. Vgl. *Reith*, Internationales Steuerrecht, 2004, Anm. 4.566. Der Bruttoansatz zur Ermittlung der Quellensteuer ist allerdings umstritten und verstößt nach der Rechtsprechung des EuGH in den Mitgliedsstaaten der EU gegen EU-Recht. Vgl. *Jacobs*, Internationale Unternehmensbesteuerung, 2016, S. 373 f.; EuGH, Urteil vom 03.10.2006, Rs. C-290/04, IStR 2006, S. 743; EuGH, Urteil vom 15.02.2007, Rs. C-345/04, IStR 2007, S. 212.

142 Vgl. *Rupp et al.*, Steuerrecht, 2014, S. 58.

143 Vgl. *Becker* in: Haase, AStG/DBA, 2016, Art. 25 Rz. 3.

144 Vgl. *Flüchter* in: Schönfeld/Ditz, DBA, 2013, Art. 25 Rz. 68 f.; *Becker* in: Haase, AStG/DBA, 2016, Art. 25 Rz. 18; BFH, Urteil vom 26.05.1982, I R 16/78, BStBl. II 1982, S. 583.

zwischenstaatlichen Verfahrensarten sind im DBA in Art. 25 OECD-MA normiert. Sie dienen als bilaterales Streiterledigungsmittel[145] und werden wie folgt differenziert:[146]

- zwischenstaatliches Verständigungsverfahren,
- zwischenstaatliches Konsultationsverfahren und
- zwischenstaatliches Schiedsverfahren.

Darüber hinaus existiert eine EU-Schiedsverfahrenskonvention, die eine Schutzwirkung zugunsten der in den verschiedenen Mitgliedsstaaten ansässigen Unternehmen gegenüber einseitigen Gewinnkorrekturen durch einen anderen Mitgliedsstaat bietet.[147]

Das zwischenstaatliche Verständigungsverfahren[148] ist in Art. 25 Abs. 1 und 2 OECD-MA geregelt. Es ist ein antragsgebundenes Verfahren für den Einzelfall und dient dazu, das Recht des Steuerpflichtigen auf abkommenskonforme Rechtsauslegung zu gewährleisten.[149] Eine dem Abkommen nicht entsprechende Auslegung ist insbesondere bei falscher Auslegung des Abkommensrechts, bei fehlerhafter Anwendung des innerstaatlichen Rechts, sofern das DBA auf dieses Bezug nimmt und bei unrichtigen Feststellungen zum tatsächlichen Sachverhalt gegeben.[150] Allgemeinhin kann das zwischenstaatliche

145 Vgl. *Schaumburg/Häck* in: Schaumburg, Steuerrecht, 2017, Rz. 19.90.

146 Vgl. *Eilers* in: Wassermeyer, Doppelbesteuerung, 2019, Art. 25 Anm. 4 ff.; *Flüchter* in: Schönfeld/Ditz, DBA, 2013, Art. 25 Rz. 2; BMF-Schreiben vom 13.07.2006, BStBl. I 2006, S. 461 Tz. 1.2. Zudem beinhaltet das OECD-MA Fälle, in denen es die Möglichkeit einer Verständigung ausdrücklich vorsieht. So z.B. in Art. 9 Abs. 2 OECD-MA sowie in den Art. 10–12 OECD-MA.

147 Vgl. *Schaumburg/Häck* in: Schaumburg, Steuerrecht, 2017, Rz. 19.115. Die EU-Schiedsverfahrenskonvention ist durch die Zustimmungsgesetze unmittelbar anwendbares innerstaatliches Recht und geht, wie die DBA, gemäß § 2 Abs. 1 AO den deutschen Steuergesetzen vor. Vgl. BMF-Schreiben vom 13.07.2006, BStBl. I 2006, S. 461 Tz. 1.1.

148 Auch als Verständigungsverfahren im engeren Sinn bezeichnet. Vgl. BMF-Schreiben vom 13.07.2006, BStBl. I 2006, S. 461 Tz. 1.2.1.

149 Vgl. *Eilers* in: Wassermeyer, Doppelbesteuerung, 2019, Art. 25 Anm. 4; *Flüchter* in: Schönfeld/Ditz, DBA, 2013, Art. 25 Rz. 6. Zum Verfahrenshergang siehe BMF-Schreiben vom 13.07.2006, BStBl. I 2006, S. 461 ff.; *Becker* in: Haase, AStG/DBA, 2016, Art. 25 Rz. 13 ff.

150 Vgl. *Flüchter* in: Schönfeld/Ditz, DBA, 2013, Art. 25 Rz. 39 ff.; BMF-Schreiben vom 13.07.2006, BStBl. I 2006, S. 461 Tz. 2.3. Eine ggf. eintretende Doppelbesteuerung, die durch Nichtbeachtung von verfahrensrechtlichen Vorschriften entsteht, wird hingegen nicht als abkommenswidrige Besteuerung gesehen. Vgl. *Becker* in: Haase,

Verständigungsverfahren erst eingeleitet werden, sobald ein Vertragsstaat eine voraussichtlich abkommenswidrige Maßnahme bereits ergriffen oder zumindest angekündigt hat.[151] Soweit die Voraussetzungen vorliegen, hat der Antragsteller ein Recht auf die Einleitung des Verfahrens.[152] Allerdings ist der Antragsteller neben den zuständigen Behörden keine Partei im Verständigungsverfahren.[153] Somit nimmt er weder am Verfahren teil, noch hat er ein Einsichtsrecht in die Unterlagen der Behörden.[154]

Neben dem zwischenstaatlichen Verständigungsverfahren hat sich in der Praxis zudem das präventiv wirkende Vorabverständigungsverfahren (APA) herausgebildet.[155] Unter den Staaten findet es aufgrund der zunehmenden Kritik über die lange Verfahrensdauer der traditionellen Verständigungsverfahren eine zunehmende Akzeptanz.[156] Bei dem APA handelt es sich um eine zeitlich befristete formelle Absprache zwischen dem Steuerpflichtigen einerseits und den betreffenden Finanzbehörden andererseits, um vorab eine verbindliche Methode zur Bestimmung von Verrechnungspreisen festzulegen.[157] Auf diese Weise erhält der Steuerpflichtige die Möglichkeit, gegen eine entsprechende Gebühr eine rechtssichere und verbindliche Auskunft der beteiligten

---

AStG/DBA, 2016, Art. 25 Rz. 17; *Flüchter* in: Schönfeld/Ditz, DBA, 2013, Art. 25 Rz. 44.

151 Vgl. BMF-Schreiben vom 13.07.2006, BStBl. I 2006, S. 461 Tz. 2.4.2; *Becker* in: Haase, AStG/DBA, 2016, Art. 25 Rz. 16. Bei Auslandssachverhalten besteht für die Beteiligten gemäß § 90 Abs. 2 AO eine erhöhte Mitwirkungspflicht.

152 Aufgrund der diplomatischen Schutzpflichten des Heimatstaates reduziert sich der Ermessensspielraum zur Ablehnung des Antrags auf Einleitung eines zwischenstaatlichen Verständigungsverfahrens auf null. Vgl. *Schaumburg/Häck* in: Schaumburg, Steuerrecht, 2017, Rz. 19.101; *Gloria*, Verständigungsverfahren, 1988, S. 267 ff.; BFH, Urteil vom 26.05.1982, I R 16/78, BStBl. II 1982, S. 583.

153 Vgl. BMF-Schreiben vom 13.07.2006, BStBl. I 2006, S. 461 Tz. 3.3.1.

154 Vgl. *Becker* in: Haase, AStG/DBA, 2016, Art. 25 Rz. 35; *Nientimp/Tomson*, IStR 2009, S. 616.

155 Vgl. *Schaumburg/Häck* in: Schaumburg, Steuerrecht, 2017, Rz. 19.104. Das APA ist im OECD-MA bislang nicht explizit geregelt. Vgl. *Ismer/Piotrowski* in: Vogel/Lehner, DBA, 2021, Art. 25 Rn. 361.

156 Vgl. *Becker* in: Haase, AStG/DBA, 2016, Art. 25 Rz. 3.

157 Vgl. *Ismer/Piotrowski* in: Vogel/Lehner, DBA, 2021, Art. 25 Rn. 362; *Flüchter* in: Schönfeld/Ditz, DBA, 2013, Art. 25 Rz. 192; *Liebchen* in: Schönfeld/Ditz, DBA, 2013, Art. 25 Rz. 322 f., 325. Zum Verfahrenshergang siehe *Becker* in: Haase, AStG/DBA, 2016, Art. 25 Rz. 71 ff.; *Liebchen* in: Schönfeld/Ditz, DBA, 2013, Art. 25 Rz. 330 ff. Zu Gebühren im APA-Verfahren siehe § 178a AO.

Finanzverwaltungen mit befristeter Bindungswirkung für die Zukunft zu erhalten.[158]

Das zwischenstaatliche Konsultationsverfahren nach Art. 25 Abs. 3 OECD-MA wird zwischen den betroffenen Staaten verwendet, um Anwendungsschwierigkeiten im DBA auszuräumen und Lücken, die bei der Anwendung des Abkommens aufgekommen sind, zu schließen.[159] Der Art. 25 Abs. 3 OECD-MA ermächtigt allerdings allgemeinhin nicht zu einer völkerrechtlichen Vereinbarung. Das zwischenstaatliche Konsultationsverfahren stellt vielmehr eine Abrede der beteiligten Verwaltungen dar, das betreffende DBA in einem bestimmten Sinne auszulegen.[160] Demnach ist es bei der Auslegung eines DBA weder für den Steuerpflichtigen noch für die Gerichte bindend.[161]

Das zwischenstaatliche Schiedsverfahren nach Art. 25 Abs. 5 OECD-MA ist hingegen kein eigenständiges Verfahren, sondern Bestandteil des zwischenstaatlichen Verständigungsverfahrens nach Art. 25 Abs. 1 und 2 OECD-MA.[162] Es ist in den Teilaspekten des Verständigungsverfahrens vorgesehen, in denen

---

158 So auch *Schaumburg/Häck* in: Schaumburg, Steuerrecht, 2017, Rz. 19.107. Zu Vor- und Nachteilen des APA siehe *Liebchen* in: Schönfeld/Ditz, DBA, 2013, Art. 25 Rz. 374 ff.

159 Vgl. *Eilers* in: Wassermeyer, Doppelbesteuerung, 2019, Art. 25 Anm. 5; *Schaumburg/Häck* in: Schaumburg, Steuerrecht, 2017, Rz. 19.108; *OECD*, Model Tax Convention, 2014, Art. 25 Anm. 50. Es besteht kein subjektives Recht des Steuerpflichtigen auf Einleitung eines zwischenstaatlichen Konsultationsverfahrens. Vgl. *Flüchter* in: Schönfeld/Ditz, DBA, 2013, Art. 25 Rz. 199.

160 Vgl. *Ismer/Piotrowski* in: Vogel/Lehner, DBA, 2021, Art. 25 Rn. 153 ff.

161 Vgl. *Flüchter* in: Schönfeld/Ditz, DBA, 2013, Art. 25 Rz. 212; *Schaumburg/Häck* in: Schaumburg, Steuerrecht, 2017, Rz. 19.109; BFH, Urteil vom 02.09.2009, I R 111/08, BStBl. II 2010, S. 387; BFH, Urteil vom 10.06.2015, I R 79/13, DStR 2015, S. 2222. Als Reaktion auf die Rechtsprechung des BFH, wonach das Konsultationsverfahren für die Gerichte nicht bindend sei, ist der § 2 Abs. 2 AO eingeführt worden, um erforderlichenfalls eine Bindungswirkung für das Konsultationsverfahren zu ermöglichen. Vgl. *Flüchter* in: Schönfeld/Ditz, DBA, 2013, Art. 25 Rz. 218.

162 Vgl. *Eilers* in: Wassermeyer, Doppelbesteuerung, 2019, Art. 25 Anm. 6; *Liebchen* in: Schönfeld/Ditz, DBA, 2013, Art. 25 Rz. 241; *Owens*, IStR 2007, S. 472; *Nientimp/Tomson*, IStR 2009, S. 616; *OECD*, Model Tax Convention, 2014, Art. 25 Anm. 64. Das Schiedsverfahren wurde erst 2008 in das OECD-MA eingefügt und somit in der Mehrzahl der geschlossenen Abkommen noch nicht umgesetzt. Vgl. *Flüchter* in: Schönfeld/Ditz, DBA, 2013, Art. 25 Rz. 2, 9. Das Schiedsverfahren ist als obligatorisches Verfahren ausgestaltet. Vgl. *Herlinghaus*, IStR 2010, S. 126; *Liebchen* in: Schönfeld/Ditz, DBA, 2013, Art. 25 Rz. 243.

es zu keiner einvernehmlichen Lösung gekommen ist.[163] Dabei entspricht die Stellung des Antragstellers seiner Position im zwischenstaatlichen Verständigungsverfahren.[164] Das antragsgebundene Schiedsverfahren[165] ist jedoch nur zulässig, soweit keine Gerichtsentscheidung zu dem konkreten Fall erlassen worden ist[166] und sich die beteiligten Staaten innerhalb von zwei Jahren nach Eintritt der abkommenswidrigen Besteuerung auf keine gemeinsame Lösung einigen konnten.[167] Kommt es im Schiedsverfahren hingegen ebenfalls zu keinem einvernehmlichen Ergebnis, so kann als „Ultima Ratio" sogar ein Steuererlass geboten sein,[168] um das Recht des Steuerpflichtigen auf Beseitigung der Doppelbesteuerung zu wahren.[169]

Die Verständigung über die EU-Schiedsverfahrenskonvention ist neben den zwischenstaatlichen Verfahren nach Art. 25 OECD-MA zwischen EU-Mitgliedsstaaten anwendbar.[170] Sie dient der Beseitigung einer Doppelbesteuerung bei Gewinnbeteiligungen zwischen Konzernunternehmen sowie zwischen

---

163 Vgl. *Schaumburg/Häck* in: Schaumburg, Steuerrecht, 2017, Rz. 19.110; *Schmitz* in: Strunk et al., AStG/DBA, 2019, Art. 25 Anm. 70; *Herlinghaus*, IStR 2010, S. 125 f. Zu ungelösten Verständigungsverfahren vgl. *Owens*, IStR 2007, S. 472.

164 Vgl. *Becker* in: Haase, AStG/DBA, 2016, Art. 25 Rz. 53.

165 Das Schiedsverfahren wird nur auf Antrag der Person durchgeführt, die das vorgeschaltete Verständigungsverfahren beantragt hat. Vgl. *Schaumburg/Häck* in: Schaumburg, Steuerrecht, 2017, Rz. 19.111.

166 Vgl. *Nientimp/Tomson*, IStR 2009, S. 617.

167 Vgl. *Schaumburg/Häck* in: Schaumburg, Steuerrecht, 2017, Rz. 19.111 ff.; *OECD*, Model Tax Convention, 2014, Art. 25 Anm. 63, 72. Demnach ist der Steuerpflichtige bei APAs regelmäßig erst nach vielen Jahren zur Beantragung eines Schiedsverfahrens berechtigt, soweit im entsprechenden DBA nichts anderes geregelt ist. Vgl. *Becker* in: Haase, AStG/DBA, 2016, Art. 25 Rz. 49.

168 Vgl. *Schaumburg/Häck* in: Schaumburg, Steuerrecht, 2017, Rz. 19.101; BMF-Schreiben vom 13.07.2006, BStBl. I 2006, S. 461 Tz. 8.2. Die Beseitigung der Doppelbesteuerung gehört zu den Zielen des EU-Vertrages und ist bereits europarechtlich geboten. Vgl. *Schaumburg/Häck* in: Schaumburg, Steuerrecht, 2017, Rz. 19.101; EuGH, Urteil vom 12.05.1998, Rs. C-336/96, DStRE 1998, S. 445.

169 Die Zulässigkeit eines Vergleichs zwischen einer staatlichen Behörde und dem Beteiligten im Rahmen eines Verständigungsverfahrens ist in der Literatur umstritten. Der BFH hält jedoch „tatsächliche Verständigungen" für zulässig und bindend. Vgl. BFH, Urteil vom 31.07.1996, XI R 78/95, BStBl. II 1996, S. 625; BFH, Urteil vom 07.07.2004, X R 24/03, BStBl. II 2004, S. 975.

170 Vgl. *Schaumburg/Häck* in: Schaumburg, Steuerrecht, 2017, Rz. 19.116. Die EU-Schiedsverfahrenskonvention ist einem multilateralen völkerrechtlichen Vertrag gleichgestellt. Vgl. *Ismer/Piotrowski* in: Vogel/Lehner, DBA, 2021, Art. 25 Rn. 350.

Unternehmen und ihren Betriebsstätten.[171] Die EU-Schiedsverfahrenskonvention ist bedeutsam, da einerseits die deutschen DBA durchweg keine Gegenberichtigungsklausel enthalten und andererseits das zwischenstaatliche Verständigungsverfahren keinen vollständigen Rechtsschutz bietet, soweit sich die Vertragsstaaten nicht auf eine einvernehmliche Lösung einigen können.[172] Die EU-Schiedsverfahrenskonvention garantiert indessen eine eindeutige Konfliktlösung zwischen den betroffenen Staaten und demzufolge eine Vermeidung der effektiven Doppelbesteuerung.[173] Allerdings können die EU-Schiedsverfahrenskonvention und das Verständigungsverfahren nach Art. 25 OECD-MA über denselben Sachverhalt nicht gleichzeitig geführt werden. Demnach hat sich der Antragsteller für eines der beiden Verfahren zu entscheiden.[174]

2.3.3 Unilaterale Maßnahmen

2.3.3.1 Anwendungsbereich des § 34c EStG

Im Rahmen der Vermeidung einer Doppelbesteuerung von Einkünften aus geistigem Eigentum sind die unilateralen Maßnahmen durch die Anrechnungsmethode geprägt. Eine Steuerfreistellung ist im deutschen Steuerrecht hingegen nicht vorgesehen. Bei grenzüberschreitenden Sachverhalten ist zur Umsetzung der Anrechnungsmethode der § 34c EStG anzuwenden.[175] Er soll die verbleibenden Lücken im DBA-System in den Fällen schließen, in denen kein DBA besteht oder ein DBA die Doppelbesteuerung beispielsweise wegen Begriffskollisionen nicht verhindert.[176] Dabei wirkt der § 34c EStG gegenüber den DBA grundsätzlich subsidiär[177] und sieht eine Anwendung einzig in den

171 Vgl. *Becker* in: Haase, AStG/DBA, 2016, Art. 25 Rz. 78. Die EU-Schiedsverfahrenskonvention ist demnach, im Gegensatz zum Schiedsverfahren im OECD-MA, auf ungelöste Verrechnungspreisfälle innerhalb der EU beschränkt. Vgl. *Liebchen* in: Schönfeld/Ditz, DBA, 2013, Art. 25 Rz. 240; *Owens*, IStR 2007, S. 472. Zu Verfahrenshergang vgl. *Liebchen* in: Schönfeld/Ditz, DBA, 2013, Art. 25 Rz. 277 ff.; *Schaumburg/Häck* in: Schaumburg, Steuerrecht, 2017, Rz. 19.118 ff.

172 Vgl. *Schaumburg/Häck* in: Schaumburg, Steuerrecht, 2017, Rz. 19.116.

173 Vgl. *Menck*, StBp 1995, S. 171 f.

174 Vgl. *Becker* in: Haase, AStG/DBA, 2016, Art. 25 Rz. 80; *Liebchen* in: Schönfeld/Ditz, DBA, 2013, Art. 25 Rz. 240. Siehe auch BMF-Schreiben vom 13.07.2006, BStBl. I 2006, S. 461 Tz. 2.1.1.

175 Über § 26 KStG ist der § 34c EStG ebenfalls auf Kapitalgesellschaften anzuwenden.

176 Vgl. *Heinicke* in: Weber-Grellet, EStG, 2016, § 34c Rz. 1.

177 Vgl. BFH, Urteil vom 15.03.1995, I R 98/94, BStBl. II 1995, S. 580; BFH, Urteil vom 20.12.1995, I R 57/94, BStBl. II 1996, S. 261.

Fällen vor, in denen aus Sicht des Steuerpflichtigen eine günstigere Rechtsfolge zu erwarten ist.[178] Eine unmittelbare Rechtswirkung entfaltet der § 34c EStG hingegen nur dann, wenn mit dem Quellenstaat kein DBA besteht.[179]

Die Berücksichtigung der ausländischen Steuern auf ausländische Einkünfte[180] im Rahmen der Veranlagung kann im Zuge der Steueranrechnung oder des Steuerabzugs erfolgen. Die Steueranrechnung ist in § 34c Abs. 1 EStG geregelt. Demnach sind von Amts wegen die ausländischen Steuern auf die inländische Steuer für diejenigen Einkünfte anrechenbar, die in dem Land erhoben wurden, aus dem die Einkünfte stammen.[181] Zugleich muss die anrechenbare ausländische Steuer dem Wesen nach der deutschen Einkommensteuer bzw. Körperschaftsteuer entsprechen.[182] Auf Antrag kann die Anrechnung durch den Abzug der ausländischen Steuern bei der Ermittlung der Einkünfte nach § 34c Abs. 2 EStG ersetzt werden. Dies ist beispielsweise sinnvoll, wenn die Steueranrechnung aufgrund von negativen Einkünften ins Leere läuft.[183]

In § 34c Abs. 6 S. 1 EStG wird der Vorrang von DBA gegenüber den nationalen Steuergesetzen ausdrücklich unterstrichen. § 34c Abs. 6 S. 2 EStG macht zudem deutlich, dass die nationalen Anrechnungsregelungen von vornherein ausscheiden, soweit ein DBA die Steueranrechnung selbst regelt.[184] Da

---

178 Vgl. *Schaumburg* in: Schaumburg, Steuerrecht, 2017, Rz. 18.12.

179 Vgl. *Weggenmann* in: Flick et al., Außensteuerrecht, 2019, § 34c Anm. 714.

180 Die ausländischen Einkünfte nach § 34c EStG werden in § 34d EStG definiert.

181 Vgl. *Schaumburg* in: Schaumburg, Steuerrecht, 2017, Rz. 18.93; *Jacobs*, Internationale Unternehmensbesteuerung, 2016, S. 40. Drittstaatensteuern fallen nicht unter § 34c Abs. 1 EStG. Insoweit kann lediglich ein Abzug nach § 34c Abs. 3 EStG erfolgen.

182 Vgl. *Jacobs*, Internationale Unternehmensbesteuerung, 2016, S. 39; *Heinicke* in: Weber-Grellet, EStG, 2016, § 34c Rz. 7. Nach § 34c Abs. 1 EStG besteht ein Anrechnungshöchstbetrag. Zur Berechnung des Anrechnungshöchstbetrags siehe *Jacobs*, Internationale Unternehmensbesteuerung, 2016, S. 43 ff.; *Schaumburg* in: Schaumburg, Steuerrecht, 2017, Rz. 18.104 ff. Allgemein hierzu *Geurts* in: Frotscher/Geurts, EStG, 2019, § 34c Anm. 30 ff.

183 Vgl. *Jacobs*, Internationale Unternehmensbesteuerung, 2016, S. 55 und 57; *Heinicke* in: Weber-Grellet, EStG, 2016, § 34c Rz. 15 f.; *Geurts* in: Frotscher/Geurts, EStG, 2019, § 34c Anm. 110 ff. Hat der Steuerpflichtige Einkünfte in mehreren ausländischen Staaten erzielt, so kann er für jedes Land gesondert die Anrechnung der ausländischen Steuern nach § 34c Abs. 1 EStG oder den Abzug der ausländischen Steuern nach § 34c Abs. 2 EStG wählen. Das Antragsrecht ist für die gesamten Einkünfte und Steuern aus demselben Staat einheitlich auszuüben. Vgl. *Rupp et al.*, Steuerrecht, 2014, S. 79; *Heinicke* in: Weber-Grellet, EStG, 2016, § 34c Rz. 18; *Geurts* in: Frotscher/Geurts, EStG, 2019, § 34c Anm. 106.

184 Vgl. *Schaumburg* in: Schaumburg, Steuerrecht, 2017, Rz. 18.14.

allerdings die DBA im Regelfall die Steueranrechnung nur dem Grunde nach normieren, kommt dem § 34c Abs. 1 S. 2–5 EStG regelmäßig eine eigenständige Bedeutung zu,[185] sodass die Subsidiarität insoweit nicht mehr gegeben ist.[186] Eine Begrenzung der anzurechnenden Steuern nach § 34c Abs. 1 S. 1 EStG findet bei Vorliegen eines DBA allerdings keine Anwendung, soweit dies der § 34c Abs. 1 S. 2–5 EStG nicht explizit regelt.[187] Unabhängig vom Inhalt des DBA ist jedoch der Abzug der Steuern bei der Ermittlung der Einkünfte nach § 34c Abs. 2 EStG – fiktive ausländische Steuern sind ausgenommen[188] – jederzeit möglich.[189]

In den Fällen, in denen die Steueranrechnung nach § 34c Abs. 1 EStG nicht greift, sind die ausländischen Steuern bei der Ermittlung der Einkünfte nach § 34c Abs. 3 EStG von Amts wegen abziehbar.[190] Der § 34c Abs. 3 EStG dient somit als Auffangtatbestand.[191] Demnach ist beispielsweise der Abzug von ausländischen Steuern möglich, soweit der Quellenstaat Einkünfte besteuert, die nicht aus diesem Staat stammen[192] oder die ausländische Steuer nicht der deutschen Einkommensteuer bzw. Körperschaftsteuer entspricht.[193] Dies führt jedoch allenfalls zu einer Milderung der Doppelbesteuerung.[194]

---

185 Vgl. *Weggenmann* in: Flick et al., Außensteuerrecht, 2019, § 34c Anm. 736. Siehe auch *Gosch* in: Kirchhof, EStG, 2017, § 34c Rn. 8.

186 Ausnahmslos gilt die Subsidiarität nur für den Fall, dass das DBA die ausländischen Einkünfte nach der Freistellungsmethode entzieht. Vgl. *Gosch* in: Kirchhof, EStG, 2017, § 34c Rn. 8.

187 Vgl. *Weggenmann* in: Flick et al., Außensteuerrecht, 2019, § 34c Anm. 737 f.

188 Vgl. § 34c Abs. 6 S. 2 letzter Hs. EStG. Fiktive ausländische Steuern werden bei der Anwendung des § 34c Abs. 2 EStG nicht berücksichtigt, um dem Wohnsitzstaat keinen ungerechtfertigten Steuervorteil zu verschaffen. Insoweit soll der Verzicht auf die Steuererhebung durch den Quellenstaat für den Steuerpflichtigen keine negativen Auswirkungen auf die Besteuerung im Wohnsitzstaat entfalten. Zu den Voraussetzungen zur Anrechnung fiktiver Quellensteuer siehe BMF-Schreiben vom 12.05.1998, DStR 1998, S. 1012 ff.

189 Vgl. *Schaumburg* in: Schaumburg, Steuerrecht, 2017, Rz. 18.14; *Gosch* in: Kirchhof, EStG, 2017, § 34c Rn. 8 f.

190 Vgl. *Rupp et al.*, Steuerrecht, 2014, S. 88 f.; *Schaumburg* in: Schaumburg, Steuerrecht, 2017, Rz. 18.122; *Jacobs*, Internationale Unternehmensbesteuerung, 2016, S. 56 f.; *Heinicke* in: Weber-Grellet, EStG, 2016, § 34c Rz. 20.

191 Vgl. *Geurts* in: Frotscher/Geurts, EStG, 2019, § 34c Anm. 120.

192 Vgl. *Weggenmann* in: Flick et al., Außensteuerrecht, 2019, § 34c Anm. 776.

193 Vgl. *Geurts* in: Frotscher/Geurts, EStG, 2019, § 34c Anm. 131.

194 Insoweit werden das Leistungsfähigkeitsprinzip und die europarechtlich verbürgte Niederlassungsfreiheit verletzt. Vgl. *Schaumburg* in: Schaumburg, Steuerrecht, 2017, Rz. 18.94; *Schaumburg*, StuW 2005, S. 307.

2.3.3.2 Anwendungsbereich des § 50g EStG

Der § 50g EStG[195] regelt die Besteuerung von Lizenzgebühren und Zinsen, die zwischen unmittelbar einander verbundenen Konzernunternehmen[196] gezahlt werden. Allerdings ist die Vorschrift nur auf Kapitalgesellschaften und Betriebsstätten anwendbar, die in einem EU-Mitgliedsstaat und der Schweiz ansässig sind.[197] Die Norm ist als Einschränkung zu §§ 50, 50a EStG zu verstehen und dient der Vermeidung einer internationalen Doppelbesteuerung.[198] Demnach kann der Schuldner der Lizenzgebühr auf Antrag den Steuerabzug nach § 50a EStG komplett vermeiden, indem die Steuer nicht erhoben wird.[199] Gleichzeitig unterliegt der Gläubiger keiner Quellensteuer im Quellenstaat.[200]

Das DBA-Recht und die nationalen Gesetze reduzieren die Doppelbesteuerung häufig nur durch eine teilweise Anrechnung, da die Quellensteuer auf Bruttobasis erhoben wird, die Anrechnung jedoch regelmäßig nur bis zur Höhe der im Ansässigkeitsstaat auf die Nettoeinkünfte erhobenen Körperschaftsteuer erfolgt.[201] Allerdings bleibt die Anwendung der DBA vom § 50g EStG unberührt, soweit sie zu einem günstigeren Ergebnis für den Steuerpflichtigen führen.[202] Insoweit wird dem Steuerpflichtigen die für ihn vorteilhafteste

---

195 § 50g Abs. 1–5 EStG dient der Umsetzung der Zins- und Lizenzgebühren-Richtlinie vom 3. Juni 2003 und gehört zum Maßnahmenpaket der EU-Kommission zur Eindämmung des schädlichen Steuerwettbewerbs im Gemeinschaftsgebiet. Vgl. *Rehfeld* in: Herrnann et al., EStG/KStG, 2019, § 50g Anm. 3.

196 In § 50g Abs. 3 Nr. 5 lit. b EStG wird der Begriff „verbundenes Unternehmen" verwendet. Demnach liegt ein verbundenes Unternehmen vor, wenn ein Unternehmen an dem anderen Unternehmen zu mindestens 25 % beteiligt ist oder ein in der EU ansässiges Unternehmen eine Beteiligung von mindestens 25 % an beiden Unternehmen aufweist. Allgemein hierzu *Kofler* in: Schaumburg/Englisch, Europäisches Steuerrecht, 2015, Rz. 15.36.

197 Personengesellschaften sind keine Unternehmen i.S.d. § 50g EStG. Eine Betriebsstätte ist nur begünstigungsfähig, soweit ihr Stammhaus in einem EU-Mitgliedsstaat ansässig ist. Vgl. *Frotscher* in: Frotscher/Geurts, EStG, 2019, § 50g Anm. 50; *Rehfeld* in: Herrnann et al., EStG/KStG, 2019, § 50g Anm. 4.

198 Vgl. *Gosch* in: Kirchhof, EStG, 2017, § 50g Rn. 1; *Kofler* in: Schaumburg/Englisch, Europäisches Steuerrecht, 2015, Rz. 15.1.

199 Der Vergütungsschuldner benötigt eine Freistellungsbescheinigung vom Bundeszentralamt für Steuern, um einen wirksamen Verzicht auf den Steuerabzug erwirken zu können. Vgl. *Frotscher* in: Frotscher/Geurts, EStG, 2019, § 50g Anm. 23 f.

200 Vgl. *Frotscher* in: Frotscher/Geurts, EStG, 2019, § 50g Anm. 28 ff.

201 Vgl. *Schaumburg* in: Schaumburg, Steuerrecht, 2017, Rz. 18.192.

202 So auch *Gosch* in: Kirchhof, EStG, 2017, § 50g Rn. 20; *Frotscher* in: Frotscher/Geurts, EStG, 2019, § 50g Anm. 70.

Entlastung gewährt, unabhängig davon, ob er von seinem Antragswahlrecht Gebrauch macht oder nicht.

Um einer missbräuchlichen Gestaltung des § 50g EStG vorzubeugen, wurde der § 50g EStG um die Absätze 2 und 4 ergänzt. So ist nach Absatz 2 die Begünstigung zu versagen, soweit die Lizenzgebühr dem Grunde oder der Höhe nach zwischen unabhängigen Dritten nicht gerechtfertigt gewesen wäre.[203] Zudem ist nach Absatz 4 von einer Entlastung abzusehen, wenn die Lizenzgestaltung vornehmlich auf eine Steuervermeidung abzielt. Dies gilt unabhängig davon, ob wirtschaftliche Gründe für die Rechtmäßigkeit der Lizenzhöhe sprechen.[204] Weiterhin findet die Steuerbefreiung auf Hinzurechnungsbeträge nach § 8 Nr. 1 GewStG keine Anwendung.[205]

2.4 Verrechnungspreisgestaltung für geistiges Eigentum

2.4.1 Ausgewählte Steuergestaltungsmodelle

Die Steuergestaltung ist untrennbar mit dem Begriff der internationalen Steuerplanung verbunden.[206] Im Rahmen der internationalen Steuerplanung bestehen zahlreiche legale und illegale Gestaltungsmodelle, um die Steuerlast von grenzüberschreitend tätigen Unternehmen zu reduzieren. Die rechtskonforme Steuergestaltung wird den Konzernen vorwiegend dadurch ermöglicht, dass einerseits kein international harmonisiertes Steuerrecht existiert[207] und andererseits die Staaten zunehmend in gegenseitiger Konkurrenz um die Gunst der Unternehmen stehen.[208] Die Konzerne nutzen vor allem die Tatsache aus, dass die Industriestaaten auf Steuervergünstigungen zur Besteuerung von geistigem Eigentum setzen, um die Unternehmen an das Land zu binden und zugleich Arbeitsplätze zu sichern. Gleichzeitig sind Steuergestaltungsmodelle für geistiges Eigentum innerhalb eines Konzernverbunds ohnehin sehr beliebt, da sich

203 Insoweit wird insbesondere auf verdeckte Gewinnausschüttungen und verdeckte Einlagen abgestellt. Vgl. *Gosch* in: Kirchhof, EStG, 2017, § 50g Rn. 9; *Frotscher* in: Frotscher/Geurts, EStG, 2019, § 50g Anm. 32 und 38; *Rehfeld* in: Herrnann et al., EStG/KStG, 2019, § 50g Anm. 8 f.

204 Vgl. *Frotscher* in: Frotscher/Geurts, EStG, 2019, § 50g Anm. 63.

205 Vgl. EuGH, Urteil vom 21.07.2011, Rs. C-397/09, IStR 2011, S. 766.

206 Vgl. *Rudolf*, Treaty Shopping, 2012, S. 7; *Brähler*, Internationales Steuerrecht, 2014, S. 365; *Hintzen*, Zwischenholding, 1997, S. 43 f.; *Lunzer*, AK Wien 2015, S. 6.

207 So auch *Lunzer*, AK Wien 2015, S. 6.

208 Vgl. *Schön*, DStJG 2000, S. 195; *Weichenrieder et al.*, ifo Schnelldienst 2016, S. 3 ff. Allgemein hierzu *BDI et al.*, BEPS, 2015, S. 45 ff.

immaterielle Wirtschaftsgüter entgegen materiellen Wirtschaftsgütern ohne logistischen Aufwand über Staatsgrenzen hinweg verlagern lassen.[209]

Bei der Steuergestaltung im Zusammenhang mit geistigem Eigentum setzen die Konzerne insbesondere darauf, die operativen Unternehmensgewinne möglichst in Steueroasen[210] zu verlagern und dort zu besteuern. Der Gewinntransfer erfolgt dabei zumeist mithilfe des in mehreren Ausprägungen existierenden Modells des Treaty Shopping[211] oder durch den Ansatz von unangemessenen Verrechnungspreisen. Die unterschiedlichen Arten der internationalen Steuerplanung bündeln sich insbesondere im Steuergestaltungsmodell des „Double Irish with a Dutch Sandwich".

Das Modell des Treaty Shopping ist auf eine Konstellation mit drei Gesellschaften in drei verschiedenen Staaten angelegt, dem niedrig besteuernden Ansässigkeitsstaat der Obergesellschaft, dem Staat der Zwischengesellschaft mit einem günstigen Abkommensgeflecht und dem Ansässigkeitsstaat der operativ tätigen Gesellschaft.[212] Zweck dieser Gestaltung ist die möglichst steuerneutrale und grenzüberschreitende Verlagerung von Einkünften der operativ tätigen Gesellschaft hin zur Obergesellschaft.[213] Dabei werden Vorteile in den DBA mithilfe von Durchleitungskonstruktionen genutzt, um durch eine Zwischengesellschaft auf günstigere Quellensteuersätze zurückgreifen zu können, als es bei einem Direktbezug der Fall wäre.[214] Das Modell findet vorwiegend im

---

209 Vgl. *Richter/Hontheim*, DB 2013, S. 1260.

210 Als Steueroase werden Länder bezeichnet, die natürliche Personen und Unternehmen im internationalen Vergleich sehr niedrig oder gar nicht besteuern. So auch *Weichenrieder et al.*, ifo Schnelldienst 2016, S. 3; *Lunzer*, AK Wien 2015, S. 5 f. Allgemein hierzu *Hines*, JEP 2010, S. 103 ff. Weiterhin scheinen Steueroasen dahingehend genutzt zu werden, um Steuergestaltungsmodelle möglichst lange zu verschleiern. Auf diese Weise werden rechtliche Gegenmaßnahmen erst mit großer Verspätung in Angriff genommen. Vgl. *Weichenrieder et al.*, ifo Schnelldienst 2016, S. 4.

211 Zu den Ausprägungen des Treaty Shopping siehe *Rudolf*, Treaty Shopping, 2012, S. 9 ff.

212 Vgl. *Jacobs*, Internationale Unternehmensbesteuerung, 2016, S. 292; Schaumburg/Häck in: Schaumburg, Steuerrecht, 2017, Rz. 19.127. Der Begriff Treaty Shopping lässt sich mit „Sich einkaufen in die Schutzwirkung eines Abkommens" übersetzen. Vgl. *Rudolf*, Treaty Shopping, 2012, S. 11.

213 Die Legalität und wirtschaftliche Rechtfertigung des Treaty Shopping ist allerdings stark umstritten. Vgl. *Jacobs*, Internationale Unternehmensbesteuerung, 2016, S. 38.

214 Vgl. *Bader*, Steuergestaltung, 1998, S. 131; *Körner* in: Schönfeld/Ditz, DBA, 2013, Art. 11 Rz. 16; *Schaumburg/Häck* in: Schaumburg, Steuerrecht, 2017, Rz. 19.127; *Jacobs*, Internationale Unternehmensbesteuerung, 2016, S. 95; *Schade*, Anti-Treaty-Shopping-Regelung, 2013, S. 25 f. Die Rechtsfolge des § 50g EStG kann, neben einem geeigneten DBA, in die Ausgestaltung des Treaty Shopping einbezogen werden.

Bereich der Dividendenausschüttung Verwendung. Allerdings ist es gleichermaßen auf die Lizenzvergabe für geistiges Eigentum anwendbar.[215]

Der Ansatz unangemessener Verrechnungspreise dient ebenfalls der Verlagerung von Steuersubstrat in niedrig besteuernde Länder. Bei der Bewertung von geistigem Eigentum entsteht für den Steuerpflichtigen in der Regel ein großer Gestaltungsspielraum, da für die Verrechnungspreisermittlung keine speziellen gesetzlichen Vorschriften existieren.[216] Auf diese Weise kann ein Unternehmen zur Bewertung von geistigem Eigentum die Verrechnungspreismethode und die Einflussfaktoren auf die Verrechnungspreisbestimmung[217] in der Weise wählen, dass das gewünschte Ergebnis erreicht es wird.

Das Modell des "Double Irish with a Dutsch Sandwich" vereint die Besteuerung der operativen Gewinne in Steueroasen und das Treaty Shopping. Zudem kann es um den Ansatz unangemessener Verrechnungspreise ergänzt werden. Es wird vorwiegend von Konzernen mit einem hohen Anteil an geistigem Eigentum verwendet.[218] Dabei wird eine Gesellschaft A in Irland gegründet, die das gesamte geistige Eigentum des Konzerns hält und zugleich von einem Konzernunternehmen, das in einer Steueroase ansässig ist, kontrolliert wird, um keine Versteuerung in Irland auszulösen.[219] Gleichzeitig wird eine weitere nach irischem Recht in Irland ansässige Gesellschaft B als Tochtergesellschaft der A errichtet, die als operative Gesellschaft fungiert. Die B führt nun Lizenzzahlungen an A ab und verbucht gleichzeitig sämtliche konzernweit anfallenden Gewinne aus der Nutzung dieser Lizenz. Auf diese Weise ist es möglich, von dem niedrigen irischen Körperschaftssteuersatz zu profitieren. Da jedoch die direkte Überweisung der Lizenzgebühren durch B an die steuerrechtlich in einer Steueroase befindliche A Quellensteuern auslösen würde, wird in den Niederlanden eine dritte Gesellschaft C als Tochtergesellschaft der A gegründet, die als reine Zwischengesellschaft für die Lizenzgebühren zwischen A und

215 So auch *Bader*, Steuergestaltung, 1998, S. 131. Allgemein hierzu *Liebert*, Steuergerechtigkeit, 2011, S. 151.

216 Vgl. *Liebert*, Steuergerechtigkeit, 2011, S. 153; *Greinert* in: Wassermeyer/Baumhoff, Verrechnungspreise, 2014, Rz. 6.547.

217 Hierzu zählen beispielsweise das Risiko und der Kapitalisierungsfaktor.

218 Das Steuergestaltungsmodell wird bevorzugt von amerikanischen Konzernen aus der IT-Branche genutzt, so z.B. von Apple, Facebook, Google und Microsoft. Siehe auch *Hey et al.*, ifo Schnelldienst 2013, S. 3.

219 So werden Kapitalgesellschaften nach irischem Steuerrecht erst dann in Irland besteuert, wenn sie neben der Handelsregistereintragung auch ihren Unternehmenssitz in Irland haben.

B fungiert.[220] Durch dieses Gesellschaftsgeflecht kann sich der Konzern schließlich das nicht aufeinander abgestimmte Steuerrecht der betroffenen Staaten zu Nutze machen und die operativen Gewinne weitgehend unversteuert in die Steueroase verlagern.[221] In der Folge entsteht für den Konzern ein Steuerstundungseffekt. Gleichzeitig kann das angehäufte unversteuerte Kapital für weitere Investitionen verwendet werden, sodass ein wirtschaftlicher Vorteil gegenüber der Konkurrenz besteht. Diesen Vorteil machen sich in der Automobilindustrie vor allem die amerikanischen IT-Konzerne zu Nutze und steigen verstärkt in den Markt für elektrisch angetriebene Fahrzeuge[222] und das autonome Fahren ein.[223] So hat insbesondere die fortschreitende Digitalisierung dazu geführt, dass sich in der hart umkämpften Automobilindustrie inzwischen Wettbewerber gegenüber stehen, die bislang auf verschiedenen Märkten agierten.[224]

2.4.2 Maßnahmen des deutschen Fiskus gegen Steuergestaltung

Der deutsche Fiskus ist mit zahlreichen unilateralen und bilateralen Maßnahmen bemüht, die Steuergestaltung im Rahmen der internationalen Steuerplanung einzudämmen. So ist in den letzten Jahren die Funktion der Bekämpfung unerwünschter Steuergestaltungen, neben den nationalen Steuergesetzen, zunehmend den DBA zugekommen.[225] Die unilateralen Maßnahmen sind vornehmlich in den deutschen Steuergesetzen normiert. Demgegenüber lassen sich die bilateralen Vorkehrungen den DBA entnehmen. Dabei kommt es nicht selten vor, dass bei einem Gestaltungsmissbrauch mehrere unilaterale und bilaterale Maßnahmen gleichzeitig anwendbar sind.

---

220 Diesbezüglich wird sich dem DBA zwischen Irland und den Niederlanden bedient, wonach Lizenzgebühren von der Quellenbesteuerung ausgenommen werden. Vgl. Art. 10 DTA NL-IE.

221 Zur ausführlichen Umsetzung des „Double Irish with a Dutch Sandwich“ siehe *Richter/Hontheim*, DB 2013, S. 1260. Eine Steueroase kann zwar keine Arbeitsplätze sichern. Allerdings rechnet sich das Modell für die Steueroase bereits, wenn dort lediglich ein geringes Steueraufkommen verbleibt. Vgl. *Hey et al.*, ifo Schnelldienst 2013, S. 4.

222 Vgl. *Schmitz*, VDI Nachrichten 2017, S. 29.

223 Das in der Steueroase angehäufte Kapital kann zudem für das sog. „Round-tripping“ verwendet werden. Dabei tätigt ein inländisches Unternehmen über ein Tochterunternehmen mit Sitz in einer Steueroase ein inländisches Investment, um von Steuervergünstigungen zu profitieren, die ausländischen Investoren vorbehalten sind. Vgl. *Weichenrieder et al.*, ifo Schnelldienst 2016, S. 3.

224 Vgl. *Leube/Grellier*, M&A Review 2017, S. 124.

225 Vgl. *Haase* in: Haase, AStG/DBA, 2016, Einleitung II Rz. 14.

Die bilateralen Maßnahmen zur Bekämpfung einer aggressiven Steuergestaltung im Zusammenhang mit der Überlassung von geistigem Eigentum innerhalb eines Konzernverbundes basieren im Wesentlichen auf sog. Subject-to-Tax-Klauseln und Switch-over-Klauseln, die es einem Vertragsstaat ermöglichen, von der Freistellungsmethode zur Anrechnungsmethode zu wechseln, um sog. „weiße Einkünfte“[226] sowie Gestaltungen zum Abkommensmissbrauch zu verhindern.[227] Diese bilateralen Klauseln sind vor allem in den neueren DBA enthalten. Sie werden allerdings zum Teil durch unilaterale Klauseln überlagert, sodass das Abkommensrecht insoweit verdrängt wird.[228] Darüber hinaus beinhaltet der Art. 12 OECD-MA zwei Missbrauchsvorschriften, um gegen den Gestaltungsmissbrauch im Zusammenhang mit geistigem Eigentum vorzugehen. So enthält der Art. 12 Abs. 1 OECD-MA eine Beneficiary-Klausel, wonach der Nutzungsberechtigte[229] der Lizenzgebühr in einem der Vertragsstaaten ansässig sein muss, um von der Begrenzung des Quellensteuersatzes profitieren zu können.[230] Diese Vorschrift dient der Verhinderung eines Treaty Shopping.[231] Darüber hinaus wird das Besteuerungsrecht für Lizenzgebühren nach Art. 12 Abs. 4 OECD-MA nur einem Staat zugewiesen, soweit keine unangemessen hohe Lizenzgebühr aufgrund einer besonderen Beziehung[232] der Vertragsparteien vereinbart worden ist.[233] Ein die angemessene Gebühr übersteigendes

226 Zur Definition des Begriffs „weiße Einkünfte“ siehe *Grotherr* in: Gosch et al., DBA, 2019, Art. 23A/B, Art. 22 Rn. 69. Zu weißen Einkünften siehe auch *Rose/Watrin*, Internationales Steuerrecht, 2016, S. 73.

227 Vgl. *Schaumburg/Häck* in: Schaumburg, Steuerrecht, 2017, Rz. 19.140 f.; *Schrock* in: Haase, AStG/DBA, 2016, Art. 23B Rz. 50 ff. Allgemein hierzu *Grotherr* in: Gosch et al., DBA, 2019, Art. 23A/B, Art. 22 Rn. 69 ff., 162 ff.

228 Vgl. *Schaumburg/Häck* in: Schaumburg, Steuerrecht, 2017, Rz. 19.140.

229 Zur Definition des Nutzungsberechtigten siehe *von Pannwitz* in: Haase, AStG/DBA, 2016, Art. 12 Rz. 38 ff.

230 Vgl. *Bozza-Bodden* in: Schönfeld/Ditz, DBA, 2013, Art. 12 Rz. 47; *von Pannwitz* in: Haase, AStG/DBA, 2016, Art. 12 Rz. 37.

231 Vgl. *Käbisch/Strunk* in: Strunk et al., AStG/DBA, 2019, Art. 12 Anm. 19.

232 Zu dem Begriff „besondere Beziehung“ siehe *Bozza-Bodden* in: Schönfeld/Ditz, DBA, 2013, Art. 12 Rz. 140; *von Pannwitz* in: Haase, AStG/DBA, 2016, Art. 12 Rz. 163 ff. Die Vorschrift erfordert nicht zwingend, dass es sich bei den Vertragsparteien um nahestehende Personen handelt. Vgl. *Käbisch/Strunk* in: Strunk et al., AStG/DBA, 2019, Art. 12 Anm. 117.

233 Vgl. *von Pannwitz* in: Haase, AStG/DBA, 2016, Art. 12 Rz. 159; *Schaumburg/Häck* in: Schaumburg, Steuerrecht, 2017, Rz. 19.371. Es kann allerdings zu einem Qualifikationskonflikt zwischen den beiden Vertragsstaaten kommen, wenn die Staaten die Unangemessenheit von Lizenzgebühren unterschiedlich beurteilen. In derartigen

Entgelt kann indessen von beiden Vertragsstaaten und unter Berücksichtigung der anderen Bestimmungen des Abkommens individuell besteuert werden.[234]

Neben den bilateralen Maßnahmen kann zur Eindämmung einer aggressiven Steuergestaltung auf zahlreiche unilaterale Maßnahmen zurückgegriffen werden. Als bedeutende unilaterale Maßnahme gegen Gestaltungsmissbrauch gilt dabei der § 42 AO. Er findet Anwendung, wenn eine unangemessene rechtliche Gestaltung gewählt wird, die beim Steuerpflichtigen oder einem Dritten im Vergleich zu einer angemessenen Gestaltung zu einem gesetzlich nicht vorgesehenen Steuervorteil führt.[235] Der Tatbestand des § 42 AO wird vor allem dann als erfüllt angesehen, wenn die Errichtung einer Auslandsgesellschaft weder durch wirtschaftliche noch durch sonst beachtliche Gründe[236] gerechtfertigt ist und keine eigene wirtschaftliche Tätigkeit entfaltet wird.[237] Demnach schließt die bloße Absicht, eine Steuerersparnis zu generieren, das Vorliegen wirtschaftlicher und sonst beachtlicher Gründe zur Errichtung einer Auslandsgesellschaft aus.[238] So kann beispielsweise das Modell des Treaty Shopping die Rechtsfolgen des § 42 AO auslösen.[239] Allerdings ist zu beachten, dass die europarechtlich verbürgten Grundfreiheiten gegenüber dem § 42 AO eine

---

Fällen ist ein Verständigungsverfahren anzuregen. Vgl. *Bozza-Bodden* in: Schönfeld/Ditz, DBA, 2013, Art. 12 Rz. 139. Zur Angemessenheit von Lizenzgebühren siehe *Greinert* in: Wassermeyer/Baumhoff, Verrechnungspreise, 2014, Rz. 6.571 ff.

234 Vgl. *Dorfmueller* in: Gosch et al., DBA, 2019, Art. 12 Rn. 124.

235 Vgl. § 42 Abs. 2 S. 1 AO.

236 Sonst beachtliche Gründe für die Errichtung einer Auslandsgesellschaft liegen nach der BFH-Rechtsprechung nur vor, wenn sie sich auf die Wahl des Sitzes und der Rechtsform beziehen. Vgl. BFH, Urteil vom 29.07.1976, VIII R 142/73, BStBl. II 1977, S. 263.

237 Vgl. *Jacobs*, Internationale Unternehmensbesteuerung, 2016, S. 402 f.; *Schaumburg* in: Schaumburg, Steuerrecht, 2017, Rz. 13.33; BFH, Urteil vom 19.01.2000, I R 94/97, BStBl. II 2001, S. 222; BFH, Urteil vom 20.03.2002, I R 63/99, BStBl. II 2003, S. 50; BFH, Urteil vom 25.02.2004, I R 42/02, BStBl. II 2005, S. 14.

238 Vgl. BFH, Urteil vom 24.02.1976, VIII R 155/71, BStBl. II 1977, S. 265. So auch *Reiche* in: Haase, AStG/DBA, 2016, § 7 Rz. 14. Zur Abgrenzung siehe *Brähler*, Internationales Steuerrecht, 2014, S. 354 f. Soweit über die Erzielung von Einkünften aus passivem Erwerb hinaus keine unangemessenen Gründe bestehen, eine Auslandsgesellschaft zu gründen, wird der § 42 AO durch die §§ 7 bis 14 AStG verdrängt. Vgl. *Schaumburg* in: Schaumburg, Steuerrecht, 2017, Rz. 13.36 f.

239 Vgl. *Brähler*, Internationales Steuerrecht, 2014, S. 354.

Schrankenwirkung entfalten,[240] sodass die Missbrauchsvorschrift wohl nur bei rein künstlichen Konstruktionen Anwendung findet.[241]

Eine weitere unilaterale Maßnahme gegen die Steuervermeidung stellt die grenzüberschreitende Einkünftekorrektur dar. Die Korrektur erfolgt im Wesentlichen auf Grundlage einer verdeckten Gewinnausschüttung gemäß § 8 Abs. 3 S. 2 KStG, auf Basis einer verdeckten Einlage nach § 8 Abs. 3 S. 4 KStG oder beim Ansatz eines unangemessenen Verrechnungspreises gemäß § 1 AStG.[242] Jede der drei Normen wurde mit der Intention eingeführt, einen angemessenen Preis festzulegen. Allerdings wird dieses Ziel auf unterschiedliche Weise erreicht. So basieren die verdeckte Gewinnausschüttung und die Korrektur eines unangemessenen Verrechnungspreises regelmäßig auf dem Ansatz eines Fremdvergleichsgrundsatzes,[243] wogegen die Bewertung der verdeckten Einlage mit dem Teilwert erfolgt.[244]

Weitere unilateral bedeutsame Normen zur Bekämpfung der Steuergestaltung werden unter dem Begriff des Treaty Override zusammengefasst. Der Begriff Treaty Override beinhaltet die innerstaatlichen Änderungen oder Aufhebungen einzelner Vorschriften der DBA durch zeitlich nachgelagerte nationale Steuergesetze.[245] Ziel dieser Normen ist die Beseitigung oder Einschränkung einer auf Abkommensebene nicht gewollten Steuerbefreiung oder Steuerermäßigung.[246] Die folgenden Treaty Overrides sind für die

240 Vgl. EuGH, Urteil vom 21.11.2002, Rs. C-436/00, IStR 2003, S. 23; EuGH, Urteil vom 12.09.2006, Rs. C-196/04, IStR 2006, S. 670.

241 Vgl. *Schaumburg* in: Schaumburg, Steuerrecht, 2017, Rz. 13.38.

242 Vgl. *Schaumburg* in: Schaumburg, Steuerrecht, 2017, Rz. 5.15. Der § 1 AStG ist grundsätzlich nachrangig zur Einkünftekorrektur nach § 8 Abs. 3 S. 2 KStG und § 8 Abs. 3 S. 4 KStG anzuwenden. Vgl. *Kraft* in: Kraft, AStG, 2019, § 1 Rz. 25; BMF-Schreiben vom 14.07.2021, BStBl. I 2021, S. 1098 Tz. 1.3. Siehe abweichend BFH, Urteil vom 27.11.2019, I R 40/19, BB 2020, S. 2528.

243 Vgl. *Wassermeyer* in: Flick et al., Außensteuerrecht, 2019, § 1 Anm. 68.

244 Vgl. *Hofacker* in: Haase, AStG/DBA, 2016, § 1 Rz. 12. Zur Abgrenzung zwischen der verdeckten Gewinnausschüttung, der verdeckten Einlage und dem § 1 AStG siehe *Kraft* in: Kraft, AStG, 2019, § 1 Rz. 25 ff.; *Hofacker* in: Haase, AStG/DBA, 2016, § 1 Rz. 42 ff.

245 Vgl. *Wassermeyer et al.* in: Wassermeyer, Doppelbesteuerung, 2019, vor Art. 1 Anm. 12; *Musil*, Deutsches Treaty Overriding, 2000, S. 26. Zur Kategorisierung des Begriffs Treaty Override siehe *Rupp* in: Haase, AStG/DBA, 2016, § 20 Rz. 33; *Gosch*, IStR 2008, S. 414 ff.

246 Vgl. *Kluge*, Steuerrecht, 2000, S. 651.

Steuergestaltung im Zusammenhang mit geistigem Eigentum von besonderer Bedeutung:[247]

- Subject-to-Tax-Klauseln nach § 50d Abs. 3 EStG[248] und § 20 Abs. 2 AStG: Besteuerung von Einkünften, soweit das DBA eine doppelte Nichtbesteuerung auslöst.[249]
- Switch-over-Klausel nach § 50d Abs. 9 EStG als Sonderform der Subject-to-Tax-Klausel: Besteuerung von Einkünften bei einer Nicht- oder Minderbesteuerung, die durch Qualifikations- oder Zurechnungskonflikte und Besteuerungslücken im Rahmen der beschränkten Steuerpflicht im anderen Vertragsstaat ausgelöst werden.[250]
- Lizenzschranke nach § 4j EStG: Anteilige Hinzurechnung von Lizenzaufwendungen, die beim Leistungsempfänger niedrig besteuert werden.[251]

Ein Treaty Override widerspricht zwar den DBA und folglich dem Völkerrecht. Allerdings verstößt es nach derzeit herrschender Rechtsprechung nicht gegen Verfassungsrecht, sodass eine Überschreibung von völkerrechtlichen Verträgen durch nationales Recht möglich ist.[252]

247 Zur gesamten Übersicht über die z.Zt. geltenden Treaty Overrides im deutschen Steuerrecht siehe *Rupp* in: Haase, AStG/DBA, 2016, § 20 Rz. 32.

248 Der § 50d Abs. 3 EStG stellt eine die allgemeine Vorschrift des § 42 AO ausschließende spezielle und typisierende Missbrauchsverhinderungsvorschrift dar. Vgl. *Gosch* in: Kirchhof, EStG, 2017, § 50d Rn. 30; BFH, Urteil vom 29.01.2008, I R 26/06, BStBl. II 2008, S. 978. Allerdings wurde der Wirkungskreis des § 50d Abs. 3 EStG durch das EuGH-Urteil vom 20.12.2017 erheblich eingeschränkt. Vgl. EuGH, Urteil vom 20.12.2017, C-504/16 und C-613/16, BB 2018, S. 672.

249 Vgl. *Dorn* in: Haase, AStG/DBA, 2016, Art. 23A Rz. 38 f.

250 Vgl. *Schaumburg/Häck* in: Schaumburg, Steuerrecht, 2017, Rz. 19.525; *Grotherr* in: Gosch et al., DBA, 2019, Art. 23A/B, Art. 22 Rn. 75.

251 Vgl. *Jochimsen et al.*, IStR 2017, S. 594 f.

252 Vgl. *Wassermeyer et al.* in: Wassermeyer, Doppelbesteuerung, 2019, vor Art. 1 Anm. 15. Siehe insbesondere BVerfG, Urteil vom 15.12.2015, 2BvL 1/12, NJW 2016, S. 1295. Ebenso hat der BFH die Gesetzmäßigkeit der Treaty Overrides dem Grunde nach bestätigt. Vgl. BFH, Urteil vom 13.07.1994, I R 120/93, BStBl. II 1995, S. 129; BFH, Urteil vom 17.05.1995, I B 183/94, BStBl. II 1995, S. 781.

3 Verrechnung von geistigem Eigentum zwischen international verbundenen Unternehmen

3.1 Problematik zwischenstaatlicher Diskrepanzen

Im Rahmen der grenzüberschreitenden Unternehmensbesteuerung neigen viele Staaten dazu, vorrangig ihre eigenen originären Interessen durchzusetzen. Dies betrifft sowohl die persönliche als auch die sachliche Steuerpflicht von Unternehmen.[253] Die zwischenstaatlichen Differenzen hinsichtlich der persönlichen Steuerpflicht werden dabei vornehmlich mithilfe der DBA gelöst, um eine Doppelbesteuerung zu vermeiden. Probleme bereitet den grenzüberschreitend tätigen Unternehmen jedoch häufig die unterschiedliche Auffassung der Staaten mit Blick auf die sachliche Steuerpflicht und dabei insbesondere die Ermittlung von Verrechnungspreisen für geistiges Eigentum.

Die OECD ist sich dieser Problematik der zwischenstaatlichen Diskrepanzen bei der Verrechnung von geistigem Eigentum durchaus bewusst. Daher hat sie sich im Hinblick auf das internationale Steuerrecht zum Ziel gesetzt, die grenzüberschreitende Besteuerung durch Empfehlungen hinsichtlich der Bewertung von geistigem Eigentum besser zu koordinieren.[254] So hat sich die OECD in den OECD-Verrechnungspreisleitlinien 2017 und dem OECD-Report zum „Base Erosion and Profit Shifting Project (BEPS)“ intensiv mit der Ermittlung von Verrechnungspreisen für geistiges Eigentum befasst.[255] Allerdings haben die OECD-Empfehlungen keine Bindungswirkung gegenüber den einzelnen Staaten.[256] Daher lässt sich wiederholt beobachten, dass einzelne Staaten von den Empfehlungen der OECD abweichen. Dies führt regelmäßig zu zwischenstaatlichen Diskrepanzen in der Verrechnungspreisermittlung für geistiges

---

253 Allgemein hierzu *Gosch* in: Kirchhof, EStG, 2017, § 1 Rn. 1 ff.; *Levedag* in: Rödder et al., KStG, 2015, § 1 Rz. 1 ff.; *Hummel* in: Gosch, KStG, 2015, § 1 Rz. 1 ff.

254 Dieses Konzept der OECD ist hinsichtlich der Veröffentlichung des OECD-Musterabkommens sehr erfolgreich gewesen. So lehnen inzwischen zahlreiche Mitglieds- und Nichtmitgliedsstaaten der OECD ihre DBAs an das OECD-Musterabkommen an. Vgl. *Jacobs*, Internationale Unternehmensbesteuerung, 2016, S. 69.

255 Allgemein hierzu *OECD*, Verrechnungspreisleitlinien, 2017, Tz. 6.73 ff.; *OECD*, BEPS, 2015, Art. 8-10 Anm. 6.107 ff.

256 Andere Auffassung *Habisch* in: Wilmanns, Verrechnungspreise, 2018, S. 131 f.

Eigentum, da sich die überwiegende Mehrheit der Staaten trotz mangelnder Bindungswirkung an den OECD-Empfehlungen orientiert.

Die Automobilzulieferindustrie ist von diesen zwischenstaatlichen Diskrepanzen besonders betroffen. Dies rührt daher, dass die Zulieferindustrie einerseits einen bedeutenden Anteil an geistigem Eigentum generiert und andererseits weltweit eigene Niederlassungen unterhält, die als bloße Einkaufs- oder Vertriebsgesellschaften über Routineunternehmen bis hin zu Strategieträgern ausgestaltet sind. Hinzu kommt, dass der dezentralen Produktion häufig eine zentral betriebene Forschung und Entwicklung gegenübersteht, sodass eine Verrechnung von geistigem Eigentum an die regionalen Gesellschaften unerlässlich ist. Das bloße Zusammensetzen von Bauteilen, wie es teilweise in der Automobilherstellerindustrie zu beobachten ist, wird in der Automobilzulieferindustrie hingegen kaum praktiziert. Demnach ist die Zulieferindustrie in besonderem Maße darauf angewiesen, dass die Verrechnungspreisgestaltung international weitgehend einheitlich praktiziert wird.

Trotz der zwischenstaatlichen Diskrepanzen in der Auslegung der Verrechnungspreise konnte die OECD dazu beitragen, dass sich nach und nach international weitgehend einheitliche Grundsätze zur Verrechnungspreisermittlung etabliert haben. So beginnt die Verrechnungspreisermittlung stets mit einer Charakterisierung der am Geschäftsvorfall beteiligten Unternehmen, um anschließend durch die gezielte Wahl der am besten geeigneten Verrechnungspreismethode einen angemessenen Verrechnungspreis bestimmen zu können.

3.2 Charakterisierung des Unternehmens

3.2.1 Unternehmensanalyse

3.2.1.1 Allgemeines

Die Unternehmensanalyse stellt einen zentralen Bestandteil zur Ermittlung von Verrechnungspreisen für geistiges Eigentum dar. Auf diese Weise werden die wahrgenommenen Funktionen und eingegangenen Risiken eines Unternehmens über eine Funktions- und Risikoanalyse untersucht,[257] um anschließend seine strategische Aufgabe im Konzernverbund zu identifizieren. In Einzelfällen ist ferner geboten, die Funktions- und Risikoanalyse um eine Gesamtwertschöpfungsanalyse zu ergänzen, um zielgerichtet ermitteln zu können, welche

---

257 Vgl. *Puls* in: Wassermeyer/Baumhoff, Verrechnungspreise, 2014, Rz. 4.1; *Rieke*, Spannungsfeld, 2015, S. 64 f.; *Greil*, DStZ 2016, S. 915.

Vergütung in Anbetracht des Funktions- und Risikoprofils des zu analysierenden Unternehmens angemessen ist.[258] Mithilfe der daraus gewonnenen Daten kann schließlich eine zuverlässige und fremdvergleichskonforme Methodenwahl und Bewertung des verrechenbaren geistigen Eigentums vorgenommen werden.[259]

Die Funktions- und Risikoanalyse wird sowohl von der OECD als auch von der deutschen Finanzverwaltung ausdrücklich unterstützt.[260] Dieser Standpunkt resultiert aus der Erkenntnis, dass sich unverbundene Unternehmen die Chancen und Risiken, die sich aus einem Geschäftsvorfall ergeben, ebenfalls vergüten lassen.[261] Demnach ist die erhöhte Anzahl an betrieblichen Funktionen untrennbar mit einer verbesserten Marktstellung des Unternehmens verbunden.

3.2.1.2 Funktionsanalyse

3.2.1.2.1 Begriff und Bedeutung

Die Regelungen der Verrechnungspreisgrundsätze für geistiges Eigentum erfordern eine umfassende Analyse der Einflussfaktoren, die sich auf die Vergütung der beteiligten Unternehmen auswirken.[262] Die Ermittlung der unternehmensindividuellen Einflussfaktoren wird unter dem Begriff Funktionsanalyse zusammengefasst. Die Funktionsanalyse beinhaltet sämtliche Untersuchungsschritte, mit deren Hilfe die von einem verbundenen Unternehmen ausgeübten Tätigkeiten, übernommenen Zuständigkeiten und Kompetenzen ermittelt werden.[263] Die Funktion beschreibt dabei eine Tätigkeit, die aus einer Zusammenfassung gleichartiger betrieblicher Aufgaben besteht, die von bestimmten Stellen oder Abteilungen eines Unternehmens erledigt werden.[264]

---

258 Vgl. *Puls* in: Wassermeyer/Baumhoff, Verrechnungspreise, 2014, Rz. 4.71. Sofern die Informationen der Funktions- und Risikoanalyse umfassend erhoben werden, kann regelmäßig auf eine Gesamtwertschöpfungsanalyse verzichtet werden. Vgl. *Fischer et al.*, BB 2010, S. 159.

259 Vgl. *Engler/Wellmann* in: Vögele et al., Verrechnungspreise, 2015, Kap. N Rz. 124; *Klein*, IStR 1995, S. 546 ff.; *Greil*, DStZ 2016, S. 915.

260 Vgl. BMF-Schreiben vom 14.07.2021, BStBl. I 2021, S. 1098 Tz. 3.5 ff.; *OECD*, Verrechnungspreisleitlinien, 2017, Tz. 1.33 ff.

261 Vgl. *Puls* in: Wassermeyer/Baumhoff, Verrechnungspreise, 2014, Rz. 4.1; *OECD*, Verrechnungspreisleitlinien, 2017, Tz. 1.56.

262 So auch *Jacobs*, Internationale Unternehmensbesteuerung, 2016, S. 676.

263 Vgl. *Puls* in: Wassermeyer/Baumhoff, Verrechnungspreise, 2014, Rz. 4.4.

264 Vgl. § 1 Abs. 1 S. 1 FVerlV. Der Begriff Funktion ist in der jüngeren Vergangenheit vornehmlich durch die Diskussion über die sog. „Funktionsverlagerungsbesteuerung“

Eine Funktion ist folglich der organische Teil eines Unternehmens, der sich als eine zweckgerichtete, abgrenzbare Tätigkeit unter Nutzung von bestimmten Wirtschaftsgütern und Vorteilen zur Erwirtschaftung von Ergebnisbeiträgen darstellt.[265] Eine Funktion erfordert demnach eine gewisse Eigenständigkeit innerhalb des Unternehmens. Zudem müssen ihr bestimmte Erträge und Aufwendungen sowie Chancen und Risiken zurechenbar sein.[266]

Die Funktionsanalyse wird in § 1 Abs. 3 AStG gesetzlich definiert. Demzufolge umfasst eine Funktionsanalyse die Analyse der ausgeübten Funktionen des betreffenden Unternehmens, der eingesetzten Wirtschaftsgüter und der übernommenen Chancen und Risiken. Insoweit soll gewährleistet werden, dass eine Vergleichbarkeit der Fremdvergleichswerte zur Ermittlung der Verrechnungspreise sichergestellt wird.[267] Allerdings geht der Zweck einer Funktionsanalyse weit über die bloße Identifizierung eines sachgerechten Vergleichsmaßstabs hinaus. So dient die Funktionsanalyse zusätzlich der umfassenden Unternehmenscharakterisierung, um Routineunternehmen, Hybridunternehmen und Strategieträger identifizieren zu können.[268]

---

nach § 1 Abs. 3b AStG in den steuerrechtlichen Fokus gerückt. Vgl. *Puls* in: Wassermeyer/Baumhoff, Verrechnungspreise, 2014, Rz. 4.12.

265 Vgl. BMF-Schreiben vom 13.10.2010, BStBl. I 2010, S. 774 Tz. 14 ff.

266 Vgl. BMF-Schreiben vom 13.10.2010, BStBl. I 2010, S. 774 Tz. 18. Zu den Funktionen eines Unternehmens zählen beispielsweise Design, Herstellung, Montage, Forschung und Entwicklung, Service, Einkauf, Vertrieb, Marketing, Werbung, Transport, Finanzierung und Management. Vgl. *Engler/Wellmann* in: Vögele et al., Verrechnungspreise, 2015, Kap. N Rz. 31; *Schmidtke/Tränka* in: Heidecke et al., Verrechnungspreise, S. 437; BMF-Schreiben vom 13.10.2010, BStBl. I 2010, S. 774 Tz. 15. Zu den Funktionen einer Vertriebsgesellschaft siehe *Jacobs*, Internationale Unternehmensbesteuerung, 2016, S. 677.

267 Vgl. *Rieke*, Spannungsfeld, 2015, S. 64; *Puls* in: Wassermeyer/Baumhoff, Verrechnungspreise, 2014, Rz. 4.6; *Engler/Wellmann* in: Vögele et al., Verrechnungspreise, 2015, Kap. N Rz. 72. So auch *OECD*, Verrechnungspreisleitlinien, 2017, Tz. 1.51; *Greil*, DStZ 2016, S. 915.

268 Vgl. *Puls* in: Wassermeyer/Baumhoff, Verrechnungspreise, 2014, Rz. 4.7; *Engler/Wellmann* in: Vögele et al., Verrechnungspreise, 2015, Kap. N Rz. 124, 126; *Greil*, DStZ 2016, S. 915; *Wellens/van der Ham*, DB 2012, S. 1535. Die Unterscheidung zwischen Routineunternehmen, Hybridunternehmen und Strategieträger geht auf ein inzwischen aufgehobenes BMF-Schreiben vom 12.04.2005 zurück. Mit der Veröffentlichung des BMF-Schreibens vom 14.07.2021 wird das Konzept des Hybridunternehmens von der deutschen Finanzverwaltung zwar nicht mehr verfolgt. Dennoch wird die Differenzierung zwischen Routineunternehmen, Hybridunternehmen und Strategieträger im weiteren Verlauf der Arbeit beibehalten, um den

Ferner ist die Funktionsanalyse die Basis zur Bestimmung einer geeigneten Verrechnungspreismethode.[269]

Abbildung 2: Vorgehensweise zur Festlegung der Verrechnungspreismethode

Im Einzelnen zielt die Funktionsanalyse vornehmlich darauf ab, die folgenden Punkte zu identifizieren:[270]

- Struktur, Organisation, Aufgabenteilung und Risikoverteilung im Konzern,
- Zurechnung von Wirtschaftsgütern zu den einzelnen Unternehmen,
- Funktionen, die die einzelnen Konzerngesellschaften im Konzern erfüllen und
- Eigenschaft, in der die Konzernunternehmen diese Funktionen erfüllen.

Dabei ist stets auf den wirtschaftlichen Gehalt der tatsächlich ausgeübten Tätigkeit des Unternehmens zu achten,[271] um später ein angemessenes

---

zahlreichen Unternehmenstypen innerhalb der Unternehmensanalyse gerecht zu werden.

269 Vgl. *Engler/Wellmann* in: Vögele et al., Verrechnungspreise, 2015, Kap. N Rz. 124; *Wellens/van der Ham*, DB 2012, S. 1534; *Bittner* in: Dawid, Verrechnungspreise, 2016, S. 108. Zur Abgrenzung von Routineunternehmen, Hybridunternehmen und Strategieträgern siehe *Kaut et al.*, BB 2007, S. 1666; *Brem/Tucha*, IStR 2006, S. 500; *Engler/Wellmann* in: Vögele et al., Verrechnungspreise, 2015, Kap. N Rz. 73 ff.

270 Vgl. *Engler/Wellmann* in: Vögele et al., Verrechnungspreise, 2015, Kap. N Rz. 122; BMF-Schreiben vom 14.07.2021, BStBl. I 2021, S. 1098 Tz. 3.5 ff.; *OECD*, Verrechnungspreisleitlinien, 2017, Tz. 1.51; *Greil*, DStZ 2016, S. 915.

271 Vgl. BMF-Schreiben vom 14.07.2021, BStBl. I 2021, S. 1098 Tz. 3.6; BFH, Urteil vom 30.07.1965, VI 288/63 U, BStBl. III 1965, S. 613; BFH, Urteil vom 26.02.1970,

Leistungsentgelt ermitteln zu können. Zudem ist es von Bedeutung, dass der wirtschaftliche Gehalt eines Wertschöpfungsbeitrags mit der Risikoaufteilung zwischen den betreffenden Unternehmen übereinstimmt.[272] Auf diese Weise bleiben der Grundsatz der angemessenen Vergütung und folglich der Fremdvergleichsgrundsatz gewahrt.

3.2.1.2.2 Durchführung der Untersuchung

Die Funktionsanalyse stellt die Grundlage der Charakterisierung eines Unternehmens dar. Sie beginnt stets mit der Beschaffung der für die Funktionsanalyse relevanten Informationen.[273] Auf Basis dieser Informationen werden schließlich die wesentlichen übernommenen Funktionen des betreffenden Unternehmens auf ihren wirtschaftlichen Gehalt hin untersucht. Dabei werden die Märkte, die Wettbewerbssituation und die strategische Positionierung[274] des gesamten Konzerns sowie der betreffenden Konzerneinheit durchleuchtet, um anschließend die Wertschöpfungsstufen mit ihren Produkten, Produktbereichen, Kunden und Lieferanten auf ihre Art und ihren Umfang hin zu analysieren.[275]

I R 42/68, BStBl. II 1970, S. 419; BFH, Urteil vom 15.01.1974, VIII R 63/68, BStBl. II 1974, S. 606.

272 Vgl. *Puls* in: Wassermeyer/Baumhoff, Verrechnungspreise, 2014, Rz. 4.10.

273 Allgemein hierzu *Borstell/Hülster* in: Vögele et al., Verrechnungspreise, 2015, Kap. M Rz. 201–210.

274 Allgemein hierzu *Bittner* in: Dawid, Verrechnungspreise, 2016, S. 112 f.

275 So auch *Klein*, IStR 1995, S. 547; *Wellens/van der Ham*, DB 2012, S. 1534 f.; *Puls* in: Wassermeyer/Baumhoff, Verrechnungspreise, 2014, Rz. 4.24. Ausführlich zu den relevanten zu untersuchenden wirtschaftlichen Verhältnissen siehe *Bittner* in: Dawid, Verrechnungspreise, 2016, S. 109 ff. Die bloße Erfassung der Art der Tätigkeiten ist hingegen nicht ausreichend. Vgl. *Wellens/van der Ham*, DB 2012, S. 1534. Bei der Analyse der Funktionen ist zwischen einer Gesamt- und einer Einzelfunktionsanalyse zu unterscheiden. Allgemein hierzu *Puls* in: Wassermeyer/Baumhoff, Verrechnungspreise, 2014, Rz. 4.13 ff.

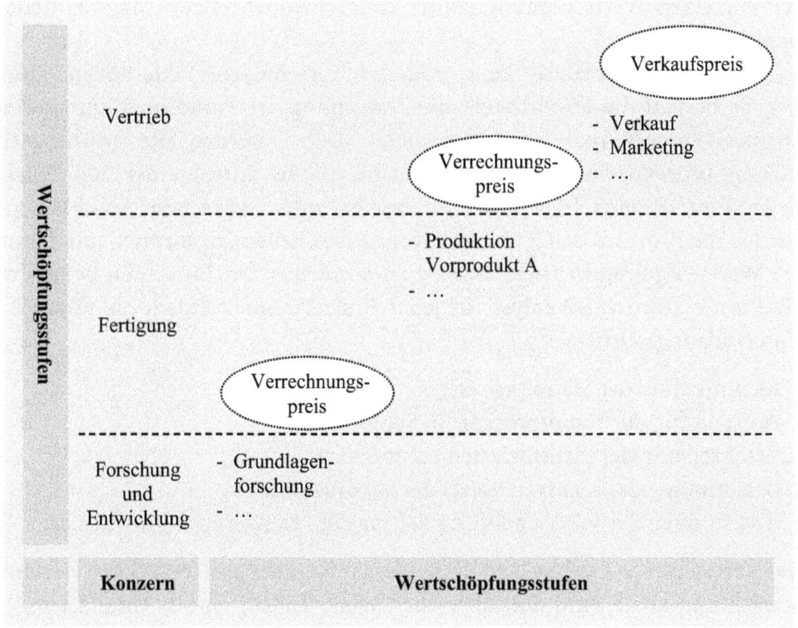

Abbildung 3: Wertschöpfungsstufen und Verrechnungspreise[276]

Es ist ferner geboten, die konjunkturellen Faktoren der Informationen zu berücksichtigen, um fremdvergleichskonforme Daten zu erhalten. Dadurch wird verhindert, dass im Rahmen eines potenziellen Fremdvergleichs die Daten unterschiedlicher Konjunkturphasen miteinander verglichen werden.[277] Ebenfalls zu identifizieren sind die Handlungsalternativen der Transaktionspartner, da sie sich auf die Zahlungsbereitschaft eines Unternehmens auswirken[278] und somit eine wichtige Rolle in der Entscheidungsfindung der Transaktionspartner einnehmen. Mithilfe dieser Untersuchungen lässt sich schließlich ermitteln, welche Funktionen das Unternehmen auf der jeweiligen Wertschöpfungsstufe ausübt und wie gut es auf dem Markt positioniert ist. Die Analyse ist für den weiteren Verlauf der Verrechnungspreisbildung von großer Bedeutung, da auf

---

276 In Anlehnung an *Klein*, IStR 1995, S. 547.

277 Vgl. *Bittner* in: Dawid, Verrechnungspreise, 2016, S. 110 f.

278 Vgl. *Bittner* in: Dawid, Verrechnungspreise, 2016, S. 111 f.

den einzelnen Wertschöpfungsstufen unterschiedliche Bewertungsmethoden anzuwenden sind.

Die Funktionsanalyse kann anhand verschiedener Methoden erfolgen. So besteht die Möglichkeit, die Zuordnung der Funktionen durch eine Business-Process-Analyse vorzunehmen. Dabei werden die Leistungserstellungsprozesse im Konzern untersucht, um sie mittels einer Top-Down-Analyse auf die einzelnen Marktprozesse herunter zu brechen. Anschließend werden die Prozesse den jeweiligen Konzerneinheiten zugeordnet, um daraus die Wertschöpfungsbeiträge ablesen zu können.[279] Im Einzelnen beinhaltet die Business-Process-Analyse für jedes Konzernunternehmen die folgenden Untersuchungsschritte:[280]

- Identifikation der Hauptprozesse,
- Aufspaltung der Hauptprozesse in Subprozesse,
- Beschreibung der identifizierten Subprozesse,
- Bestimmung des relativen Werts der Subprozesse,
- Bestimmung der Wertschöpfungsbeiträge des Konzernunternehmens.

Der Vorteil dieser Analyse liegt darin, dass infolge der systematischen Gesamtbetrachtung keine Funktion übersehen wird. Zudem ist bei Veränderungen im rechtlichen Aufbau des betrachteten Konzerns eine neue Funktionsanalyse entbehrlich, da jederzeit eine andere Zuordnung der Funktionen zu den Konzerneinheiten erfolgen kann.[281] Allerdings ist anzumerken, dass die Business-Process-Analyse sehr zeitaufwändig und teuer sein kann.

Soweit eine Funktion bereits identifiziert worden ist, besteht die Möglichkeit, die Charakterisierung der Funktion mittels einer quantitativen und qualitativen Analyse durchzuführen. Dabei werden folgende Untersuchungsschritte vorgenommen:[282]

- Erfassung der einzelnen, in der Funktion angesiedelten Unternehmenstätigkeiten,
- Ermittlung der durch die Funktionsausübung entstehenden Kosten,

279 Vgl. *Puls* in: Wassermeyer/Baumhoff, Verrechnungspreise, 2014, Rz. 4.20; *Borstell/Hülster* in: Vögele et al., Verrechnungspreise, 2015, Kap. M Rz. 143.

280 Allgemein hierzu *Borstell/Hülster* in: Vögele et al., Verrechnungspreise, 2015, Kap. M Rz. 211–217.

281 Vgl. *Borstell/Hülster* in: Vögele et al., Verrechnungspreise, 2015, Kap. M Rz. 144.

282 Vgl. *Puls* in: Wassermeyer/Baumhoff, Verrechnungspreise, 2014, Rz. 4.18.

- Ermittlung der eingesetzten materiellen und immateriellen Wirtschaftsgüter zur Funktionsausübung,[283]
- Ermittlung des im Rahmen der Funktionsausübung erforderlichen Personals.

Die Ergebnisse der Analyse bieten schließlich Anhaltspunkte für die wertschöpfungsbezogene Bedeutung der Funktionen im Unternehmen. Eine gesicherte Zuordnung ist auf Basis der Analyse jedoch nicht möglich, da beispielsweise eine kostenintensive Funktionsausübung nicht zwangsläufig zu einer bedeutenden Wertschöpfung führen muss.[284]

Im Rahmen der Analyse ist es sinnvoll, die identifizierten Funktionen des zu untersuchenden Unternehmens in Haupt- und Hilfsfunktionen einzuteilen.[285] Die Hauptfunktionen sind dadurch gekennzeichnet, dass sie erfolgskritisch sind und über den Markterfolg eines Unternehmens entscheiden.[286] Diesen Funktionen sind regelmäßig die Forschung und Entwicklung und der Vertrieb zuzurechnen. So ist die Forschung und Entwicklung in der Lage, Know-how hervorzubringen, das ein unternehmensindividuelles Alleinstellungsmerkmal gegenüber den Wettbewerbern darstellt. Der Vertrieb umfasst indessen Kundenbeziehungen, die für das Unternehmen von großer Bedeutung sind.[287] Demgegenüber können die Hilfsfunktionen problemlos an Drittunternehmen delegiert werden. Insoweit handelt es sich um Routinefunktionen, die in der Regel mit einem Standardgewinn verrechnet werden.[288]

---

283 Die Funktionsanalyse sollte die Beschaffenheit der verwendeten Wirtschaftsgüter, wie beispielsweise das Alter, den Marktwert und den bestehenden Schutz der Eigentumsrechte berücksichtigen. Vgl. *OECD*, Verrechnungspreisleitlinien, 2017, Tz. 1.54.

284 Vgl. *Puls* in: Wassermeyer/Baumhoff, Verrechnungspreise, 2014, Rz. 4.19. Ferner kann im Rahmen der Funktionsanalyse auf die Ergebnisse von bestehenden Balanced-Scorecard-Systemen zurückgegriffen werden. Vgl. *Puls* in: Wassermeyer/Baumhoff, Verrechnungspreise, 2014, Rz. 4.17.

285 Vgl. *Puls* in: Wassermeyer/Baumhoff, Verrechnungspreise, 2014, Rz. 4.16. Die Untergliederung in Haupt- und Nebenfunktionen ist häufig, aber nicht immer möglich. Ist eine derartige Aufteilung nicht ersichtlich, so ist dies ein erstes Indiz, dass sich die Gewinnaufteilungsmethode als Verrechnungspreismethode empfehlen würde. Vgl. *Klein*, IStR 1995, S. 547.

286 Vgl. *Klein*, IStR 1995, S. 547.

287 Der erfolgskritische Einfluss der Forschung und Entwicklung und des Vertriebs führt dazu, dass das Know-how und der Kundenstamm eines Unternehmens regelmäßig einen bedeutenden Anteil am gesamten Unternehmenswert einnehmen.

288 Vgl. *Klein*, IStR 1995, S. 547. So können Lohn- oder Auftragsfertiger mit der Kostenaufschlagsmethode verrechnet werden. Vgl. BMF-Schreiben vom 13.10.2010, BStBl. I 2010, S. 774 Tz. 66.

Tabelle 1: Beispiel einer Funktionsanalyse

		Konzerneinheit A		Konzerneinheit B	
	Funktion	**Hauptfunktion**	**Hilfsfunktion**	**Hauptfunktion**	**Hilfsfunktion**
I.	Forschung und Entwicklung				
a.	Grundlagen-forschung	x			
b.	…				
II.	Produktion				
a.	Montage		x		x
b.	…				
III.	Vertrieb				
a.	Vertriebsin-nendienst	x			x
b.	…				
IV.	Verwaltung				
a.	Geschäfts-führung	x			
b.	…				
…					

Der Steuerpflichtige hat für Geschäftsbeziehungen zu nahestehenden Unternehmen eine Funktionsanalyse durchzuführen und zu dokumentieren.[289] Hintergrund dieser Maßnahme ist, dass die Aufbereitung der relevanten Informationen der Finanzverwaltung die notwendigen Rückschlüsse im Hinblick auf die Angemessenheit der für die jeweilige Geschäftsbeziehung bestimmten Verrechnungspreise gewähren soll.[290] Allerdings ist die Durchführung einer Funktionsanalyse ebenfalls im Interesse des Unternehmens, um beispielsweise zur Entscheidungsfindung eine möglichst genaue Informationsgrundlage über die Konzernunternehmen zu erhalten.[291]

289 Zur Verrechnungspreisdokumentation siehe Kapitel 3.5.

290 Vgl. *Puls* in: Wassermeyer/Baumhoff, Verrechnungspreise, 2014, Rz. 4.7.

291 Vgl. *Wellens/van der Ham*, DB 2012, S. 1535.

3.2.1.3 Risikoanalyse

3.2.1.3.1 Begriff des betrieblichen Risikos

Die betrieblichen Risiken eines Unternehmens sind fest mit den entsprechenden Funktionen verbunden. Daher sind die Ausübung einer Funktion und die Untersuchung des mit der Funktionsausübung implizierten Risikos stets gemeinsam zu betrachten. Zugleich haben sowohl die ausgeübte Funktion als auch das mit der Funktion verbundene Risiko einen Einfluss auf den Wertschöpfungsbeitrag. So ist mit der Ausübung einer Funktion einerseits die Chance eines Wertzuwachses[292] und andererseits das Risiko eines Wertverlustes verbunden.[293]

Ein Risiko liegt stets dann vor, wenn eine hinreichend konkrete Wahrscheinlichkeit zum Eintritt eines Ereignisses vorliegt, das sich gegenüber einer Vermögenspositionen des Steuerpflichtigen nachteilig auswirken kann.[294] Dabei wird zwischen den funktionalen bzw. originär betrieblichen Risiken und den unternehmerischen Risiken, die sich aus dem Tätigkeitsrahmen ergeben, unterschieden.[295] Funktionale Risiken gelten als absicherbar, wogegen die unternehmerischen Risiken vornehmlich nicht absicherbare unternehmensindividuelle Risiken darstellen. Folglich ist ein Risiko stets das Resultat aus einem Mangel an Informationen, der zu einer Unsicherheit des Betroffenen hinsichtlich der Schadenseintrittswahrscheinlichkeit führt.[296] Aus der

---

292 Zur Definition des Begriffs Geschäftschance siehe *Bodenmüller*, Steuerplanung, 2004, S. 289 ff.

293 Vgl. *Puls* in: Wassermeyer/Baumhoff, Verrechnungspreise, 2014, Rz. 4.37. Ein höheres Risiko geht allerdings nicht zwangsläufig mit einer höheren Gewinnerwartung einher. Allgemein hierzu *Bittner* in: Dawid, Verrechnungspreise, 2016, S. 114 f.

294 Vgl. *Puls* in: Wassermeyer/Baumhoff, Verrechnungspreise, 2014, Rz. 4.38.

295 Vgl. *Brüninghaus/Bodenmüller*, DStR 2009, S. 1287; *Puls* in: Wassermeyer/Baumhoff, Verrechnungspreise, 2014, Rz. 4.43. Alternativ können die Risiken in absicherbare Routinerisiken, nicht absicherbare Nichtroutinerisiken und Gesellschaftsrisiken eingeteilt werden. Vgl. *Vögele/Vögele* in: Vögele et al., Verrechnungspreise, 2015, Kap. E Rz. 139. In diesem Zusammenhang existiert ferner die Differenzierung zwischen den Begriffen Risiko und Unsicherheit. Dabei wird das Risiko als eine beherrschbare und versicherbare Größe angesehen, wogegen die Unsicherheit als nicht einschätzbar und zugleich nicht versicherbar gilt. Vgl. *Brem/Tucha*, IStR 2006, S. 501.

296 Risiken setzen sich demnach aus Plan-Ist-Abweichungen zusammen, die jeweils von einem oder mehreren Konzernunternehmen gesteuert werden und von einem oder mehreren Konzernunternehmen zu tragen sind. Vgl. *Klein*, IStR 1995, S. 547; *Brüninghaus/Bodenmüller*, DStR 2009, S. 1287.

Schadenseintrittswahrscheinlichkeit einerseits und der möglichen Schadenshöhe andererseits resultiert schließlich der Grad des übernommenen Risikos. Die Höhe der Risikoübernahme hat letztendlich Einfluss auf die Margenkalkulation einer Konzerneinheit.[297]

3.2.1.3.2 Identifizierung und Bewertung betrieblicher Risiken

Mit der Identifizierung und Bewertung der betrieblichen Risiken wird im Rahmen einer Risikoanalyse versucht, den Beitrag des Risikos zur Wertschöpfung zu ermitteln. Die Risikoanalyse baut direkt auf die Funktionsanalyse auf und zielt darauf ab, den jeweiligen Funktionen einer Konzerneinheit ihre spezifischen Risiken zuzuordnen und sie wertmäßig zu bestimmen[298]. Auf diese Weise ist es möglich, für jedes Konzernunternehmen ein Risikoprofil zu erstellen, um ihm anschließend eine risikoadäquate Marge zuzurechnen.[299] Im Einzelnen befasst sich die Risikoanalyse mit folgenden Fragen:[300]

- Welche Konzerneinheit trägt welches Risiko?
- Welche Konzerneinheit hat die Kosten des jeweiligen Risikos zu tragen?
- Unter welchen Umständen lassen sich Risiken materialisieren?
- Welche Konzerneinheit stellt das Kapital zur Beseitigung des Risikoschadens zur Verfügung?

Ausgangspunkt der Risikoanalyse ist die Identifizierung der betrieblichen Risiken. Dafür werden zunächst die vertraglichen Vereinbarungen des zu untersuchenden Konzernunternehmens betrachtet, da sie regelmäßig Aussagen über die Risikoverteilung zwischen den Konzerneinheiten enthalten.[301] Auf diese Weise kann überprüft werden, welche Risiken überhaupt vorliegen. Zugleich sind die ausgeübten und im Rahmen der Funktionsanalyse bereits identifizierten Funktionen der betreffenden Konzerneinheit zu beurteilen. Dabei ist festzustellen, welches Risiko einer bestimmten Funktion zugeordnet

---

297 Vgl. *Rieke*, Spannungsfeld, 2015, S. 65; *Puls* in: Wassermeyer/Baumhoff, Verrechnungspreise, 2014, Rz. 4.38; *OECD*, Verrechnungspreisleitlinien, 2017, Tz. 2.39, 9.19 ff. Allgemein hierzu *Schön*, StuW 2015, S. 79 f.

298 Vgl. *Schmidtke/Tränka* in: Heidecke et al., Verrechnungspreise, 2017, S. 436.

299 Es ist jedoch zu beachten, dass sich insbesondere das Risikoprofil eines Konzernunternehmens im Zeitablauf sehr kurzfristig ändern kann. Vgl. *Vögele/Vögele* in: Vögele et al., Verrechnungspreise, 2015, Kap. E Rz. 151.

300 Vgl. *Vögele/Vögele* in: Vögele et al., Verrechnungspreise, 2015, Kap. E Rz. 139.

301 Vgl. *Wellens/van der Ham*, DB 2012, S. 1535; *Bittner* in: Dawid, Verrechnungspreise, 2016, S. 109; *Greil*, DStZ 2016, S. 915.

werden kann.[302] So ist bei der Identifizierung der Risiken des zu untersuchenden Konzernunternehmens zu beachten, dass eine Konzerneinheit in Abhängigkeit von den übernommenen Funktionen nur bestimmte Arten von Risiken übernehmen kann. Die folgende Tabelle gibt einen Überblick über die Risiken, die in den Bereichen Produktion und Vertrieb übernommen werden können:[303]

Tabelle 2: Funktionstypische Risiken in den Bereichen Produktion und Vertrieb[304]

Art des Risikos	Produktion	Vertrieb
allgemeines Markt- und Wettbewerbsrisiko	+	+
Produktstrategierisiko	+	(+)
Produktrisiko	+	(+)
technisches Fehlinvestitionsrisiko	+	-
Vertriebsstrategierisiko	-	+
Lagerhaltungsrisiko	+	+
Forderungsausfallrisiko	+	+
Gewährleistungsrisiko	+	+
Währungsrisiko	+	+
regulatorisches Risiko	+	+
Umwelthaftungsrisiko	+	-
Auslastungsrisiko	+	(+)
Transportrisiko	+	+
Know-how-Verlustrisiko	+	(+)
Liquiditätsrisiko	+	+

Ferner kann die vorläufige Charakterisierung des Unternehmens anhand seiner Funktionsausübung einerseits Aufschluss über die vorhandenen Risiken geben und andererseits gewisse Risiken von vornherein ausschließen. Beispielsweise wird ein Produktionsunternehmen, das in Form eines

302 Vgl. *Klein*, IStR 1995, S. 547; *Puls* in: Wassermeyer/Baumhoff, Verrechnungspreise, 2014, Rz. 4.39.

303 Für eine ausführliche Übersicht zu Unternehmensrisiken siehe *Vögele/Vögele* in: Vögele et al., Verrechnungspreise, 2015, Kap. E Rz. 140 ff.; *Schmidtke/Tränka* in: Heidecke et al., Verrechnungspreise, S. 437.

304 In Anlehnung an *Puls* in: Wassermeyer/Baumhoff, Verrechnungspreise, 2014, Rz. 4.53.

Lohnfertigers ausgestaltet ist, keine Produktstrategierisiken oder Absatzrisiken übernehmen.[305] Zugleich wird eine reine Vertriebsgesellschaft nicht mit einem Auslastungsrisiko konfrontiert sein.

Soweit die Risiken den entsprechenden Funktionen zugeordnet worden sind, ist in einem zweiten Schritt zu analysieren, wie hoch die Eintrittswahrscheinlichkeit des jeweiligen Risikos ist und welche wirtschaftlichen Nachteile durch die Materialisierung des Risikos eintreten können. Dabei ist es von Bedeutung, die Risiken funktionsbezogen zu betrachten, da im Rahmen der Risikoanalyse weniger das Gesamtunternehmerrisiko im Vordergrund steht als die spezifischen Risikopositionen einer jeden betrieblichen Funktion.[306]

In einem dritten Schritt ist schließlich die Höhe der Risikoprämie für das betreffende Unternehmen zu ermitteln. Dabei ist zu beachten, dass die Entlohnung dem Fremdvergleich Stand hält.[307] Insoweit stellen die Ausübung der Risikokontrolle und die finanzielle Risikotragfähigkeit wichtige Indizien für die tatsächliche wirtschaftliche Übernahme des Risikos durch das betreffende Unternehmen und folglich für eine fremdvergleichskonforme Entlohnung dar.[308] Bei der Risikobetrachtung eines Konzernunternehmens können demnach Anpassungsrechnungen erforderlich werden, welche die tatsächlich abweichende Risikoallokation berücksichtigen.[309] Die Überprüfung der fremdvergleichskonformen Risikoallokation wird in der folgenden Abbildung genauer illustriert:

---

305 Vgl. *Puls* in: Wassermeyer/Baumhoff, Verrechnungspreise, 2014, Rz. 4.52. Diese Auffassung wird jedoch teilweise angezweifelt. So hat der Lohnfertiger einen Umsatzrückgang aufgrund einer verfehlten Produktstrategie gleichermaßen zu tragen wie das Vertriebsunternehmen, das die Produkte des Lohnfertigers vertreibt. So auch *Schön*, StuW 2015, S. 85.

306 Vgl. *Puls* in: Wassermeyer/Baumhoff, Verrechnungspreise, 2014, Rz. 4.39.

307 Soweit das übernommene Risiko zwischen Konzernunternehmen mit einer nicht fremdvergleichskonformen Prämie entlohnt wird, sind die Steuerbehörden dazu berechtigt, die Risikoprämien der Konzerneinheiten anzupassen. Vgl. *Schön*, StuW 2015, S. 79; Art. 9 OECD-MA. In der Literatur wird teilweise die Meinung vertreten, in einem Konzern auf eine Risikoprämie zwischen den Konzernunternehmen zu verzichten und das Risiko sowie deren Entlohnung in vollem Umfang der Konzernobergesellschaft zuzurechnen, soweit die Anteilseigner der Konzernobergesellschaft letztendlich ohnehin das gesamte Konzernrisiko tragen. Vgl. *Schön*, StuW 2015, S. 84 f.; *Greil/Schilling*, DK 2016, S. 335.

308 Vgl. *Wellens/van der Ham*, DB 2012, S. 1535; *Puls* in: Wassermeyer/Baumhoff, Verrechnungspreise, 2014, Rz. 4.41; *Schön*, StuW 2015, S. 80.

309 Vgl. *Puls* in: Wassermeyer/Baumhoff, Verrechnungspreise, 2014, Rz. 4.41. Zum Unterschied zwischen der Durchführung einer Anpassungsrechnung zur

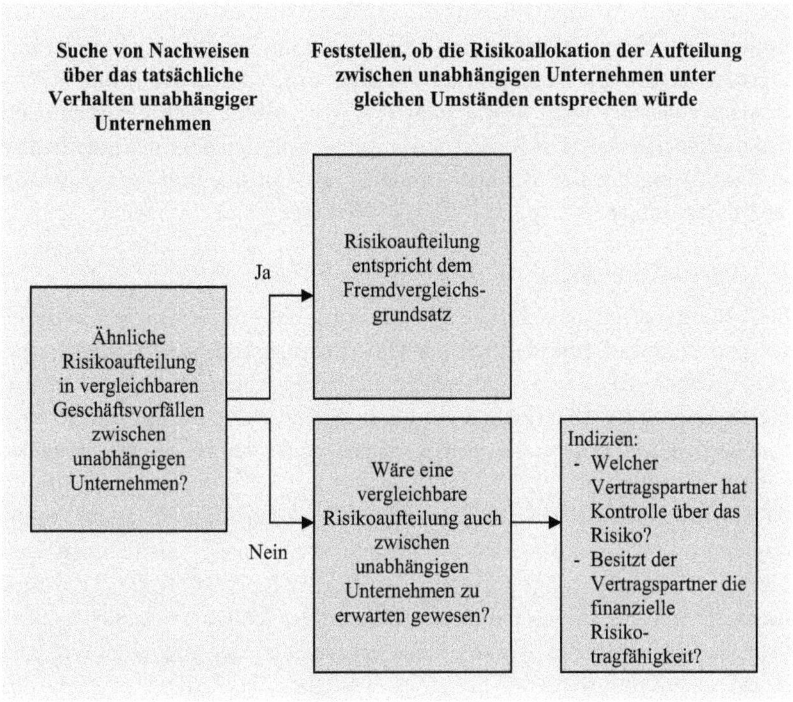

Abbildung 4: Prüfung eines konzerninternen Geschäftsvorfalls auf Einhaltung des Fremdvergleichsgrundsatzes[310]

Die Prämienhöhe hängt indessen von der Art des Grundgeschäfts und den damit verbundenen Risiken ab, die wirtschaftlich abzusichern sind.[311] Insoweit kann beispielsweise auf eine risikolose Kapitalanlage[312] abgestellt werden, die mit der aus dem zu untersuchenden Kapitaleinsatz resultierenden Marge

Herstellung der Vergleichbarkeit und der Nichtanerkennung der Risikoaufteilung durch die Finanzverwaltung bei einem konzerninternen Geschäftsvorfall siehe *OECD,* Verrechnungspreisleitlinien, 2010, Tz. 9.34 ff.

310 In Anlehnung an *OECD,* Verrechnungspreisleitlinien, 2010, Tz. 9.33.

311 Vgl. *Puls* in: Wassermeyer/Baumhoff, Verrechnungspreise, 2014, Rz. 4.50; *OECD,* Verrechnungspreisleitlinien, 2017, Tz. 9.19; *Schön,* StuW 2015, S. 69.

312 Als risikolose Kapitalanlage kann beispielsweise eine Bundesanleihe mit äquivalenter Laufzeit dienen.

verglichen wird. Aus der Differenz dieser Werte ist zu entnehmen, welche Risikoprämie das Unternehmen für die Übernahme des Risikos verlangen kann.[313] Alternativ kann die Risikoprämie aus den Ergebnissen des Value-at-Risk-Ansatzes abgeleitet werden, mit dem sich das größtmöglich anzunehmende Risiko ermitteln lässt. Die Risikoprämie der Anteilseigner wird schließlich aus der Verzinsung des für den höchstmöglichen Verlustbeitrag vorzuhaltenden Kapitals berechnet.[314]

3.2.1.3.3 Risikosteuerung

Die Risikosteuerung baut auf der Risikoanalyse auf und unterliegt ausschließlich dem Verantwortungsbereich der Unternehmensleitung.[315] Sie dient dazu, das betriebliche Risiko eines Unternehmens beherrschbar zu machen. Die Risikosteuerung zielt gleichermaßen auf die Reduzierung operativer und strategischer Risiken ab. Dabei sind sowohl wirtschaftliche als auch steuerliche Risiken in Betracht zu ziehen.

Die Umsetzung der Risikosteuerung erfolgt regelmäßig durch die Etablierung eines sog. „Tax Compliance Management Systems“.[316] Demzufolge beinhaltet die Risikosteuerung eine möglichst effektive Risikokontrolle,[317] die durch eine wertmäßige Risikoerfassung im Rahmen der Risikoanalyse sichergestellt wird. Zur Messung des Risikos kann unterdessen der sog. „Value-at-Risk-Ansatz“ angewandt werden.[318] Ferner ist es möglich, das Risikoausmaß mithilfe von unterschiedlichen Unternehmenskennzahlen zu analysieren. Dabei sind diverse Unternehmensfaktoren wie die Kapitalausstattung oder die Ertragsstärke des betreffenden Unternehmens in die Überlegungen einzubeziehen.[319]

313 Vgl. *Puls* in: Wassermeyer/Baumhoff, Verrechnungspreise, 2014, Rz. 4.50.

314 Ebd.; *Meyborn*, Die Bank 2016, Nr. 10, S. 44 f.

315 Vgl. *Puls* in: Wassermeyer/Baumhoff, Verrechnungspreise, 2014, Rz. 4.40.

316 Die OECD empfiehlt sogar die Einführung eines Tax-CMS. Vgl. *OECD*, Verrechnungspreisleitlinien, 2010, Tz. 9.47. Zur Ausgestaltung eines Tax-CMS siehe *Kowallik*, DB 2015, S. 2774 ff.; *Kromer et al.*, BB 2013, S. 799 ff. Ein ordnungsgemäßes Tax-CMS kann zugleich Einfluss auf die Beurteilung von Verfehlungen als Steuerstraftat haben. Allgemein hierzu *Kowallik*, DB 2015, S. 2774 f.; BMF-Schreiben vom 23.05.2016, BStBl. I 2016, S. 490.

317 Allgemein hierzu *Schön*, StuW 2015, S. 80 ff.

318 Vgl. *Puls* in: Wassermeyer/Baumhoff, Verrechnungspreise, 2014, Rz. 4.40, 4.50; *Meyborn*, Die Bank 2016, Nr. 10, S. 44 f. Der Value-at-Risk-Ansatz ist jedoch mit Vorsicht zu betrachten, da er vollständig auf vergangenheitsorientierten Daten basiert. Vgl. *Waschbusch et al.*, BFuP 2017, S. 215 f.

319 Vgl. *Puls* in: Wassermeyer/Baumhoff, Verrechnungspreise, 2014, Rz. 4.40.

Auf Basis dieser Daten kann die Konzerneinheit, die das Risiko trägt, ihre Risikopositionen limitieren und den Kapitaleinsatz risikoadäquat steuern.[320]

Ein geeignetes Instrument zur organisatorischen Strukturierung der Risikosteuerung stellt die Risikobündelung dar. Dabei werden die unternehmerischen Risiken in einem Konzernunternehmen gebündelt, das über geeignetes Personal und Know-how zur Durchführung entsprechender Risikomanagementtätigkeiten verfügt.[321] In der Folge kann diese Konzerneinheit durch gezielte Maßnahmen eine optimierte Risikosteuerung für den gesamten Konzern betreiben. So können beispielsweise Sicherungsgeschäfte, Termingeschäfte, Put- und Call-Optionen oder Swaps genutzt werden, um das Risiko zu reduzieren und zu steuern.[322] Diese Art der Risikosteuerung wird beispielsweise in sog. „Central-Entrepreneur-Modellen“ praktiziert, bei denen die Hauptrisiken des Konzerns, z.B. das allgemeine Marktrisiko, Absatzrisiko, Produktstrategierisiko, Gewährleistungsrisiko und Währungsrisiko, bei einer zentralen Einheit gebündelt und gezielt minimiert werden, während die Produktions- und Vertriebseinheiten funktions- und risikoschwach aufgestellt sind.[323]

3.2.1.4 Wertschöpfungsbezogene Analysen

3.2.1.4.1 Gesamtwertschöpfungsanalyse

Die ausgeübten Funktionen und übernommenen Risiken eines Unternehmens wirken sich auf den Erfolgsbeitrag aus, den ein Unternehmen zur Wertschöpfung[324] zu leisten imstande ist. Die Wertschöpfungsanalyse dient dazu, diese Wertschöpfung zu untersuchen. Zudem kann die Wertschöpfungsanalyse im Rahmen einer Gesamtwertschöpfungsanalyse eingesetzt werden, um

---

320 Vgl. *Puls* in: Wassermeyer/Baumhoff, Verrechnungspreise, 2014, Rz. 4.50.

321 Vgl. *Puls* in: Wassermeyer/Baumhoff, Verrechnungspreise, 2014, Rz. 4.49. In einem Konzern übernimmt zumeist die Konzernobergesellschaft das gebündelte Risiko. Dies erscheint insbesondere insofern sinnvoll, als die Anteilseigner der Obergesellschaft im Endeffekt ohnehin den überwiegenden Teil der Konzernrisiken zu tragen haben.

322 Vgl. *OECD*, Verrechnungspreisleitlinien, 2010, Tz. 1.50. In diesem Zusammenhang können auch sog. „Captive Insurance Companies“ etabliert werden, die als konzerneigene Versicherungsgesellschaften fungieren. Allgemein hierzu *Jacobs*, Internationale Unternehmensbesteuerung, 2016, S. 1105 ff.

323 So auch *Puls* in: Wassermeyer/Baumhoff, Verrechnungspreise, 2014, Rz. 4.49.

324 Die Wertschöpfung beruht im Vergleich zum Terminus Gewinn/Verlust auf einem umfassenderen Erfolgsbegriff. Allgemein hierzu *Coenenberg et al.*, Jahresabschluss, 2016, S. 1178.

als Plausibilisierungsinstrument für die Funktions- und Risikoanalyse von Konzernunternehmen zu dienen, indem die Angemessenheit der Entlohnung einer Konzerneinheit an der Wertschöpfung des gesamten Konzerns betrachtet wird.[325] Im Einzelnen wird geprüft, ob sich die Entlohnung eines Konzernunternehmens in einer Fremdvergleichssituation auf einem ähnlichen Vergütungsniveau befinden würde.[326]

Der Wertschöpfungsbeitrag ergibt sich aus der Differenz zwischen dem Marktpreis einer generierten Leistung und dem Wert der vom Leistungserbringer bezogenen Leistungen innerhalb einer Wertschöpfungskette.[327] Als Wertschöpfungskette wird dabei der gesamte Leistungserstellungsprozess bezeichnet, der mit der Forschung und Entwicklung beginnt und mit der Abgabe an den Endkonsumenten endet.[328] Die Summe der Wertschöpfungsbeiträge umfasst demnach das Ergebnis aller Aktivitäten, die mit der Herstellung von Produkten und der Erbringung von Dienstleistungen, deren Absatz sowie dem Kundendienst in einem unmittelbaren Zusammenhang stehen und zur Aufrechterhaltung und Unterstützung der vorgenannten Leistungen dienen.[329]

Die Wertschöpfungsbeiträge werden in primäre und unterstützende Kategorien eingeteilt. Primäre Wertschöpfungsaktivitäten umfassen sämtliche Unternehmenstätigkeiten, die mit der Herstellung von Produkten, der Erbringung von Dienstleistungen, dem Marketingprozess sowie dem Kundendienst in einem unmittelbaren Zusammenhang stehen und folglich für den Leistungsempfänger greifbare Leistungsresultate vermitteln. Unterstützende Wertschöpfungsaktivitäten sind hingegen darauf gerichtet, die Produktivtätigkeiten der primären Wertschöpfungsaktivitäten aufrecht zu erhalten.[330]

---

325 Vgl. *Schreiber* in: Kroppen/Rasch, Verrechnungspreise, 2019, VerwGr.Verf. Anm. 179; *Puls* in: Wassermeyer/Baumhoff, Verrechnungspreise, 2014, Rz. 4.68.

326 Vgl. *Puls* in: Wassermeyer/Baumhoff, Verrechnungspreise, 2014, Rz. 4.68.

327 Ebd.; *Schreiber* in: Kroppen/Rasch, Verrechnungspreise, 2019, VerwGr.Verf. Anm. 176. Zur Ermittlung des Wertschöpfungsbeitrags auf Basis einer Entstehungs- und Verwendungsrechnung siehe *Coenenberg et al.*, Jahresabschluss, 2016, S. 1179 ff.; *Lachnit/Müller*, Bilanzanalyse, 2017, S. 256.

328 Vgl. *Schreiber* in: Kroppen/Rasch, Verrechnungspreise, 2019, VerwGr.Verf. Anm. 176; *Puls* in: Wassermeyer/Baumhoff, Verrechnungspreise, 2014, Rz. 4.68.

329 Vgl. *Schreiber* in: Kroppen/Rasch, Verrechnungspreise, 2019, VerwGr.Verf. Anm. 177.

330 Vgl. *Puls* in: Wassermeyer/Baumhoff, Verrechnungspreise, 2014, Rz. 4.69; *Schreiber* in: Kroppen/Rasch, Verrechnungspreise, 2019, VerwGr.Verf. Anm. 177.

Häufig lässt sich der Wertschöpfungsbeitrag einer Konzerneinheit bereits aus der Funktions- und Risikoanalyse ablesen.[331] Ist dies nicht der Fall,[332] so ist der Wertschöpfungsbeitrag jedes Konzernunternehmens aus einer Gewichtung der konzerneinheitsübergreifenden Gesamtwertschöpfung zu ermitteln.[333] Dabei sind zunächst die für die Wertschöpfung des Konzerns relevanten Geschäftsprozesse zu identifizieren, um sie in einem zweiten Schritt nach ihrer relativen Bedeutung für die Gesamtwertschöpfung zu gewichten. In einem dritten Schritt ist zu analysieren, welche relativen Beiträge die Konzerneinheiten zu den einzelnen Geschäftsprozessen beisteuern, um sie anschließend mit dem Wert aus Schritt zwei ins Verhältnis zu setzen. Aus der Summe der relativen Wertschöpfungsbeiträge lässt sich schließlich der absolute Wertschöpfungsbeitrag einer Konzerneinheit ermitteln. Die Schritte der Wertschöpfungsanalyse bis zur Ermittlung der relativen Wertschöpfungsbeiträge für die einzelnen Konzernunternehmen werden in der nachfolgenden Tabelle näher dargestellt:

Tabelle 3: Beispiel zur Wertschöpfungsanalyse[334]

Schritt 1	**Schritt 2**	**Schritt 3**		
Wertschöpfungsprozess	**relativer Wert**[335]	**Konzern-einheit A**	**Konzern-einheit B**	**Konzern-einheit C**
Geschäftsbereichsmanagement (Geschäftsstrategie, Marketing, Design)	15 %	2 %	10 %	3 %
Unterstützung (Finanzen, IT, HR, Steuern, Recht, Buchhaltung)	10 %	1 %	5 %	4 %
Forschung und Entwicklung (Basisforschung, Produktentwicklung, Qualität)	30 %	10 %	20 %	0 %
Management der Lieferkette (Beschaffung, Produktion, Logistik, Vertrieb)	45 %	5 %	30 %	10 %
Wertschöpfungsbeitrag	**100 %**	**18 %**	**65 %**	**17 %**

331 Vgl. *Schreiber* in: Kroppen/Rasch, Verrechnungspreise, 2019, VerwGr.Verf. Anm. 178.

332 Es kann beispielsweise sein, dass die Wertschöpfungsbeiträge den einzelnen Konzernunternehmen nicht einwandfrei zurechenbar sind.

333 So auch *Lenz et al.*, BB 2005, S. 1257.

334 In Anlehnung an *Schreiber* in: Kroppen/Rasch, Verrechnungspreise, 2019, VerwGr. Verf. Anm. 180.

335 Anteil der Wertschöpfungsprozesse an der Gesamtwertschöpfung.

Soweit die Wertschöpfungsbeiträge der einzelnen Konzernunternehmen ermittelt worden sind, kann die Plausibilisierung der Funktions- und Risikoanalyse anhand der Wertschöpfungsanalyse durch bestimmte Unternehmenskennzahlen ergänzt werden. Dabei wird auf Kennzahlen wie die Arbeitsproduktivität, Kapitalproduktivität, Personalkostenproduktivität, Wertschöpfungsquote, Betriebsgröße und den totalen Wertschöpfungsquotienten zurückgegriffen.[336] So wird es möglich, die Zuordnung der ausgeübten Funktionen und eingegangenen Risiken auf die Konzerneinheiten nochmals zu überprüfen.

Neben der Plausibilisierung der Funktions- und Risikoanalyse lässt sich die Gesamtwertschöpfungsanalyse zur Aufteilung des Gewinns anhand der geschäftsvorfallbezogenen Gewinnaufteilungsmethode[337] verwenden.[338] Dabei wird der Konzerngewinn mithilfe der relativen Wertschöpfungsbeiträge der einzelnen Konzernunternehmen, die im Rahmen der Wertschöpfungsanalyse ermittelt worden sind, auf die Konzerneinheiten aufgeteilt. Eine Plausibilisierung der Gewinnaufteilung kann schließlich anhand der Unternehmenskennzahlen erfolgen. Allerdings beruht die aus der Wertschöpfung ermittelte Gewinnaufteilung auf subjektiven Einschätzungen, sodass es sich um eine weitgehend frei beeinflussbare Aufteilung handelt, die gegenüber der Finanzverwaltung nur schwer durchzusetzen sein wird.[339]

Für Geschäftsbeziehungen zu nahestehenden Personen, d.h. für Geschäfte zwischen den Konzernunternehmen untereinander, hat ein Konzern die Wertschöpfungskette zur Darstellung des Wertschöpfungsbeitrags zu beschreiben.[340] Demzufolge ist eine Wertschöpfungsanalyse im Rahmen der Angemessenheitsdokumentation zwingend durchzuführen, soweit die Funktions- und Risikoanalyse keinen ausreichenden Überblick über den Wertschöpfungsbeitrag gewährt. Unabhängig davon stellt die Gesamtwertschöpfungsanalyse zugleich ein nützliches Instrument für den Unternehmer dar.

---

336 Allgemein hierzu *Coenenberg et al.*, Jahresabschluss, 2016, S. 1186 ff.

337 Allgemein hierzu Kapitel 3.3.3.2.

338 Vgl. *Puls* in: Wassermeyer/Baumhoff, Verrechnungspreise, 2014, Rz. 4.71; *Schreiber* in: Kroppen/Rasch, Verrechnungspreise, 2019, VerwGr.Verf. Anm. 179.

339 Vgl. *Cordes*, Aufzeichnungspflichten, 2009, S. 180 f.; *Eigelshoven/Nientimp*, DB 2005, S. 1186.

340 Vgl. § 4 Abs. 1 Nr. 3b GAufzV i.V.m. § 90 Abs. 3 S. 1 und 2 AO i.V.m. § 1 Abs. 4 AStG; *Cordes*, Aufzeichnungspflichten, 2009, S. 112.

3.2.1.4.2 DEMPE-Funktionskonzept

Eine aus den OECD Verrechnungspreisleitlinien 2017 hervorgegangene Funktions- und Risikoanalyse zur Unterstützung der Gewinnaufteilung speziell für geistiges Eigentum stellt DEMPE[341] dar. Damit wird das DEMPE-Funktionskonzept verknüpft, das die Grundlage einer wertschöpfungsbasierten Aufteilung von Einkünften bildet, die mithilfe von geistigem Eigentum erzielt werden. Demnach sind die Einkünfte anhand der Beiträge, die die einzelnen Konzernmitglieder zur immateriellen Wertschöpfung leisten, auf sämtliche Mitglieder aufzuteilen.[342] Für die anschließende Gewinnaufteilung wird folglich nicht auf eine der auf Vergleichswerten beruhenden einseitigen Verrechnungspreismethoden, sondern auf die vorab vorgenommene Funktions- und Risikoanalyse zurückgegriffen.[343] Diese zielt darauf ab, Transparenz zu schaffen und die Fremdvergleichskonformität einer wirtschaftlichen Erfolgszurechnung aus immateriellen Werten zu gewährleisten.[344]

Die Funktionsausübung der einzelnen Konzernmitglieder wird nach dem DEMPE-Funktionskonzept insofern analysiert, als einerseits auf die Ausübung der Entwicklung, der Verbesserung, den Erhalt, den Schutz und der Verwertung der betreffenden Funktion und andererseits auf deren Kontrolle abgestellt wird.[345] Demzufolge sind sowohl die Ausübung als auch die Kontrolle dieser Teilbereiche einer Funktion zu vergüten. Indessen hat der Eigentümer eines immateriellen Wertes, der die mit dem immateriellen Wert zusammenhängende Funktion weder ausübt noch kontrolliert, keinen Anspruch auf eine Vergütung.[346] Demgegenüber sind Funktionen, denen ein außerordentlicher Beitrag zur Wertschöpfung beigemessen wird, in besonderem Maße bei der Aufteilung der Vergütung zu berücksichtigen. Hierunter fallen bei selbst entwickelten immateriellen Werten insbesondere die Gestaltung und Kontrolle von Forschungsprogrammen sowie die Leitung und Festlegung von Prioritäten für kreative Unternehmungen im Bereich der Entwicklung.[347]

---

341 Der Begriff DEMPE steht dabei für „Development, Enhancement, Maintenance, Protection and Exploitation".

342 Vgl. *OECD*, Verrechnungspreisleitlinien, 2017, Tz. 6.48. Zu diesen Beiträgen zählen insbesondere die immateriellen Werte, die in Forschung, Entwicklung oder Marketing genutzt werden, materielle Vermögenswerte oder Finanzierungsmittel. Vgl. *OECD*, Verrechnungspreisleitlinien, 2017, Tz. 6.59.

343 Vgl. *OECD*, Verrechnungspreisleitlinien, 2017, Tz. 6.57 f.

344 Vgl. *Niemtimp/Braun/Beumer*, BB 2019, S. 158; *Puls/Heravi*, IStR 2018, S. 728.

345 Vgl. *OECD*, Verrechnungspreisleitlinien, 2017, Tz. 6.53.

346 Vgl. *OECD*, Verrechnungspreisleitlinien, 2017, Tz. 6.54.

347 Vgl. *OECD*, Verrechnungspreisleitlinien, 2017, Tz. 6.56.

Im Zusammenhang mit der Vergütung des Risikos sind sowohl die Risikoübernahme als auch deren Kontrolle separat vergütungsfähig. Diesbezüglich ist der sog. „Risk-Control-Approach" von besonderer Bedeutung. Der Risk-Control-Approach besagt, dass lediglich diejenigen Konzernmitglieder eine Vergütung erhalten, die die Verantwortung für die im Fall des Risikoeintritts zu ergreifenden Maßnahmen und entstehenden Kosten tatsächlich tragen und zutragen im Stande sind.[348] Diesbezüglich ist die Risikoübernahme eng mit der Finanzierung verbunden. So lässt sich ein unmittelbarer Zusammenhang zwischen Risikozunahme und einer steigenden Finanzmittelbereitstellung sowie einer abnehmenden Kreditwürdigkeit des Konzernunternehmens, dem die Finanzierungsmittel zur Verfügung gestellt werden, feststellen.[349] Dabei sind die finanziellen und operationellen Risiken über eine Risikoanalyse zu identifizieren und wertmäßig zu bestimmen.[350] Beispielsweise sind finanzielle Risiken, die auf die Bereitstellung von Finanzierungsmitteln zurückzuführen sind, lediglich mit einer risikobereinigten Rendite zu vergüten, da sie keine Funktion im Sinne des DEMPE-Funktionskonzepts darstellen.[351] Demgegenüber steht operationellen Risiken ein angemessener Anteil am Residualgewinn zu.

Die Art der vergütungsfähigen Vermögenswerte umfasst im Wesentlichen immaterielle Werte, die in Forschung, Entwicklung oder Marketing genutzt werden, materielle Vermögenswerte und Finanzierungsmittel.[352] Diesbezüglich kommt der Vergütung der immateriellen Werte eine besondere Bedeutung zu. Der deutsche Gesetzgeber folgt dieser wertschöpfungsbasierten Gewinnaufteilung, indem er die Grundsätze des DEMPE-Funktionskonzepts in § 1 Abs. 3c AStG aufgenommen hat. Die Implementierung von DEMPE in das AStG ist zu begrüßen, da es zur international einheitlichen Rechtsauslegung im Zusammenhang mit der Vergütung von geistigem Eigentum beiträgt.

---

348 Vgl. *OECD*, Verrechnungspreisleitlinien, 2017, Tz. 6.68. Allgemein hierzu *Puls/Heravi*, IStR 2018, S. 723.

349 So auch *OECD*, Verrechnungspreisleitlinien, 2017, Tz. 6.60.

350 Allgemein zu finanziellen und operationellen Risiken siehe *OECD*, Verrechnungspreisleitlinien, 2017, Tz. 6.61.

351 Vgl. *Puls/Heravi*, IStR 2018, S. 723.

352 Vgl. *OECD*, Verrechnungspreisleitlinien, 2017, Tz. 6.59.

Tabelle 4: Kriterien zur Einkünftezuordnung nach Maßgabe des DEMPE-Funktionskonzepts[353]

	Funktionen	**Risiken**	**Wirtschaftsgüter**
Vergütungsfähige Wertschöpfungsbestandteile[354]	- Entwicklung - Verbesserung - Erhalt - Schutz - Verwertung	- Forschungs- und Entwicklungsrisiken - Risiko der Produktveralterung - Risiko der Rechtsverletzung - Produkthaftungs- und Gewährleistungsrisiken sowie ähnliche produkt- und dienstleistungsbezogene Risiken - Verwertungsrisiken und Unsicherheiten in Bezug auf die Erträge, die mit dem immateriellen Wert erzielt werden	- Immaterielle Wirtschaftsgüter aus Forschung, Entwicklung und Marketing - Materielle Wirtschaftsgüter - Finanzierung
	Kontrolle über Funktionen, Risiken, Wirtschaftsgüter		

Zur Unterstützung des DEMPE-Funktionskonzepts kann auf ökonomische Analysen wie das Stage-Gate-Modell oder die RACI-Analyse zurückgegriffen werden.[355] So stellt das Stage-Gate-Modell ein standardisiertes Prozessmodell dar, um den Lebenszyklus von geistigem Eigentum über mehrere Entwicklungsstufen (Stages) hinweg hinsichtlich zuvor definierter Meilensteine (Gates) zu würdigen und dokumentieren.[356] An diesen Gates werden schließlich (i) der Grad der Zielerreichung festgestellt, (ii) Entscheidungen über die Fortführung, Anpassung oder den Abbruch des Projektes getroffen und (iii) operative oder strategische Vorgaben für den weiteren Innovationsprozess definiert.[357] Über die RACI-Analyse werden indessen die operativen Verantwortlichkeiten der betrachteten Wertschöpfungsprozesse ermittelt.[358] Dabei lässt sich die RACI-Analyse zur Gewichtung der Wertschöpfungsbeiträge um eine Wertschöpfungsbeitragsanalyse ergänzen.[359]

---

353 Vgl. *OECD*, Verrechnungspreisleitlinien, 2017, Tz. 6.50, 6.56, 6.59, 6.65.

354 Keine abschließende Aufzählung.

355 RACI steht für „Responsible, Accountable, Consulted, Informed“ und beinhaltet die Abbildung von Verantwortlichkeiten, Aufgaben und betrieblichen Prozessen. Allgemein hierzu *Stein et al.*, DStR 2017, 122 ff.; *Stein* et al., IStR 2020, S. 87 ff.

356 Vgl. *Kost/Weidlich*, TPI 2020, S. 235 f.

357 Vgl. *Schwarz/Stein*, Verrechnungspreise, 2018, S. 113.

358 Vgl. *Greinert et al.*, Ubg 2020, S. 529.

359 Vgl. *Kost/Weidlich*, TPI 2020, S. 239.

Durch die Umsetzung des DEMPE-Funktionskonzepts verfolgt die OECD einen sog. „Substance-over-Form-Ansatz".[360] Dieser Ansatz besagt, dass die Bedingungen eines Geschäftsvorfalls zunächst den schriftlichen Verträgen, öffentlichen Aufzeichnungen oder Schriftwechseln sowie sonstigen Aufzeichnungen zu entnehmen sind.[361] Wenn jedoch keine schriftlichen Aufzeichnungen vorliegen oder die Gegebenheiten des Einzelfalls und das Verhalten der Beteiligten von den schriftlichen Bedingungen abweicht, ist der tatsächliche Geschäftsvorfall aus diesen Beobachtungen abzuleiten.[362] Durch dieses Vorgehen lässt sich sicherstellen, dass ausschließlich die nachweislich geleisteten Beiträge der beteiligten Konzernunternehmen vergütet werden. Das DEMPE-Funktionskonzept ist jedoch keinesfalls als neue Verrechnungspreismethode zu verstehen. Es dient vielmehr dazu, die Verrechnungspreisermittlung nach der geschäftsvorfallbezogenen Gewinnaufteilungsmethode insofern zu unterstützen, als es eine genauere Anleitung zur Funktions- und Risikoanalyse bietet, auf deren Grundlage sich der Gewinn auf Basis einer der bereits bestehenden Methoden zur Gewinnaufteilung auf die Konzernmitglieder verteilen lässt.[363] Gleichzeitig kann sie helfen, Strategieträger zu identifizieren und die Anwendung der geschäftsvorfallbezogenen Gewinnaufteilungsmethode zu begründen.[364]

3.2.2 Einfluss der Unternehmensanalyse auf die Unternehmenscharakterisierung

Bei der Festlegung von angemessenen Verrechnungspreisen im Rahmen der steuerlichen Ergebnisermittlung ist die Einhaltung des Fremdvergleichsgrundsatzes von elementarer Bedeutung.[365] Insoweit ist die Charakterisierung des betreffenden Unternehmens im Hinblick auf seine Funktionsausübung erforderlich, um uneingeschränkt oder zumindest eingeschränkt vergleichbare Daten von Dritten zu erhalten.[366] Die Ergebnisse der Unternehmensanalyse liefern letztendlich die notwendigen Erkenntnisse, um die Unternehmenscharakterisierung

---

360 Vgl. *Schwarz/Stein*, DB 2017, S. 1527.

361 Vgl. *OECD*, Verrechnungspreisleitlinien, 2017, Tz. 6.35.

362 Vgl. *OECD*, Verrechnungspreisleitlinien, 2017, Tz. 6.36.

363 So auch *Bernhardt et al.* in: Vögele et al., Verrechnungspreise, 2020, Kap. O Rz. 235.

364 Vgl. *Vögele et al.* in: Vögele et al., Verrechnungspreise, 2020, Kap. C Rz. 453.

365 Vgl. BMF-Schreiben vom 14.07.2021, BStBl. I 2021, S. 1098 Tz. 3.1; *Klein*, IStR 1995, S. 547.

366 Vgl. *Brem/Tucha*, IStR 2006, S. 499; *Wellens/van der Ham*, DB 2012, S. 1534; *Klein*, IStR 1995, S. 546.

vornehmen zu können.[367] Zugleich bietet die Klassifizierung der Konzerneinheiten in Unternehmenstypen die Möglichkeit, die erforderliche Korrelation des von einem Konzernunternehmen mit einem bestimmten Funktions- und Risikoprofil erwirtschafteten Ergebnisses mit den tatsächlich ausgeübten Funktionen und übernommenen Risiken zu überprüfen.[368]

Die Einordnung der Konzerneinheiten in Unternehmenstypen erfolgt zumeist in Routineunternehmen, Hybridunternehmen und Strategieträger.[369] Die Charakterisierung des Konzernunternehmens hängt dabei einerseits von der Vergleichbarkeit oder Einzigartigkeit einer Funktion und andererseits von der Funktionsart, d.h. von der Höhe und Absicherbarkeit des übernommenen Risikos aus einer Funktion ab.[370] Häufig sind die beiden Kriterien gemeinsam anzutreffen, da eine einzigartige Funktion regelmäßig mit einem nicht absicherbaren Risiko einhergeht.[371] Die Unternehmenscharakterisierung in

367 So auch *Puls* in: Wassermeyer/Baumhoff, Verrechnungspreise, 2014, Rz. 4.60; *Schreiber* in: Kroppen/Rasch, Verrechnungspreise, 2019, VerwGr.Verf. Anm. 173.

368 Vgl. *Puls* in: Wassermeyer/Baumhoff, Verrechnungspreise, 2014, Rz. 4.60; *Jacobs*, Internationale Unternehmensbesteuerung, 2016, S. 677.

369 Vgl. *Wellens/van der Ham*, DB 2012, S. 1535; *Rasch* in: Gosch et al., DBA, 2019, Art. 9 Rn. 96 ff. International werden die Unternehmen häufig lediglich in Routineunternehmen und Strategieträger eingeteilt. Die Dreiteilung in Deutschland basiert auf den Überlegungen der deutschen Finanzverwaltung und zielt wohl vornehmlich darauf ab, die geschäftsvorfallbezogene Nettomargenmethode für Unternehmen zu versagen, die mehr als bloße Routinefunktionen ausüben, aber zugleich noch nicht als Strategieträger einzustufen sind. Vgl. *Schreiber* in: Kroppen/Rasch, Verrechnungspreise, 2019, VerwGr.Verf. Anm. 158.2 f.

370 Vgl. *Brem/Tucha*, IStR 2006, S. 502. Ähnlich auch *Rasch* in: Gosch et al., DBA, 2019, Art. 9 Rn. 96.

371 Die Tatsache, dass einzigartige Funktionen häufig mit nicht absicherbaren Risiken verbunden sind, lässt sich mit der Antwort auf die Frage erklären, weshalb nicht absicherbare Risiken überhaupt existieren. Zunächst sei angenommen, dass sämtliche unternehmerischen Risiken absicherbar sind. Allerdings scheut sich der Versicherer eines Risikos regelmäßig davor, das Risiko einer einzigartigen Funktion zu einem für den Unternehmer angemessenen Preis zu versichern, da ihm insoweit keine Reduzierung des Risikos mittels Risikobündelung zur Verfügung steht. Es fehlt schlichtweg an der Möglichkeit, den potenziellen Schadenseintritt durch Versicherungsprämien anderer Unternehmen mit einem vergleichbaren Risiko aufzufangen. In der Folge steigt die Versicherungsprämie auf ein Niveau, das den erwarteten Gewinn des Unternehmers aus dieser einzigartigen Funktion aufzehrt. Somit entscheidet sich der Unternehmer dafür, auf eine Versicherung des Risikos zu verzichten. Es entsteht ein nicht absicherbares Risiko.

Abhängigkeit vom Grad der Einzigartigkeit der Funktionen einerseits und von den Funktionsarten andererseits wird in der folgenden Tabelle dargestellt:[372]

Tabelle 5: Unternehmenscharakterisierung in Abhängigkeit von Funktionseigenschaften[373]

		Funktionsart (im Sinne von Beherrschung des Risikos)	
		funktionale Risiken (absicherbar)	**unternehmerische Risiken (nicht absicherbar)**
Grad der Einzigartigkeit (im Sinne von Funktionsstärke)	**gering**	Routineunternehmen	Hybridunternehmen
	hoch	Hybridunternehmen	Strategieträger

Die Unterscheidung einer Funktion hinsichtlich ihrer Einzigartigkeit und ihrer Funktionsart beruht auf der berechtigten Annahme, dass die Anwendbarkeit des tatsächlichen Fremdvergleichs mit zunehmender Einzigartigkeit und in Ermangelung einer Risikoabsicherung der betreffenden Funktion abnimmt.[374] So erscheint bei einem Routineunternehmen der Ansatz des tatsächlichen Fremdvergleichs sinnvoll, da es aufgrund der mangelnden Individualität und dem geringen Risiko im Rahmen seiner Funktionsausübung einer guten Vergleichbarkeit mit fremden Dritten unterliegt. Dagegen wird sich für einen Strategieträger der Rückgriff auf fremdvergleichskonforme Daten in den meisten Fällen angesichts der Einzigartigkeit der ausgeübten Funktionen und der unternehmensindividuellen Risiken als schwierig erweisen.[375] Dies betrifft jedoch nicht die Routinetätigkeiten, die ein Strategieträger neben den einzigartigen Funktionen mit unternehmerischem Risiko ausübt.[376]

372 In der Praxis kann ein Unternehmen sogar zwei oder drei der zuvor genannten Charakteristika in sich vereinen, da sich die Funktions- und Risikoanalyse regelmäßig nur auf ein Produkt oder eine Produktgruppe beschränkt. Vgl. *Cordes* in: Wassermeyer/Baumhoff, Verrechnungspreise, 2014, Tz. 8.77; *Ditz* in: Wassermeyer/Baumhoff, Verrechnungspreise, 2014, Tz. 6.47.

373 In Anlehnung an *Brem/Tucha*, IStR 2006, S. 502.

374 So auch *Brem/Tucha*, IStR 2006, S. 500.

375 Vgl. *OECD*, Verrechnungspreisleitlinien, 2017, Tz. 1.09.

376 Vgl. *Schreiber* in: Kroppen/Rasch, Verrechnungspreise, 2019, VerwGr.Verf. Anm. 161.3; *Vögele/Witt* in: Vögele et al., Verrechnungspreise, 2015, Kap. G Rz. 16.

Von der Art des Konzernunternehmens hängt ferner ab, ob die betreffende Konzerneinheit bereits dem Grunde nach zur Zahlung einer Vergütung in Form eines Verrechnungspreises verpflichtet werden kann. So ist ein Routineunternehmen als Träger von allenfalls geringen funktionalen Risiken schon seiner Eigenschaft nach nicht berechtigt, eine Wertschöpfung aus den Funktionen anderer Konzernunternehmen zu erzielen, sodass es insoweit zu keiner Kompensationszahlung in Form eines Verrechnungspreises kommen kann.[377] Hybridunternehmen und Strategieträger dürfen demgegenüber aufgrund ihrer Risikoübernahme sehr wohl eine Wertschöpfung aus den Funktionen anderer Konzerneinheiten generieren, die eine Kompensationszahlung erforderlich werden lässt. Durch welche Art von Unternehmen eine Vergütung gegenüber welchem Unternehmenstyp möglich wird, ist der folgenden Tabelle zu entnehmen:

Tabelle 6: Vergütungsrichtung für Verrechnungspreise nach Unternehmenstyp

Verrechnungspreis	***Nach***	**Routineunternehmen**	**Hybridunternehmen**	**Strategieträger**
Von				
Routineunternehmen				
Hybridunternehmen		x	x	(x)
Strategieträger		x	x	x

Der Grad der Einzigartigkeit und der Risikobehaftung einer Funktion bestimmt die Verrechnungspreismethode und schließlich die Höhe der Vergütung.[378] Da Routineunternehmen stets vergleichbare und risikoarme

377 Die Erzielung einer Wertschöpfung aus einer Funktion ist nicht zu verwechseln mit der Verwendung einer Funktion. So verwenden Routineunternehmen zwar Funktionen von Hybridunternehmen oder Strategieträgern – beispielsweise nutzt ein Lohn- oder Auftragsfertiger die Entwicklungsergebnisse zur Produktion. Allerdings steht ihnen aus diesen Funktionen mangels Risikoübernahme keine Wertschöpfung zu, sodass sie ihre Wertschöpfung lediglich aus der Produktion generieren und dafür eine Vergütung in Form eines Verrechnungspreises erhalten. Wäre ein Routineunternehmen hingegen zur Übernahme von unternehmerischen Risiken und folglich zur Erzielung einer Wertschöpfung aus den Funktionen anderer Konzerneinheiten berechtigt, dann würde es sich nicht mehr um ein Routineunternehmen handeln.

378 Vgl. *Schreiber* in: Kroppen/Rasch, Verrechnungspreise, 2019, VerwGr.Verf. Anm. 173.

Funktionen aufweisen, werden sie regelmäßig auf Basis einer der klassischen Methoden[379] oder anhand der geschäftsvorfallbezogenen Nettomargenmethode[380] mit einer stabilen Gewinnmarge vergütet.[381] Insoweit ist die Anwendung des tatsächlichen Fremdvergleichs in der Regel geboten.[382] Für ein Hybridunternehmen sind die Verrechnungspreise indessen nach der am besten geeigneten Methode zu ermitteln.[383] Einem Strategieträger steht dagegen das entsprechende Konzernergebnis nach Abgeltung sämtlicher Funktionen, welche die Wertschöpfung des Konzerns beeinflusst haben, inklusive der verrechenbaren Funktionen des Strategieträgers selbst zu.[384] Die Unternehmensanalyse und die Erfolgsermittlung eines Strategieträgers können demzufolge erst abgeschossen werden, sobald die an der Wertschöpfung beteiligten Routine- und Hybridunternehmen analysiert[385] und ihre Funktionen vergütet worden sind. Einem funktionslosen Unternehmen steht indessen grundsätzlich kein Leistungsentgelt zu.[386]

3.3 Methoden zur Ermittlung eines angemessenen Verrechnungspreises

3.3.1 Unterschied zwischen klassischen und gewinnorientierten Methoden

Zur Bestimmung von Verrechnungspreisen nach dem tatsächlichen oder hypothetischen Fremdvergleich haben sich verschiedene Verrechnungspreismethoden

---

379 Allgemein hierzu Kapitel 3.3.2.

380 Allgemein hierzu Kapitel 3.3.3.1.

381 Vgl. *Brem/Tucha*, IStR 2006, S. 500, 503; *Schreiber* in: Kroppen/Rasch, Verrechnungspreise, 2019, VerwGr.Verf. Anm. 173; *Vögele/Witt* in: Vögele et al., Verrechnungspreise, 2015, Kap. G Rz. 15, 18.

382 Allgemein hierzu *Wellens/van der Ham*, DB 2012, S. 1534. Datenbankgestützte Renditevergleiche können jedoch nur dann einen hohen Beweiswert haben, wenn die verwendete Datenbank in quantitativer Hinsicht repräsentativ und in qualitativer Hinsicht zuverlässig ist. Vgl. *Schreiber* in: Kroppen/Rasch, Verrechnungspreise, 2019, VerwGr.Verf. Anm. 269.

383 Vgl. BMF-Schreiben vom 14.07.2021, BStBl. I 2021, S. 1098 Tz. 3.9; *OECD*, Verrechnungspreisleitlinien, 2017, Tz. 2.2.

384 Vgl. *Brem/Tucha*, IStR 2006, S. 503 f.; *Schreiber* in: Kroppen/Rasch, Verrechnungspreise, 2019, VerwGr.Verf. Anm. 173; *Vögele/Witt* in: Vögele et al., Verrechnungspreise, 2015, Kap. G Rz. 16 f., 19 ff.; *Bauer*, IStR 2006, S. 320.

385 Vgl. *Brem/Tucha*, IStR 2006, S. 504.

386 Vgl. *Engler/Wellmann* in: Vögele et al., Verrechnungspreise, 2015, Kap. N Rz. 125; *Puls* in: Wassermeyer/Baumhoff, Verrechnungspreise, 2014, Rz. 4.9.

entwickelt. Bei der Methodenwahl wird im Einzelnen zwischen den klassischen und gewinnorientierten Methoden unterschieden. Dabei greifen die klassischen Methoden stets auf den Geschäftsvorfall zurück, wogegen die gewinnorientierten Methoden auf die Aufteilung des Gewinns aus einer Transaktion oder dem Gesamtgewinn im Konzern aufbauen.[387] Als mit dem Fremdvergleichsgrundsatz vereinbar werden allgemeinhin jedoch nur die klassischen Methoden und die geschäftsvorfallbezogenen Gewinnmethoden angesehen.[388] Die globale Gewinnaufteilungsmethode und die Gewinnvergleichsmethode werden hingegen international weitgehend abgelehnt,[389] sodass deren konzernweite Einführung nicht zweckmäßig ist.

3.3.2 Klassische Methoden

3.3.2.1 Preisvergleichsmethode

Die Preisvergleichsmethode ist den marktpreisorientierten Bewertungsverfahren zuzurechnen und orientiert sich an Entgelten, die bei vergleichbaren Geschäftsvorfällen zwischen Fremden am Markt vereinbart werden.[390] Damit stellt sie diejenige Methode dar, die mit einem tatsächlichen Fremdvergleich am besten vereinbar ist.[391] Somit ist ihr gegenüber anderen Methoden der Vorzug zu geben, soweit die Voraussetzungen zur Anwendung des Fremdvergleichsgrundsatzes vorliegen.[392]

---

387 Vgl. *Cordes*, Aufzeichnungspflichten, 2009, S. 12.

388 Vgl. *Baumhoff* in: Wassermeyer/Baumhoff, Verrechnungspreise, 2014, Rz. 5.2; *OECD*, Verrechnungspreisleitlinien, 2017, Tz. 2.3 f. Kritisch hierzu *Eigelshoven/Nientimp*, DB 2005, S. 1186; *Schreiber*, Stbg 2003, S. 485; *Baumhoff et al.*, DStR 2005, S. 1553. In der Praxis kommen die klassischen Methoden jedoch nur selten zum Einsatz, da die Vergleichbarkeit von Preisen oder Bruttospannen eingeschränkt ist und somit regelmäßig keine Vergleichsdaten zur Verfügung stehen. Vgl. *Eigelshoven/Nientimp*, DB 2005, S. 1184 f.

389 Allgemein hierzu *Baumhoff* in: Wassermeyer/Baumhoff, Verrechnungspreise, 2014, Rz. 5.3 f. Demnach erscheint es widersprüchlich, dass die EU seit Jahren die Einführung einer einheitlichen Konzernbesteuerung vorantreibt, mit dessen Hilfe die Konzerngewinne auf die einzelnen Mitgliedsländer verteilt werden können. Allgemein hierzu *Saringer*, AK Wien 2015, Nr. 4, S. 29 f.

390 Insoweit bezieht sich die Preisvergleichsmethode auf den tatsächlichen Preisvergleich. Vgl. *Rasch* in: Gosch et al., DBA, 2019, Art. 9 Rn. 103; *OECD*, Verrechnungspreisleitlinien, 2017, Tz. 2.14.

391 Vgl. *Hofacker* in: Haase, AStG/DBA, 2016, § 1 Rz. 264; *Baumhoff* in: Wassermeyer/Baumhoff, Verrechnungspreise, 2014, Rz. 5.5; *Schwenke/Greil* in: Wassermeyer, Doppelbesteuerung, 2019, Art. 9 Anm. 292.

392 Vgl. *OECD*, Verrechnungspreisleitlinien, 2017, Tz. 2.15.

Die Ermittlung des Fremdvergleichspreises erfolgt anhand eines inneren oder äußeren Preisvergleichs.[393] Dabei muss eine uneingeschränkte oder zumindest eingeschränkte Vergleichbarkeit der Verhältnisse gegeben sein.[394] Eine uneingeschränkte Vergleichbarkeit liegt vor, wenn unter identischen Rahmenbedingungen ein direkter Preisvergleich erfolgen kann oder nach Vornahme entsprechender Anpassungen der Fremdvergleichsdaten ein indirekter Preisvergleich durchführbar ist.[395] Soweit nach den Anpassungen Unterschiede mit geringem Einfluss auf die Preisgestaltung verbleiben, wird hingegen von einer eingeschränkten Vergleichbarkeit gesprochen.[396] Der äußere Preisvergleich stellt auf einen Vergleich von Geschäftsvorfällen zwischen unverbundenen Unternehmen ab. Derartige Preise lassen sich vorzugsweise bei Produkten beobachten, die austauschbar sind und für die zugleich ein großer Markt besteht.[397] Die Marktpreise werden in der Regel anhand von Börsennotierungen, branchenüblichen Preisen oder Abschlüssen unter fremden Dritten ermittelt.[398] Die entsprechenden Daten lassen sich dabei den einschlägigen Datenbanken

---

393 Vgl. *Vögele/Witt* in: Vögele et al., Verrechnungspreise, 2015, Kap. G Rz. 29; *Jacobs*, Internationale Unternehmensbesteuerung, 2016, S. 567; *Schwenke/Greil* in: Wassermeyer, Doppelbesteuerung, 2019, Art. 9 Anm. 290.

394 So unterstreicht auch der BFH die „im Wesentlichen identischen Leistungsbeziehungen". Vgl. BFH, Urteil vom 06.04.2005, I R 22/04, BStBl. II 2007, S. 658. Siehe auch *Rasch* in: Gosch et al., DBA, 2019, Art. 9 Rn. 103; *Baumhoff* in: Wassermeyer/Baumhoff, Verrechnungspreise, 2014, Rz. 5.5; *OECD*, Verrechnungspreisleitlinien, 2017, Tz. 2.15. Die Geschäftsvorfälle sind auf ihre Vergleichbarkeit hinsichtlich der gehandelten Güter und erbrachten Leistungen, der jeweiligen Transaktionsvoraussetzungen sowie der Marktverhältnisse zu überprüfen. Allgemein hierzu *Jacobs*, Internationale Unternehmensbesteuerung, 2016, S. 567 ff.; *Vögele/Raab* in: Vögele et al., Verrechnungspreise, 2015, Kap. D Rz. 50, 65.

395 Vgl. *Wellens/van der Ham*, DB 2012, S. 1534; *Baumhoff* in: Wassermeyer/Baumhoff, Verrechnungspreise, 2014, Rz. 5.5; Buchst. a; *Vögele/Raab* in: Vögele et al., Verrechnungspreise, 2015, Kap. D Rz. 62 ff.; *Eigelshoven* in: Vogel/Lehner, DBA, 2021, Art. 9 Rn. 72.

396 Vgl. *Wellens/van der Ham*, DB 2012, S. 1534; *Baumhoff/Liebchen* in: Flick et al., Außensteuerrecht, 2019, § 1 Anm. 165.

397 Vgl. *Vögele/Witt* in: Vögele et al., Verrechnungspreise, 2015, Kap. G Rz. 30.

398 Vgl. *Jacobs*, Internationale Unternehmensbesteuerung, 2016, S. 567; *Eigelshoven* in: Vogel/Lehner, DBA, 2021, Art. 9 Rn. 73. Allgemein hierzu *Vögele/Raab* in: Vögele et al., Verrechnungspreise, 2015, Kap. D Rz. 54 ff. Zu Dienstleistungen im Bereich der Steuerberatung siehe BFH, Urteil vom 23.06.1993, I R 72/92, BStBl. II 1993, S. 801.

entnehmen.[399] Bei dem inneren Preisvergleich werden die Geschäftsvorfälle zwischen verbundenen Unternehmen miteinander verglichen.[400] Dies setzt allerdings voraus, dass das Vergleichsunternehmen die gleichen Lieferungen und Leistungen unter vergleichbaren Verhältnissen auch gegenüber unverbundenen Unternehmen erbringt bzw. von unverbundenen Unternehmen erhält.[401] Ferner ist ein Mindestvolumen an externen Referenztransaktionen erforderlich,[402] um einen fremdvergleichskonformen Preisvergleich führen zu können.

Da eine Identität der zu vergleichenden Geschäftsvorfälle regelmäßig nicht möglich ist, wird es als ausreichend erachtet, aus den Vergleichsdaten entsprechende Bandbreiten zu ermitteln, durch die sich der fremdvergleichskonforme Verrechnungspreis ableiten lässt.[403] Diese Preisbandbreiten werden auch von der deutschen Finanzverwaltung und der OECD anerkannt.[404] Soweit der Preisvergleich auf uneingeschränkt vergleichbaren Geschäftsvorfällen zurückzuführen ist, wird jeder Preis innerhalb der Bandbreite als angemessener Verrechnungspreis akzeptiert.[405] Andernfalls ist die Bandbreite gemäß § 1 Abs. 3a AStG mithilfe mathematischer Verfahren einzuengen. Dabei kommt wiederum jeder Preis innerhalb der eingeengten Bandbreite in Betracht.[406]

Zur Vergütung der Nutzung von geistigem Eigentum stößt die Preisvergleichsmethode jedoch schnell an ihre Grenzen. So sind Vergleichsinformationen zwar entsprechenden Datenbanken wie der Lizenzkartei des Bundesamtes

---

399 So kann auf Datenbanken, wie RoyaltyStat, FranchiseHelp, Royalty Source, Royalty Range, ktMine und TP Cut, zurückgegriffen werden. Vgl. *Vögele/Witt* in: Vögele et al., Verrechnungspreise, 2015, Kap. G Rz. 30.

400 Vgl. *Baumhoff* in: Wassermeyer/Baumhoff, Verrechnungspreise, 2014, Rz. 5.11; *Kraft* in: Kraft, AStG, 2019, § 1 Rz. 220.

401 Vgl. *Baumhoff* in: Wassermeyer/Baumhoff, Verrechnungspreise, 2014, Rz. 5.8; *Eigelshoven* in: Vogel/Lehner, DBA, 2021, Art. 9 Rn. 73; *Vögele/Witt* in: Vögele et al., Verrechnungspreise, 2015, Kap. G Rz. 29; *Kraft* in: Kraft, AStG, 2019, § 1 Rz. 220; *Becker* in: Haase, AStG/DBA, 2016, Art. 9 Rz. 51; *Vögele/Raab* in: Vögele et al., Verrechnungspreise, 2015, Kap. D Rz. 60.

402 Vgl. *Baumhoff* in: Wassermeyer/Baumhoff, Verrechnungspreise, 2014, Rz. 5.10.

403 Vgl. *Jacobs*, Internationale Unternehmensbesteuerung, 2016, S. 568; *Baumhoff* in: Wassermeyer/Baumhoff, Verrechnungspreise, 2014, Rz. 5.7; BFH, Urteil vom 17.10.2001, I R 103/00, BStBl. II 2004, S. 171.

404 Vgl. BMF-Schreiben vom 14.07.2021, BStBl. I 2021, S. 1098 Tz. 3.29 f.; *OECD*, Verrechnungspreisleitlinien, 2017, Tz. 3.55 ff.

405 Vgl. BFH, Urteil vom 17.10.2001, I R 103/00, BStBl. II 2004, S. 171; *Baumhoff* in: Wassermeyer/Baumhoff, Verrechnungspreise, 2014, Rz. 5.7.

406 Vgl. *Baumhoff* in: Wassermeyer/Baumhoff, Verrechnungspreise, 2014, Rz. 5.7.

für Finanzen (BfF) zu entnehmen.[407] Allerdings wird über Preise für geistiges Eigentum häufig Stillschweigen vereinbart, sodass die Datenbanken regelmäßig keine oder nur stark aggregierte Informationen über Vergleichspreise liefern können.[408] Zudem stellen Datenbanken nur eine Bandbreite von Lizenzsätzen dar. Beispielsweise werden Lizenzsätze von Produkten, die sich im Reifestadium des Produktlebenszyklus befinden, mit denen jener Produkte vermischt, die bereits in ihrer Endphase sind. Somit dienen Lizenzkarteien allenfalls als Anhaltspunkt für eine angemessene Lizenz.[409] Infolgedessen ist eine uneingeschränkte Vergleichbarkeit der Daten nahezu ausgeschlossen, sodass der Rückgriff auf die Preisvergleichsmethode allenfalls über eine eingeschränkte Vergleichbarkeit der Daten mittels Datenbankanalyse realistisch erscheint.[410] Aus diesem Grund wird auf die Preisvergleichsmethode im Folgenden nur noch vereinzelt eingegangen.

3.3.2.2 Wiederverkaufspreismethode

Die Wiederverkaufspreismethode[411] gehört den marktpreisorientierten Bewertungsverfahren an und ist grundsätzlich anwendbar, wenn ein verbundenes Unternehmen eine von einem anderen verbundenen Unternehmen erhaltene Lieferung oder Leistung an einen fremden Dritten weiterveräußert.[412]

---

407 Vgl. *Böcker*, StBp 1991, S. 79. Ergänzend sei auf die Lizenzgebührenaufstellungen von *Böcker* und *Groß* verwiesen. Vgl. *Böcker*, StBp 1991, S. 79 ff.; *Groß*, BB 1998, S. 1321 ff. Die Lizenzkartei ist allerdings umstritten da sie keine Transparenz aufweist. Vgl. *Greinert* in: Wassermeyer/Baumhoff, Verrechnungspreise, 2014, Rz. 6.576.

408 So auch *Greinert* in: Wassermeyer/Baumhoff, Verrechnungspreise, 2014, Rz. 6.574.

409 So auch *Böcker*, StBp 1991, S. 80.

410 Allgemein hierzu *Greinert* in: Wassermeyer/Baumhoff, Verrechnungspreise, 2014, Rz. 6.575 ff. Für die Mindestanforderungen an eine geeignete Datenbank zur Verrechnungspreisbestimmung mittels Preisvergleichsmethode siehe *Wassermeyer*, WPg 2002, S. 15.

411 Auch als Absatzpreismethode oder Marktpreis-Minus-Methode bezeichnet. Vgl. *Baumhoff* in: Wassermeyer/Baumhoff, Verrechnungspreise, 2014, Rz. 5.15 f.; *Vögele/Raab* in: Vögele et al., Verrechnungspreise, 2015, Kap. D Rz. 150.

412 Vgl. *OECD*, Verrechnungspreisleitlinien, 2017, Tz. 2.27; *Baumhoff* in: Wassermeyer/Baumhoff, Verrechnungspreise, 2014, Rz. 5.15; *Jacobs*, Internationale Unternehmensbesteuerung, 2016, S. 569; *Schwenke/Greil* in: Wassermeyer, Doppelbesteuerung, 2019, Art. 9 Anm. 295; *Eigelshoven* in: Vogel/Lehner, DBA, 2021, Art. 9 Rn. 74; *Becker* in: Haase, AStG/DBA, 2016, Art. 9 Rz. 52. Die Wiederverkaufspreismethode soll grundsätzlich auf Basis einzelner Geschäftsbeziehungen erfolgen. Da dies allerdings nicht praktikabel ist, wird regelmäßig von einer Aggregierung

Demzufolge kommt sie vornehmlich im Zusammenhang mit Konzerneinheiten zur Anwendung, die eine Vertriebsfunktion ausüben.[413] Die Wiederverkaufspreismethode wird insbesondere in den Fällen gewählt, in denen die Preisvergleichsmethode mangels geeigneter Daten nicht praktikabel ist.[414]

Nach der Wiederverkaufspreismethode wird der Weiterveräußerungspreis um eine sog. „Handelsspanne" reduziert, um den Einkaufspreis des wiederverkaufenden Unternehmens zu erhalten.[415] Die Handelsspanne wird dabei so bemessen, dass dem Wiederverkäufer seine betrieblichen Aufwendungen erstattet werden und er zugleich eine angemessene Marge für seine ausgeübten Funktionen und übernommenen Risiken erhält. Demnach erfolgt die Ermittlung des Verrechnungspreises retrograd auf Basis des Marktpreises aus dem Wiederverkauf an Dritte.

Marktpreis aus Wiederverkauf an Dritte
– marktübliche Handelsspanne
(1) Aufwendungen aus Vertrieb
(2) sonstige betriebliche Aufwendungen
(3) angemessene Risikoprämie (abhängig von übernommenen Funktionen/Risiken)
(4) angemessener Gewinnaufschlag

= angemessener Verrechnungspreis (Einkaufspreis)

Abbildung 5: Berechnungsschema zur Verrechnungspreisermittlung mit Wiederverkaufspreismethode

Die marktübliche Handelsspanne lässt sich mithilfe des tatsächlichen oder hypothetischen Fremdvergleichs[416] ermitteln. Insoweit ist auch bei Anwendung

einzelner Geschäftsbeziehungen Gebrauch gemacht. Vgl. *Vögele/Raab* in: Vögele et al., Verrechnungspreise, 2015, Kap. D Rz. 169.

413 Vgl. *OECD*, Verrechnungspreisleitlinien, 2017, Tz. 2.27. Die Wiederverkaufspreismethode kommt insbesondere in der Pharmaindustrie zum Tragen. Vgl. *Andresen*, IStR 2004, S. 356 f.; *Bauer*, IStR 2006, S. 320.

414 Vgl. BFH, Urteil vom 17.10.2001, I R 103/00, BStBl. II 2004, S. 171; *Bauer*, IStR 2006, S. 320; *OECD*, Verrechnungspreisleitlinien, 2017, Tz. 2.32.

415 Vgl. *OECD*, Verrechnungspreisleitlinien, 2017, Tz. 2.27; *Baumhoff* in: Wassermeyer/Baumhoff, Verrechnungspreise, 2014, Rz. 5.15; *Schwenke/Greil* in: Wassermeyer, Doppelbesteuerung, 2019, Art. 9 Anm. 295.

416 Allgemein hierzu *Borstell* in: Vögele et al., Grundsätze, 2015, Kap. C Rz. 41 ff.

der Wiederverkaufspreismethode zunächst eine Funktions- und Risikoanalyse für die betreffende Konzerneinheit durchzuführen.[417] Im Rahmen des tatsächlichen Fremdvergleichs ist zudem – ähnlich der Preisvergleichsmethode – zwischen dem äußeren und inneren Margenvergleich zu differenzieren.[418]

Der äußere Margenvergleich setzt wie die Preisvergleichsmethode eine uneingeschränkte oder zumindest eingeschränkte Vergleichbarkeit der Referenztransaktionen voraus.[419] Die Beschaffung der Fremdvergleichsdaten kann etwa mithilfe einer Datenbankanalyse erfolgen. Allerdings sind entsprechende Daten, die einen ausreichenden Transaktionsbezug vorweisen, selbst über die einschlägigen Datenbanken nur unzureichend zu erhalten.[420] Dies resultiert aus der Tatsache, dass transaktionsbezogene Handelsspannen fremden Dritten in der Regel nicht zugänglich gemacht werden, da sie regelmäßig äußerst sensible Daten darstellen, die häufig Rückschlüsse auf die Gewinnsituation und die Konzessionsbereitschaft des betreffenden Unternehmens gewähren.[421] Demnach enthalten die Datenbanken vorwiegend Informationen, die keine ausreichende geschäftsvorfallbezogene Vergleichbarkeit zulassen. Aufgrund der zumeist unzulänglichen Datenlage des äußeren Margenvergleichs ist demnach der innere Margenvergleich vorzuziehen, soweit die entsprechenden Anforderungen erfüllt sind.[422] Voraussetzung ist allerdings, dass das Vergleichsunternehmen dem Wiederverkäufer nach Art und Umfang der Tätigkeit entspricht.[423] Der innere Margenvergleich bietet zudem den besonderen Vorteil, dass dort bereits innerbetriebliche Einflussfaktoren Berücksichtigung finden

---

417 Vgl. *Jacobs*, Internationale Unternehmensbesteuerung, 2016, S. 570; *Baumhoff* in: Wassermeyer/Baumhoff, Verrechnungspreise, 2014, Rz. 5.21; *Schwenke/Greil* in: Wassermeyer, Doppelbesteuerung, 2019, Art. 9 Anm. 299; *Vögele/Raab* in: Vögele et al., Verrechnungspreise, 2015, Kap. D Rz. 155, 161 ff.

418 Vgl. *OECD*, Verrechnungspreisleitlinien, 2017, Tz. 2.28; *Vögele/Raab* in: Vögele et al., Verrechnungspreise, 2015, Kap. D Rz. 151, 160; *Schwenke/Greil* in: Wassermeyer, Doppelbesteuerung, 2019, Art. 9 Anm. 299.

419 Vgl. *Baumhoff* in: Wassermeyer/Baumhoff, Verrechnungspreise, 2014, Rz. 5.17; *OECD*, Verrechnungspreisleitlinien, 2017, Tz. 2.29 ff.

420 Vgl. *Becker* in: Haase, AStG/DBA, 2016, Art. 9 Rz. 52.

421 Vgl. *Baumhoff* in: Wassermeyer/Baumhoff, Verrechnungspreise, 2014, Rz. 5.19. So auch *Becker* in: Haase, AStG/DBA, 2016, Art. 9 Rz. 52.

422 Vgl. *Baumhoff* in: Wassermeyer/Baumhoff, Verrechnungspreise, 2014, Rz. 5.20.

423 Allgemein hierzu *Baumhoff* in: Wassermeyer/Baumhoff, Verrechnungspreise, 2014, Rz. 5.21.

und die relevanten Vergleichsdaten der betreffenden Konzerneinheit in der Regel unmittelbar aus dem Rechnungswesen entnommen werden können.[424]

Der hypothetische Fremdvergleich findet Anwendung, soweit die marktübliche Handelsspanne nicht anhand eines tatsächlichen Fremdvergleichs ermittelbar ist.[425] Er stellt eine Verknüpfung der Wiederverkaufspreismethode mit der Kostenaufschlagsmethode dar und wird sowohl von der deutschen Finanzverwaltung als auch von der OECD anerkannt.[426] Dabei werden die Plankosten für die allgemeine Verwaltung und den Vertrieb unter Berücksichtigung eines fremdvergleichskonformen Gewinnaufschlags ermittelt, um daraus die Handelsspanne als Prozentsatz zum geschätzten Planumsatz zu berechnen.[427] Allerdings ist zu beachten, dass zur Gewährleistung des Fremdvergleichs nach Ablauf der Budgetphase keine Kostenabweichung im Rahmen eines Soll-Ist-Vergleichs mehr berücksichtigungsfähig ist, um dem Wiederverkäufer keine vollständige Gewinngarantie zu geben.[428] Demnach sind temporäre Verlustübernahmen des Wiederverkäufers denkbar.[429]

Für die Verrechnung von geistigem Eigentum ist die Wiederverkaufspreismethode kaum von Bedeutung, da sie vornehmlich auf reine Vertriebsgesellschaften Anwendung findet. Ihre Verwendung ist allenfalls auf eine Rechteverwertungsgesellschaft denkbar, die immaterielle Wirtschaftsgüter eines Konzerns einlizenziert oder kauft und anschließend an einen fremden Dritten auslizenziert oder verkauft.[430] Demnach wird im Folgenden nicht weiter auf die Wiederverkaufspreismethode eingegangen.

---

424 Vgl. *Baumhoff* in: Wassermeyer/Baumhoff, Verrechnungspreise, 2014, Rz. 5.20. Insoweit kann zugleich auf die Hinzuziehung der im Zusammenhang mit der Wiederverkaufspreismethode äußerst fehleranfälligen Datenbankanalyse verzichtet werden.

425 Vgl. *Ditz* in: Müller/Rödder, Beck'sches Handbuch, 2009, § 16 Rn. 204.

426 *Ebd.*; *OECD*, Verrechnungspreisleitlinien, 2017, Tz. 2.37; BFH, Urteil vom 17.10.2001, I R 103/00, BStBl. II 2004, S. 171.

427 Vgl. *Baumhoff* in: Wassermeyer/Baumhoff, Verrechnungspreise, 2014, Rz. 5.26.

428 Vgl. *Baumhoff* in: Wassermeyer/Baumhoff, Verrechnungspreise, 2014, Rz. 5.28; *Jacobs*, Internationale Unternehmensbesteuerung, 2016, S. 570 f.; *Vögele/Raab* in: Vögele et al., Verrechnungspreise, 2015, Kap. D Rz. 158.

429 Zur fremdvergleichskonformen Ermittlung eines Verrechnungspreises mittels hypothetischen Fremdvergleichs ist jedoch langfristig ein positives Betriebsergebnis erforderlich. Vgl. *Baumhoff/Liebchen* in: Flick et al., Außensteuerrecht, 2019, § 1 Anm. 329.

430 Allgemein hierzu *Greinert* in: Wassermeyer/Baumhoff, Verrechnungspreise, 2014, Rz. 6.580.

3.3.2.3 Kostenaufschlagsmethode

Die Kostenaufschlagsmethode stellt ein kostenorientiertes Bewertungsverfahren dar. Nach der Kostenaufschlagsmethode wird der Verrechnungspreis auf Basis der Herstellungskosten zuzüglich eines angemessenen Gewinnaufschlags des liefernden oder leistenden Unternehmens bestimmt.[431] Sie ist insbesondere in den Fällen anwendbar, in denen keine Marktpreise für einen Fremdvergleich zur Verfügung stehen.[432] Dabei dient sie einerseits der Ermittlung eines Verrechnungspreises nach der Wiederverkaufspreismethode mithilfe des hypothetischen Fremdvergleichs und andererseits als „Ultima Ratio", soweit die übrigen klassischen Methoden mangels Vergleichsdaten nicht greifen.[433]

Die Ermittlung der Herstellungskosten kann nach den gängigen Kalkulationsmethoden, die der Unternehmer auch im Rahmen seiner Preispolitik berücksichtigt, erfolgen.[434] Dabei wird vorzugsweise auf die wertmäßigen Kosten abgestellt,[435] um den tatsächlichen Werteverzehr in die Berechnungen einzubeziehen.[436] Zur Ermittlung der Herstellungskosten kann auf die Voll- oder Teilkostenrechnung zurückgegriffen werden. Im Rahmen der Kostenkalkulation auf Vollkostenbasis werden sämtliche Kosten auf die Produkteinheit als Kostenträger verrechnet.[437] Dagegen berücksichtigt die Teilkostenrechnung nur einen Anteil der Kosten eines Geschäftsvorfalls und ordnet die nicht auf den betreffenden Kostenträger verrechneten Kosten anderen Objekten zu.[438] Welche der beiden Methoden gewählt wird, ist letztendlich davon abhängig,

---

431 Vgl. *Jacobs*, Internationale Unternehmensbesteuerung, 2016, S. 571; *Kraft* in: Kraft, AStG, 2019, § 1 Rz. 230; *Baumhoff*, IStR 1996, S. 53; *Ditz* in: Schönfeld/Ditz, DBA, 2013, Art. 9 Rz. 69; *OECD*, Verrechnungspreisleitlinien, 2017, Tz. 2.45.

432 Vgl. *Kraft* in: Kraft, AStG, 2019, § 1 Rz. 230; *Baumhoff* in: Wassermeyer/Baumhoff, Verrechnungspreise, 2014, Rz. 5.39; *Jacobs*, Internationale Unternehmensbesteuerung, 2016, S. 574.

433 Vgl. *Baumhoff* in: Wassermeyer/Baumhoff, Verrechnungspreise, 2014, Rz. 5.40 f.; *Kraft* in: Kraft, AStG, 2019, § 1 Rz. 233; *Ditz* in: Schönfeld/Ditz, DBA, 2013, Art. 9 Rz. 69.

434 Vgl. *Jacobs*, Internationale Unternehmensbesteuerung, 2016, S. 571; *Ditz* in: Schönfeld/Ditz, DBA, 2013, Art. 9 Rz. 70.

435 Vgl. *Baumhoff*, IStR 1996, S. 53.

436 Der Ansatz von pagatorischen Kosten wird zwar nicht beanstandet. Allerdings ist dessen Ansatz aus betriebswirtschaftlicher Sicht abzulehnen, da er nicht den gesamten Produktionsverbrauch einbezieht.

437 Vgl. *Schubert/Pastor* in: Grottel et al., Bilanz-Kommentar, 2016, § 255 Rn. 416; *Winnefeld*, Bilanz-Handbuch, 2015, Kap. A Rn. 971.

438 Vgl. *Winnefeld*, Bilanz-Handbuch, 2015, Kap. A Rn. 972.

ob der gewählte Kostenansatz zugleich in der Preiskalkulation gegenüber Dritten praktiziert wird. So kann die Teilkostenrechnung zum Ansatz kommen, wenn ein Preis auf Vollkostenbasis aufgrund äußerer Markteinflüsse vorübergehend nicht durchzusetzen ist.[439] Demgegenüber ist die Vollkostenrechnung zu wählen, soweit die entsprechende Preispolitik ebenfalls auf Vollkostenbasis erfolgt.[440]

Im Rahmen der Kostenrechnung wird ferner zwischen Einzel- und Gemeinkosten unterschieden. Die Einzelkosten[441] sind dem Kostenträger direkt zurechenbar, wogegen Gemeinkosten[442] dem Kostenträger erst über einen Aufteilungsschlüsselzuzuordnen sind.[443] Demnach drohen unangemessene Verrechnungspreise, soweit eine verursachungsgerechte Aufteilung der Gemeinkosten auf die entsprechenden Kostenträger nicht einwandfrei möglich ist.[444] Die Einzel- und Gemeinkosten können zudem aus fixen und variablen Kosten bestehen. Fixe Kosten entstehen unabhängig von der Produktionsmenge, wogegen variable Kosten in Abhängigkeit von der produzierten Stückzahl variieren.

Unabhängig von den einbezogenen Kostenarten können die Herstellungskosten auf Basis von Ist-, Normal- oder Plankosten ermittelt werden.[445] Die Istkostenrechnung berücksichtigt alle tatsächlich angefallenen Kosten. Demnach

---

439 Vgl. *Jacobs*, Internationale Unternehmensbesteuerung, 2016, S. 572; *Kraft* in: Kraft, AStG, 2019, § 1 Rz. 231; *Baumhoff* in: Wassermeyer/Baumhoff, Verrechnungspreise, 2014, Rz. 5.67; *OECD*, Verrechnungspreisleitlinien, 2017, Tz. 2.57; *Ditz* in: Schönfeld/Ditz, DBA, 2013, Art. 9 Rz. 70.

440 Die Vollkostenrechnung basiert auf der Annahme, dass eine Unternehmung langfristig nur existieren kann, wenn sämtliche Kosten durch die erzielten Preise gedeckt werden. Vgl. *Baumhoff* in: Wassermeyer/Baumhoff, Verrechnungspreise, 2014, Rz. 5.64; *Jacobs*, Internationale Unternehmensbesteuerung, 2016, S. 571.

441 Allgemein hierzu *Schubert/Pastor* in: Grottel et al., Bilanz-Kommentar, 2016, § 255 Rn. 347 ff.; *Winnefeld*, Bilanz-Handbuch, 2015, Kap. E Rn. 676.

442 Allgemein hierzu *Winnefeld*, Bilanz-Handbuch, 2015, Kap. E Rn. 677; *Schubert/Pastor* in: Grottel et al., Bilanz-Kommentar, 2016, § 255 Rn. 353 ff.

443 Allgemein hierzu *Vögele et al.*, IStR 2001, S. 94 ff. Die Zuordnung der Gemeinkosten auf die einzelnen Kostenstellen erfolgt in der Regel mithilfe eines Betriebsabrechnungsbogens.

444 Allgemein hierzu *Baumhoff* in: Wassermeyer/Baumhoff, Verrechnungspreise, 2014, Rz. 5.65 f.

445 Vgl. *Kraft* in: Kraft, AStG, 2019, § 1 Rz. 232; *Jacobs*, Internationale Unternehmensbesteuerung, 2016, S. 573; *Baumhoff* in: Wassermeyer/Baumhoff, Verrechnungspreise, 2014, Rz. 5.51; *Eigelshoven* in: Vogel/Lehner, DBA, 2021, Art. 9 Rn. 78.

werden Kostenschwankungen, die etwa auf nicht vorhersehbare Einflüsse oder Unwirtschaftlichkeit zurückzuführen sind, durch nachträgliche Zu- oder Abschläge korrigiert.[446] Dies widerspricht allerdings dem Fremdvergleichsgrundsatz, sodass der Ansatz von Normalkosten oder Plankosten zu bevorzugen ist.[447] So basiert die Normalkostenrechnung auf dem Ansatz durchschnittlicher Istkosten vergangener Perioden.[448] Die Plankostenrechnung hingegen beruht ausschließlich auf Sollkosten, sodass sie am besten einem zukunftsorientierten Fremdvergleich entspricht. Demnach ist die Plankostenrechnung gegenüber den anderen Berechnungsmethoden grundsätzlich vorzuziehen.[449]

Neben der Kostenbasis ist im Rahmen der Kostenaufschlagsmethode ein angemessener Gewinnaufschlag zu verrechnen. Der Gewinnaufschlag wird dabei vorzugsweise durch einen inneren oder äußeren Betriebsvergleich oder mithilfe fester Prozentsätze festgelegt.[450] Der innere Vergleich basiert auf Gewinnspannen, die von dem betreffenden Unternehmen unter vergleichbaren Umständen mit fremden Dritten erzielt werden.[451] Soweit für den inneren Vergleich keine aussagekräftigen Daten vorliegen, kann auf den äußeren Vergleich zurückgegriffen werden. Dabei werden Gewinnspannen zwischen Unternehmen der gleichen Branche bei vergleichbaren Geschäften herangezogen, die vorwiegend den einschlägigen Datenbanken zu entnehmen sind.[452] Führt weder der innere noch der äußere

---

446 Vgl. *Ditz* in: Schönfeld/Ditz, DBA, 2013, Art. 9 Rz. 70; *Baumhoff* in: Wassermeyer/Baumhoff, Verrechnungspreise, 2014, Rz. 5.53 f.; *Jacobs*, Internationale Unternehmensbesteuerung, 2016, S. 573.

447 Vgl. *Jacobs*, Internationale Unternehmensbesteuerung, 2016, S. 573; *OECD*, Verrechnungspreisleitlinien, 2017, Tz. 2.42; *Baumhoff* in: Wassermeyer/Baumhoff, Verrechnungspreise, 2014, Rz. 5.54.

448 Allgemein hierzu *Baumhoff* in: Wassermeyer/Baumhoff, Verrechnungspreise, 2014, Rz. 5.55.

449 So auch *Jacobs*, Internationale Unternehmensbesteuerung, 2016, S. 573; *Baumhoff* in: Wassermeyer/Baumhoff, Verrechnungspreise, 2014, Rz. 5.58 ff.

450 Vgl. *Hülshorst/Mank* in: Kroppen/Rasch, Verrechnungspreise, 2019, OECD-Kap. II Anm. 191, 195 f.; *OECD*, Verrechnungspreisleitlinien, 2017, Tz. 2.46; *Ditz* in: Schönfeld/Ditz, DBA, 2013, Art. 9 Rz. 71; *Eigelshoven* in: Vogel/Lehner, DBA, 2021, Art. 9 Rn. 80; *Rasch* in: Gosch et al., DBA, 2019, Art. 9 Rn. 107 f. Der innere oder äußere Betriebsvergleich ähnelt dem inneren oder äußeren Margenvergleich.

451 Vgl. *Ditz* in: Schönfeld/Ditz, DBA, 2013, Art. 9 Rz. 72; *Baumhoff* in: Wassermeyer/Baumhoff, Verrechnungspreise, 2014, Rz. 5.74; *OECD*, Verrechnungspreisleitlinien, 2017, Tz. 2.47.

452 Vgl. *Baumhoff* in: Wassermeyer/Baumhoff, Verrechnungspreise, 2014, Rz. 5.74; *Ditz* in: Schönfeld/Ditz, DBA, 2013, Art. 9 Rz. 72. Der Einsatz von Datenbanken ist

Betriebsvergleich zu einem adäquaten Ergebnis, so ist der Ansatz eines festen Prozentsatzes in Betracht zu ziehen. Insoweit wird unter Berücksichtigung der ausgeübten Funktionen und übernommenen Risiken ein Gewinnaufschlag von 5–10 % allgemeinhin anerkannt.[453]

Der Gewinnaufschlag kann als Netto- oder Bruttogewinnaufschlag bestimmt werden.[454] Zur Ermittlung des Gewinns auf Basis des Nettoaufschlags werden sämtliche Kosten der Konzerneinheit berücksichtigt, einschließlich der anteiligen betrieblichen Aufwendungen des Gesamtunternehmens.[455] Folglich schlagen weder das allgemeine unternehmerische Risiko noch unwirtschaftliches Verhalten auf den Gewinn durch.[456] Demgegenüber wird der Bruttogewinnaufschlag lediglich aus den direkten und indirekten Kosten der Fertigung oder Dienstleistung ermittelt.[457] Folglich ist in Ausnahmefällen sogar ein Verlust möglich, wenn beispielsweise die Aufwendungen des Gesamtunternehmens durch den Gewinn nicht gedeckt werden. Insoweit wäre allerdings eine zeitnahe Anpassung des Gewinnaufschlags notwendig.

---

jedoch insbesondere aufgrund des Vergangenheitsbezugs nicht unproblematisch. Allgemein hierzu *Fischer et al.*, BB 2010, S. 160 f.

453 Vgl. *Zech*, IStR 2011, S. 135; *Baumhoff* in: Wassermeyer/Baumhoff, Verrechnungspreise, 2014, Rz. 5.77; *Eigelshoven* in: Vogel/Lehner, DBA, 2021, Art. 9 Rn. 80; *Ditz* in: Schönfeld/Ditz, DBA, 2013, Art. 9 Rz. 74; BFH, Urteil vom 02.02.1960, I 194/59, BB 1960, S. 731; FG Saarland, Urteil vom 18.12.1996, 1 K 257/94, EFG 1997, S. 485; BMF-Schreiben vom 24.12.1999, BStBl. I 1999, S. 1076 Tz. 3.1.2; *Kuckhoff/Schreiber*, IStR 1999, S. 327. Allerdings sind diese relativ festen Gewinnaufschlagsätze in der Praxis nicht ohne weiteres zu übernehmen, da sie im Einzelfall nicht flexibel genug sind, um allen im internationalen Bereich denkbaren Umständen Rechnung zu tragen. Vgl. *Jacobs*, Internationale Unternehmensbesteuerung, 2016, S. 573 f.

454 Vgl. *Eigelshoven* in: Vogel/Lehner, DBA, 2021, Art. 9 Rn. 79.

455 Vgl. *Hülshorst/Mank* in: Kroppen/Rasch, Verrechnungspreise, 2019, OECD-Kap. II Anm. 192; *OECD*, Verrechnungspreisleitlinien, 2017, Tz. 2.54. Durchlaufende Posten sind in die Bemessungsgrundlage zur Ermittlung des Gewinnaufschlags hingegen nicht einzubeziehen. Vgl. BMF-Schreiben vom 13.10.2010, BStBl. I 2010, S. 774 Tz. 206 f.; *Baumhoff* in: Wassermeyer/Baumhoff, Verrechnungspreise, 2014, Rz. 5.77. Allgemein hierzu *Eigelshoven* in: Vogel/Lehner, DBA, 2021, Art. 9 Rn. 80b.

456 Vgl. *Jacobs*, Internationale Unternehmensbesteuerung, 2016, S. 572.

457 Vgl. *Hülshorst/Mank* in: Kroppen/Rasch, Verrechnungspreise, 2019, OECD-Kap. II Anm. 192; *OECD*, Verrechnungspreisleitlinien, 2017, Tz. 2.54.

Tabelle 7: Einfluss von Kostenrechnungssystemen auf Gewinn

		Bruttogewinnaufschlag	Nettogewinnaufschlag
Istkosten	**Vollkosten**	Gewinngarantie	Gewinngarantie
	Teilkosten	keine Gewinngarantie	keine Gewinngarantie
Normalkosten	**Vollkosten**	keine Gewinngarantie	eingeschränkte Gewinngarantie
	Teilkosten	keine Gewinngarantie	keine Gewinngarantie
Plankosten	**Vollkosten**	keine Gewinngarantie	eingeschränkte Gewinngarantie
	Teilkosten	keine Gewinngarantie	keine Gewinngarantie

Um dem Fremdvergleichsgrundsatz zu entsprechen, ist der Ansatz des Bruttogewinnaufschlags dem Nettogewinnaufschlag vorzuziehen.[458] Dies resultiert insbesondere aus der Tatsache, dass der Gewinn nicht von den Selbstkosten, sondern vielmehr von den am Markt erzielbaren Preisen bestimmt wird.[459] Demgegenüber wird vielfach die Meinung vertreten, dass ein Routineunternehmen stets seine Selbstkosten zu decken hat[460] und folglich der Nettogewinnaufschlag anzuwenden ist. Beide Auffassungen sind vertretbar, soweit für das Routineunternehmen langfristig eine akzeptable Gewinnmarge zu verzeichnen ist.

Für die Lizenzierung von geistigem Eigentum ist die Kostenaufschlagsmethode nur in wenigen ausgewählten Fällen anwendbar. Beispielsweise sollte der Rückgriff auf die Kostenaufschlagsmethode nur dann in Erwägung gezogen werden, wenn eine eindeutige Beziehung zwischen den angefallenen Kosten für die Schaffung des geistigen Eigentums und dem daraus resultierenden Nutzen besteht.[461] Dies ist beispielsweise der Fall, wenn das entwickelte geistige Eigentum nicht als einzigartig und somit als leicht reproduzierbar gilt.[462]

458 Vgl. *Jacobs*, Internationale Unternehmensbesteuerung, 2016, S. 572.

459 Vgl. *Baumhoff*, IStR 1996, S. 53.

460 Vgl. *Engler*, IStR 2009, S. 687; *Rasch* in: Gosch et al., DBA, 2019, Art. 9 Rn. 107. Allgemein hierzu *Baumhoff* in: Wassermeyer/Baumhoff, Verrechnungspreise, 2014, Rz. 5.70 ff., 5.78. Andere Auffassung *Fischer et al.*, BB 2010, S. 160 f.

461 So auch *Greinert* in: Wassermeyer/Baumhoff, Verrechnungspreise, 2014, Rz. 6.582. Allerdings wird nach herrschender Meinung das Bestehen eines solchen direkten Zusammenhangs weitgehend bestritten. Vgl. *Engler/Gotsis* in: Vögele et al., Verrechnungspreise, 2015, Kap. O Rz. 614.

462 Vgl. *Greinert* in: Wassermeyer/Baumhoff, Verrechnungspreise, 2014, Rz. 6.582.

Demgegenüber ist von der Anwendung der Kostenaufschlagsmethode abzuraten, soweit es sich um eine etablierte Marke oder einzigartige immaterielle Wirtschaftsgüter handelt.[463] Insoweit wird der Wert des geistigen Eigentums vielmehr von der Technologie selbst, der Marktsituation oder von dem individuellen Nutzen, die der Technologienehmer aus dem immateriellen Wirtschaftsgut zieht, bestimmt.[464]

In einem Modell der Verrechnungspreisgestaltung kann zur Nutzung gewerblicher Schutzrechte dennoch auf die Kostenaufschlagsmethode zurückgegriffen werden, indem sich dem Grundprinzip eines Auftragsfertigers bedient wird. Voraussetzung ist jedoch, dass ein Strategieträger mit einem verbundenen Hybridunternehmen wirtschaftlich hinreichend stark verflochten ist und ihm das geistige Eigentum zur Produktion überlässt. Dabei wird jedoch nicht die Nutzung des geistigen Eigentums, sondern vielmehr die Ausübung der Routinefunktionen mithilfe der Kostenaufschlagsmethode vergütet. Zudem darf das Hybridunternehmen lediglich Umsätze gegenüber fremden Dritten und dem Strategieträger selbst im eigenen Namen fakturieren. Unter diesen Voraussetzungen ließe sich die Geschäftsbeziehung zwischen den beiden Konzernunternehmen insofern gestalten, als das Hybridunternehmen gegenüber dem Strategieträger weitgehend Routineleistungen erbringt, die jedoch über die Leistung eines bloßen Auftragsfertigers hinausgehen und mit der Kostenaufschlagsmethode vergütet werden können. Hierzu zählen beispielsweise der Einkauf, die Produktion, die Qualitätskontrolle, der Vertrieb und die Fakturierung der Leistung. Demnach würde das geistige Eigentum dem Hybridunternehmen nicht in Form einer Lizenz überlassen, sondern lediglich zur Produktion zur Verfügung gestellt werden.

Diese Gestaltung ist jedoch ausgeschlossen, soweit das Hybridunternehmen ebenfalls Umsätze gegenüber einem weiteren verbundenen Unternehmen fakturiert. Dies liegt darin begründet, dass die Kosten für die Lizenzierung des zur Produktion verwendeten geistigen Eigentums in die Ermittlung der Intercompany-Preise für die Umsätze gegenüber diesem verbundenen Unternehmen einzubeziehen sind. Insofern wäre das Hybridunternehmen jedoch nicht in der Lage, die Umsätze in angemessener Höhe zu fakturieren, ohne eine Lizenzgebühr an den Strategieträger zu entrichten, da es die Kosten der Lizenzierung gar nicht trägt. Die Kostenaufschlagsmethode würde somit nicht mehr zu einer

463 So auch *Jacobs*, Internationale Unternehmensbesteuerung, 2016, S. 574; *Greinert* in: Wassermeyer/Baumhoff, Verrechnungspreise, 2014, Rz. 6.581 f.

464 Vgl. *Engler/Gotsis* in: Vögele et al., Verrechnungspreise, 2015, Kap. O Rz. 614.

angemessenen Gewinnaufteilung zwischen den beteiligten Konzernunternehmen führen, sodass ein Verrechnungspreis für die Nutzung des geistigen Eigentums regelmäßig mithilfe der geschäftsvorfallbezogenen Gewinnaufteilungsmethode[465] zu bestimmen und an das Hybridunternehmen zu verrechnen wäre.

3.3.3 Gewinnorientierte Methoden

3.3.3.1 Geschäftsvorfallbezogene Nettomargenmethode

Bei Anwendung der geschäftsvorfallbezogenen Nettomargenmethode[466] wird der Verrechnungspreis insofern bestimmt, als die betreffende Konzerneinheit aus dem Geschäft mit einem verbundenen Unternehmen eine Nettomarge erzielt, die der Marge aus vergleichbaren Geschäften mit fremden Dritten oder unter Dritten entspricht.[467] Im Einzelnen wird die Nettomarge aus einer zuvor definierten Bezugsbasis abgeleitet.[468] Dabei ist die Gewinngröße[469] mit der Bezugsbasis ins Verhältnis zu setzen, um eine angemessene Nettomarge zu erhalten. Die geschäftsvorfallbezogene Nettomargenmethode ähnelt insoweit der Wiederverkaufspreis- und der Kostenaufschlagsmethode, da sie allgemeinhin auf vergleichbaren Gewinnaufschlägen basiert.[470]

Entscheidend für die Anerkennung der Nettomargenmethode ist ihre Geschäftsvorfallbezogenheit.[471] Dabei ist auf mehrere wirtschaftlich aggregierte

---

465 Allgemein hierzu Kapitel 3.3.3.2.

466 Die geschäftsvorfallbezogene Nettomargenmethode wurde von der OECD als Gegenstück zur US-amerikanischen Comparable Profits Method (CPM) entwickelt. Vgl. *Schwenke/Greil* in: Wassermeyer, Doppelbesteuerung, 2019, Art. 9 Anm. 308. Allgemein zur CPM siehe Kapitel 3.3.3.3.

467 Vgl. *Cordes*, Aufzeichnungspflichten, 2009, S. 18; *Vögele/Raab* in: Vögele et al., Verrechnungspreise, 2015, Kap. D Rz. 350; *Jacobs*, Internationale Unternehmensbesteuerung, 2016, S. 577.

468 Vgl. *Greinert* in: Wassermeyer/Baumhoff, Verrechnungspreise, 2014, Rz. 5.92; *Ditz* in: Schönfeld/Ditz, DBA, 2013, Art. 9 Rz. 77; *OECD*, Verrechnungspreisleitlinien, 2017, Tz. 2.64.

469 Beispielsweise das Betriebsergebnis oder der EBIT. Vgl. *Ditz* in: Schönfeld/Ditz, DBA, 2013, Art. 9 Rz. 77.

470 So auch *Ditz* in: Schönfeld/Ditz, DBA, 2013, Art. 9 Rz. 79; *Greinert* in: Wassermeyer/Baumhoff, Verrechnungspreise, 2014, Rz. 5.92; *Cordes*, Aufzeichnungspflichten, 2009, S. 18; *OECD*, Verrechnungspreisleitlinien, 2017, Tz. 2.64; *Jacobs*, Internationale Unternehmensbesteuerung, 2016, S. 577; *Vögele/Raab* in: Vögele et al., Verrechnungspreise, 2015, Kap. D Rz. 350, 354; *Kraft* in: Kraft, AStG, 2019, § 1 Rz. 239.

471 Vgl. *Greinert* in: Wassermeyer/Baumhoff, Verrechnungspreise, 2014, Rz. 5.93.

und vergleichbare Geschäftsvorfälle abzustellen,[472] die sich über einen inneren oder äußeren Betriebsvergleich ermitteln lassen.[473] Die geeigneten Vergleichsunternehmen sind wiederum anhand einer Funktions- und Risikoanalyse zu bestimmen.[474] Demgegenüber ist es grundsätzlich unzulässig, eine Zusammenfassung von unterschiedlichen und nicht vergleichbaren Geschäftsvorfällen vorzunehmen.[475] Eine Ausnahme besteht jedoch insofern, als die Nettomargen eines Vergleichsunternehmens als Ganzes durch etwaige Anpassungsrechnungen vergleichbar gemacht werden können.[476]

Die geschäftsvorfallbezogene Nettomargenmethode basiert bewusst auf einer Nettomarge. So wirken sich Funktionsunterschiede zwischen zwei Konzerneinheiten zumeist auf die operativen Kosten und folglich auf die Bruttomarge aus.[477] Demnach sind unter Hinzuziehung der Nettomarge weniger Anpassungen vorzunehmen, um zwei Konzernunternehmen vergleichbar zu machen.[478] Soweit schließlich eine Vergleichbarkeit vorliegt, ist die Nettomarge lediglich für eine der an der Geschäftsbeziehung beteiligten Vertragsparteien zu bestimmen.[479] Zur Ermittlung der Nettomarge sind ausschließlich

---

472 Ebd.; *Vögele/Raab* in: Vögele et al., Verrechnungspreise, 2015, Kap. D Rz. 350; *Ditz* in: Schönfeld/Ditz, DBA, 2013, Art. 9 Rz. 79.

473 Vgl. *Ditz* in: Schönfeld/Ditz, DBA, 2013, Art. 9 Rz. 78; *OECD*, Verrechnungspreisleitlinien, 2017, Tz. 2.64; *Werra*, IStR 2005, S. 20 ff.; Insoweit ist nicht auf die Quantität, sondern die Qualität der Fremdvergleichsdaten entscheidend. Vgl. *Finsterwalder*, DStR 2005, S. 768.

474 So auch *Rasch* in: Gosch et al., DBA, 2019, Art. 9 Rn. 114; *Greinert* in: Wassermeyer/Baumhoff, Verrechnungspreise, 2014, Rz. 5.95; *OECD*, Verrechnungspreisleitlinien, 2017, Tz. 2.64.

475 Vgl. *Ditz* in: Schönfeld/Ditz, DBA, 2013, Art. 9 Rz. 77.

476 Vgl. *Greinert* in: Wassermeyer/Baumhoff, Verrechnungspreise, 2014, Rz. 5.93. Zu Anpassungsrechnungen siehe *Greinert* in: Wassermeyer/Baumhoff, Verrechnungspreise, 2014, Rz. 5.109 ff.

477 Allgemein hierzu *OECD*, Verrechnungspreisleitlinien, 2017, Tz. 2.68; *Greinert* in: Wassermeyer/Baumhoff, Verrechnungspreise, 2014, Rz. 5.94; *Jacobs*, Internationale Unternehmensbesteuerung, 2016, S. 580 f.

478 Bei Anwendung der geschäftsvorfallbezogenen Nettomargenmethode sind die Anforderungen an die Vergleichbarkeit jedoch geringer als bei der Preisvergleichsmethode oder der Wiederverkaufspreismethode. Vgl. *Greinert* in: Wassermeyer/Baumhoff, Verrechnungspreise, 2014, Rz. 5.98 f. Ausführlich zum maßgebenden Vergleichbarkeitsmaßstab siehe *OECD*, Verrechnungspreisleitlinien, 2017, Tz. 2.74 ff.

479 Vgl. *Greinert* in: Wassermeyer/Baumhoff, Verrechnungspreise, 2014, Rz. 5.95; *OECD*, Verrechnungspreisleitlinien, 2017, Tz. 2.69.

die operativen Gewinnbestandteile maßgebend,[480] sodass regelmäßig auf die Ergebnisgröße EBIT abgestellt wird.[481] Dabei ist besonders auf die Angemessenheit der Vergleichswerte zu achten. Beispielsweise kann die Segmentierung des Gesamtergebnisses eines Vergleichsunternehmens erforderlich werden, soweit die Konzerneinheiten in ihren zu untersuchenden Segmenten übereinstimmen, aber die Segmentportfolios der Unternehmen voneinander abweichen.[482] Die Ableitung der Nettomarge erfolgt schließlich mithilfe von Mehrjahresanalysen.[483] Auf diese Weise können einmalige und außergewöhnliche Effekte eliminiert werden.

Bei der Ermittlung der Vergleichswerte im Wege des tatsächlichen Fremdvergleichs ergibt sich regelmäßig eine Bandbreite von Margen,[484] die sich vornehmlich durch die Unvollkommenheit der Märkte erklären lässt.[485] Soweit die ermittelten Werte einer uneingeschränkten Vergleichbarkeit unterliegen, kann jeder Wert innerhalb der Bandbreite als maßgebende Nettomarge angesetzt werden.[486] Liegt hingegen nur eine eingeschränkte Vergleichbarkeit der Werte vor, so ist die Bandbreite durch Anpassungs- und Kontrollrechnungen[487] oder mathematische Verfahren einzuengen.[488]

Die maßgebende Nettomarge ist schließlich auf eine geeignete Bezugsgröße zu beziehen. Insoweit ist ein angemessener Profit-Level-Indicator (PLI) heranzuziehen. Allgemeinhin wird dabei auf die Umsatzerlöse, die Kosten oder das Vermögen

---

480 Vgl. *OECD*, Verrechnungspreisleitlinien, 2017, Tz. 2.83 f.

481 Allgemein hierzu *Greinert* in: Wassermeyer/Baumhoff, Verrechnungspreise, 2014, Rz. 5.103.

482 Vgl. *Greinert* in: Wassermeyer/Baumhoff, Verrechnungspreise, 2014, Rz. 5.102; *Rasch* in: Gosch et al., DBA, 2019, Art. 9 Rn. 115.

483 Allgemein hierzu *OECD*, Verrechnungspreisleitlinien, 2017, Tz. 3.75 ff.; *Greinert* in: Wassermeyer/Baumhoff, Verrechnungspreise, 2014, Rz. 5.113 f.

484 Vgl. *Finsterwalder*, DStR 2005, S. 769.

485 Die Unvollkommenheit der Märkte entsteht beispielsweise durch eine eingeschränkte Markttransparenz, Beschränkungen beim Marktzutritt und Transaktionskosten. Vgl. *Greinert* in: Wassermeyer/Baumhoff, Verrechnungspreise, 2014, Rz. 5.115.

486 So auch *Wassermeyer*, DB 2007, S. 537; *Werra*, IStR 2005, S. 20; *Rasch* in: Gosch et al., DBA, 2019, Art. 9 Rn. 115; *Greinert* in: Wassermeyer/Baumhoff, Verrechnungspreise, 2014, Rz. 5.116; *OECD*, Verrechnungspreisleitlinien, 2017, Tz. 3.62.

487 Dies kann durch Hinzuziehung einer zweiten Verrechnungspreismethode erfolgen. Vgl. *OECD*, Verrechnungspreisleitlinien, 2017, Tz. 3.58.

488 Allgemein hierzu *Finsterwalder*, DStR 2005, S. 768 f.; *Werra*, IStR 2005, S. 20 ff.; *Greinert* in: Wassermeyer/Baumhoff, Verrechnungspreise, 2014, Rz. 5.117 ff.

als PLI zurückgegriffen,[489] da diese Werte leicht zu erheben sind, indem sie dem Jahresabschluss oder dem Controlling entnommen werden. Den am häufigsten verwendeten PLI stellen die Umsatzerlöse dar. Sie werden zumeist im Rahmen von Vertriebsaktivitäten verwendet.[490] Dabei sind in Abhängigkeit vom analysierten Vergleichsunternehmen die Brutto- oder Nettoumsatzerlöse als Bezugsgröße maßgebend.[491] Auf die Kosten wird hingegen vornehmlich bei der Beurteilung von Dienstleistungs- und Produktionsaktivitäten zurückgegriffen.[492] Insoweit sind regelmäßig die operativen Kosten, die auf den Geschäftsvorfall zurückzuführen sind, ausschlaggebend.[493] Das Vermögen kommt dagegen nur im Rahmen von vermögens- und kapitalintensiven Aktivitäten als Bezugsgröße zum Einsatz, also insbesondere bei einer anlagenintensiven Fertigung von Produkten.[494] Dabei ist lediglich das operative Vermögen mit dem Marktwert oder, falls kein Marktwert ermittelbar ist, mit dem Buchwert zu berücksichtigen.[495] Insoweit ist wiederum die Vergleichbarkeit der einbezogenen Unternehmen zu beachten.[496]

---

489 Vgl. *Jacobs*, Internationale Unternehmensbesteuerung, 2016, S. 577; *Vögele/Raab* in: Vögele et al., Verrechnungspreise, 2015, Kap. D Rz. 357; *Greinert* in: Wassermeyer/Baumhoff, Verrechnungspreise, 2014, Rz. 5.104.

490 Vgl. *OECD*, Verrechnungspreisleitlinien, 2017, Tz. 2.96; *Vögele/Raab* in: Vögele et al., Verrechnungspreise, 2015, Kap. D Rz. 358.

491 Allgemein hierzu *OECD*, Verrechnungspreisleitlinien, 2017, Tz. 2.96 f.; *Greinert* in: Wassermeyer/Baumhoff, Verrechnungspreise, 2014, Rz. 5.105.

492 Vgl. *Greinert* in: Wassermeyer/Baumhoff, Verrechnungspreise, 2014, Rz. 5.106. Insoweit kann die Berry-Ratio als Bezugsgröße dienen. Allgemein hierzu *OECD*, Verrechnungspreisleitlinien, 2017, Tz. 2.106 ff.; *Greinert* in: Wassermeyer/Baumhoff, Verrechnungspreise, 2014, Rz. 5.108; *Vögele/Raab* in: Vögele et al., Verrechnungspreise, 2015, Kap. D Rz. 362; *Jacobs*, Internationale Unternehmensbesteuerung, 2016, S. 579 f.

493 Vgl. *Vögele/Raab* in: Vögele et al., Verrechnungspreise, 2015, Kap. D Rz. 359; *OECD*, Verrechnungspreisleitlinien, 2017, Tz. 2.98 f. Zu den Vor- und Nachteilen für den Ansatz von Ist-, Soll- und Plankosten siehe *OECD*, Verrechnungspreisleitlinien, 2017, Tz. 2.101 f.

494 Vgl. *Greinert* in: Wassermeyer/Baumhoff, Verrechnungspreise, 2014, Rz. 5.107.

495 Vgl. *Greinert* in: Wassermeyer/Baumhoff, Verrechnungspreise, 2014, Rz. 5.107. Zum operativen Vermögen gehören materielle Vermögenswerte des betrieblichen Anlagevermögens, wie Grundstücke, Gebäude, Maschinen, Einrichtungen und im Unternehmen verwendete immaterielle Wirtschaftsgüter, sowie Güter des Umlaufvermögens, wie Lagerbestände und Forderungen aus Lieferungen und Leistungen. Vgl. *OECD*, Verrechnungspreisleitlinien, 2017, Tz. 2.103.

496 Die Vergleichbarkeit der betreffenden Unternehmen kann beispielsweise durch Bilanzierungsunterschiede beeinflusst werden. Vgl. *Greinert* in: Wassermeyer/Baumhoff, Verrechnungspreise, 2014, Rz. 5.107.

Nach der geschäftsvorfallbezogenen Nettomargenmethode wird die definierte Nettomarge stets im Vorhinein vereinbart. Demnach können u.a. Preisschwankungen, Kostenänderungen und unvorhergesehene Kapazitätsauslastungen zu Abweichungen gegenüber der vereinbarten Zielmarge führen und durch nachträgliche Preisanpassungen zum Jahresende – sog. „Year-End-Adjustments“ – ausgeglichen werden.[497] Die Year-End-Adjustments sind international weitgehend anerkannt, wenngleich diesbezüglich keine einheitliche Linie erkennbar ist.[498] Die deutsche Finanzverwaltung akzeptiert ebenfalls die nachträglichen Preisanpassungen, soweit sie im Vorhinein vereinbart worden sind und auch unter fremden Dritten erfolgt wären.[499] Allerdings steht sie für eine weitaus restriktivere Anwendung der Year-End-Adjustments ein.

Da die Nettomargenmethode auf dem Fremdvergleichsgrundsatz basiert, indem sie ähnlich der Preisvergleichsmethode auf Marktpreise zurückgreift, eignet sich diese Methode dem Grunde nach ebenfalls zur Ermittlung eines Verrechnungspreises für geistiges Eigentum. So verwundert es nicht, dass die OECD die Anwendung der geschäftsvorfallbezogenen Nettomargenmethode empfiehlt, wenn sie die am besten geeignete Verrechnungspreismethode darstellt.[500] Aufgrund ihres Fremdvergleichsbezugs erscheint die Nettomargenmethode in der Praxis jedoch fast ausschließlich im Zusammenhang mit Routinetätigkeiten anwendbar. Demnach ist ihre Anwendung bei der Überlassung von geistigem Eigentum kaum von Bedeutung, da Unternehmen mit wesentlichen immateriellen Wirtschaftsgütern gerade keine Routinefunktion ausüben.[501] Aufgrund dessen wird die geschäftsvorfallbezogene Nettomargenmethode im Folgenden nicht weiter vertieft.

---

497 Vgl. *Ditz* in: Schönfeld/Ditz, DBA, 2013, Art. 9 Rz. 79; *Greinert* in: Wassermeyer/Baumhoff, Verrechnungspreise, 2014, Rz. 5.120.

498 Allgemein hierzu *Greinert* in: Wassermeyer/Baumhoff, Verrechnungspreise, 2014, Rz. 5.121 f.; *OECD*, Verrechnungspreisleitlinien, 2017, Tz. 3.71; *Schwarz/Stein*, Verrechnungspreise, 2018, S. 93.

499 Vgl. BMF-Schreiben vom 14.07.2021, BStBl. I 2021, S. 1098 Tz. 3.38 f. So auch *OECD*, Verrechnungspreisleitlinien, 2017, Tz. 3.73. In der Gewinnabgrenzungsaufzeichnungs-Verordnung (GAufzV) werden Year-End-Adjustments ebenfalls nicht explizit ausgeschlossen. Vgl. *Heurung et al.*, IStR 2018, S. 371 f.

500 Vgl. *OECD*, Verrechnungspreisleitlinien, 2017, Tz. 2.2. Die deutsche Finanzverwaltung folgt dieser Sichtweise. Vgl. BMF-Schreiben vom 14.07.2021, BStBl. I 2021, S. 1098 Tz. 3.9.

501 Vgl. *Greinert* in: Wassermeyer/Baumhoff, Verrechnungspreise, 2014, Rz. 6.583.

3.3.3.2 *Geschäftsvorfallbezogene Gewinnaufteilungsmethode*

3.3.3.2.1 *Überblick*

Die geschäftsvorfallbezogene Gewinnaufteilungsmethode[502] beinhaltet die leistungsgerechte und risikoadjustierte Aufteilung des Gewinns aus einer bestimmten Transaktion auf die beteiligten Konzernunternehmen. Dabei ist es ebenso möglich, gleichartige Transaktionen zu einem Geschäft zusammenzufassen.[503] Die Gewinnaufteilungsmethode findet sowohl in Gewinn- als auch Verlustfällen Anwendung[504] und kommt insbesondere in den Situationen zum Tragen, in denen die übrigen Verrechnungspreismethoden aufgrund der Komplexität der durch die beteiligten Konzernunternehmen eingesetzten Funktionen keine fremdvergleichskonformen Margen zur Gewinnaufteilung mehr liefern.[505] Demnach erfolgt der Rückgriff auf die geschäftsvorfallbezogene Gewinnaufteilungsmethode vor allem zur Verrechnung von geistigem Eigentum, das von Strategieträgern gehalten wird. Im Umkehrschluss ist die Gewinnaufteilungsmethode grundsätzlich nicht anwendbar, wenn das nahestehende Unternehmen lediglich eine Routinefunktion ausübt, da insoweit verlässlichere Vergleichswerte zur Verfügung stehen.[506]

Die geschäftsvorfallbezogene Gewinnaufteilungsmethode stellt im Gegensatz zur Wiederverkaufspreismethode, Kostenaufschlagsmethode und geschäftsvorfallbezogenen Nettomargenmethode eine zweiseitige Methode dar.[507] Demnach müssen zur Ermittlung angemessener Verrechnungspreise

---

502 Auch als Profit-Split-Method bezeichnet.

503 Vgl. *Vögele/Raab* in: Vögele et al., Verrechnungspreise, 2015, Kap. D Rz. 450; *Greinert* in: Wassermeyer/Baumhoff, Verrechnungspreise, 2014, Rz. 5.123.

504 Vgl. *OECD*, Verrechnungspreisleitlinien, 2017, Tz. 2.115; *Becker* in: Haase, AStG/DBA, 2016, Art. 9 Rz. 56; *Vögele/Raab* in: Vögele et al., Verrechnungspreise, 2015, Kap. D Rz. 450.

505 Beispielsweise wird auf die geschäftsvorfallbezogene Gewinnaufteilungsmethode beim Einsatz einzigartiger und hoch rentabler immaterieller Wirtschaftsgüter zurückgegriffen. Vgl. *OECD*, Verrechnungspreisleitlinien, 2017, Tz. 2.119; *Rasch* in: Gosch et al., DBA, 2019, Art. 9 Rn. 111. Die geschäftsvorfallbezogene Gewinnaufteilungsmethode sollte hingegen nicht allein deshalb angewandt werden, um Probleme bei der Datenbeschaffung zu umgehen. Vgl. *Vögele/Raab* in: Vögele et al., Verrechnungspreise, 2015, Kap. D Rz. 454.

506 Vgl. *Becker* in: Haase, AStG/DBA, 2016, Art. 9 Rz. 56; *Greinert* in: Wassermeyer/Baumhoff, Verrechnungspreise, 2014, Rz. 5.124; *Vögele/Raab* in: Vögele et al., Verrechnungspreise, 2015, Kap. D Rz. 454.

507 Vgl. *Vögele/Raab* in: Vögele et al., Verrechnungspreise, 2015, Kap. D Rz. 450.

immer beide an der Transaktion beteiligten Konzernunternehmen betrachtet werden.[508] Der Gewinnaufteilung geht ferner eine ausführliche Funktions- und Risikoanalyse der betreffenden Unternehmen voraus, um eine leistungsgerechte Zuteilung des Gewinns gewährleisten zu können. Zudem wird die Gewinnaufteilung bei Bedarf um eine Wertschöpfungsanalyse ergänzt.

Als maßgebende Gewinngröße wird in der Regel der von den beteiligten Konzerneinheiten gemeinsam erzielte operative Gewinn herangezogen.[509] Dabei sind die Gewinnbestandteile der beteiligten Unternehmen mithilfe einer individuellen Zuordnung zu isolieren, um den Gewinn zu ermitteln.[510] Demnach sind Gewinne, die anderen konzerninternen Geschäftsvorfällen zugerechnet werden können, auszusondern. Insoweit wird eine Zuordnung nach wirtschaftlich vernünftigen Gesichtspunkten wie unter fremden Dritten angestrebt.[511] Soweit hingegen die Aufteilung der operativen Kosten nicht einwandfrei gewährleistet ist, kann auf den Bruttogewinn als maßgebende Gewinngröße zurückgegriffen werden.[512]

Bei der grenzüberschreitenden Anwendung der geschäftsvorfallbezogenen Gewinnaufteilungsmethode stehen einer sachgerechten Gewinnaufteilung regelmäßig die uneinheitlichen nationalen Rechnungslegungsvorschriften entgegen. Dies stellt insofern ein Problem dar, als zunächst die Gewinne der beteiligten Konzernunternehmen zusammengerechnet werden.[513] Das Problem verliert jedoch insoweit an Bedeutung, wie die Konzernunternehmen eines Konzerns ihre Abschlüsse zu Konsolidierungszwecken zunächst auf Basis einer einheitlichen Rechnungslegungsvorschrift erstellen. Alternativ besteht zudem die Möglichkeit, zur Gewinnermittlung auf konzerneinheitliche Zahlen des

---

508 Vgl. *Greinert* in: Wassermeyer/Baumhoff, Verrechnungspreise, 2014, Rz. 5.124.

509 Dabei wird vorzugsweise auf die Gewinngröße EBIT abgestellt. Ob auf Plan- oder Ist-Gewinne zurückgegriffen wird, hängt hingegen von den Umständen des Einzelfalls ab. Vgl. *Greinert* in: Wassermeyer/Baumhoff, Verrechnungspreise, 2014, Rz. 5.127 f. Andere Auffassung *Ditz* in: Schönfeld/Ditz, DBA, 2013, Art. 9 Rz. 81.

510 Vgl. *Greinert* in: Wassermeyer/Baumhoff, Verrechnungspreise, 2014, Rz. 5.127.

511 Vgl. *Ditz* in: Schönfeld/Ditz, DBA, 2013, Art. 9 Rz. 81; *Schwenke/Greil* in: Wassermeyer, Doppelbesteuerung, 2019, Art. 9 Anm. 312; *OECD*, Verrechnungspreisleitlinien, 2017, Tz. 2.122.

512 Vgl. *OECD*, Verrechnungspreisleitlinien, 2017, Tz. 2.164.

513 Über entsprechende Anpassungen ist ein Ausgleich der Unterschiede in der Rechnungslegung aufgrund der Komplexität der Rechnungslegungsvorschriften hingegen kaum zu erreichen. Vgl. *Greinert* in: Wassermeyer/Baumhoff, Verrechnungspreise, 2014, Rz. 5.126.

internen Rechnungswesens zurückzugreifen.[514] Ferner stellen die Unterschiede in der Rechnungslegung ohnehin vornehmlich zeitliche Differenzen dar, die sich im Zeitablauf wieder ausgleichen.[515] Demzufolge erscheint das Problem der uneinheitlichen nationalen Rechnungslegungsvorschriften beherrschbar.

3.3.3.2.2 Methoden der Gewinnaufteilung

3.3.3.2.2.1 Pauschale Aufteilungsmaßstäbe

Im Rahmen der pauschalen Aufteilungsmaßstäbe werden allgemeinhin die Knoppe-Formel und die 25 %-Rule[516] als Bewertungsregeln zur Gewinnaufteilung genannt. Beide Bewertungsregeln basieren auf vor wenigen Jahren nochmals bestätigten statistischen Erhebungen, welche die Eignung einer pauschalen Aufteilung des Gewinns zwischen Lizenzgeber und Lizenznehmer weitgehend rechtfertigen.[517] Damit wird zugleich die Auffassung der deutschen Finanzverwaltung widerlegt, den Gewinn zwischen Lizenzgeber und Lizenznehmer in Zweifelsfällen hälftig aufzuteilen.[518]

Die Knoppe-Formel sieht für den Lizenzgeber eine Lizenz in Höhe von 25 % bis $33^1/_3$ % des vorkalkulierten Gewinns ohne Berücksichtigung der Lizenzgebühr vor.[519] Demnach verbleiben $66^2/_3$ % bis 75 % des Gewinns beim

514 Dies wird von der OECD ausdrücklich zugelassen. Vgl. *OECD*, Verrechnungspreisleitlinien, 2017, Tz. 2.174 ff.

515 So existieren in den verschiedenen Rechnungslegungsvorschriften unterschiedlich lange Nutzungsdauern, abweichende Abschreibungsmethoden, divergierende Anforderungen an die Rückstellungsbildung oder ein abweichender Umfang der Herstellungskosten. Vgl. *Greinert* in: Wassermeyer/Baumhoff, Verrechnungspreise, 2014, Rz. 5.126. f

516 Die 25 %-Rule wurde auf Basis empirischer Studien von *Robert Goldschneider* entwickelt. Vgl. *Baumhoff/Greinert*, Ubg 2009, S. 547.

517 Allgemein hierzu *Ditz* in: Schönfeld/Ditz, DBA, 2013, Art. 9 Rz. 108; *Greinert* in: Wassermeyer/Baumhoff, Verrechnungspreise, 2014, Rz. 6.585 f.; *Jacobs*, Internationale Unternehmensbesteuerung, 2016, S. 733; *Nestler*, BB 2013, S. 2028; *Baumhoff/Greinert*, Ubg 2009, S. 547 f.

518 Beispielsweise wird nach § 1 Abs. 3a S. 6 AStG der Mittelwert im Einigungsbereich angesetzt, soweit ein anderer Wert nicht glaubhaft gemacht werden kann. Die pauschale hälftige Aufteilung erscheint jedoch nicht sachgerecht, da sie impliziert, dass sowohl Lizenzgeber als auch Lizenznehmer stets dasselbe Risiko tragen.

519 Vgl. *Finsterwalder*, IStR 2006, S. 359; *Engler/Gotsis* in: Vögele et al., Verrechnungspreise, 2015, Kap. O Rz. 628; *Jacobs*, Internationale Unternehmensbesteuerung, 2016, S. 733; *Greinert* in: Wassermeyer/Baumhoff, Verrechnungspreise, 2014, Rz. 6.585; *Nestler*, BB 2008, S. 2004.

Lizenznehmer. Dies ist insofern gerechtfertigt, als der Lizenznehmer weitreichendere Aktivitäten und höhere wirtschaftliche Risiken übernimmt.[520] Die 25 %-Rule ist besonders in den USA verbreitet. Sie stellt eine Formel dar, wonach 25 % des vorkalkulierten Gewinns dem Lizenzgeber zusteht[521] und setzt gegenüber der Knoppe-Formel an einer etwas niedrigeren Marge an. Indessen unterstellen beide Bewertungsregeln, dass es sich bei dem Lizenznehmer nicht um ein Routineunternehmen handelt, dem lediglich geringe wirtschaftliche Risiken zufallen.

Die Umsetzung der Knoppe-Formel und der 25 %-Rule erfolgt regelmäßig insofern, als die erwartete Ergebnisgröße in eine umsatzabhängige Lizenz umgerechnet wird.[522] Allerdings sind die Methoden vornehmlich als Richtmaß, statt als genaue Aufteilungsregeln zu betrachten. Dies beruht darauf, dass die Bewertungsregeln branchenindividuelle Besonderheiten und unvorhersehbare Faktoren in keiner Weise berücksichtigen.[523] Vielmehr sind sie das Ergebnis aus teilweise bereits aus den 1970er Jahren stammenden Erhebungen von Unternehmen unterschiedlicher Branchen. Demnach ist es von großer Bedeutung, die Anwendung der Aufteilungsregeln im konkreten Einzelfall über eine Funktions- und Risikoanalyse zu prüfen und etwaige Anpassungen hinsichtlich ihres Wertschöpfungsbeitrags vorzunehmen.[524] Aufgrund dessen, dass sich die pauschalen Aufteilungsmaßstäbe allenfalls als Richtmaß eignen, wird im Folgenden nicht weiter auf diese Methoden eingegangen.

3.3.3.2.2.2 Mehrgewinnmethode

Bei der Mehrgewinnmethode handelt es sich um ein kapitalwertorientiertes Bewertungsverfahren, das auf einer betriebswirtschaftlich begründbaren Aufteilung des Gesamtgewinns aus einer Transaktion basiert.[525] Im Einzelnen wird

---

520 Vgl. *Nestler*, BB 2013, S. 2028; *Greinert* in: Wassermeyer/Baumhoff, Verrechnungspreise, 2014, Rz. 6.585.

521 Vgl. *Greinert* in: Wassermeyer/Baumhoff, Verrechnungspreise, 2014, Rz. 6.586.

522 Dies hat praktische Gründe. So sind Umsätze eindeutiger messbar und weniger verzerrt als Ergebnisgrößen. Vgl. *Nestler*, BB 2013, S. 2027.

523 So auch *Engler/Gotsis* in: Vögele et al., Verrechnungspreise, 2015, Kap. O Rz. 632 f.; *Nestler*, BB 2013, S. 2028; *Jacobs*, Internationale Unternehmensbesteuerung, 2016, S. 733; *Ditz*, IStR 2009, S. 423. Nicht zuletzt deshalb wird die Anwendung dieser pauschalen Gewinnaufteilungsregeln kritisch gesehen. So auch *Dürrfeld/Wingendorf*, IStR 2005, S. 467; *Jacobs*, Internationale Unternehmensbesteuerung, 2016, S. 733; *Finsterwalder*, IStR 2006, S. 359; *Hellebrand*, GRUR 2001, S. 678 ff.

524 So auch *Nestler*, BB 2013, S. 2028 f.; *Finsterwalder*, IStR 2006, S. 359.

525 Vgl. *Greinert* in: Wassermeyer/Baumhoff, Verrechnungspreise, 2014, Rz. 6.587.

ermittelt, welcher Mehrgewinn in Form von Kosteneinsparungen oder zusätzlichen Umsatzerlösen mithilfe des betreffenden geistigen Eigentums generiert wird.[526] So lassen sich höhere Preise vielfach auf erfolgreiche Produktmarken[527] oder außergewöhnliche Patente zurückführen, sodass sie dem betreffenden geistigen Eigentum zuzuordnen und entsprechend bei der Verrechnungspreisermittlung zu berücksichtigen sind.[528] Demnach ist die Mehrgewinnmethode mit einem entsprechend geringeren unternehmerischen Risiko des Lizenznehmers verbunden, da das Entgelt nur im Erfolgsfall zu zahlen ist.[529]

Die praktische Anwendung der Mehrgewinnmethode wird regelmäßig durch die Notwendigkeit erschwert, auf fremdvergleichskonforme Vergleichsunternehmen zurückzugreifen. Während sich beispielsweise Gewinnsteigerungen aufgrund von technologiebasierten Effizienzsteigerungen und Kostenersparnissen oder durch das Preispremium für ein Markenprodukt leicht ermitteln lassen, ist der Vorteil eines zur Herstellung des betreffenden Produktes notwendigen Patents in Ermangelung geeigneter Vergleichswerte häufig nur schwer zu beziffern.[530] Dies führt dazu, dass eine verlässliche Bestimmung des zusätzlichen Gewinns anhand der Mehrgewinnmethode in vielen Fällen nicht möglich ist und insoweit die anderen Bewertungsmethoden der Mehrgewinnmethode vorzuziehen sind.[531] Demnach wird im Folgenden nicht weiter auf diese Methode eingegangen.

3.3.3.2.2.3 Beitragsanalyse

Die Beitragsanalyse stellt eine von der OECD vertretene Methode zur Gewinnaufteilung dar.[532] Bei dieser Methode wird der aus einer Geschäftsbeziehung resultierende Gewinn zwischen den beteiligten Transaktionspartnern anhand ihres zuvor analysierten Wertschöpfungsbeitrags zur

526 Ebd.; *Jacobs*, Internationale Unternehmensbesteuerung, 2016, S. 740; *Erb et al.* in: Driesch et al., IFRS-Handbuch, 2016, § 27 Rn. 56.

527 Im Unterschied zu Produktmarken ist die Mehrgewinnmethode für Dach- und Unternehmensmarken nur eingeschränkt anwendbar. Vgl. *Engler/Kachur* in: Vögele et al., Verrechnungspreise, 2015, Kap. O Rz. 413.

528 So auch *Situm et al.*, WPg 2017, S. 646; *Greinert* in: Wassermeyer/Baumhoff, Verrechnungspreise, 2014, Rz. 6.587.

529 Vgl. *Schmitt*, IStR 2017, S. 315.

530 Vgl. *Engler/Kachur* in: Vögele et al., Verrechnungspreise, 2015, Kap. O Rz. 413 f.

531 Vgl. *Engler/Kachur* in: Vögele et al., Verrechnungspreise, 2015, Kap. O Rz. 414.

532 Vgl. *OECD*, Verrechnungspreisleitlinien, 2017, Tz. 2.150 f.

Geschäftsbeziehung – unter Berücksichtigung des Kapitaleinsatzes und der Risiken – aufgeteilt.[533] Die Analyse des Wertschöpfungsbeitrags aller Beteiligten erfolgt bevorzugt anhand von externen Fremdvergleichsdaten, die beispielsweise mithilfe einer Datenbankanalyse generiert werden.[534] Soweit entsprechende Fremdvergleichsdaten nicht in ausreichendem Umfang vorhanden sind, kann die Analyse alternativ auf interne Daten gestützt werden, um die als fremdüblich erachtete Gewinnaufteilung zu bestimmen.[535] Zur Festlegung der Art und des Umfangs der geleisteten Beiträge sind ein Vergleich der getätigten Entwicklungsausgaben, des investierten Kapitals, der verwendeten Werte oder vergleichbarer Aufteilungsschlüssel der Konzernmitglieder denkbar.[536] Zur Gewinnaufteilung kann sowohl der Nettogewinn als auch Bruttogewinn herangezogen werden.[537] In der Praxis findet die Beitragsanalyse bislang vorwiegend im Rahmen von Joint Ventures und gemeinsamen Entwicklungsprojekten Anwendung, bei denen die Beteiligten spezielle Wertbeiträge zur Schaffung von geistigem Eigentum leisten.[538]

Die OECD ist sich indessen bewusst, dass es mitunter sehr schwierig ist, die relativen Wertschöpfungsbeiträge der beteiligten Konzernmitglieder zu bestimmen.[539] An diesem Punkt könnte jedoch das DEMPE-Funktionskonzept ansetzen und die Beitragsanalyse unterstützen, wenngleich es lediglich zur Gewinnaufteilung im Zusammenhang mit geistigem Eigentum vorgesehen ist. Das durch das Stage-Gate-Modell oder die RACI-Analyse umsetzbare DEMPE-Funktionskonzept kann schließlich als Basis zur Umsetzung einer Beitragsanalyse sowie zur Rechtfertigung der Gewinnaufteilung anhand der Beitragsanalyse dienen. Die Einbindung des DEMPE-Funktionskonzepts in die Gewinnaufteilung nach dem „Substance-over-Form-Ansatz" über die Beitragsanalyse ist der folgenden Abbildung zu entnehmen:

---

533 Vgl. *Eigelshoven* in: Vogel/Lehner, DBA, 2021, Art. 9 Rn. 88; *Vögele et al.* in: Vögele et al., Verrechnungspreise, 2020, Kap. C Rz. 506.

534 Vgl. *Vögele et al.* in: Vögele et al., Verrechnungspreise, 2020, Kap. C Rz. 506, 509; *Kraft* in: Kraft, AStG, 2019, § 1 Rz. 241.

535 Vgl. *OECD*, Verrechnungspreisleitlinien, 2017, Tz. 2.150; *Vögele et al.* in: Vögele et al., Verrechnungspreise, 2020, Kap. C Rz. 506.

536 Vgl. *OECD*, Verrechnungspreisleitlinien, 2017, Tz. 2.150; *Jacobs*, Internationale Unternehmensbesteuerung, 2016, S. 583.

537 Vgl. *Vögele et al.* in: Vögele et al., Verrechnungspreise, 2020, Kap. C Rz. 506.

538 Vgl. *Vögele et al.* in: Vögele et al., Verrechnungspreise, 2020, Kap. C Rz. 507.

539 Vgl. *OECD*, Verrechnungspreisleitlinien, 2017, Tz. 2.151.

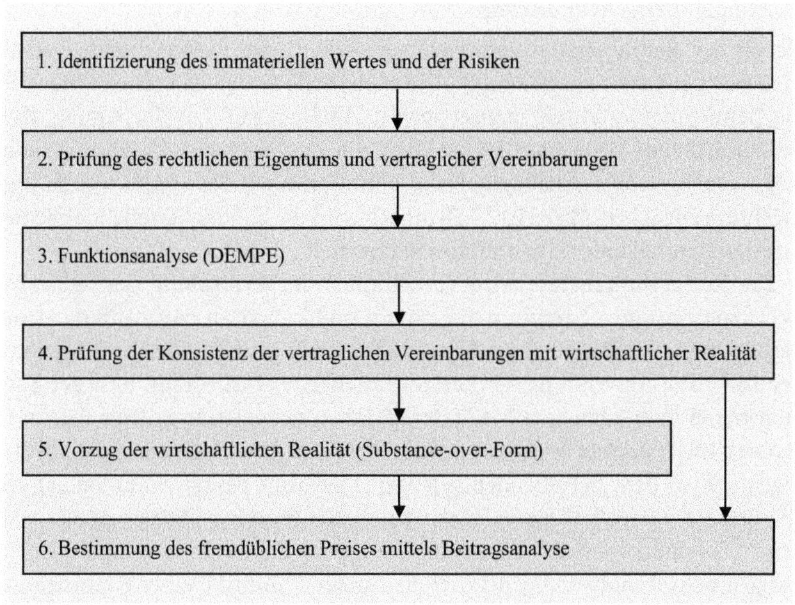

Abbildung 6: Prüfungsschritte zur Umsetzung des „Substance-over-Form-Ansatzes“[540]

Die Beitragsanalyse kann jedoch auch an ihre Grenzen stoßen. So kann es eine große Herausforderung darstellen geistigem Eigentum, das bereits vor längerer Zeit von einem Beteiligten entwickelt worden ist und nun zur gemeinsamen Weiterentwicklung dieser immateriellen Werte oder zur Entwicklung völlig neuer Werte eingebracht wird, einen Wert beizumessen.[541] Demzufolge dürfte die Beitragsanalyse dem Fremdvergleichsgrundsatz insbesondere in den Fällen nicht entsprechen, in denen den beteiligten Konzernunternehmen bessere Alternativen zur Gewinnaufteilung zur Verfügung stehen.[542]

---

540 In Anlehnung an *Hug*, Expert Focus 2019, S. 590 f.

541 Vgl. *Vögele et al.* in: Vögele et al., Verrechnungspreise, 2020, Kap. C Rz. 508.

542 So auch *Jacobs*, Internationale Unternehmensbesteuerung, 2016, S. 583.

3.3.3.2.2.4 Restgewinnanalyse

Neben der Beitragsanalyse empfiehlt die OECD die Restgewinnanalyse als Methode zur Gewinnaufteilung.[543] Diese Methode ist den kapitalwertorientierten Bewertungsverfahren zuzurechnen und basiert auf der Überlegung, dass der verbleibende Wert einer Transaktion, d.h. der Wert nach Vergütung sämtlicher sonstigen Wirtschaftsgüter und Funktionen auf das eingesetzte geistige Eigentum zurückzuführen ist.[544] Demnach wird der auf das betreffende geistige Eigentum entfallende Gewinn indirekt ermittelt.

Die Restgewinnanalyse wird vornehmlich zur Ermittlung des Substanzwerts von geistigem Eigentum angewandt und knüpft an den Zahlungsstrom des Geschäftsvorfalls an, dem das zu bewertende geistige Eigentum zuzuordnen ist.[545] Die Anwendung der Restgewinnanalyse setzt voraus, dass der Zahlungsstrom in erheblichem Maße durch das zu bewertende geistige Eigentum geprägt ist.[546] Zudem wird unterstellt, dass der Unternehmer lediglich das Eigentum an dem betreffenden geistigen Eigentum besitzt, während sämtliche übrigen Wirtschaftsgüter fiktiv von einem fremden Dritten geleast werden.[547] So sind von dem transaktionsbezogenen Zahlungsstrom zunächst die übrigen betriebsnotwendigen Wirtschaftsgüter[548] mithilfe einer Amortisation der Anschaffungsauszahlung sowie einer risikoadäquaten Verzinsung auf das gebundene Kapital in Abzug zu bringen.[549] Danach wird der verbleibende Wert zu einem Barwert diskontiert und um den abschreibungsbedingten Steuervorteil[550] erhöht.[551] Die Summe stellt schließlich den typisierten Wert des betreffenden geistigen Eigentums dar.[552]

---

543 Vgl. *OECD*, Verrechnungspreisleitlinien, 2017, Tz. 2.152 f.

544 So auch *Greinert* in: Wassermeyer/Baumhoff, Verrechnungspreise, 2014, Rz. 6.588.

545 Vgl. *Dörschell et al.*, WPg 2010, S. 981.

546 Ebd.; *Erb et al.* in: Driesch et al., IFRS-Handbuch, 2016, § 27 Rn. 55; *Greinert* in: Wassermeyer/Baumhoff, Verrechnungspreise, 2014, Rz. 6.588; *Beermann*, BB 2017, S. 1434.

547 Vgl. *Castedello et al.*, WPg 2006, S. 1032; *Erb et al.* in: Driesch et al., IFRS-Handbuch, 2016, § 27 Rn. 53.

548 Nicht betriebsnotwendige Wirtschaftsgüter werden hingegen nicht berücksichtigt. Vgl. *Dörschell et al.*, WPg 2010, S. 981.

549 Vgl. *Erb et al.* in: Driesch et al., IFRS-Handbuch, 2016, § 27 Rn. 53 f.; *Castedello et al.*, WPg 2006, S. 1032.

550 Auch als Tax Amortisation Benefit bezeichnet.

551 Vgl. *Dörschell et al.*, WPg 2010, S. 981.

552 Allgemein zur Berechnung des Residualwerts siehe *Dörschell et al.*, WPg 2010, S. 981 ff.

Für steuerrechtliche Zwecke wird der Residualwert hingegen häufig insofern ermittelt, als auf die Vergütung ganzer Funktionen, insbesondere Routinefunktionen im Zusammenhang mit dem untersuchten Geschäftsvorfall, statt der Vergütung einzelner Wirtschaftsgüter abgestellt wird.[553] Zudem wird sich auf die laufende Zahlungsreihe des betreffenden Jahres beschränkt, statt einen Gesamtwert für das geistige Eigentum zu bestimmen.[554] Dabei werden zur Ermittlung der aufzuteilenden Gewinngröße in einem zweistufigen Verfahren zunächst die Routinefunktionen der betreffenden Konzernunternehmen vergütet, um in einem zweiten Schritt den verbleibenden Residualgewinn aufteilen zu können.[555] Diesbezüglich besteht die Möglichkeit, entweder den Nettogewinn oder den Bruttogewinn zur Gewinnaufteilung heranzuziehen.[556] Als Gewinnaufteilungsschlüssel wird zumeist auf das Vermögen, die Kosten oder die Umsatzerlöse zurückgegriffen.[557] Die Umsatzerlöse eignen sich dabei als besonders guter Aufteilungsmaßstab, da der Wert des geistigen Eigentums die Zahlungsbereitschaft der Kunden beeinflusst, die sich wiederum auf die erzielten Umsätze auswirkt. Werden hingegen mehrere Aufteilungsschlüssel gemeinsam verwendet, so ist eine entsprechende Gewichtung vorzunehmen.[558] Zudem kann die Gewinnaufteilung durch das DEMPE-Funktionskonzept unterstützt werden, um eine wertschöpfungsbasierte Gewinnaufteilung zu

---

553 Vgl. *Greinert* in: Wassermeyer/Baumhoff, Verrechnungspreise, 2014, Rz. 6.589; *Becker* in: Haase, AStG/DBA, 2016, Art. 9 Rz. 56.

554 Vgl. *Beermann*, BB 2017, S. 1434.

555 Vgl. *Kraft* in: Kraft, AStG, 2019, § 1 Rz. 242; *Becker* in: Haase, AStG/DBA, 2016, Art. 9 Rz. 56; *Rasch* in: Gosch et al., DBA, 2019, Art. 9 Rn. 112; *Finsterwalder*, IStR 2006, S. 358; *Ditz* in: Schönfeld/Ditz, DBA, 2013, Art. 9 Rz. 81; *Becker* in: Haase, AStG/DBA, 2016, Art. 9 Rz. 56; Eigelshoven/Nientimp, DB 2005, S. 1186; *OECD*, Verrechnungspreisleitlinien, 2017, Tz. 2.152; *Schwarz/Stein*, Verrechnungspreise, 2018, S. 88. Die umgekehrte Vorgehensweise, zunächst das geistige Eigentum zu vergüten und anschließend die Routinetätigkeiten aufzuteilen, erscheint indessen nicht sinnvoll. So stellt gerade das geistige Eigentum aufgrund seiner Einzigartigkeit einen wertmäßig kaum bestimmbaren Vermögenswert dar.

556 Vgl. *Vögele et al.* in: Vögele et al., Verrechnungspreise, 2020, Kap. C Rz. 511.

557 Insoweit ähnelt die Restgewinnanalyse der Beitragsmethode, wonach der Gesamtgewinn aus einem Geschäftsvorfall zwischen den Konzernunternehmen im Verhältnis ihrer Leistungsbeiträge aufgeteilt wird. Die Beitragsmethode wird zugleich von der OECD als eine begründete Methode zur Gewinnaufteilung angesehen. Vgl. *OECD*, Verrechnungspreisleitlinien, 2017, Tz. 2.150 f.

558 Vgl. *OECD*, Verrechnungspreisleitlinien, 2017, Tz. 2.169.

erreichen. Insofern ähnelt die Gewinnaufteilung des Residualgewinns der Aufteilung nach der Beitragsanalyse.[559]

Bei Anwendung der Restgewinnanalyse ist allerdings Vorsicht geboten. So ist im konkreten Einzelfall zu klären, ob tatsächlich der gesamte Residualgewinn auf das geistige Eigentum entfällt oder zugleich andere Faktoren in den Residualgewinn einfließen, wie etwa Marktbedingungen, Standortvorteile, Synergien oder Ineffizienzen.[560] Diese Faktoren wären vom Residualgewinn in Abzug zu bringen, um eine angemessene Lizenzgebühr zu erhalten. Demzufolge ist der Anwendung der Restgewinnanalyse eine ausführliche Funktions- und Risikoanalyse, verbunden mit einer Gesamtwertschöpfungsanalyse voranzustellen.[561] Somit ist der Residualgewinn in folgender Weise zu ermitteln:

  Gesamtgewinn der Transaktion
– Vergütung der (Routine-)Funktionen
+/– sonstige Faktoren[562]

= Residualgewinn

Die deutsche Finanzverwaltung beharrt regelmäßig darauf, dass der Lizenzgeber an den Marktbedingungen, Standortvorteilen, Synergien oder Ineffizienzen zur Hälfte partizipiert. Allerdings erscheint in Anlehnung an die Knoppe-Formel allenfalls eine Beteiligung i.H.v. 25 % bis $33^1/_3$ % gerechtfertigt. Ferner ist bei der Bewertung von mehreren Transaktionen die Mehrfachbewertung des betreffenden geistigen Eigentums zu vermeiden.[563] Ein Beispiel zur Gewinnaufteilung nach der Restgewinnanalyse ist der folgenden Tabelle zu entnehmen:[564]

559 Vgl. *OECD*, Verrechnungspreisleitlinien, 2017, Tz. 2.152.

560 Vgl. *Greinert* in: Wassermeyer/Baumhoff, Verrechnungspreise, 2014, Rz. 6.588. So würde ein fremder Dritter seinen Standortvorteil nicht komplett an den Lizenzgeber abtreten. Demnach wäre zur Bewertung des geistigen Eigentums eine Korrektur des Residualgewinns erforderlich. So auch *Finsterwalder*, IStR 2006, S. 358.

561 So auch *Greinert* in: Wassermeyer/Baumhoff, Verrechnungspreise, 2014, Rz. 6.588.

562 Hierzu zählen Marktbedingungen, Standortvorteile oder Standortnachteile, Synergien etc. Vgl. *Greinert* in: Wassermeyer/Baumhoff, Verrechnungspreise, 2014, Rz. 6.588.

563 Vgl. *Dörschell et al.*, WPg 2010, S. 981.

564 Allgemein hierzu *OECD*, Verrechnungspreisleitlinien, 2017, Kap. II Anh. 2.

Tabelle 8: Anwendungsbeispiel zur Restgewinnanalyse

Schritt 1: Ermittlung des operativen Gewinns vor Aufteilung (in GE)			
	Unternehmen A	**Unternehmen B**	**Summe**
Umsatzerlöse	800	2.400	3.200
Einkauf	-300	-700	-1.000
Produktion	-200	-500	-700
Bruttogewinn	**300**	**1.200**	**1.500**
Vertriebskosten	-100	-300	-400
Entwicklungskosten	-100	-100	-200
Verwaltungskosten	-200	-300	-500
operativer Gewinn (vor Aufteilung)	**-100**	**500**	**400**

Schritt 2: Verursachungsgerechte Zuordnung der Lizenzgebühr (in GE)			
	Unternehmen A	**Unternehmen B**	**Summe**
1. Stufe: Ermittlung Residualgewinn	-100	500	400
Routinefunktionen (Kosten + 5 %)	-45	-95	-140
Residualgewinn	**-145**	**405**	**260**
2. Stufe: Zuordnung Lizenzgebühr			
Residualgewinn (anhand der Umsätze)	65	195	260
sonstige Faktoren (25 %)[565]	-53[566]	53[567]	0
Lizenzgebühr (Zuordnung)	**12**	**248**	**260**

565 Die Vergütung der sonstigen Faktoren ist umstritten, wird aber zur Veranschaulichung durchgeführt. Der Wert der sonstigen Faktoren lässt sich durch den Differenzbetrag aus dem operativen Gewinn/Verlust und den individuellen Vergütungen für die Routinefunktionen und der Lizenz bestimmen. Dabei sind in Anlehnung an die Knoppe-Formel 25 % der sonstigen Faktoren des betreffenden Unternehmens (z.B. Standortnachteil) der Lizenzgebühr zur Gewinnaufteilung hinzuzurechnen.

566 Berechnung: $25\% * (-100\,GE - 45\,GE - 65\,GE) = -53\,GE$.

567 Berechnung: $25\% * (500\,GE - 95\,GE - 195\,GE) = 53\,GE$.

Schritt 3: Ermittlung des operativen Gewinns nach Aufteilung (in GE)			
	Unternehmen A	Unternehmen B	Summe
	-100	500	400
Lizenzgebühr A (Aufteilung nach angefallenen Entwicklungskosten)[568]	-6	6	0
Lizenzgebühr B (Aufteilung nach angefallenen Entwicklungskosten)[569]	124	-124	0
operativer Gewinn (nach Aufteilung)	**18**	**382**	**400**

Ein weiterer von der OECD vorgeschlagener Ansatz zur Gewinnaufteilung besteht in der Ermittlung eines fremdvergleichskonformen Einigungsbereichs. Dabei wird entsprechend einer Kaufverhandlung ein Einigungsbereich auf Basis des vom Verkäufer mindestens akzeptierten Verkaufspreises als Untergrenze und des vom Käufer höchstens akzeptierten Kaufpreises als Obergrenze ermittelt. Der daraus resultierende Betrag ist schließlich verursachungsgerecht und risikoadjustiert auf die beteiligten Konzernunternehmen aufzuteilen.[570]

3.3.3.3 Sonstige Methoden

Als weitere Gewinnaufteilungsmethode existiert die Gewinnvergleichsmethode.[571] Dabei lehnt sich die Gewinnvergleichsmethode in ihrer Anwendung stark an die geschäftsvorfallbezogene Nettomargenmethode an.[572] So stellen beide Methoden auf eine Gewinngröße ab, die mit einer zuvor definierten Bezugsbasis ins Verhältnis gesetzt wird. Der entscheidende Unterschied zwischen den Methoden besteht allerdings darin, dass die Gewinnvergleichsmethode nicht an der Geschäftsvorfallbezogenheit ansetzt, sondern eine Aggregation der einzelnen Transaktionen vorsieht.[573] Die Gewinnvergleichsmethode

568 Im Einklang mit dem Anteil der übernommenen Entwicklungskosten (50 %) sind $12GE * 50\% = 6GE$ der auf Unternehmen A entfallenden Lizenzgebühr (Zuordnung) dem Unternehmen B zuzurechnen.

569 Im Einklang mit dem Anteil der übernommenen Entwicklungskosten (50 %) sind $248GE * 50\% = 124GE$ der auf Unternehmen B entfallenden Lizenzgebühr (Zuordnung) dem Unternehmen A zuzurechnen.

570 Vgl. *Vögele et al.* in: Vögele et al., Verrechnungspreise, 2020, Kap. C Rz. 514; *OECD*, Verrechnungspreisleitlinien, 2017, Tz. 2.153.

571 Auch als Comparable Profit Method bezeichnet (CPM).

572 Vgl. *Greinert* in: Wassermeyer/Baumhoff, Verrechnungspreise, 2014, Rz. 5.136.

573 Ebd.

ist vorwiegend in den USA verbreitet.[574] Die deutsche Finanzverwaltung akzeptiert die Methode in Übereinstimmung mit der OECD, wenn sie unter den Umständen des Einzelfalls angemessen erscheint und dem Fremdvergleich genügt.[575] Für die Verrechnung von geistigem Eigentum ist die Gewinnvergleichsmethode aufgrund ihrer Anlehnung an die geschäftsvorfallbezogene Nettomargenmethode und der fehlenden Geschäftsvorfallbezogenheit dennoch nicht relevant.

Von der Gewinnvergleichsmethode abzugrenzen ist die globale Gewinnaufteilungsmethode. Diese Methode der Gewinnaufteilung beinhaltet, dass der gesamte konsolidierte Konzerngewinn anhand eines bestimmten Aufteilungsschlüssels auf die einzelnen Konzerngesellschaften aufgeteilt wird.[576] Die globale Gewinnaufteilungsmethode wird jedoch von sämtlichen Mitgliedsstaaten der OECD abgelehnt, da sie nicht mit dem Fremdvergleichsgrundsatz vereinbar ist.[577] Aufgrund ihrer geringen praktischen Bedeutung wird im Folgenden nicht weiter auf die Gewinnvergleichsmethode und die globale Gewinnaufteilungsmethode eingegangen.

3.3.4 Verrechnung in Verlustfällen

Sowohl in der Literatur als auch in der Praxis ist sehr umstritten, inwieweit die Zahlung einer Lizenzgebühr für die Nutzung von geistigem Eigentum auch in Verlustfällen des Lizenznehmers zu erfolgen hat. So wird häufig die Auffassung vertreten, dass ein fremder Dritter die Lizenzgebühr allenfalls über einen kurzen Zeitraum von etwa 3 Jahren zahlen und, falls keine Besserung der Ertragssituation eintritt, vom Lizenzgeber eine Anpassung verlangen würde.[578] Somit wären die Methoden zur Verrechnungspreisermittlung im Verlustfall nicht mehr anwendbar. Allerdings gibt der wirtschaftliche Misserfolg allein dem Lizenznehmer noch kein Recht auf eine Anpassung der Lizenzgebühr.[579] Demnach trägt der Lizenznehmer im Normalfall das Risiko der Verwertbarkeit der Lizenz.[580]

---

574 Vgl. *Eigelshoven* in: Vogel/Lehner, DBA, 2021, Art. 9 Rn. 81a.

575 Insoweit empfiehlt die OECD allerdings zu dokumentieren, mit welcher Begründung die Anwendung einer der allgemeinhin gebräuchlichen klassischen oder gewinnorientierten Methoden ausscheidet. Vgl. BMF-Schreiben vom 14.07.2021, BStBl. I 2021, S. 1098 Tz. 3.9; *OECD*, Verrechnungspreisleitlinien, 2017, Tz. 2.9.

576 Vgl. *Baumhoff* in: Wassermeyer/Baumhoff, Verrechnungspreise, 2014, Rz. 5.3.

577 Vgl. *OECD*, Verrechnungspreisleitlinien, 2017, Tz. 1.21.

578 Vgl. *Böcker*, StBp 1991, S. 80.

579 Vgl. BGH, Urteil vom 15.03.1973, KZR 11/72, GRUR 1974, S. 40.

580 Vgl. *Böcker*, StBp 1991, S. 81.

Es ist jedoch unter fremden Dritten üblich, eine begrenzte Laufzeit für die Überlassung der Lizenz oder ein zeitnahes Kündigungsrecht im entsprechenden Pachtvertrag zu vereinbaren.[581] Dieses Vorgehen erscheint marktgerecht und zugleich fremdüblich, da eine Lizenz für den Lizenznehmer wertlos wird, soweit er durch die Lizenzzahlung einen Verlust erwirtschaftet und in absehbarer Zeit keine wirtschaftliche Besserung erwarten kann. Zugleich würde sich ein gewissenhafter Geschäftsmann über einen längeren Zeitraum hinweg nicht zur Zahlung einer Lizenzgebühr für eine risikobehaftete Lizenz verpflichten. Die Beurteilung der Werthaltigkeit einer Lizenz ist indessen für jeden Unternehmer gesondert zu treffen. So ist es denkbar, dass die Lizenz für einen Unternehmer, der durchgehend Verluste erzielt, wertlos ist, aber für einen anderen Unternehmer, der mithilfe der Lizenz Gewinne erwirtschaftet, einen vergütungswürdigen Wert aufweist.

Den Ausführungen ist zu entnehmen, dass eine Lizenz, die eine Konzerngesellschaft einem verbundenen Unternehmen überlässt, für den Lizenznehmer insofern nicht werthaltig ist, als er durch die Lizenzzahlung einen Verlust erwirtschaftet und diesbezüglich in absehbarer Zeit keine Besserung zu erwarten ist. Ohnehin ist davon auszugehen, dass ein Konzern die Anhäufung von Verlusten bei einer Konzerngesellschaft über mehrere Jahre hinweg nur aus strategischen Konzerninteressen dulden würde. Dies wäre jedoch nicht mit dem rationalen wirtschaftlichen Handeln eines unabhängigen Unternehmens vergleichbar. Demnach wäre die Zahlung einer Lizenzvergütung durch ein Konzernunternehmen unter gleichzeitiger Erzielung von Verlusten über mehrere Jahre hinweg nicht fremdvergleichskonform.

Demzufolge erscheint es angemessen, eine Anpassung der Lizenzgebühr vorzunehmen, soweit sie für den Verlust des Lizenznehmers ursächlich ist. Dies lässt sich ohne weiteres in einem Pachtvertrag, der die Lizenzüberlassung regelt, vereinbaren. Darüber hinaus kann ein Pachtvertrag insofern ausgestaltet sein, als eine jährliche Überprüfung der Lizenzgebühr und bei Bedarf eine Lizenzanpassung für die Zukunft zu erfolgen hat. Diese Vorgehensweise deckt sich zugleich mit der originären Anwendung der geschäftsvorfallbezogenen Gewinnaufteilungsmethode, da die dort vorgesehene Gewinnaufteilung ebenfalls jährlich zu überprüfen ist. Indessen erscheint es legitim, auf eine Lizenzgebühr im Ganzen zu verzichten und den Lizenznehmer aus der Gewinnaufteilung auszunehmen, soweit er sogar ohne Berücksichtigung der

581 Andernfalls wäre eine Übertragung der Lizenz in Form eines Leasings im Betracht zu ziehen.

Lizenzgebühr einen Verlust erwirtschaftet. Insoweit erzielt der Lizenznehmer schlichtweg keinen Gewinn, der unter den beteiligten Konzernunternehmen aufteilbar wäre. Die Einbeziehung eines Lizenznehmers, der längerfristig operative Verluste erwirtschaftet, in die Gewinnaufteilung erscheint hingegen weitaus weniger mit dem Fremdvergleichsgrundsatz vereinbar.

3.4 Verprobung des Verrechnungspreises

3.4.1 Datenbankanalyse

Die Ergebnisse aus der Ermittlung eines Verrechnungspreises für die Nutzung von geistigem Eigentum lassen sich bevorzugt durch eine Datenbankanalyse verproben. Dies erfolgt insofern, als die Gewinne der beteiligten Unternehmen nach der Lizenzierung des geistigen Eigentums mit den Gewinnen von vergleichbaren Unternehmen, die aus einer Datenbank erhältlich sind, verglichen werden. Ein unmittelbarer Lizenzvergleich ist indessen nicht beabsichtigt, da sich unter diesen Umständen wiederum die Preisvergleichsmethode anwenden ließe. Ein derartiger unmittelbarer Lizenzvergleich erscheint ohnehin mangels geeigneter Datengrundlage kaum möglich.[582]

Der Fremdvergleich auf Basis der Datenbankanalyse sollte lediglich ergänzend zu der Gewinnaufteilung anhand einer der einschlägigen Verrechnungspreismethoden erfolgen und als bloße Plausibilisierung dienen. Keinesfalls sollte sie als eigenständige Methode herangezogen werden. Dies ist darauf zurückzuführen, dass eine Datenbankanalyse, trotz Filterung der Ergebnisse im Hinblick auf Land, Unternehmenssparte, Produkt, Geschäftsumfeld etc., regelmäßig keinen – vereinzelt nicht einmal einen eingeschränkten – Fremdvergleich zulässt. Dies zeigt sich bereits daran, dass die Auswertungen in zahlreichen Datenbankanalysen eine Umsatzrendite mit einer Bandbreite von ≤10 % innerhalb des 25 %-Quantils und des 75 %-Quantils aufweisen. Zugleich wird die Grundgesamtheit häufig mangels geeigneter Anzahl an Vergleichsunternehmen notwendigerweise auf unter 30 Unternehmen heruntergebrochen. Eine Aussagekraft der Datenbankanalyse lässt sich demnach allenfalls durch eine weiterführende Analyse der Ergebnisse herstellen. Dennoch ist die Datenbankanalyse zur Plausibilisierung der Ergebnisse aus der Berechnung einer Lizenzgebühr mithilfe der geschäftsvorfallbezogenen Gewinnaufteilungsmethode hervorragend einsetzbar. Demnach erscheint die zuvor berechnete Lizenzgebühr plausibel, wenn sie sich innerhalb der Bandbreite des

582 Vgl. *Becker* in: Haase, AStG/DBA, 2016, Art. 9 Rz. 52.

25 %-Quantils und des 75 %-Quantils befindet. Eine weitergehende Analyse der Datenbankergebnisse ist zur Plausibilisierung nicht erforderlich.[583]

Es ist jedoch zu beachten, dass im Rahmen einer Datenbankanalyse nur die Unternehmen aus der Datenbank herausgefiltert werden, die ausschließlich Umsatzerlöse gegenüber fremden Dritten erzielen. Demnach sind die Unternehmensgewinne aus der Datenbankanalyse ausschließlich mit den Gewinnen der betreffenden Konzerngesellschaft, die aus externen Umsätzen resultieren, zu vergleichen. Dies liegt darin begründet, dass ein Konzernunternehmen zur Erzielung interner Umsätze häufig weniger und zugleich geringer zu vergütende Funktionen und Risiken übernimmt als zur Generierung externer Umsätze. Dabei unterscheidet sich die angemessene Vergütung für interne Umsätze von Gesellschaft zu Gesellschaft enorm. Demnach sind die Gewinne aus internen Umsätzen einerseits nicht miteinander vergleichbar. Andererseits lassen sich aus ihnen auch keine Rückschlüsse auf die Gewinne aus externen Umsätzen ziehen. Ein Vergleich der Unternehmensgewinne aus externen Umsätzen ist jedoch ohnehin völlig ausreichend, da die Nutzungsgebühr für Lizenzen, die für interne Umsätze genutzt werden, in derselben Höhe zu verrechnen und gleichzeitig in die Ermittlung des Verrechnungspreises für die internen Umsätze einzubeziehen ist.

3.4.2 Unternehmenswert

Zur Verprobung eines Verrechnungspreises für die Nutzung von geistigem Eigentum ist es denkbar, neben der Datenbankanalyse auch den Unternehmenswert heranzuziehen. So liegt es nahe, die Verprobung mithilfe des Substanz- oder Ertragswerts eines Unternehmens vorzunehmen. Dabei ist der Substanzwert der Gebrauchswert einer betrieblichen Substanz, der sich nach den Rekonstruktions- oder Wiederbeschaffungskosten aller in einem Unternehmen vorhandenen materiellen und immateriellen Werte berechnet.[584] Der Ertragswert bestimmt sich indessen aus den auf den Bewertungsstichtag abgezinsten zukünftigen Reingewinnen eines Unternehmens.[585] Dies erscheint insbesondere zur Verprobung der Vergütung einer Markenlizenz sinnvoll zu sein.

583 Nach Ansicht des BFH ist zur Anwendung der Preisvergleichsmethode sogar ausreichend, wenn sich die Konzerngesellschaft an den für das Unternehmen günstigsten Bandbreitenwert orientiert. Vgl. BFH, Urteil vom 17.10.2001, I R 103/00, BStBl. II 2004, S. 171.

584 Vgl. *Reichert/Weller* in: Fleischer/Goette, MüKo GmbHG, 2018, § 14 Rn. 34.

585 Allgemein hierzu *Winnefeld*, Bilanz-Handbuch, 2015, Kap. N Rn. 480 ff.

Dabei könnte die Verprobung insofern erfolgen, als zunächst ein Substanz- oder Barwert für die zum Geschäftsvorfall herangezogenen Funktionen ermittelt wird. Aus diesem Wert ließe sich anschließend der Substanz- oder Barwert der Marke separieren und mit dem Substanz- oder Barwert der Funktionen ins Verhältnis setzen.[586] Wenn schließlich der auf diese Weise bestimmte Prozentsatz mit dem prozentualen Gewinnanteil übereinstimmt, welcher der Markenlizenz zugerechnet worden ist, erscheint die Lizenzgebühr plausibel.

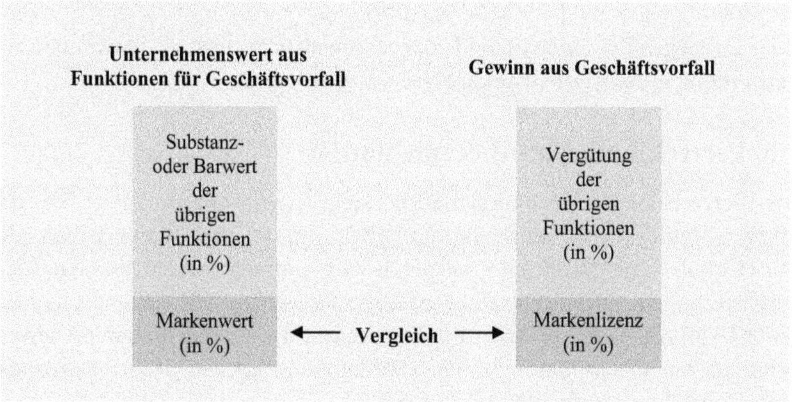

Abbildung 7: Verprobung von Verrechnungspreis für Marke mit Unternehmenswert

In der Rechtspraxis der Unternehmensbewertung hat sich inzwischen die Ertragswertmethode gegenüber der Substanzwertmethode weitgehend durchgesetzt. So wird der Substanzwert lediglich noch bei unrentablen Unternehmen angewandt, bei denen nicht der Zukunftsertrag, sondern die Verwertung der Substanz im Vordergrund steht.[587] Ferner ist ein Rückgriff auf den Substanzwert für Gesellschaften ohne eigene operative Tätigkeit oder für die Bewertung des nicht betriebsnotwendigen Vermögens im Rahmen der modifizierten Ertragswertmethode denkbar.[588] Die geringe Bedeutung des Substanzwerts ist im Wesentlichen darauf zurückzuführen, dass das Substanzwertverfahren die immateriellen Werte eines Unternehmens nicht oder nur unzureichend

586 So existiert eine Vielzahl von Bewertungen für Unternehmens- und Familienmarken. Vgl. u.a. *PwC*, Industriestudie, 2001, S. 12.

587 Vgl. *Winnefeld*, Bilanz-Handbuch, 2015, Kap. N Rn. 481.

588 Vgl. *Reichert/Weller* in: Fleischer/Goette, MüKo GmbHG, 2018, § 14 Rn. 35.

berücksichtigt.[589] Demzufolge ist auch zur Verprobung einer Lizenzgebühr mittels Unternehmenswert vornehmlich die Ertragswertmethode anzuwenden und die Substanzwertmethode bestenfalls ergänzend zur Bewertung einzelner Funktionen einzusetzen.

Bei der Verprobung anhand des Unternehmenswerts ist ferner zu beachten, dass stets eine gegenwärtige Erfolgsgröße mit zukunftsbezogenen Erfolgsgrößen oder sogar dem Substanzwert verglichen wird.[590] Dies kann im Extremfall zu einer Unvergleichbarkeit der Daten führen. Darüber hinaus erweist sich die Verprobung regelmäßig als äußerst aufwendig. Demnach ist die Überprüfung einer Lizenzgebühr auf Basis des Unternehmenswerts allenfalls nachrangig zur Verprobung mittels Datenbankanalyse vorzunehmen.

3.5 Verrechnungspreisdokumentation

Die Verrechnungspreisdokumentation stellt einen bedeutenden Teil der Pflichten eines Unternehmens dar und umfasst im Wesentlichen die Mitwirkungs- und Aufzeichnungspflichten bei grenzüberschreitenden Steuersachverhalten. So bestehen neben den allgemeinen Mitwirkungspflichten gemäß § 90 Abs. 1 AO erweiterte Mitwirkungspflichten bei Auslandssachverhalten nach § 90 Abs. 2 AO.[591] Zudem werden die allgemeinen Buchführungs- und Aufzeichnungspflichten für gewerbliche Unternehmen gemäß §§ 140 ff. AO um spezielle Aufzeichnungspflichten für Geschäftsbeziehungen zu nahestehenden Personen im Ausland nach § 90 Abs. 3 AO ergänzt.[592] Die gesetzlichen Mitwirkungs- und Aufzeichnungspflichten werden ferner durch die GAufzV spezifiziert.

Der § 90 Abs. 1 AO stellt die Ausgangsnorm für die allgemeinen Mitwirkungspflichten des Steuerpflichtigen dar. Diese Pflichten werden schließlich durch weitere Normen innerhalb und außerhalb der AO konkretisiert.[593] Die allgemeinen Buchführungs- und Aufzeichnungspflichten nach §§ 140 ff. AO

---

589 So auch BGH, Urteil vom 30.09.1981, IVa ZR 127/80, NJW 1982, S. 575.

590 Dieses Problem lässt sich beherrschen, soweit auf Unternehmenswerte am Aktienmarkt zurückgegriffen werden kann, da die Aktienkurse wesentlich stärker von kurzfristigen Erfolgserwartungen geprägt sind.

591 Vgl. *Cordes* in: Wassermeyer/Baumhoff, Verrechnungspreise, 2014, Rz. 8.1.

592 Ebd.

593 Vgl. u.a. die Pflicht zur Abgabe der Steuererklärung nach § 149 AO, die Pflicht zur Erteilung von Auskünften gemäß § 93 AO und die Pflicht zur Vorlage von Urkunden nach § 97 AO.

lehnen sich indessen zunächst an die allgemeinen Regeln des HGB an.[594] Darüber hinaus werden sie durch steuerrechtsspezifische Aufzeichnungs- und Aufbewahrungspflichten ergänzt.[595] Bezogen auf internationale Verrechnungspreise kommt diesen Daten allerdings nur eine geringe Bedeutung zu, da die entsprechenden Informationen zur Prüfung einer fremdvergleichskonformen Verrechnungspreisgestaltung nicht ausreichen.[596]

Von größerer Bedeutung innerhalb der Verrechnungspreisdokumentation sind die erweiterten Pflichten des Steuerpflichtigen. So sieht der Gesetzgeber nach § 90 Abs. 2 AO eine erweiterte Mitwirkungspflicht für Sachverhalte vor, die sich auf Vorgänge außerhalb des Geltungsbereichs des deutschen Steuerrechts beziehen. In diesem Fall ist der Steuerpflichtige in besonderem Maße verpflichtet, den Sachverhalt aufzuklären und die erforderlichen Beweismittel zu beschaffen.[597] Da die erweiterten Mitwirkungspflichten nach einem BFH-Urteil vom 17.10.2001[598] zunächst keine speziellen Aufzeichnungspflichten für Auslandssachverhalte vorsahen, wurden die Aufzeichnungspflichten um den § 90 Abs. 3 AO erweitert.[599] Demnach sind die erweiterten Aufzeichnungen über Geschäftsbeziehungen zu nahestehenden Unternehmen im Ausland nunmehr verbindlich zu führen.[600] Mit der Umsetzung des von der OECD ausgearbeiteten und am 5. Oktober 2015 veröffentlichten Reports zum Base Erosion and Profit Shifting Project (BEPS)[601] in deutsches Recht[602] wurde der § 90 Abs. 3 AO schließlich insofern ergänzt, als ein Konzern

594 Insbesondere Buchführungs- und Aufzeichnungspflichten nach §§ 238 ff. HGB. So auch *Cordes* in: Wassermeyer/Baumhoff, Verrechnungspreise, 2014, Rz. 8.3.

595 Vgl. §§ 143 ff. AO.

596 So auch *Cordes* in: Wassermeyer/Baumhoff, Verrechnungspreise, 2014, Rz. 8.3.

597 Vgl. § 90 Abs. 2 S. 1 AO. Insoweit besteht gewissermaßen eine Beweislastumkehr zulasten des Steuerpflichtigen, die allerdings einzelfallbezogen hinsichtlich der Erforderlichkeit, Geeignetheit, Verhältnismäßigkeit und Zumutbarkeit begrenzt wird. Allgemein hierzu *Hagen*, StBp 2005, S. 34 f.

598 Vgl. BFH, Urteil vom 17.10.2001, I R 103/00. BStBl. II 2004, S. 171.

599 Vgl. *Hagen*, StBp 2005, S. 36.

600 Vgl. *Cordes* in: Wassermeyer/Baumhoff, Verrechnungspreise, 2014, Rz. 8.6.

601 Das BEPS-Projekt war eine Initiative der G20-Staaten, die zunehmend selbstbewusst und aggressiv in Erscheinung tretende Steuerplanung von Unternehmen durch eine stärkere Steuergesetzharmonisierung zwischen den betreffenden Staaten und mehr Transparenz zugunsten der Finanzbehörden zu begrenzen. Vgl. OECD, Aktionsplan, 2014, S. 7 ff.; BT-Drucks. 18/9536 v. 05.09.2016, S. 1 f.; *van Lück*, BB 2017, S. 2525; *Kunert/Strothenke*, StuB 2017, S. 772.

602 Vgl. Art. 1 BEPS-Umsetzungsgesetz.

bei Überschreitung gewisser Größenklassen ein sog. „Country-by-Country Reporting“[603], ein konzerneinheitliches „Master-File“[604] und für die jeweiligen Konzerneinheiten ein sog. „Local-File“[605] zu erstellen hat. Dieser dreistufige Ansatz stellt inzwischen den Kern der Verrechnungspreisdokumentation dar[606] und soll die nationalen Finanzbehörden in die Lage versetzen, eine verlässliche und solide Risikoanalyse der Verrechnungspreisgestaltung des betreffenden Konzerns zu ermöglichen.[607]

Das Country-by-Country Reporting enthält eine nach Steuerhoheitsgebieten gegliederte und aggregierte Informationsbasis über die wesentlichen Kennzahlen des betreffenden Konzerns, wie beispielsweise Umsatzerlöse, Gewinn und Steuerlast.[608] Darüber hinaus beinhaltet es eine Aufstellung der einzelnen Funktionen sämtlicher Konzerneinheiten.[609] Vorrangiges Ziel des Country-by-Country Reporting ist dabei die zügige Identifizierung des Risikopotenzials bei der Verrechnungspreisgestaltung eines Konzerns,[610] um anschließend

603 Vgl. § 138a AO. Das Country-by-Country Reporting ist erstmals für Wirtschaftsjahre zu erstellen, die nach dem 31. Dezember 2015 beginnen. Vgl. Art. 97 § 31 EGAO. Von der Pflicht zur Abgabe eines Country-by-Country Reporting werden jedoch jene Konzerne ausgenommen, die einen Jahresumsatz von 750 Mio. € unterschreiten. Vgl. § 138a Abs. 1 Nr. 2 AO.

604 Vgl. § 90 Abs. 3 S. 3 ff. AO. Das Master-File ist erstmals für Wirtschaftsjahre zu erstellen, die nach dem 31. Dezember 2016 beginnen. Vgl. Art. 97 § 22 Abs. 1 S. 4 EGAO. Konzerngesellschaften, deren Jahresumsatz den Betrag von 100 Mio. € unterschreitet, können auf die Einreichung eines Master-File verzichten. Vgl. § 90 Abs. 3 S. 3 AO.

605 Vgl. § 90 Abs. 3 S. 1 f. AO. Das Local-File ersetzt die bisherige Verrechnungspreisdokumentation erstmals für Wirtschaftsjahre, die nach dem 31. Dezember 2016 beginnen. Vgl. Art. 97 § 22 Abs. 1 S. 4 EGAO. Das betreffende Konzernunternehmen ist von der Erstellung eines Local-File ausgenommen, soweit innerhalb eines Wirtschaftsjahres die Summe der grenzüberschreitenden Warentransaktionen mit verbundenen Unternehmen den Betrag von 6 Mio. € und der übrigen grenzüberschreitenden Leistungen den Betrag von 600.000 € nicht überschreitet. Vgl. § 6 Abs. 2 GAufzV.

606 So auch *Kunert/Strothenke*, StuB 2017, S. 772 f.; *van Lück*, BB 2017, S. 2525.

607 Vgl. *OECD*, Verrechnungspreisleitlinien, 2017, Tz. 5.17.

608 Allgemein hierzu § 138a Abs. 2 AO; BMF-Schreiben vom 11.07.2017, BStBl. I 2017, S. 974 Tab. 1; *Berger*, Verrechnungspreisdokumentation, 2017, S. 21 ff.

609 Allgemein hierzu BMF-Schreiben vom 11.07.2017, BStBl. I 2017, S. 974 Tab. 2; *van Lück*, BB 2017, S. 2527; *Kunert/Strothenke*, StuB 2017, S. 774.

610 So auch *OECD*, Verrechnungspreisleitlinien, 2017, Tz. 5.25; *Berger*, Verrechnungspreisdokumentation, 2017, S. 18 f.

zielgerichtet in die detaillierte Prüfung der risikoadjustierten Geschäftsvorfälle einsteigen zu können.[611] Allerdings weist die OECD ausdrücklich darauf hin, dass das Reporting nicht dazu verwendet werden darf, Verrechnungspreisanpassungen zu begründen oder sogar eine globale und formelhafte Aufteilung des Konzerngewinns durchzuführen.[612]

Das Master-File soll den nationalen Finanzbehörden einen Überblick über die Struktur und die Strategie des Konzerns hinsichtlich seiner Verrechnungspreisgestaltung vermitteln. Es enthält eine Beschreibung der Organisationstruktur, der Geschäftsaktivitäten, der wesentlichen immateriellen Wirtschaftsgüter, der konzerninternen Finanztätigkeiten sowie der Finanzanlagen und Steuerpositionen des Konzerns.[613] Das Master-File ist demnach einheitlich für den gesamten Konzern zu erstellen.

Das Local-File ersetzt gewissermaßen die bisherige und international bereits weitgehend verbreitete Verrechnungspreisdokumentation der einzelnen Konzernunternehmen.[614] Demnach hat die Konzerneinheit entsprechende Aufzeichnungen über Art und Inhalt ihrer grenzüberschreitenden Geschäftsbeziehungen zu führen. Dabei wird zwischen der Sachverhaltsdokumentation gemäß § 90 Abs. 3 S. 1 AO einerseits und der Angemessenheitsdokumentation nach § 90 Abs. 3 S. 2 AO andererseits unterschieden.[615] Im Einzelnen sind mit der Dokumentation entsprechende geschäftsvorfallbezogene Aufzeichnungen für die grenzüberschreitenden Intercompany Transaktionen zu erstellen.[616] Zudem hat das Local-File allgemeine Informationen über den Geschäftsbetrieb und den Organisationsaufbau sowie eine Funktions- und Risikoanalyse des betreffenden Konzernunternehmens zu enthalten.[617] Die Aufzeichnungen sollen schließlich einen Aufschluss über die Angemessenheit der Verrechnungspreise geben.

---

611 So auch *Kunert/Strothenke*, StuB 2017, S. 773.

612 Vgl. *OECD*, Verrechnungspreisleitlinien, 2017, Tz. 5.25. Von der globalen Gewinnaufteilung distanziert sich die OECD entschieden. Die allgemeingültige Aussagekraft der Daten des Country-by-Country Reporting ist ohnehin zweifelhaft. So auch *Berger*, Verrechnungspreisdokumentation, 2017, S. 28 f.

613 Vgl. *OECD*, Verrechnungspreisleitlinien, 2017, Tz. 5.19. Allgemein hierzu *Berger*, Verrechnungspreisdokumentation, 2017, S. 13 ff.

614 So auch *Kunert/Strothenke*, StuB 2017, S. 773.

615 So auch *Cordes* in: Wassermeyer/Baumhoff, Verrechnungspreise, 2014, Rz. 8.12 f.

616 Ähnliche Geschäftsvorfälle können für die Erstellung der Aufzeichnungen zu Gruppen zusammengefasst werden. Allgemein hierzu § 2 Abs. 3 GAufzV.

617 Allgemein hierzu § 4 GAufzV; *Berger*, Verrechnungspreisdokumentation, 2017, S. 16 ff.

Die inzwischen umfangreichen Mitwirkungs- und Aufzeichnungspflichten sind allerdings nicht so zu verstehen, dass die Beweislast hinsichtlich der Festlegung etwaiger unangemessener Verrechnungspreise auf den Steuerpflichtigen übergeht. Vielmehr verbleibt die Beweislast weiterhin bei der Finanzverwaltung. Allerdings kann eine Verletzung der genannten Pflichten zu einer Begrenzung der Sachverhaltsaufklärungspflicht seitens der Finanzverwaltung führen[618] mit der Folge, dass hieraus im Rahmen der freien Beweiswürdigung die entsprechenden Schlüsse zuungunsten des betroffenen Unternehmens gezogen werden können.[619]

618 Die Verletzung der Mitwirkungs- und Aufzeichnungspflicht entbindet die Finanzverwaltung jedoch nicht von ihrer Pflicht zur Sachverhaltsaufklärung, soweit ihr dies zumutbar ist. Vgl. BFH, Urteil vom 20.12.2000, I R 50/00, BStBl. II 2001, S. 381.

619 Vgl. BFH, Beschluss vom 09.07.1986, I B 36/86, BStBl. II 1987, S. 487; BFH, Urteil vom 28.04.1988, V R 95, 96/83, BStBl. II 1988, S. 748; BFH, Urteil vom 15.02.1989, X R 16/86, BStBl. II 1989, S. 462.

4 Ermittlung eines Verrechnungspreises für geistiges Eigentum im Business-to-Business Markt

4.1 Einführende Überlegungen

4.1.1 Verrechnungspreise in Abhängigkeit von operativen und strategischen Unternehmensentscheidungen

Verrechnungspreise für geistiges Eigentum sind in der Regel nicht allgemeingültig festlegbar. Vielmehr ist die am besten geeignete Methode anhand der individuellen Eigenschaften der beteiligten Unternehmen auszuwählen. So ist jeder Verrechnungspreisbestimmung eine Funktions- und Risikoanalyse vorgeschaltet, auf deren Grundlage die Unternehmenscharakterisierung erfolgt. Auf Basis dieser Charakterisierung werden die Verrechnungspreismethode und schließlich der Verrechnungspreis festgelegt. Die Wahl der Verrechnungspreismethode basiert demnach auf strategischen Unternehmensentscheidungen im Hinblick auf den Unternehmenszweck. Dies soll an folgendem Beispiel deutlich werden:

Ein Konzern unterhält in Land X eine Vertriebsgesellschaft, die den lokalen Markt mit Gütern bedient. Die Produktion findet hingegen über einen konzerninternen Auftragsfertiger mit Sitz in Land Y statt, da dort wesentlich günstiger produziert werden kann, als es in Land X der Fall wäre. Der Auftragsfertiger wird wiederum von der Konzernobergesellschaft mit Sitz in Land Z mit den notwendigen Wirtschaftsgütern zur Produktion der Güter versorgt. Dies beinhaltet insbesondere das zur Produktion erforderliche Know-how, deren Generierung aufgrund der sehr positiven Erfahrungen mit den örtlichen Fachkräften im Bereich der Forschung und Entwicklung langfristig in Land Z verbleiben soll.

Das vorgenannte Beispiel verdeutlicht, dass strategische Entscheidungen dazu geführt haben, in Land X und Y jeweils ein Routineunternehmen und in Land Z einen Strategieträger anzusiedeln. Da jedoch Routinetätigkeiten mit einer anderen Verrechnungspreismethode vergütet werden als ein Großteil der Tätigkeiten eines Strategieträgers, beeinflussen die strategischen Unternehmensentscheidungen die Wahl der Verrechnungspreismethode.

Die Verrechnungspreishöhe ist indessen sowohl auf operative als auch strategische Unternehmensentscheidungen zurückzuführen. So können operative und strategische Entscheidungen den Preis, die Kosten und den Gewinn für das gehandelte Produkt beeinflussen, die sich wiederum in Abhängigkeit von der gewählten Verrechnungspreismethode auf die Höhe des Verrechnungspreises auswirken. Die Grundlage für derartige Unternehmensentscheidungen kann dabei auf unternehmensinternen oder unternehmensexternen Faktoren basieren, auf die ein Unternehmen teilweise nur begrenzten Einfluss hat.

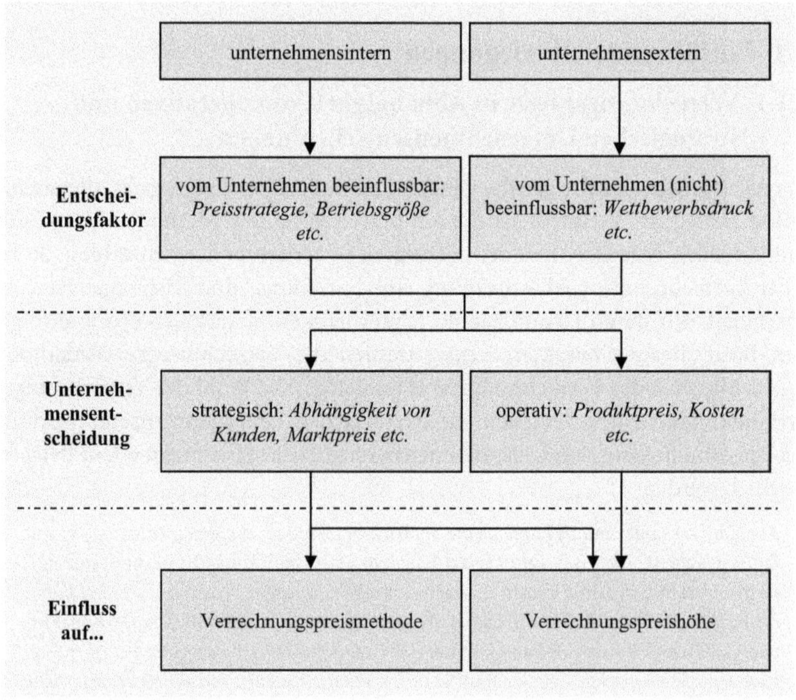

Abbildung 8: Einfluss von Unternehmensentscheidungen auf Verrechnungspreisermittlung

4.1.2 Unterscheidungsmerkmale für geistiges Eigentum

Das geistige Eigentum stellt einen Oberbegriff für verschiedene Arten von immateriellen Werten dar. Im produzierenden Gewerbe des Business-to-Business Marktes ist das geistige Eigentum im Wesentlichen von Produktinnovationen, Prozessinnovationen und Marken geprägt. Dabei unterscheiden sich diese drei Bestandteile des geistigen Eigentums teils erheblich in ihrer Entstehung und Verwendung. So werden Produktinnovationen regelmäßig zentral durch eine Eigen-, Auftrags- oder Gemeinschaftsforschung[620] geschaffen und den übrigen Konzernunternehmen zur Verfügung gestellt. Dabei lässt sich der Wertschöpfungsbeitrag an der Entwicklung des geistigen Eigentums den beteiligten Konzernunternehmen in aller Regel eindeutig zuordnen. Gleichzeitig ist der Lizenznehmer häufig nicht in die Entwicklung der Produktinnovation eingebunden. Anders verhält es sich bei der Entstehung von Prozessinnovationen und Marken. So werden Prozessinnovationen häufig unter Beteiligung des Lizenznehmers entwickelt, um eine optimal abgestimmte Prozesskette an der Fertigungsstätte des Lizenznehmers zu erreichen. Dies ist nicht zuletzt darauf zurückzuführen, dass die für die Leistungserstellung notwendigen materiellen und informellen Prozesse zur Erhöhung der Arbeitsproduktivität von den operativ tätigen Konzerngesellschaften umzusetzen sind.[621] Hinsichtlich der Marke trägt der Lizenznehmer in aller Regel ebenfalls zu ihrer Entwicklung gegenüber den Kunden bei. Dies geschieht insofern, als der Lizenznehmer mitunter Aufgaben übernimmt, die den Wert der Marke beeinflussen.[622]

Tabelle 9: Beteiligung von Lizenzgeber und Lizenznehmer an Entwicklung von geistigem Eigentum

Beteiligter	**Entwicklung von…**		
	Produktinnovation	**Prozessinnovation**	**Marke**
Lizenzgeber	x	x	x
Lizenznehmer		(x)	x

In ähnlicher Weise unterscheiden sich Produktinnovationen, Prozessinnovationen und Marken in ihrer Verwendung. So beziehen sich Produktinnovationen auf die Entwicklung neuer und die Verbesserung bestehender Güter, die am Markt angeboten werden.[623] Prozessinnovationen dienen indessen der Verbesserung der Prozesse innerhalb der Wertschöpfungskette.[624] Diesbezüglich entstehen die äußerst werthaltigen Innovationen häufig im Bereich der

620 Allgemein hierzu *Schwarz/Stein*, Verrechnungspreise, 2018, S. 21.

621 Ähnlich auch *Vahs/Brem*, Innovationsmanagement, 2015, S. 56 f.

622 Für den Markenwert beeinflussende Faktoren siehe *McQuiston*, IMM 2004, S. 350 ff.; *Mitchell et al.*, IMM 2001, S. 421 f.; *Sarin*, Vikalpa 2014, S. 92 f.; *Mudambi*, IMM 2002, S. 529; *Bendixen et al.*, IMM 2004, S. 376. Diesem Umstand ist sich ebenfalls der BFH bewusst. Vgl. BFH, Urteil vom 09.08.2000, I R 12/99, BStBl. II 2001, S. 140.

623 Vgl. *Krause*, Innovationsprozesse, 2004, S. 24 f.; *Thom*, Grundlagen, 1980, S. 32 ff.

624 Für die Wertschöpfungskette siehe *Schwarz/Stein*, Verrechnungspreise, 2018, S. 16 ff.

Produktion und Logistik, indem versucht wird, die Produktionsketten optimal aufeinander abzustimmen und die Durchlaufzeiten zu minimieren.[625] Die Marken sind dagegen dem Bereich Marketing und Vertrieb zuzurechnen. Demnach werden Marken im Wesentlichen dazu verwendet, den Nutzen und den Wert einer Leistung gegenüber dem Kunden zu kommunizieren[626] und verkaufsfördernd einzusetzen. Aufgrund dieser unterschiedlichen Ausprägungen der Bestandteile des geistigen Eigentums hinsichtlich ihrer Entstehung und Verwendung erscheint es sinnvoll, die Produktinnovationen, Prozessinnovationen und Marken zunächst gemeinsam zu betrachten und anschließend getrennt voneinander zu untersuchen, um schließlich eine angemessene Lizenzgebühr zur Nutzung des geistigen Eigentums bestimmen zu können.

4.1.3 Vorgehensweise bei der Verrechnungspreisermittlung nach der geschäftsvorfallbezogenen Gewinnaufteilungsmethode

Zur Bestimmung eines Verrechnungspreises für die Nutzung von geistigem Eigentum ist die Wahl der am besten geeigneten Methode von erheblicher Bedeutung. Diesbezüglich fällt der Anwender – falls die Verwendung der Standardmethoden ausgeschlossen wird – in aller Regel auf die geschäftsvorfallbezogene Gewinnaufteilungsmethode zurück. Wird schließlich auf die Gewinnaufteilungsmethode zurückgegriffen, erfordert die Festlegung einer angemessenen Methode zur Gewinnaufteilung eine besondere Aufmerksamkeit. Dabei eignen sich insbesondere die Beitragsanalyse und die Restgewinnanalyse zu einer fremdvergleichskonformen Aufteilung des Gewinns auf die betreffenden Konzerneinheiten. So wird die relevante Gewinngröße nach der Beitragsanalyse anhand der geleisteten Beiträge der Transaktionspartner zum betreffenden Geschäftsvorfall aufgeteilt.[627] Demgegenüber basiert die Restgewinnanalyse auf einem zweistufigen Verfahren, wonach zunächst die Routinefunktionen der betreffenden Konzernunternehmen vergütet werden, um in einem zweiten Schritt den verbleibenden Residualgewinn zunächst dem geistigen Eigentum zuordnen und anschließend in seine Bestandteile aufteilen zu können.[628]

---

625 Vgl. *Vahs/Brem*, Innovationsmanagement, 2015, S. 56 f.

626 Gleichzeitig wird mit der Marke beabsichtigt, sämtliche Stakeholder des Unternehmens, das die Marke unterhält, zu erreichen. Vgl. *Kotler/Pfoertsch*, JBIM 2007, S. 358; *Koporcic et al.*, Ekonomski vjesnik/Econviews 2017, S. 430.

627 Vgl. *OECD*, Verrechnungspreisleitlinien, 2017, Tz. 2.150.

628 So auch *Kraft* in: Kraft, AStG, 2019, § 1 Rz. 242; *Becker* in: Haase, AStG/DBA, 2016, Art. 9 Rz. 56; *Rasch* in: Gosch et al., DBA, 2019, Art. 9 Rn. 112; *Finsterwalder*, IStR

Die Beitragsanalyse lässt sich insbesondere durch das in den OECD-Verrechnungspreisleitlinien 2017 niedergelegte DEMPE-Funktionskonzept unterstützen.[629] Allerdings unterliegt die Beitragsanalyse dem strukturellen Nachteil, dass die Wertschöpfungsbeiträge aus dem betreffenden Geschäftsvorfall regelmäßig nur unzureichend den Transaktionspartnern zugerechnet werden können.[630] Dies beruht nicht zuletzt darauf, dass entgegen der Restgewinnanalyse keine Vorabvergütung der Routinefunktionen erfolgt. So werden die Routinefunktionen im Rahmen der Wertschöpfungsbeitragsanalyse zwar auf möglichst objektiver Datengrundlage vergütet. Eine Entlohnung auf Basis einer der fremdvergleichskonformen Standardmethoden ist jedoch nicht vorgesehen.[631] Somit beruht die aus der Wertschöpfung resultierende Gewinnaufteilung auf subjektiven Einschätzungen, sodass es sich um eine weitgehend frei beeinflussbare Aufteilung handelt, die gegenüber der Finanzverwaltung zu einem erheblichem Konfliktpotenzial führen kann.[632] Infolgedessen besteht regelmäßig die Gefahr, dass die Beitragsanalyse dem Verdacht ausgesetzt wird, der internationalen Steuerplanung und dem Ansatz unangemessener Verrechnungspreise zu dienen. Demzufolge scheint die Beitragsanalyse in der Theorie äußerst interessant zu sein. In ihrer Umsetzung wirkt sie jedoch nur im Einzelfall praktikabel.

Die Restgewinnanalyse kann einem Konzern indessen eine größere Rechtssicherheit in Bezug auf die Gewinnaufteilung bieten. Dies ist im Wesentlichen auf ihr zweistufiges Verfahren zurückzuführen. So erfolgt die Vergütung der Routinefunktionen auf der ersten Stufe auf Basis der Standardmethoden, anstatt einer weitgehend subjektiven Gewichtung der Wertschöpfungsbeiträge.[633] Auf der zweiten Stufe wird der Residualgewinn den Transaktionspartnern indessen nach festen Aufteilungsschlüsseln zugerechnet. Dabei kann bei Bedarf das DEMPE-Funktionskonzept hinzugezogen werden, um den

---

2006, S. 358; *Ditz* in: Schönfeld/Ditz, DBA, 2013, Art. 9 Rz. 81; *Becker* in: Haase, AStG/DBA, 2016, Art. 9 Rz. 56; Eigelshoven/Nientimp, DB 2005, S. 1186; *OECD*, Verrechnungspreisleitlinien, 2017, Tz. 2.152; *Schwarz/Stein*, Verrechnungspreise, 2018, S. 88.

629 Die Art der vergütungsfähigen Vermögenswerte nach dem DEMPE-Funktionskonzept umfasst im Wesentlichen immaterielle Werte, die in Forschung, Entwicklung oder Marketing genutzt werden, materielle Vermögenswerte und Finanzierungsmittel. Vgl. *OECD*, Verrechnungspreisleitlinien, 2017, Tz. 6.59.

630 So auch *OECD*, Verrechnungspreisleitlinien, 2017, Tz. 2.151.

631 Vgl. *OECD*, Verrechnungspreisleitlinien, 2017, Tz. 2.150 ff.

632 So auch *Cordes*, Aufzeichnungspflichten, 2009, S. 180 f.; *Eigelshoven/Nientimp*, DB 2005, S. 1186.

633 Vgl. *OECD*, Verrechnungspreisleitlinien, 2017, Tz. 2.150 ff.

Wertschöpfungsbeiträgen als maßgebliches Kriterium zur Einkünfteabgrenzung zu genügen.[634] Auf diese Weise wird das Konfliktpotenzial in aller Regel auf die Aufteilung des geistigen Eigentums begrenzt. Dies erscheint jedoch insofern unproblematisch, als sich die Konflikte mit der Finanzverwaltung vorwiegend auf die Abgrenzung der Vergütung des geistigen Eigentums von der Entlohnung der übrigen Vermögenswerte konzentrieren.

Sowohl nach der Beitragsanalyse als auch der Restgewinnanalyse bleibt es indessen unumgänglich, den Wert des geistigen Eigentums über eine Wertschöpfungsanalyse den Produkt- und Prozessinnovationen sowie Marken zuzuordnen. Diesbezüglich erscheint wiederum ein Rückgriff auf die Ergebnisse aus dem DEMPE-Funktionskonzept sinnvoll, um eine möglichst wertschöpfungsbasierte Lizenzierung zu gewährleisten.[635] Ein Beispiel für eine Wertschöpfungsanalyse zur Aufteilung des Residualgewinns auf die Produkt- und Prozessinnovationen sowie Marken kann der folgenden Tabelle entnommen werden:

Tabelle 10: Beispiel zur Wertschöpfungsanalyse bei geistigem Eigentum

Schritt 1		**Schritt 2**
Wertschöpfungsprozess		**Wertschöpfungsbeitrag (in %)**
Produkt-innovation(en)	Grundlagenforschung	
	Forschung & Entwicklung	
	F&E-Controlling	
	Zwischensumme	
Prozess-innovation(en)	Leistungsprozess(e)	
	Unterstützungsprozess(e)	
	Führungsprozess(e)	
	Zwischensumme	
Marke(n)	Unternehmensmarke	
	Familienmarke(n)	
	Produktmarke(n)	
	Zwischensumme	
Summe Wertschöpfungsbeiträge		

634 So auch *Bernhardt et al.* in: Vögele et al., Verrechnungspreise, 2020, Kap. O Rz. 224.

635 Die Analyse kann schließlich durch Methoden der Patentbewertung und Datenbankanalysen ergänzt werden. Zu den Methoden der Patentbewertung siehe *Schwingenschlögl/Gotwald*, Bewertungsmethoden für Patente, 2008, S. 55 ff.

4.2 Lizenzierung von Innovationen und Marken in Abhängigkeit vom Marktpreis

4.2.1 Empirische Relevanz von Innovationen und Marken für den Unternehmenserfolg

Der Preis dient verschiedenen Methoden als Grundlage zur Bestimmung eines Verrechnungspreises. Dabei wird er allgemeinhin insofern als Faktor zur Bestimmung des Wertes von geistigem Eigentum angesehen, als unterschiedliche Transaktionen mit vergleichbarer Funktions- und Risikoausprägung über den Umsatz miteinander verglichen werden.[636] Dies hat zur Folge, dass inzwischen umfangreiche Lizenzgebührenaufstellungen für Lizenzsätze existieren,[637] auf die sowohl von Unternehmen als auch von der deutschen Finanzverwaltung zurückgegriffen wird. In der Automobilindustrie besteht das verrechenbare geistige Eigentum dabei im Wesentlichen aus Innovationen und Marken.

Im Hinblick auf die Innovationen wird seit langem die weitgehend einhellige Meinung vertreten, dass ein unmittelbarer Zusammenhang zwischen Innovationskraft und Unternehmenswachstum besteht. So existieren bereits zahlreiche Studien, die eine Korrelation von Innovationen und Umsatzwachstum nachweisen. Dies wird durch Untersuchungen über den Einfluss von Patentanmeldungen auf den Umsatz eines Unternehmens unterstützt. So konnte *Ernst* in einer an der Universität Kiel mit 50 Unternehmen der Werkzeugmaschinenbauindustrie durchgeführten Untersuchung einen signifikanten Zusammenhang zwischen einer aktiven strategischen Patentpolitik und dem Umsatzwachstum in den entsprechenden Bereichen nachweisen.[638] Die Ergebnisse werden zudem durch die Erkenntnis gestützt, dass Innovationen nachweislich die Wettbewerbsfähigkeit und Wertschöpfung eines Unternehmens erhöhen, indem eine Innovationsspirale in Gang gesetzt wird.[639] Ein Überblick über ausgewählte empirische Studien zum Einfluss von Innovationen auf das Umsatzwachstum eines Unternehmens ist der folgenden Tabelle zu entnehmen:

---

636 Der Preis besitzt eine Umsatztreiberwirkung, indem sich die Preishöhe auf die Ausbringungsmenge auswirkt. Umgekehrt übt die Ausbringungsmenge jedoch keinen unmittelbaren Einfluss auf den Preis aus.

637 Vgl. *Greinert* in: Wassermeyer/Baumhoff, Verrechnungspreise, 2014, Rz. 6.577. Diesbezüglich sei insbesondere auf die Lizenzgebührenaufstellung von *Böcker* verwiesen. Vgl. *Böcker*, StBp 1991, S. 79 ff.

638 Allgemein hierzu *Einsporn*, Unternehmenserfolg, 1999, S. 19 f.

639 So auch *Zinkl*, Innovationskraft, 2007, S. 29.

Tabelle 11: Übersicht über Studien zum Einfluss von Innovationen auf Umsatzwachstum eines Unternehmens

positive Korrelation von Innovation und Umsatzwachstum	**Autor(en), Jahr**	**Methode**	**Kernaussagen**
ausgeprägt	*Klomp/van Leeuwen (2001)*	empirisch (n = 7.392)	Innovationen wirken sich positiv auf Umsatz- und Beschäftigungswachstum aus (n = 7.392 Umfrage).
ausgeprägt	*Del Monte/ Papagni (2003)*	empirisch (n = 884)	Innovationen haben eine positive Wirkung auf das Unternehmenswachstum. Ein Einfluss auf die Rendite lässt sich hingegen nicht feststellen (n = 884 Umfrage).
ausgeprägt	*Uhlaner et al. (2013)*	empirisch (n = 229)	Innovationen haben einen positiven Effekt auf das Umsatzwachstum. Das Umsatzwachstum fällt stärker aus, wenn sich unternehmensexterne Mitarbeiter für die Entwicklungsprojekte verantwortlich zeigen (n = 229 Interview).
ausgeprägt	*Deschryvere (2014)*	empirisch (n = 516)	Es lässt sich ein Zusammenhang zwischen Forschung und Entwicklung und Umsatzwachstum feststellen. Bei kleineren Unternehmen ist der Zusammenhang zwischen Entwicklungsleistung und Umsatzwachstum stärker ausgeprägt als bei großen Unternehmen (n = 516 Umfrage).
stark ausgeprägt	*PwC (2015)*	empirisch (n = 1.757)	Unternehmen, die zur Gruppe der innovativsten 20 % gehören, sind um durchschnittlich 16 % schneller gewachsen als die Nachzügler. Die innovativsten Unternehmen haben deutlich ambitioniertere Wachstumsziele als die weniger innovativen Unternehmen (n = 1.757 Interview).
ausgeprägt	*Bianchini et al. (2018)*	empirisch (n = 5.064)	Forschung und Entwicklung haben einen besonders positiven Einfluss auf das Unternehmenswachstum (n = 5.064 Umfrage).

Die Relevanz von Marken wurde indessen eine lange Zeit kontrovers diskutiert. Zwar gilt die große Bedeutung der Marke für den Erfolg eines Unternehmens im Business-to-Consumer Markt seit langem als gesichert.[640] So wurden bereits unzählige Studien angefertigt, die eine positive Korrelation von Marken und Unternehmenserfolg belegen. Beispielsweise können mithilfe einer starken Marke ein Preis-Premium erzielt und die Nachfrage gesteigert werden.[641] Im Business-to-Business Markt wurde dieser Zusammenhang jedoch lange in Zweifel gezogen. Dies ist insbesondere darauf zurückzuführen, dass Marken in der Vergangenheit oft auf ihre emotionale Wirkung reduziert wurden.[642] Darüber hinaus existierte bis Ende der 1990er Jahre nur eine recht überschaubare Anzahl an Studien zur Markenrelevanz im Business-to-Business Markt, die den Marken zu allem Überfluss nur selten eine relevante Bedeutung zuwiesen.[643] Auch die überwiegende Mehrzahl der Unternehmensmanager war keinesfalls davon überzeugt, dass die Marke einen relevanten Einfluss auf die Kaufentscheidung des Kunden im Industriegütermarkt ausübt.[644] Seit Beginn der 2000er Jahre hat sich dies jedoch grundlegend geändert.[645] So gehen die neuesten Studien inzwischen fast ausschließlich davon aus, dass die Marke im Business-to-Business Markt einen hohen oder sehr hohen Einfluss auf den Erfolg eines Unternehmens ausübt.[646] Dieses Ergebnis wird insofern gestützt, als zahlreiche der wertvollsten Marken der Welt Unternehmen zuzuordnen sind, die ausschließlich oder fast ausschließlich im Industriegütermarkt aktiv sind.[647] Ein Überblick über aktuelle empirische Studien zur Markenrelevanz im Business-to-Business Markt ist der folgenden Tabelle zu entnehmen:

---

640 So auch *Kotler/Pfoertsch*, JBIM 2007, S. 357.

641 Vgl. *Bendixen et al.*, IMM 2004, S. 372.

642 Vgl. *Backhaus/Gausling* in: Backhaus/Voeth, B2B-Marketing, 2015, S. 368; *Gomez et al.*, JBIM 2016, S. 193.

643 So auch *Baumgarth* in: Backhaus/Voeth, B2B-Marketing, 2015, S. 386. Dieses ist u.a. darauf zurückzuführen, dass viele dieser Studien Einschränkungen unterlagen. Allgemein hierzu *Caspar et al.*, Markenrelevanz, 2002, S. 6.

644 Vgl. *Kotler/Pfoertsch*, JBIM 2007, S. 357.

645 Vgl. *Backhaus/Gausling* in: Backhaus/Voeth, B2B-Marketing, 2015, S. 369; *Gomez et al.*, JBIM 2016, S. 193 f.

646 Für die möglichen Analyseansätze zur Untersuchung von Marken in Business-to-Business Märkten siehe *Baumgarth* in: Backhaus/Voeth, B2B-Marketing, 2015, S. 389 ff.

647 Hierzu zählen unter anderem FedEx, Hewlett Packard, IBM, Intel und Siemens. So auch *Webster/Keller*, JBM 2004, S. 388; *Kotler/Pfoertsch*, JBIM 2007, S. 357.

Tabelle 12: Übersicht über Studien zur Markenrelevanz im Business-to-Business Markt

Markenrelevanz	Autor(en), Jahr	Methode	Kernaussagen
relevant	*Hutton (1997)*	empirisch (n = 429)	Die Markenrelevanz ist im Business-to-Business Markt gegeben. Insbesondere bei hohem Risiko, das mit negativen persönlichen oder organisationalen Konsequenzen verbunden ist, erfährt die Marke eine große Bedeutung (n = 429 Fragebogen).
relevant	*PwC* (2001)	empirisch (n = 126)	Die Markenrelevanz ist im Industriegütermarkt gegeben, aber wesentlich geringer ausgeprägt als in Konsumgütermarkt (n = 126 Fragebogen).
relevant	*Mitchell et al.* (2001)	empirisch (n = 70)	Die Marke bietet einen erheblichen Wettbewerbsvorteil im Industriegütermarkt. Dabei wird die Markenrelevanz in besonderem Maße von der vom Verkäufer zur Verfügung gestellten Qualität, Zuverlässigkeit und Leistung beeinflusst (n = 70 Fragebogen).
relevant	*Mudambi* (2002)	empirisch (n = 15; n = 116)	Die Marke ist bei anspruchsvollen Einkäufern mit wichtigen und risikobehafteten Einkäufen in großer Stückzahl von besonderer Bedeutung (n = 15 Interviews mit Verkäufern und Käufern; n = 116 Fragebogen an Käufer).
sehr relevant	*Caspar et al.* (2002)	empirisch (n = 600; n = 169)	Die Markenrelevanz ist im Industriegütermarkt nur geringfügig niedriger als im Konsumgütermarkt. Die Bedeutung der einzelnen Markenfunktionen variiert zwischen Industrie- und Konsumgütermarkt teilweise beträchtlich (n = 600 vollständige Interviews; n = 169 verkürzte Interviews).

Tabelle 12: Fortsetzung

Markenrelevanz	Autor(en), Jahr	Methode	Kernaussagen
relevant	*Bendixen et al.* (2004)	empirisch (n = 6; n = 54)	Die Marke macht 16 % der Kaufentscheidung aus. Die Bedeutung der Marke ist in Abhängigkeit der Buying-Center-Rolle im Unternehmen unterschiedlich stark ausgeprägt (n = 6 Interviews; n = 54 Fragebogen).
relevant	*Alexander et al.* (2009)	empirisch (n = 30; n = 84)	Die Bedeutung der Marke ist abhängig von der Käufergruppe. Käufer zahlen ein Preis-Premium für eine bekannte Marke (n = 30 vollständiger Fragebogen; n = 84 Conjoint-Fragebogen).
relevant	*Brown et al.* (2011)	empirisch (n = 206; n = 180)	Bei einem äußerst geringen und sehr hohen Risiko besteht eine Verbindung zwischen Markenrelevanz und Geschäftsrisiko. In einem Markt mit geringem Wettbewerb ist ein größerer Zusammenhang zwischen Markenrelevanz und Geschäftsrisiko festzustellen als in einem wettbewerbsintensiven Markt. (n = 206 Fragebogen; n = 180 Fragebogen).
relevant	*Gomez et al.* (2016)	empirisch (n = 87)	Die Markenrelevanz ist abhängig von den Umständen des Einkaufs. Die Bedeutung der Marke ist in Abhängigkeit der Buying-Center-Rolle im Unternehmen unterschiedlich stark ausgeprägt (n = 87 Fragebogen).

(wird auf nächster Seite fortgeführt)

Tabelle 12: Fortsetzung

Markenrelevanz	Autor(en), Jahr	Methode	Kernaussagen
relevant	*Liu et al.* (2018)	empirisch (n = 169)	Der Einfluss einer Marke variiert zwischen Produkterweiterung, substituierbarer Markenerweiterung, ergänzender Markenerweiterung und unabhängiger Markenerweiterung sowohl im Industrie- als auch Konsumgütermarkt erheblich. Eine unabhängige Markenerweiterung auf über vier Marken ist im Industriegütermarkt nicht rentabel (n = 169 Daten aus *Fortune* Magazin).
sehr relevant	*Honarmandi et al. (2019)*	empirisch (n = n/a)	Die Messung der Markenrelevanz für Unternehmen des Bankensektors und der petrochemischen Industrie, die an der iranischen Börse gelistet sind, kommt zu dem Ergebnis, dass das Ergebnis des konsumgüterorientierten Bankensektors zu 19 % und das Ergebnis der industriegüterorientierten petrochemischen Industrie zu 11 % von der Marke beeinflusst wird (n = n/a Beobachtung Kapitalmarktdaten im Iran).

Die zunehmend beobachtbare Bedeutung der Marke im Business-to-Business Markt ist vornehmlich auf den ökonomischen Wandel zurückzuführen. So werden insbesondere die folgenden Entwicklungen als wesentliche Ursachen für die steigende Relevanz der Marke betrachtet:[648]

- zunehmende Leistungshomogenisierung infolge von Standardisierung und Kopierung von Innovationen,[649]
- steigender Preisdruck durch Globalisierung, Deregulierung und Liberalisierung,

648 Vgl. *Caspar et al.*, Markenrelevanz, 2002, S. 7; *Baumgarth* in: Backhaus/Voeth, B2B-Marketing, 2015, S. 386; *Gomez et al.*, JBIM 2016, S. 193.

649 So auch *Alexander et al.*, SAJBM 2009, S. 1.

- zunehmende Komplexität der Leistungen aufgrund des fortschreitenden Übergangs von produktorientierter zu lösungsorientierter Vermarktung sowie
- Schwierigkeiten bei der Etablierung langfristiger Geschäftsbeziehungen infolge eines unpersönlicheren Kontaktes durch fortschreitende IT-Unterstützung und häufigere Mitarbeiterwechsel.

Dabei greifen Kunden im Business-to-Business Markt bevorzugt auf bekannte Marken zurück, soweit Produktfehler zu großen Problemen führen können, das Produkt einen guten Service erfordert, das Produkt komplex ist und kundenseitig eine Einschränkung hinsichtlich Zeit und/oder Ressourcen erkennbar wird.[650] Demnach besteht für Unternehmen in verstärktem Maße die Notwendigkeit, ihre Kunden über eine Markenstrategie an sich zu binden.

Es wird deutlich, dass Innovationen und Marken im Business-to-Business Markt regelmäßig eine bedeutende Wettbewerbsfunktion einnehmen. Dies wird insbesondere durch die nachweislich positive Korrelation zwischen dem geistigen Eigentum und der Umsatzentwicklung eines Unternehmens sichtbar. Demnach lässt sich festhalten, dass sowohl Produkt- und Prozessinnovationen als auch Marken einen mitunter signifikanten Wert aufweisen, der bei der Lizenzierung von geistigem Eigentum zu berücksichtigen ist.

4.2.2 Identifizierung der Faktoren zur Verrechnungspreisermittlung

4.2.2.1 Marktpreis als Grundlage zur Festlegung eines Verrechnungspreises

Ein Verrechnungspreis wird nach Möglichkeit stets unter Anwendung des Fremdvergleichsgrundsatzes festgesetzt. Der Fremdvergleichsgrundsatz greift dabei auf den Marktpreis zurück, der sich jedoch nur auf einem Markt im Wettbewerb bilden kann. Daher wird im Rahmen der Verrechnungspreisermittlung versucht, den Marktpreis über verschiedene Verrechnungspreismethoden auf einen konzerninternen Markt ohne (oder mit eingeschränktem) Wettbewerb überzuleiten.[651] Demnach sind sämtliche Verrechnungspreisermittlungen untrennbar mit der Bildung eines Marktpreises in einem Markt im Wettbewerb verbunden. Aus dieser Erkenntnis lässt sich schließlich ableiten,

---

650 Vgl. *Mudambi*, IMM 2002, S. 527 ff.

651 In einem konzerninternen Markt herrscht zumeist ein eingeschränkter Wettbewerb zwischen den Konzerngesellschaften, da sich die jeweiligen Geschäftsführer für das Ergebnis ihres Konzernunternehmens verantwortlich zeigen, sofern keine übergeordnete Weisung erfolgt.

dass die Gesetze, die zur Entstehung des Marktpreises führen, ebenfalls auf die Verrechnungspreisermittlung für Innovationen und Marken anwendbar sind. So können insbesondere die Marktgesetze zur Preisbildung für die Verrechnungspreisermittlung von Bedeutung sein, da der Preis[652] den bedeutendsten Einflussfaktor auf die Verrechnungspreisermittlung darstellt.[653] Zugleich beziehen sich die meisten Verrechnungspreismethoden in irgendeiner Form auf den Preis. So greifen die Preisvergleichsmethode und Wiederverkaufspreismethode unmittelbar auf den Marktpreis als Ausgangspunkt zur Verrechnungspreisermittlung zurück, wogegen der Umsatz und Gewinn, die als Berechnungsgrundlage für die geschäftsvorfallbezogene Nettomargenmethode und Gewinnaufteilungsmethode dienen, vom Marktpreis erheblich beeinflusst werden. Selbst auf die Kostenaufschlagsmethode kann sich der Marktpreis auswirken, indem beispielsweise einer negativen Preisentwicklung und einem daraus resultierenden Gewinnrückgang mit einem Kostensenkungsprogramm entgegengewirkt wird. Demnach können die Gesetze der Preispolitik die Ermittlung eines fremdvergleichskonformen Verrechnungspreises umfangreich unterstützen.

4.2.2.2 Produktbezogene Preispolitik

4.2.2.2.1 Ziele und Entscheidungstatbestände

Die Preispolitik trägt maßgeblich zum wirtschaftlichen Erfolg einer Leistung[654] bei. Sie umfasst die von den Zielen des Anbieters geleiteten Aktivitäten zur Preispositionierung gegenüber dem Kunden.[655] So wirken preispolitische Entscheidungen sowohl auf die Wert- als auch Mengenkomponente der Umsatzerlöse, indem der Preis einerseits die Kaufentscheidung an sich und andererseits die Verwendungsintensität beeinflusst.[656] Demnach sind Preisentscheidungen

652 Der Preis definiert sich als die Anzahl der Geldeinheiten, die ein Käufer für eine Mengeneinheit eines bestimmten Produktes oder einer Dienstleistung zu entrichten hat. Vgl. *Simon/Fassnacht*, Preismanagement, 2009, S. 6.

653 Allgemein hierzu Kapitel 4.2.3. Zugleich fungiert der Preis als wichtigstes Element des Marketings. So auch *Ahlert/Kenning*, Handelsmarketing, 2007, S. 233; *Prechtl*, Preispolitik, 2014, S. 21; *Diller*, Preispolitik, 2008, S. 21.

654 Unter dem Begriff „Leistung“ ist eine Sach- oder Dienstleistung zu verstehen.

655 Allgemein hierzu *Diller*, Preispolitik, 2008, S. 34.

656 Vgl. *Meffert et al.*, Marketing, 2015, S. 441. Diese gegenseitige Abhängigkeit ergibt sich zugleich aus der Preis-Umsatzfunktion. Allgemein hierzu *Diller*, Preispolitik, 2008, S. 85 ff.

insbesondere im Rahmen von Produktinnovationen, Markterschließungen, Kostenveränderungen und Konkurrenzreaktionen vorzunehmen.[657]

Die Preispolitik wird vornehmlich an preispolitischen Zielen ausgerichtet. Dabei kann sie neben dem strategischen Oberziel der Gewinnmaximierung[658] zum einen an marktgerichteten Zielen wie der Gewinnung neuer oder der Bindung bestehender Kunden, der Gewinnung von Marktanteilen oder dem Aufbau eines bestimmten Preis- und Markenimages gebunden werden.[659] Zum anderen kann die Strategie in betriebsgerichteten Zielen wie der Arbeitsplatzsicherung oder der Verwirklichung einer optimalen Kostensituation bestehen.[660] Demzufolge entsteht ein Spannungsfeld der absatz-, produktions- und finanzwirtschaftlichen Überlegungen,[661] die bei der Preisfestsetzung zur Erreichung des strategischen Oberziels der Gewinnmaximierung in einen Ausgleich zu bringen sind.

Die Bedeutung des Preises resultiert aus der Tatsache, dass die Preisänderung eine Umsatztreiberwirkung besitzt, indem über den Preis und die Absatzmenge der Umsatz beeinflusst wird. Dabei bewirkt die Preissenkung (Preiserhöhung) eine Erhöhung (Senkung) der Ausbringungsmenge, die schließlich infolge von sinkenden (steigenden) variablen Stückkosten sowie sinkenden (steigenden) Fixkosten je produzierter Einheit eine Kostentreiberwirkung begründet. Auf diese Weise hat die Einflussnahme des Preises auf die Parameter Umsatz und Kosten zugleich eine Gewinntreiberwirkung.[662] Da die Methoden zur Verrechnung von geistigem Eigentum stets an mindestens einem der Parameter Umsatz, Kosten oder Gewinn ansetzen, ist der Einfluss des Preises auf die Verrechnungspreishöhe offensichtlich.

Im Bereich der Preispolitik stehen dem Unternehmen die Möglichkeit der Preisdifferenzierung und der Preisstandardisierung als Entscheidungstatbestände zur Verfügung. Die Preisdifferenzierung beinhaltet die Anpassung des Preises für ein Produkt oder eine Produktvariante anhand der Zahlungsbereitschaft des Kunden, wogegen die Preisstandardisierung eine vollständige

---

657 Vgl. *Winkelmann*, Marketing und Vertrieb, 2010, S. 249; *Meffert et al.*, Marketing, 2015, S. 443.

658 Allgemein hierzu *Diller*, Preispolitik, 2008, S. 41 ff.

659 Vgl. *Prechtl*, Preispolitik, 2014, S. 23 f.; *Meffert et al.*, Marketing, 2015, S. 441; *Meckes/Gehring*, marketingjournal 2006, S. 26 ff.

660 Vgl. *Meffert et al.*, Marketing, 2015, S. 441.

661 Vgl. *Diller*, Preispolitik, 2008, S. 36.

662 Vgl. *Prechtl*, Preispolitik, 2014, S. 21 f.

Harmonisierung des Preises bedeutet.[663] Ziel der Preisdifferenzierung ist es, die unterschiedlichen Zahlungsbereitschaften der Kunden abzugreifen, um so den Gewinn gegenüber der Preisstandardisierung zu steigern.[664] Dabei kann sie über leistungsbezogene, mengenbezogene, käuferbezogene, räumliche oder zeitliche Unterschiede gerechtfertigt werden.[665] Allerdings führt die stetig steigende Markttransparenz dazu, dass Preisdifferenzierungen auf Industriegütermärkten und infolge der zunehmenden Bedeutung des Internets auch auf Konsumgütermärkten immer weniger durchsetzbar sind.[666] Vor diesem Hintergrund werden die Preise in zunehmendem Maße standardisiert.[667]

Die Preisfindung erfolgt stets vor dem Hintergrund der Preisoptimierung. Dafür stehen der kostenorientierte, konkurrenzorientierte und nachfrageorientierte Ansatz bereit.[668]

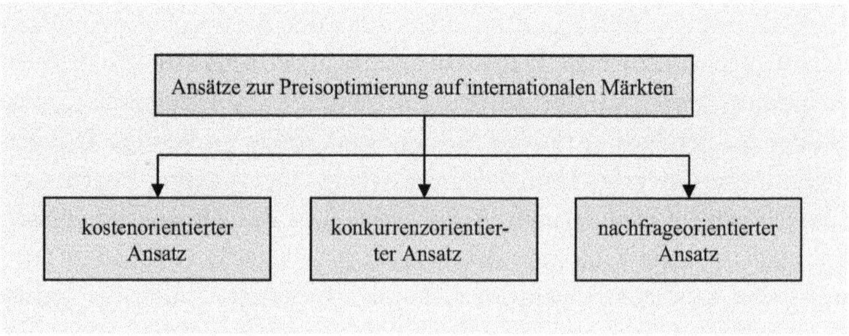

Abbildung 9: Ansätze zur Preisoptimierung

663 So auch *Backhaus/Voeth*, Marketing, 2010, S. 148 ff.; *Meffert et al.*, Marketing, 2015, S. 467. Allgemein hierzu *Fassnacht* in: Diller/Herrmann, Preispolitik, 2003, S. 486 ff.

664 Allgemein hierzu *Simon/Fassnacht*, Preismanagement, 2009, S. 257 ff. Für ein Beispiel zur Preisdifferenzierung siehe *Simon/Fassnacht*, Preismanagement, 2009, S. 252.

665 Vgl. *Diller*, Preispolitik, 2008, S. 227 ff.; *Fassnacht* in: Diller/Herrmann, Preispolitik, 2003, S. 486 f.; *Weis*, Marketing, 2009, S. 334. Ähnlich auch *Winkelmann*, Marketing und Vertrieb, 2010, S. 271 f.; *Simon/Fassnacht*, Preismanagement, 2009, S. 264.

666 Ähnlich auch *Backhaus/Voeth*, Marketing, 2010, S. 151.

667 Für die Einflussfaktoren zur Entscheidungsfindung über die Preispositionierung mittels Preisdifferenzierung oder Preispositionierung siehe *Backhaus/Voeth*, Marketing, 2010, S. 152 ff.

668 Vgl. *Backhaus/Voeth*, Marketing, 2010, S. 167 f.

Unter Anwendung der kostenorientierten Preispolitik wird versucht, den Preis oberhalb der Grenzkosten[669] festzusetzen, sodass über die länderspezifischen Kosten hinaus eine angemessene Marge verbleibt.[670] Dieser Ansatz findet sich bei der Verrechnungspreisermittlung in der Kostenaufschlags- und Wiederverkaufspreismethode wieder. In Märkten mit geringem Wettbewerb erfolgt die Ermittlung des Preises über eine Zuschlagskalkulation.[671] In wettbewerbsintensiven Märkten werden die Kosten hingegen über eine retrograde Preisermittlung vom fixen und über den Markt vorgegebenen Marktpreis her bestimmt und gestaltet.[672]

Die konkurrenzorientierte Preispolitik richtet sich nach der Konkurrenzsituation, indem der Preis entweder an das Preis- und Angebotsverhalten der Wettbewerber[673] ausgerichtet oder aber bewusst eine gegenläufige Preisstrategie verfolgt wird.[674] So existiert das Modell der Preisführerschaft, des Preis-Dumpings, des koalierenden Verhaltens oder der wechselnden Preisführerschaften.[675] Dieser Ansatz wird im Rahmen der Verrechnungspreispolitik u.a. durch eine Datenbankanalyse aufgegriffen, die zumeist unterstützend zur Verrechnungspreiskalkulation Anwendung findet.

Die nachfrageorientierte Preispolitik stellt die präferierte Methode zur Bestimmung des Preises dar, da sie entgegen den anderen Methoden die Preisbereitschaft der Kunden berücksichtigt.[676] Die kostenorientierten und konkurrenzorientierten Ansätze sollten daher vornehmlich ergänzend eingesetzt werden.[677] Allerdings besteht unter Anwendung der nachfrageorientierten Preispolitik die Notwendigkeit, die Preise länderübergreifend aufeinander

---

669 Die Grenzkosten drücken aus, um wie viel sich die Kosten für ein Produkt verändern, wenn sich die Produktionsmenge marginal ändert. Vgl. *Simon/Fassnacht*, Preismanagement, 2009, S. 83.

670 Vgl. *Herrmann* in: Diller/Herrmann, Preispolitik, 2003, S. 733; *Backhaus/Voeth*, Marketing, 2010, S. 167. Dabei kann die Ermittlung auf Vollkosten- oder Teilkostenbasis erfolgen. Vgl. *Weis*, Marketing, 2009, S. 345 f. Allgemein hierzu *Meffert et al.*, Marketing, 2015, S. 483 ff.

671 Allgemein hierzu *Winkelmann*, Marketing und Vertrieb, 2010, S. 264.

672 Vgl. *Winkelmann*, Marketing und Vertrieb, 2010, S. 265.

673 Allgemein hierzu *Simon/Fassnacht*, Preismanagement, 2009, S. 89 f.

674 Vgl. *Backhaus/Voeth*, Marketing, 2010, S. 167.

675 Das Modell der wechselnden Preisführerschaft stellt einen Ausweg dar, um kartellrechtliche Restriktionen zu umgehen. Vgl. *Winkelmann*, Marketing und Vertrieb, 2010, S. 268.

676 So auch *Simon/Fassnacht*, Preismanagement, 2009, S. 84.

677 Vgl. *Meffert et al.*, Marketing, 2015, S. 490.

abzustimmen, um Arbitragemöglichkeiten des Kunden zu vermeiden.[678] Denn falls der Kunde ein identisches Produkt desselben Anbieters unter Berücksichtigung sämtlicher Nebenkosten im Ausland günstiger erwerben und importieren kann, verfehlt die Preisdifferenzierung ihre Wirkung.[679] Daher versuchen die nachfrageorientierten Ansätze dieses Problem gleichermaßen zu lösen, indem eine Preisspanne ermittelt wird, die Arbitragemöglichkeiten ausschließt.[680] Welcher der vorgenannten Ansätze schließlich zum Tragen kommt, hängt jedoch vom Einzelfall ab.

4.2.2.2.2 Marktbedingungen

Eine Preisstrategie ist stets unter Berücksichtigung der Umweltbedingungen des jeweiligen Marktes zu wählen. So ist zunächst der Markt, in dem sich das betreffende Unternehmen befindet, zu identifizieren. Dabei wird der Markt auf die folgenden drei Punkte hin untersucht:[681]

- Vollkommenheitsgrad des Marktes,
- Anzahl und Größe der Marktteilnehmer sowie
- Intensität der Konkurrenzbeziehungen im Markt.

Im Hinblick auf den Vollkommenheitsgrad des Marktes wird zwischen vollkommenen und unvollkommenen Märkten unterschieden. Ein vollkommener Markt liegt vor, wenn sämtliche der folgenden Voraussetzungen erfüllt sind:[682]

- rationales Verhalten aller Anbieter (Gewinnmaximierung) und Nachfrager (Nutzenmaximierung),
- uneingeschränkte Markttransparenz,
- unendlich hohe Reaktionsgeschwindigkeit der Marktteilnehmer,
- offener Markt,
- kein reglementierter Markt,
- keine Verhaltensanomalien unter den Marktteilnehmern und
- keine Substitution durch gleichartige Güter.

Im Umkehrschluss handelt es sich um einen unvollkommenen Markt, soweit eine der vorgenannten Bedingungen nicht erfüllt ist.

---

678 Vgl. *Backhaus/Voeth*, Marketing, 2010, S. 168.

679 Allgemein hierzu *Ivens* in: Diller/Herrmann, Preispolitik, 2003, S. 164 ff.; *Diller*, Preispolitik, 2008, S. 301.

680 Allgemein hierzu *Backhaus/Voeth*, Marketing, 2010, S. 168 ff.

681 Vgl. *Meffert et al.*, Marketing, 2015, S. 459 f.

682 Vgl. *Winkelmann*, Marketing und Vertrieb, 2010, S. 256 f.

Hinsichtlich der Anzahl und Größe der Marktteilnehmer kann zwischen vielen kleinen, wenigen mittelgroßen und einem großen Anbieter(n) bzw. Nachfrager(n) unterschieden werden.[683] Dies führt dazu, dass zwischen den drei Marktformen Monopol, Oligopol und Polypol zu differenzieren ist.[684] In Abhängigkeit von der jeweiligen Ausprägung in Bezug auf die Anzahl und Größe der Marktteilnehmer können schließlich die folgenden neun Marktausprägungen identifiziert werden:

Tabelle 13: Varianten der Marktformen

		Anbieter		
		ein großer Anbieter (monopolistisch)	**wenige mittelgroße Anbieter (oligopolistisch)**	**viele kleine Anbieter (polypolistisch)**
Nachfrager	**ein großer Nachfrager (monopolistisch)**	bilaterales Monopol	beschränktes Nachfragemonopol	Nachfragemonopol
	wenige mittelgroße Nachfrager (oligopolistisch)	beschränktes Angebotsmono-pol	bilaterales Oligopol	Nachfrageoligopol
	viele kleine Nachfrager (polypolistisch)	Angebotsmono-pol	Angebotsoligopol	bilaterales Polypol

Die Aussage über die Marktausprägung allein lässt allerdings noch keine Feststellung über die am besten geeignete Preisstrategie zu. Vielmehr ist dieses Wissen mit der Kenntnis über die Intensität der Konkurrenzbeziehungen zwischen den Marktteilnehmern zu verbinden.[685] Insofern ist wiederum der Vollkommenheitsgrad des Marktes von Bedeutung. So ist davon auszugehen, dass die Konkurrenz, d.h. die Reaktionen der Konkurrenten auf Entscheidungen eines Anbieters, mit zunehmender Unvollkommenheit des Marktes zunimmt. Da jedoch in der Praxis faktisch keine vollkommenen Märkte existieren, ist das

683 Vgl. *Meffert et al.*, Marketing, 2015, S. 459 f.

684 Vgl. *Diller*, Preispolitik, 2008, S. 72 f.; *Meffert et al.*, Marketing, 2015, S. 460 f.; *Wöhe*, Betriebswirtschaftslehre, 2016, S. 411.

685 So auch *Diller*, Preispolitik, 2008, S. 59.

Wissen über die Intensität der Konkurrenzbeziehungen bei der Wahl der am besten geeigneten Preisstrategie von besonderer Bedeutung.[686]

4.2.2.2.3 Preispositionierung

Die Preisstrategie ist in Anlehnung an die identifizierten Marktbedingungen auszuarbeiten. Dabei beginnt die Entwicklung einer preispolitischen Strategie stets mit der Preispositionierung, d.h. mit der Festlegung der grundsätzlichen Richtung einer Preisstrategie.[687] Zugleich ist sie für die Verrechnungspreisermittlung von elementarer Bedeutung, da sie über den Erfolg oder Misserfolg eines Produktes[688] und somit über den Wert des zugrunde liegenden geistigen Eigentums maßgeblich mitentscheidet. So lässt sich ein Produkt wesentlich einfacher am Markt anbieten, wenn sich die betreffende Innovation bereits auf dem Markt etabliert hat und eine hohe Marge generiert.

Im Rahmen der Preispositionierung ist festzulegen, ob der Preis eher hoch- oder niedrigpreisig angesetzt werden soll.[689] Diese Entscheidung ist jedoch nicht isoliert, sondern vielmehr im Zusammenhang mit der Qualität des betreffenden Produktes sowie den verfügbaren Unternehmensressourcen hinsichtlich des Services und der Kommunikationspolitik zu treffen.[690] So lassen sich die in der folgenden Abbildung dargestellten fünf Optionen der strategischen Preispositionierung unterscheiden:

686 So auch *Meffert et al.*, Marketing, 2015, S. 460.

687 Aufgrund ihrer großen Tragweite werden Entscheidungen der strategischen Preispolitik von der Unternehmensleitung getroffen. Vgl. *Wöhe*, Betriebswirtschaftslehre, 2016, S. 425.

688 Ähnlich auch *Diller*, Preispolitik, 2008, S. 289.

689 Vgl. *Meffert et al.*, Marketing, 2015, S. 461; *Sebastian/Maessen* in: Diller/Herrmann, Preispolitik, 2003, S. 57; *Wöhe*, Betriebswirtschaftslehre, 2016, S. 425 f.

690 So auch *Meffert et al.*, Marketing, 2015, S. 461.

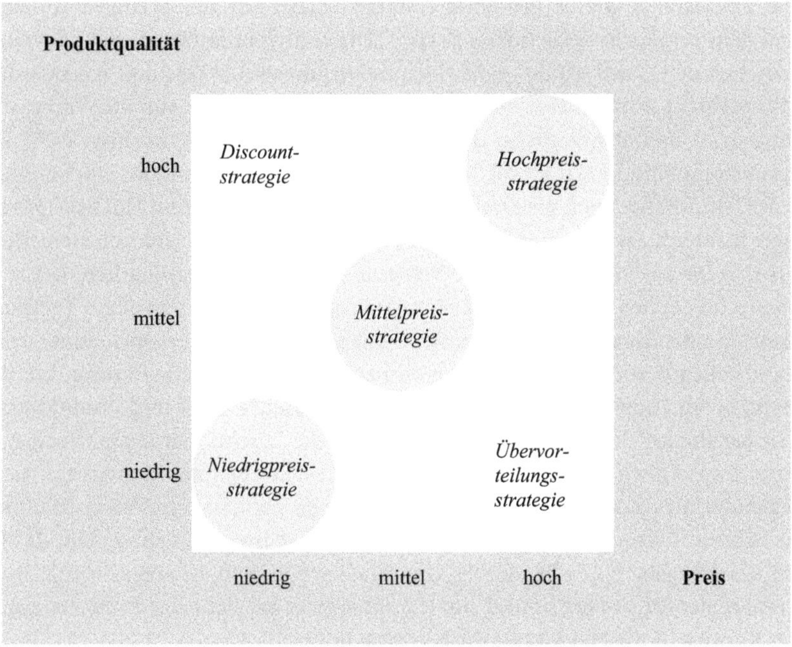

Abbildung 10: Optionen der strategischen Positionierung[691]

Die Niedrigpreisstrategie wird vornehmlich im Bereich der Massenprodukte angewandt. Die Zielgruppe umfasst insbesondere preisbewusste Kunden. Die Produkte werden dabei in hoher Stückzahl mit kleinen Stückgewinnen produziert.[692] Auf die Hochpreisstrategie wird hingegen besonders im Zusammenhang mit der Produktion und dem Vertrieb von Luxusartikeln zurückgegriffen.[693] Ihre Zielgruppe ist vorwiegend prestige- und markenbewusst aufgestellt. Das Geschäftsmodell basiert daher auf Produkten, die in kleiner Stückzahl mit hohen Stückgewinnen produziert und vertrieben werden.[694]

---

691 In Anlehnung an *Sebastian/Maessen* in: Diller/Herrmann, Preispolitik, 2003, S. 58. Für ein erweitertes Konzept der Preispositionierung siehe *Diller*, Preispolitik, 2008, S. 255.

692 Vgl. *Wöhe*, Betriebswirtschaftslehre, 2016, S. 426.

693 So auch vgl. *Diller*, Preispolitik, 2008, S. 256.

694 Vgl. *Wöhe*, Betriebswirtschaftslehre, 2016, S. 425; *Simon/Fassnacht*, Preismanagement, 2009, S. 62. Als Beispiel sei auf Familienmarken wie Porsche und Ferrari verwiesen. Vgl. *Meffert et al.*, Marketing, 2015, S. 462.

Die Exklusivität dieser Produkte resultiert dabei aus der geringen Auflage und dem vergleichsweise hohen Preis.[695] Die Mittelpreisstrategie befindet sich zwischen den Niedrigpreis- und Hochpreissegmenten. Allerdings hat sich die Mittelschicht zunehmend ausgedünnt, was insbesondere auf die Verbesserung des Qualitätsniveaus in der unteren Preislage zurückzuführen ist.[696] In der Automobilindustrie ist die Mittelpreisstrategie hingegen noch stark ausgeprägt. Dort äußert sich die Dreiteilung in Niedrig-, Mittel- und Hochpreisstrategie insofern, als zwischen Kompakt-, Mittel- und Oberklasse unterschieden wird.[697] Daran wird zugleich die Strategie vieler Konzerne deutlich, die mit unterschiedlichen Produktmarken versuchen, möglichst sämtliche Preiskategorien abzudecken.[698] Die Discountstrategie und die Übervorteilungsstrategie stellen besondere Formen der strategischen Preispositionierung dar, da sie nicht auf einem ausgewogenen Verhältnis zwischen Preis und Produktqualität beruhen.[699] Vielmehr kennzeichnet sich die Discountstrategie durch ein gutes Preis-Leistungs-Verhältnis aus, das dem Unternehmen ermöglicht, sich gegenüber der Konkurrenz Wettbewerbsvorteile für das betreffende Produkt zu sichern.[700] Von der Übervorteilungsstrategie ist hingegen abzuraten, da sie auf der Hingabe eines Produktes von relativer Qualität zu einem vergleichsweise hohen Preis beruht und somit auf langfristige Sicht das Preisvertrauen des Kunden in die Produktmarke beeinträchtigt.[701]

4.2.2.2.4 Lebenszyklusabhängige Preisstrategie in Abhängigkeit vom Markteintritt

Nach Festlegung der Preispositionierung wird in einem zweiten Schritt festgelegt, ob der Preis eines Produktes im Zeitablauf und im Hinblick auf bestimmte Zielgruppen und regionale Märkte konstant auf Basis einer Niedrig-, Mittel- oder Hochpreisstrategie angesetzt wird oder variieren soll.[702] Diesbezüglich ist

---

695 Vgl. *Meckes/Gehring*, marketingjournal 2006, S. 26 f.

696 Vgl. *Diller*, Preispolitik, 2008, S. 255 f.

697 Vgl. *Simon/Fassnacht*, Preismanagement, 2009, S. 35.

698 Für entsprechende Beispiele siehe *Simon/Fassnacht*, Preismanagement, 2009, S. 37.

699 So auch *Sebastian/Maessen* in: Diller/Herrmann, Preispolitik, 2003, S. 57.

700 Vgl. *Haas* in: Diller/Herrmann, Preispolitik, 2003, S. 217. Als strategische Unternehmenskonzeption lässt sich die Discountstrategie zudem in Preisführerschaft, Leistungsvereinfachung und Kostenführerschaft gliedern. Allgemein hierzu *Diller*, Preispolitik, 2008, S. 259 ff.

701 So auch *Meffert et al.*, Marketing, 2015, S. 462; *Sebastian/Maessen* in: Diller/Herrmann, Preispolitik, 2003, S. 57.

702 So auch *Meffert et al.*, Marketing, 2015, S. 463.

insbesondere die Skimmingstrategie von der Penetrationsstrategie zu unterscheiden. Ferner ist das Markteintrittstiming im Rahmen der Markteintrittsstrategie zu definieren. Insoweit sind die folgenden drei Dimensionen des Markteintritts zu unterscheiden:[703]

- wettbewerbsbezogene Dimension des Markteintritts,
- räumliche Dimension des Markteintritts und
- Einführungszeitpunkt eines Produktes.

In den drei Dimensionen hat das Unternehmen jeweils abzuwägen, welche Strategie zu wählen ist, um das optimale Markteintrittstiming zu erreichen.

Zur Festlegung der Markteintrittsstrategie sind insbesondere der Markteintritt des Pioniers, des frühen Folgers und des späten Folgers[704] voneinander abzugrenzen. Sämtliche Markteintrittsstrategien sind sowohl mit Vorteilen als auch Nachteilen verbunden. So besitzt der Pionier teils erhebliche Vorteile durch die folgenden Punkte:

- Technologie- und Qualitätsführerschaft,
- Möglichkeit der frühzeitigen Sicherung knapper Ressourcen,[705]
- geringe Wechselverhalten der Kunden hin zu anderen Produktmarken und
- Kundenverhalten unter Unsicherheit.[706]

Beispielsweise scheuen die Kunden häufig den Aufwand, nach Alternativprodukten zu suchen, soweit sich ein Produkt bewährt hat.[707] Dabei können die Wechselkosten des Kunden von einem Unternehmen zusätzlich erhöht werden, um die Kundenbindung zu fördern. So erschwert Apple einen Produktwechsel hin zu einem Konkurrenzprodukt insofern, als zahlreiche Apple Produkte nicht mit den Produkten anderer Anbieter kompatibel sind.[708] Zudem neigen Kunden insbesondere bei Gütern mit geringem Nutzen und großer Unsicherheit

---

703 Vgl. *Fischer/Himme* in: Albers/Gassmann, Technologie- und Innovationsmanagement, 2011, S. 421 f.

704 So auch *Robinson/Fornell*, JMR 1985, S. 310; *Fischer et al.*, ZfB 2007, S. 541 f. Allgemein hierzu *Backhaus/Voeth*, Marketing, 2010, S. 96 ff.

705 Hierunter fallen beispielsweise Rohstoffe und Grundbesitz. Vgl. *Lieberman/Montgomery*, SMJ 1988, S. 44.

706 Allgemein hierzu *Lieberman/Montgomery*, SMJ 1988, S. 41 ff.; *Fischer/Himme* in: Albers/Gassmann, Technologie- und Innovationsmanagement, 2011, S. 423 ff.

707 Vgl. *Fischer/Himme* in: Albers/Gassmann, Technologie- und Innovationsmanagement, 2011, S. 426.

708 Beispielsweise unterscheidet sich die Schnittstelle des I-Phones von der Schnittstelle anderer Handy Anbieter auf dem Markt.

hinsichtlich der Produktqualität zu einer hohen Markentreue, soweit sie ein Produkt ausreichend zufrieden stellt.[709] Ferner kann die Technologieführerschaft über einen begrenzten Zeitraum hinweg über Patente[710] behauptet werden.[711] Insoweit wird der Pionier befähigt, seine beschriebene Marktstellung gezielt auszunutzen, um die Absatzpreisgestaltung für das betreffende Produkt flexibel zu gestalten. Der Absatzpreis kann wiederum je nach gewählter Verrechnungspreismethode die Verrechnungspreishöhe beeinflussen.

Die Eigenschaft als vorübergehender Monopolist im Markt erlaubt es dem Pionier regelmäßig, eine Skimmingstrategie zu verfolgen. Sie setzt in der Einführungsphase des Neuproduktes auf einen relativ hohen Einstiegspreis bei niedrigen Absatzmengen und relativ hohen Stückkosten.[712] Der Einstiegspreis lässt sich dabei zumeist durch einen höheren Kundennutzen gegenüber der Konkurrenz[713] aufgrund der Technologie- und Qualitätsführerschaft sowie der erhöhten Markentreue rechtfertigen[714]. Zudem kann die hohe Marge dazu genutzt werden, die Einführungsanstrengungen des Produktes zeitnah zu amortisieren und die anfangs häufig nur unzulänglich bestehenden Produktions- und Vertriebsaktivitäten zu erweitern.[715] Zwar birgt die Skimmingstrategie stets die Gefahr, durch die hohe Marge potenzielle Konkurrenten anzulocken. Allerdings besteht die Möglichkeit, über Patente oder durch die Kontrolle über Ressourcen, Lieferanten und Absatzkanäle gezielte Markteintrittsbarrieren aufzubauen, um der Konkurrenz den Markteintritt zu erschweren.[716] Im

---

709 Vgl. *Lieberman/Montgomery*, SMJ 1988, S. 46. Ähnlich auch *Alpert/Kamins*, JAMS 1994, S. 245.

710 Ein Patent ist ein öffentlich zugängliches Dokument, das dem Anmelder ein exklusives Nutzungsrecht für ein Produkt oder einen Prozess innerhalb eines vordefinierten Zeitraums gewährt. Vgl. *Bergmann/Tiwari*, Innovationspfade, 2017, S. 4.

711 Vgl. *Fischer/Himme* in: Albers/Gassmann, Technologie- und Innovationsmanagement, 2011, S. 424. Kritisch hierzu *Lieberman/Montgomery*, SMJ 1988, S. 43 f.

712 Vgl. *Meffert et al.*, Marketing, 2015, S. 464; *Wöhe*, Betriebswirtschaftslehre, 2016, S. 427.

713 Der Nutzenvorteil kann sich durch ein Alleinstellungsmerkmal in funktionaler, qualitativer, modischer, ästhetischer oder sonstiger Hinsicht äußern. So auch *Reinecke/Hahn* in: Diller/Herrmann, Preispolitik, 2003, S. 343.

714 Vgl. *Fischer/Himme* in: Albers/Gassmann, Technologie- und Innovationsmanagement, 2011, S. 425. Dies gelingt insbesondere gegenüber Abnehmern mit hohem Einkommen und relativ geringem Preisinteresse. Vgl. *Diller*, Preispolitik, 2008, S. 292; *Schneider* in: Diller/Herrmann, Preispolitik, 2003, S. 100.

715 Allgemein hierzu *Meffert et al.*, Marketing, 2015, S. 465.

716 Ebd.

weiteren Verlauf sinken jedoch die beiden Variablen Marktanteil und Gewinnmarge erwartungsgemäß, sodass der Preis im Laufe der Zeit sukzessive gesenkt wird, um wettbewerbsfähig zu bleiben.[717] Ziel der Skimmingstrategie ist es, die Kosten für eine Produktinnovation durch eine anfangs überdurchschnittliche Konsumentenrente möglichst schnell zu amortisieren.[718]

Soweit für eine neue Innovation die Gefahr der Nachahmung durch Konkurrenzprodukte hoch ist oder die Einführung einer Markteintrittsbarriere in Form eines Patentschutzes nicht gewährleistet werden kann, empfiehlt es sich für den Pionier sogar, auf die Penetrationsstrategie zu setzen.[719] So setzt die Penetrationsstrategie[720] für einen marktüblichen Nutzen auf einen relativ niedrigen Einstiegspreis,[721] mit dem der Marktanteil zügig erhöht werden soll.[722] Dadurch können potenzielle Konkurrenten bereits aufgrund der scheinbar relativ geringen Gewinnmarge abgeschreckt und die Pionier-Position im Zeitwettbewerb gefestigt werden.[723] Mit der schnellen Marktdurchdringung ist ferner die Erwartung verbunden, hohe Erfahrungskurveneffekte zu generieren, um rasch die Produktionskosten zu senken.[724] Zugleich können die Erfahrungskurveneffekte zu hohen Technologiesprüngen in Bezug auf Nachfolgeprodukte führen.[725] Die Gewinnmarge wird bei der Penetrationsstrategie jedoch zunächst niedrig angesetzt, sodass die Kosten für eine Produktinnovation erst nach einem längeren Zeitraum über das Mengenwachstum amortisiert werden.[726] Ist das Produkt hingegen im Markt etabliert, kann der Preis

---

717 So auch *Wöhe*, Betriebswirtschaftslehre, 2016, S. 427; *Meffert et al.*, Marketing, 2015, S. 464; *Herrmann* in: Diller/Herrmann, Preispolitik, 2003, S. 733.

718 Vgl. *Meffert et al.*, Marketing, 2015, S. 464; *Voigt* in: Diller/Herrmann, Preispolitik, 2003, S. 712; *Winkelmann*, Marketing und Vertrieb, 2010, S. 276.

719 So auch *Voigt* in: Diller/Herrmann, Preispolitik, 2003, S. 712; *Winkelmann*, Marketing und Vertrieb, 2010, S. 276; *Meffert et al.*, Marketing, 2015, S. 463 f.; *Schneider* in: Diller/Herrmann, Preispolitik, 2003, S. 100.

720 Auch als Durchdringungsstrategie bezeichnet. Vgl. *Wöhe*, Betriebswirtschaftslehre, 2016, S. 426.

721 Vgl. *Reinecke/Hahn* in: Diller/Herrmann, Preispolitik, 2003, S. 343; *Simon/Fassnacht*, Preismanagement, 2009, S. 328 f.

722 Vgl. *Voigt* in: Diller/Herrmann, Preispolitik, 2003, S. 711; *Meffert et al.*, Marketing, 2015, S. 463; *Diller*, Preispolitik, 2008, S. 289.

723 Vgl. *Voigt* in: Diller/Herrmann, Preispolitik, 2003, S. 712; *Winkelmann*, Marketing und Vertrieb, 2010, S. 276; *Simon/Fassnacht*, Preismanagement, 2009, S. 329.

724 Allgemein hierzu *Diller*, Preispolitik, 2008, S. 289 ff.

725 Vgl. *Diller*, Preispolitik, 2008, S. 292.

726 Vgl. *Wöhe*, Betriebswirtschaftslehre, 2016, S. 426 f.

schrittweise erhöht und, falls Wettbewerber im Markt existieren, an das Konkurrenzniveau herangeführt werden.[727] Preiserhöhungen sind allerdings nur selten durchsetzbar, da sich die Kunden bereits nach kurzer Zeit an den niedrigen Preis gewöhnt haben.[728]

Die Pionierstrategie ist jedoch zugleich mit Nachteilen gegenüber dem frühen und späten Folger verbunden. So profitieren die Folger regelmäßig von Free-Rider-Effekten. Demnach können sich die Folger entsprechende Vorteile des Pioniers im Hinblick auf die folgenden Punkte für ihre eigenen Produkte zu Nutze machen:[729]

- Produkt- und Prozessinnovationen,
- Facharbeiter,
- Infrastruktur sowie
- Marketing.

Nach einer Studie von *Mansfield/Schwartz/Wagner*[730] aus dem Jahr 1981 können die Innovator Kosten auf diese Weise für 60 % der patentierten Innovationen um durchschnittlich 36 % reduziert werden. Darüber hinaus besteht für die Folger die Möglichkeit, von Fehlern des Pioniers zu lernen und die Trägheit des Marktführers in Bezug auf neue Innovationen zu nutzen, um ihren eigenen Marktanteil auszubauen.[731] Der frühe Folger besitzt indessen gegenüber dem späten Folger den bedeutenden Vorteil, dass er in einen weniger wettbewerbsintensiven Markt eintritt. Die beschriebenen Vorteile können die Folger schließlich dazu verwenden, einen Kostenvorteil für das betreffende Produkt zu generieren. Dieser Kostenvorteil kann sich wiederum in der Verrechnungspreishöhe niederschlagen.

Für den frühen und späten Folger empfiehlt es sich regelmäßig, auf die Penetrationsstrategie zu setzen. So bietet die Strategie dem Folger insbesondere die Möglichkeit, die Markentreue der Kunden gegenüber den Wettbewerbern zu brechen und den Markt zu durchdringen.[732] Zudem können zügig

727 Vgl. *Wöhe*, Betriebswirtschaftslehre, 2016, S. 426.

728 So auch *Diller*, Preispolitik, 2008, S. 289 f.; *Voigt* in: Diller/Herrmann, Preispolitik, 2003, S. 713.

729 Vgl. *Lieberman/Montgomery*, SMJ 1988, S. 47.

730 Vgl. *Mansfield et al.*, EJ 1981, S. 913 ff.

731 Vgl. *Lieberman/Montgomery*, SMJ 1988, S. 47 f.

732 Vgl. *Meffert et al.*, Marketing, 2015, S. 463; *Wöhe*, Betriebswirtschaftslehre, 2016, S. 426.

Erfahrungskurveneffekte generiert werden, um die Kosten zu senken.[733] Die Gefahren der Penetrationsstrategie liegen hingegen insbesondere in der langen Amortisationsdauer der Einführungsanstrengungen und dem geringen preispolitischen Spielraum nach unten.[734]

4.2.2.3 Produktbezogene Kostenentwicklung

4.2.2.3.1 Beeinflussbare Kosten

Neben dem Preis stellen die Kostenveränderungen einen bedeutenden Faktor bei der Verrechnungspreisermittlung für geistiges Eigentum dar. Dies gilt in besonderem Maße für Kosten, die vom Unternehmer direkt beeinflussbar sind. So wirkt sich die Kostenentwicklung insofern auf die Verrechnungspreisermittlung aus, als sie die Berechnungsgrundlage zur Verrechnungspreisbestimmung beeinflusst.

Es existieren zahlreiche Faktoren, die auf die Kosten einwirken. In diesem Zusammenhang sind insbesondere die folgenden Einflussgrößen zu nennen:[735]

- Betriebsgröße (Fertigungskapazität eines Betriebes),
- Produktionsprogramm (in einer Periode in bestimmter zeitlicher und mengenmäßiger Verteilung hergestellte Produkte verschiedener Qualität),
- Beschäftigung (in einer bestimmten Periode gefertigte Produktmenge),
- Produktionsbedingungen (Gestaltung des Produktionsablaufs),
- Faktorqualität (für einen Produktionsprozess relevante Produktionsfaktoren),
- Faktorpreise, soweit sie nicht unter die nicht beeinflussbaren Kosten fallen (Preise für Roh-, Hilfs- und Betriebsstoffe),
- Absatzpolitik (erfolgsabhängige Entlohnung etc.),
- Finanzierungsbereich (Kapitalbindung durch Lagerhaltung etc.) und
- Forschung und Entwicklung (Kostenreduktion durch Kooperationen).

---

733 Vgl. *Voigt* in: Diller/Herrmann, Preispolitik, 2003, S. 712; *Winkelmann*, Marketing und Vertrieb, 2010, S. 276. Der Erfahrungskurveneffekt impliziert, dass sich ein Unternehmen insbesondere durch überdurchschnittliche Marktwachstumsraten relative Kostenvorteile gegenüber der Konkurrenz verschaffen kann. Vgl. *Diller*, Preispolitik, 2008, S. 290.

734 Vgl. *Diller*, Preispolitik, 2008, S. 292; *Meffert et al.*, Marketing, 2015, S. 464.

735 Vgl. *Wöhe*, Betriebswirtschaftslehre, 2016, S. 299 ff.

Bei den vorgenannten Faktoren handelt es sich im Wesentlichen um unternehmensinterne Faktoren. Dabei beinhalten sie sowohl fixe als auch variable Kosten.

Fixe Kosten stellen Kosten dar, die unabhängig von der Beschäftigung in konstanter Höhe anfallen, kapazitätsabhängig sind und für die Aufrechterhaltung der Betriebsbereitschaft entstehen.[736] Sie erwachsen unabhängig von der Anzahl der produzierten Einheiten und sind vornehmlich durch eine Erhöhung der Ausbringungsmenge reduzierbar. Als Beispiel sei hier die Verringerung der Leerkosten[737] genannt. Die fixen Kosten sind ferner durch Größeneffekte reduzierbar. So rentiert sich die Beschaffung einer großen und teuren Spezialanlage mit robotergesteuerter Montage wegen der hohen Investitionen erst ab einer bestimmten Ausbringungsmenge.[738] Der Unternehmer besitzt dann aber einen strategischen, da kurzfristig nicht aufholbaren Kostenvorsprung, der wiederum preispolitisch am Markt eingesetzt werden kann, um Marktanteile und in der Folge erneute Kostenvorteile durch Größeneffekte zu realisieren.[739] Insoweit empfiehlt sich regelmäßig eine Kombination mit der preispolitischen Strategie der Penetration.

Variable Kosten sind hingegen beschäftigungsabhängige Kosten und fallen mit jeder zusätzlich produzierten Einheit an.[740] Sie stellen die kurzfristige Preisuntergrenze dar, zu der das entsprechende Produkt aus wirtschaftlichen Gesichtspunkten noch angeboten werden kann.[741] Die variablen Kosten lassen sich vorwiegend durch das Verhandlungsgeschick des Unternehmers reduzieren und sind mit den Größeneffekten kombinierbar. Als Beispiel sei die Bestellung größerer Rohstoffmengen unter Berücksichtigung eines Mengenrabatts

---

736 Vgl. *Coenenberg et al.*, Kostenrechnung, 2012, S. 75; *Freidank*, Kostenrechnung, 2001, S. 36. Als Beispiel dienen Mieten für Büroräume oder Produktionshallen, Darlehenszinsen sowie Geschäftsführergehälter. Vgl. *Wöhe*, Betriebswirtschaftslehre, 2016, S. 294 f.

737 Als Leerkosten wird der Teil der Fixkosten bezeichnet, dem wegen mangelnder Kapazitätsauslastung keine Nutzung zugrunde liegt. Allgemein hierzu *Freidank*, Kostenrechnung, 2001, S. 38 ff.

738 Vgl. *Diller*, Preispolitik, 2008, S. 214.

739 Vgl. *Diller*, Preispolitik, 2008, S. 214 f.

740 Vgl. *Freidank*, Kostenrechnung, 2001, S. 36; *Schildbach/Homburg*, Kosten- und Leistungsrechnung, 2009, S. 52; *Simon/Fassnacht*, Preismanagement, 2009, S. 83. Beispielhaft sind Werkstoffkosten und Fertigungslöhne zu nennen. Vgl. *Wöhe*, Betriebswirtschaftslehre, 2016, S. 295.

741 Vgl. *Simon/Fassnacht*, Preismanagement, 2009, S. 83.

genannt. Zudem können besonders die Fertigungslohnkosten durch eine Verlagerung der Produktion in ein sog. „Niedriglohnland" gesenkt werden.

Neben den genannten Effekten wirken sich ferner die Erfahrungseffekte teils erheblich auf die Kostenentwicklung aus. Dies resultiert beispielsweise aus Lernkurven der Mitarbeiter oder der Erlangung von neuen Prozessinnovationen.[742] So wird allgemeinhin angenommen, dass die auf die Wertschöpfung bezogenen realen Stückkosten mit jeder Verdoppelung der Ausbringungsmenge um einen konstanten Prozentsatz von 20–30 % sinken.[743] Voraussetzung für derartige Erfahrungseffekte ist jedoch, dass ein standardisiertes Produkt produziert wird, da sich die Kostensenkungspotenziale mit abnehmender Standardisierung reduzieren.[744]

4.2.2.3.2 Nicht beeinflussbare Kosten

Neben den vom Unternehmer beeinflussbaren Faktoren können ferner nicht beeinflussbare Faktoren auf die Kosten und folglich auf die Verrechnungspreisermittlung einwirken. Beispielhaft seien die folgenden Einflussgrößen genannt:[745]

- Faktorpreise, soweit sie nicht unter die beeinflussbaren Kosten fallen (Preise für Roh-, Hilfs- und Betriebsstoffe),
- Steuersätze,
- Anzahl der Arbeitstage je Periode,
- Eigenschaften von Produktionsfaktoren (technische Eigenschaften von Maschinen etc.) und
- Rechtliche Rahmenbedingungen (Umweltschutzauflagen etc.).

Bei den vorgenannten Faktoren handelt es sich um unternehmensexterne Faktoren. Die Reduzierung dieser Kosten stiftet zwar einen Mehrwert für das betreffende Unternehmen. Da allerdings keine konzerninternen Ressourcen für die Einsparungen verantwortlich sind, werden sie im Rahmen der Verrechnungspreisgestaltung auch nicht als vergütungswürdig angesehen. Vielmehr kommt ein derartiger Mehrwert stets in vollem Umfang dem betreffenden

742 So auch *Coenenberg et al.*, Kostenrechnung, 2012, S. 423.

743 Vgl. *Henderson*, Erfahrungskurve, 1984, S. 19; *Diller*, Preispolitik, 2008, S. 215; *Schildbach/Homburg*, Kosten- und Leistungsrechnung, 2009, S. 215. Für empirirsche Beispiele von Erfahrungseffekten siehe *Simon/Fassnacht*, Preismanagement, 2009, S. 324.

744 Vgl. *Backhaus/Voeth*, Marketing, 2010, S. 268.

745 Vgl. *Wöhe*, Betriebswirtschaftslehre, 2016, S. 301.

Konzernunternehmen zugute. Insofern ist jedoch zu beachten, dass diese Vorteile unter Anwendung der geschäftsvorfallbezogenen Gewinnaufteilungsmethode über eine höhere Gewinnmarge in die Verrechnungspreisermittlung für geistiges Eigentum einfließen können.

4.2.3 Bewertung der Faktoren zur Verrechnungspreisermittlung

4.2.3.1 Angemessenheit des Marktpreises

Der unmittelbare Einfluss von Innovationen und Marken auf den Marktpreis erscheint inzwischen als gesichert. So wirken Produktinnovationen auf den Umsatz, indem sich entweder die Güternachfrage unmittelbar erhöhen lässt[746] oder bei stagnierender Nachfrage über eine Preiserhöhung eine größere Konsumentenrente abschöpfbar ist. Gleichzeitig führen Produktinnovationen zu einer Verbesserung des Preis-Leistungs-Verhältnisses,[747] das nachweislich die Preisbereitschaft der Kunden erhöht.[748] Prozessinnovationen hingegen bewirken Studien zufolge vornehmlich eine Produktivitätssteigerung.[749] Dabei wirkt sich die daraus resultierende Kostensenkung regelmäßig insofern auf den Umsatz aus, als die geringeren Produktionskosten dem Unternehmer die Möglichkeit eröffnen, das betreffende Produkt zu einem niedrigeren Preis anzubieten,[750] um sich auf diese Weise – beispielsweise über eine Discountstrategie – einen Wettbewerbsvorteil gegenüber den Wettbewerbern zu verschaffen. Kostenreduktionen auf Basis von Erfahrungseffekten werden davon jedoch nicht erfasst.

Ähnliches gilt in Bezug auf den Wert einer Unternehmens-, Familien- oder Produktmarke. Beispielsweise stiftet eine Premiummarke dem Kunden einen Zusatznutzen, sodass seine Bereitschaft wächst, ein Preis-Premium für das betreffende Produkt zu zahlen.[751] Dabei stehen das Preis-Premium, die

---

746 So auch *Smolny/Schneeweis*, Journal of Economics and Statistics 1999, S. 456 ff.

747 Vgl. *Zinkl*, Innovationskraft, 2007, S. 30.

748 Vgl. *Lichtenstein et al.*, JCR 1988, S. 243 ff.

749 Vgl. u.a. *Parisi et al.*, EER 2006, S. 2037 ff.; *Klomp/van Leeuwen*, IJEB 2001, S. 343 ff.; *Janz et al.*, Problems and Perspectives in Management 2004, S. 184 ff.; *Jefferson et al.*, Econ Innovat New Tech 2006, S. 345 ff. Die Produktivitätssteigerung definiert sich als Verbesserung des Produktionsergebnisses im Verhältnis zu den dafür eingesetzten Produktionsfaktoren. Vgl. *Happe et al.*, Wirtschaftslexikon, 2012, S. 255.

750 So auch *Smolny/Schneeweis*, Journal of Economics and Statistics 1999, S. 455 ff.

751 Vgl. *Wiedemann et al.*, Marketing Review St. Gallen 2010, S. 38. Insoweit wird auch von einem sog. „Framing-Effekt“ gesprochen. Demnach wirkt die Marke im Hintergrund eines Produktes insofern, als sie eine Anziehungskraft auf den Kunden ausübt. Allgemein hierzu *Scheier/Held*, Marken, 2009, S. 30 f.

Exklusivität des Produktes und der Markenwert im wechselseitigen Verhältnis zueinander. So wird die preislich verursachte Exklusivität zu einem Bestandteil des Markenimages, sodass sich das daraus gewonnene Marken-Premium bei der Preisfestsetzung im Rahmen einer Hochpreisstrategie nutzen lässt.[752] Demgegenüber erhöht sich der Markenwert eines Massenproduktes durch seinen hohen Marktanteil und den daraus resultierenden Bekanntheitsgrad. Die Bekanntheit des Produktes kann wiederum genutzt werden, um den Marktanteil weiter auszubauen. Hinzu kommt, dass Marken in besonderem Maße der Kundenbindung dienen und häufig das einzig wirklich differenzierende Merkmal im Wettbewerb um Marktanteile darstellen.[753] Ferner lassen sich die teils erheblichen Werte von einzelnen Marken ohnehin vornehmlich durch ihre Umsatztreiberwirkung erklären.[754] Demnach kann sich der Markenwert zum einen positiv auf den Preis auswirken und zum anderen die Absatzmenge erhöhen.[755]

Der nachweislich bestehenden Korrelation zwischen den Innovationen und Marken einerseits und dem Umsatzwachstum andererseits ist zu entnehmen, dass ein Zusammenhang zwischen dem Wert des geistigen Eigentums und dem Marktpreis einer Leistung besteht. So stellt das geistige Eigentum die immateriellen Werte zur Nutzung von Innovationen und Marken dar, wogegen der Umsatz aus einer Aggregation zahlreicher einzelner Geschäftsvorfälle zum Absatzpreis resultiert. Da die Umsatzentwicklung wiederum über den Absatzpreis im Rahmen der Preispolitik und die damit verbundene Ausbringungsmenge gesteuert wird, ist den Studien ein eindeutiger Zusammenhang zwischen dem Wert des geistigen Eigentums und dem Marktpreis der Leistung, die mit diesem geistigen Eigentum erbracht wird, zu entnehmen.

---

752 Wird das Marken-Premium in der Bepreisung hingegen nicht berücksichtigt, so droht langfristig eine Erosion des Marken-Premium. Vgl. *Meckes/Gehring*, marketingjournal 2006, S. 26 ff.

753 So auch *Britschgi* in: Berndt, Management-Konzepte, 2006, S. 231.

754 Beispielsweise stellt Toyota mit 59.479 Mio. € die wertvollste Unternehmensmarke in der Automobilindustrie dar, gefolgt von Mercedes-Benz mit 58.225 Mio. $ und Volkswagen mit 47.020 Mio. $ (Stand: Mai 2021). Vgl. *Statista*, Markenwert Automarken, 2021.

755 Allgemein hierzu *Meckes/Gehring*, marketingjournal 2006, S. 27 f.

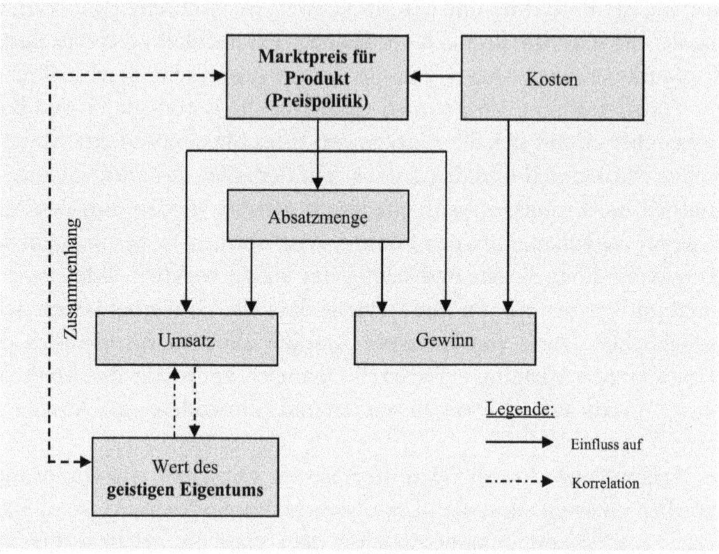

Abbildung 11: Zusammenhang zwischen Preisentwicklung einer Leistung und Wert des geistigen Eigentums

Die deutsche Finanzverwaltung und die OECD widersprechen diesem Standpunkt nicht. So erfolgt die Vergütung nach der geschäftsvorfallbezogenen Nettomargenmethode anhand eines Lizenzsatzes als Anteil am Umsatz, wenngleich sich die Methode in aller Regel nicht auf die Vergütung von geistigem Eigentum anwenden lässt. Dies ist jedoch lediglich damit zu begründen, dass für geistiges Eigentum keine fremdvergleichskonformen Vergleichswerte existieren. So erscheint es unmöglich, einen Prozentsatz zu ermitteln, der eine angemessene Vergütung zur Nutzung des geistigen Eigentums darstellt. Die Eignung des Marktpreises einer Leistung, an den der Prozentsatz zur Ermittlung einer Lizenz gebunden werden kann, ist hingegen nicht anzuzweifeln.

Der Anlehnung der Vergütung für die Nutzung von Innovationen und Marken an den Marktpreis für die erbrachte Leistung steht auch die Preisdifferenzierung nicht entgegen. So erscheint es plausibel, dass in einem Markt, in dem ein höherer (geringerer) Umsatz erwirtschaftet wird, das geistige Eigentum von größerem (niedrigerem) Wert ist. Zugleich verhindert die Orientierung an den Marktpreis eine Arbitrage für die Nutzung von geistigem Eigentum zugunsten des Lizenznehmers. So kann im Zusammenhang mit Verrechnungspreisen eine Arbitrage insbesondere dann zum Tragen kommen, wenn sich der Ort der Preisfestsetzung vom Ort der Leistungserbringung unterscheidet. Dies soll anhand eines einfachen Beispiels illustriert werden:

Ein Konzern produziert ein Gut in Land X zu Kosten von 30 GE und verkauft es infolge einer räumlichen Preisdifferenzierung in Land X zum Preis von 50 GE und in Land Y zum Preis von 100 GE. Die Herstellung desselben Gutes in Land Y würde hingegen 70 GE betragen. Würde nun die Lizenz eines fremden Dritten für die Nutzung des geistigen Eigentums zur Herstellung des Gutes beispielsweise anhand der Herstellungskosten ermittelt werden, so könnte der Konzern für jedes in Land Y verkaufte Gut eine Arbitrage in Höhe der Lizenzgebühr an den ersparten Herstellungskosten von 40 GE erhalten, indem es ausschließlich in Land X produziert.

Durch die Anlehnung des Wertes für geistiges Eigentum an den Marktpreis kann dies verhindert werden, da eine Arbitrage aus intrinsischen Motiven des Unternehmers heraus über die Preispolitik vermieden wird. Daher wird die Vergütung der Überlassung von Innovationen und Marken zwischen fremden Dritten in der Regel an die Ausbringungsmenge oder den erzielten Umsatz einer Leistung gebunden.

Die Ausführungen zeigen, dass geistiges Eigentum unmittelbar und in erheblichem Umfang auf den Marktpreis einer Leistung einwirkt und der Preis wiederum den Wert des geistigen Eigentums bestimmt (vgl. Abbildung 11). Zugleich ist es sogar sinnvoll, den Wert des geistigen Eigentums an den Marktpreis zu binden. Demnach kann auf den Preis einer Leistung - beziehungsweise zur Aggregation zahlreicher einzelner Geschäftsvorfälle auf den Umsatz - als Faktor zur Bestimmung einer Lizenz für die Nutzung von Innovationen und Marken zurückgegriffen werden.

4.2.3.2 Unangemessenheit der Kosten

Neben dem Preis erscheinen die Kosten zur Herstellung eines Gutes ein Faktor zur Ermittlung eines Verrechnungspreises für Innovationen und Marken zu sein. Allerdings können die Produktionskosten keine angemessenen Anhaltspunkte für den Erfolg eines Produktes liefern, sodass sie als Indikator zur Bewertung von geistigem Eigentum ausscheiden. So sind das Kaufverhalten der Kunden und der damit einhergehende Unternehmenserfolg völlig losgelöst von den Produktionskosten des entsprechenden Gutes zu betrachten. Vielmehr machen die Kunden ihr Kaufverhalten von ihren persönlichen Kundenbedürfnissen und ihrer Preisbereitschaft abhängig.[756] Insofern kann das Unternehmen den Kundenbedürfnissen durch zielgerichtete Produktinnovationen und

756 Allgemein hierzu *Simon/Fassnacht*, Preismanagement, 2009, S. 145 ff.

der Preisbereitschaft der Kunden mithilfe einer gezielten markengestützten Preispolitik entgegen kommen. Demnach hängt der Wert für die Nutzung von Innovationen und Marken vielmehr vom Preis einer Leistung als von ihren Kosten ab.

Der Umstand, dass bei der Ermittlung eines angemessenen Verrechnungspreises für die Nutzung von Innovationen und Marken die Anlehnung an die Herstellungskosten für eine Leistung unsachgemäß ist, wird besonders bei der Betrachtung von Massenprodukten einerseits und Luxusartikeln andererseits deutlich. So lässt sich mit Luxusartikeln ein erheblich größerer Rohertrag und folglich eine höhere Gewinnmarge im Verhältnis zum Umsatz erzielen, als es bei Massenprodukten der Fall ist.[757] Dies ist darauf zurückzuführen, dass Luxusartikel über eine Hochpreisstrategie nur in geringer Stückzahl vertrieben werden, wogegen Massenprodukte vornehmlich mit einer Niedrigpreis- oder Discountstrategie in hoher Stückzahl am Markt angeboten werden. Insofern erscheint es unsachgemäß, das geistige Eigentum eines Luxusartikels und eines Massenproduktes mit demselben Wert anzusetzen, soweit deren Produktionskosten in gleicher Höhe anfallen. Dies resultiert aus dem Umstand, dass der Umsatz und die Gewinnmarge, die mit den Produkten aus der Hochpreisstrategie einerseits und der Niedrigpreis- oder Discountstrategie andererseits erzielbar wären, erheblich voneinander abweichen würden.[758]

---

757 So auch *Simon/Fassnacht*, Preismanagement, 2009, S. 62.

758 Zudem wird in der Literatur zur Ermittlung des Verrechnungspreises für geistiges Eigentum regelmäßig bereits vom Rückgriff auf die Kosten für die Entwicklung des betreffenden geistigen Eigentums selbst abgeraten. Vgl. u.a. *Engler/Gotsis* in: Vögele et al., Verrechnungspreise, 2015, Kap. O Rz. 614; *Jacobs*, Internationale Unternehmensbesteuerung, 2016, S. 574; *Greinert* in: Wassermeyer/Baumhoff, Verrechnungspreise, 2014, Rz. 6.581 f.

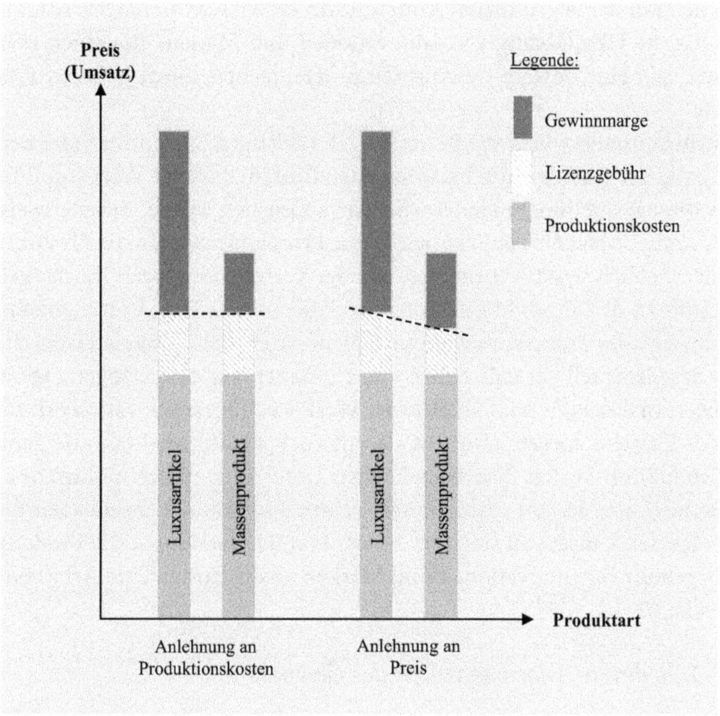

Abbildung 12: Ermittlung eines Lizenzwerts für geistiges Eigentum in Anlehnung an Produktionskosten und Preis

Aus der Abbildung 12 geht hervor, dass sich die Verrechnungspreise für geistiges Eigentum zur Produktion und zum Vertrieb eines Luxusartikels einerseits und eines Massenproduktes andererseits unter Zugrundelegung unterschiedlich hoher Preise ceteris paribus entsprechen würden, soweit sich die Wertermittlung des geistigen Eigentums an den Produktionskosten orientieren würde (hier: Lizenzgebühr für Luxusartikel und Massenprodukt jeweils 25 % der Kosten). Ein an die Wirtschaftlichkeit des Produktes orientierter Wert für das geistige Eigentum würde sich erst unter Anlehnung an den Preis ergeben (hier: Lizenzgebühr des Luxusartikels: 12,5 % des Preises und weiterhin 25 % der Kosten; Lizenzgebühr des Massenproduktes: 12,5 % des Preises, aber nur 18,75 % der Kosten). Dies erscheint angemessen, da sowohl der Preis als auch die Gewinnmarge des Luxusartikels wesentlich höher ausfallen als bei einem Massenprodukt. Somit ist die Anlehnung an den Preis allgemeinhin zu bevorzugen, da es sich mit der begründeten Annahme deckt, dass ein fremder Dritter bereit wäre für die Überlassung von Innovationen und Marken, die einen höheren Umsatz und eine bessere Gewinnmarge versprechen, einen höheren Preis zu zahlen.

Darüber hinaus würde die Bewertung des geistigen Eigentums unter Berücksichtigung der Kosten einer Leistung dazu führen, dass der Wert von Prozessinnovationen mit zunehmender Effizienz abnehmen würde. Beispielsweise sei angenommen, dass eine äußerst wirksame Prozessinnovation die Produktionskosten erheblich senkt. Würde sich nun der Verrechnungspreis für das geistige Eigentum an den Produktionskosten orientieren, so würde er mit zunehmender Effizienz der Prozessinnovation widersinniger Weise sinken. Dabei ist vielmehr das Gegenteil der Fall. Lehnt sich die Bewertung des geistigen Eigentums hingegen an den Preis an, so würde der Wert der Prozessinnovation mit zunehmender Effizienz steigen. Dies ist darauf zurückzuführen, dass die Senkung der Produktionskosten dem betreffenden Unternehmen preispolitische Spielräume biete würde, um insbesondere seinen Marktanteil auszubauen und in der Folge den Umsatz zu steigern. Hinzu kommt, dass durch die Bindung der Lizenzgebühr für Innovationen und Marken an die Kosten eine Arbitrage entstehen kann.

4.2.3.3 Bedingte Angemessenheit des Gewinns

Der Gewinn, der infolge eines mithilfe von geistigem Eigentum hergestellten und vertriebenen Produktes entsteht, stellt neben dem Preis einen weiteren Faktor zur Ermittlung eines Verrechnungspreises für die Nutzung von Innovationen und Marken dar. So knüpft die Lizenzvergütung regelmäßig an die geschäftsvorfallbezogene Gewinnaufteilungsmethode als „Ultima Ratio" an. Insoweit ist allerdings zu beachten, dass der Gewinn aus dem Produkt von Preis und Kosten resultiert. Da der Gewinn demnach u.a. von den Kosten einer Leistung beeinflusst wird, die offenbar nicht zur Bestimmung einer Lizenzgebühr geeignet sind, ist der Gewinn lediglich nachrangig zum Preis als Bezugsgröße zu wählen.

Dennoch lässt sich ein Zusammenhang zwischen Gewinn und dem Wert von geistigem Eigentum herstellen. So weisen Studien eine positive Elastizität zwischen den Investitionen in Forschung und Entwicklung und der Unternehmensrendite auf.[759] Dies ist zum einen durch den Einfluss von Innovationen und Marken auf die Preispolitik zu erklären, die wiederum über ein

---

759 Vgl. *Kreis*, Erfolgswirksamkeit, 2010, S. 33 ff.

Umsatzwachstum eine Gewinntreiberwirkung auslösen kann. Dabei stimmen die Studien mit dem Ziel der Gewinnmaximierung als allgemeinhin ausgegebenes Oberziel der Preispolitik überein.[760] Zum anderen können insbesondere Prozessinnovationen und Erfahrungseffekte eine Kostenreduktion bewirken, die sich positiv im Gewinn widerspiegelt.

Hierin besteht allerdings die Problematik im Rückgriff auf den Gewinn. So vereinen sich im Gewinn sämtliche Aktivitäten, die auf den Umsatz und/oder die Kosten einer Leistung wirken. Soweit also zur Lizenzvergütung auf den Gewinn zurückgegriffen wird, drohen sämtliche Aktivitäten miteinander vermengt zu werden. Dies resultiert unweigerlich in einer nicht fremdvergleichskonformen Vergütung, da neben den Innovationen und Marken noch weitere, meist nur schwer separierbare und nicht vergütungswürdige positive oder negative Gewinntreiber auf den Gewinn einwirken, die Einfluss auf die Kostenstruktur haben. Zu diesen Gewinntreibern zählen u.a.:

- Bestimmte Größen- und Erfahrungseffekte in Beschaffung, Produktion und Vertrieb,
- Verhandlungsgeschick oder -ungeschick in Einkauf und Vertrieb sowie
- nicht beeinflussbare Kosten aus unternehmensexternen Faktoren.

So sind einige Erfahrungseffekte weder auf Produkt- und Prozessinnovationen noch die Marken zurückzuführen. Vielmehr sind diese Effekte allein dem produzierenden Unternehmen zuzurechnen.[761] Allerdings werden derartige Lerneffekte unter Rückgriff auf den Gewinn unvermeidlich in die Lizenzvergütung einbezogen. Die entsprechenden Folgen auf die Verrechnungspreisermittlung werden am folgenden Beispiel illustriert:

760 Allgemein hierzu *Diller*, Preispolitik, 2008, S. 41 ff.

761 Umkehrschluss aus BGH, Urteil vom 15.03.1973, KZR 11/72, GRUR 1974, S. 40.

Tabelle 14: Beispiel zur Unangemessenheit des Gewinns bei Wertermittlung von geistigem Eigentum

Beispiel:
Es sei angenommen, dass Unternehmer A eine Autofelge zum Preis (p) von 100 GE am Markt anbietet. Der Preis bleibt über die Perioden hinweg konstant. Die Felgenproduktion erfolgt über eine Lizenz, die vom verbundenen Unternehmen B zur Verfügung gestellt wird. Zur Produktion benötigt A Maschinen, von denen jede Maschine innerhalb einer Periode bis zu 2.000 Felgen produzieren kann. Eine Maschine dieses Typs verursacht fixe Kosten $\left(K_t\right)$ in Höhe von 50.000 GE. Die variablen Kosten $\left(k_0\right)$ des ersten Prototyps betragen 356,50 GE. Allerdings sei eine Durchschnittliche Lernrate (α) von 15 % für jede Produktionsverdoppelung angenommen. Diese Lernrate resultiert nicht aus einer Prozessinnovation. Es ist ferner davon auszugehen, dass das Produkt ab einer Menge von 2.000 Prototypen marktreif ist und die Produktion weitgehend fehlerfrei läuft. Die Produktionsmenge Q_t bezeichnet die kumulierte Produktionsmenge incl. der Prototypen. Die jährliche Produktionsmenge wird mit x_t bezeichnet. Schließlich sei angenommen, dass dem Lizenzgeber vertraglich fixierte 25 % $\left(G_L\right)$ am Gesamtgewinn $\left(G_t\right)$ zustehen.

Ferner bestehen die folgenden linearen Funktionen:

(1) $k_t = k_0 Q_t^{\lambda}$
mit der Kostenelastizität[762] $\lambda = \ln\left(1-\alpha\right)/\ln 2$

(2) $G_t = (p_t{*}x_t) - [K_t + x_t{*}(k_{t-1} + k_t)/2]$.

Das Ergebnis ist der folgenden Tabelle zu entnehmen:							
T	p_t (in GE)	K_t (in GE)	k_t (in GE)	x_t (in ME)	Q_t (in ME)	G_t (in GE)	G_L (in GE)
0	---	50.000	60,00	2.000	2.000	---	---
1	100	100.000	48,39	3.000	5.000	37.415	9.354
2	100	100.000	42,16	4.000	9.000	118.900	29.725
3	100	150.000	37,40	6.000	15.000	211.320	52.830
4	100	200.000	34,19	7.000	22.000	249.435	62.359
5	100	200.000	31,79	8.000	30.000	336.080	84.020
6	100	200.000	30,08	8.000	38.000	352.520	88.130
Summe						**1.305.670**	**326.418**

762 Allgemein hierzu *Simon/Fassnacht*, Preismanagement, 2009, S. 322 f.

Im Vergleich dazu würden sich ohne den Lerneffekt die folgenden Werte ergeben:							
T	p_t (in GE)	K_t (in GE)	k_t (in GE)	x_t (in ME)	Q_t (in ME)	G_t (in GE)	G_L (in GE)
0	---	50.000	60,00	2.000	2.000	---	---
1	100	100.000	60,00	3.000	5.000	20.000	5.000
2	100	100.000	60,00	4.000	9.000	60.000	15.000
3	100	150.000	60,00	6.000	15.000	90.000	22.500
4	100	200.000	60,00	7.000	22.000	80.000	20.000
5	100	200.000	60,00	8.000	30.000	120.000	30.000
6	100	200.000	60,00	8.000	38.000	120.000	30.000
Summe						**490.000**	**122.500**

In dem Beispiel in Tabelle 14 wird deutlich, dass der nicht an eine Prozessinnovation gebundene Erfahrungseffekt ceteris paribus (hier mit einer Lernrate von 15 %) und unter Anwendung der geschäftsvorfallbezogenen Gewinnaufteilungsmethode für jede Produktionsverdoppelung einen erheblichen Einfluss auf die Verrechnungspreishöhe hat. Der zusätzliche Gewinneffekt für die Lizenzvergütung – unter Berücksichtigung des Erfahrungseffekts – resultiert offensichtlich nicht aus dem Wert der bereitgestellten Lizenz, sondern vielmehr aus einer Überbewertung des Nutzungswerts für das geistige Eigentum. Es wird deutlich, dass die geschäftsvorfallbezogene Gewinnaufteilungsmethode in ihrer derzeitigen Form an ihre Grenzen stößt und im Zeitablauf systematisch zu falschen Ergebnissen führen kann.

Hinsichtlich der Verhinderung einer Arbitrage im Zusammenhang mit der Nutzung von Innovationen und Marken ist die Anlehnung der Lizenzermittlung an den Gewinn hingegen ebenso sinnvoll wie der Rückgriff auf den Marktpreis – wenn nicht sogar vorteilhafter. So berücksichtigt der Gewinn neben einer mit der Arbitrage verbundenen Umsatzsteigerung und Kostenreduzierung auch unmittelbar die Arbitragekosten. Insofern würden sämtliche Vor- und Nachteile einer Arbitrage in der Lizenzierung von geistigem Eigentum berücksichtigt werden. Demnach lässt sich der Gewinn durchaus – wenngleich nur unter Vorbehalt – zur Ermittlung eines geeigneten Verrechnungspreises verwenden.

4.2.4 Analyse der Verrechnungspreisermittlung nach der geschäftsvorfallbezogenen Gewinnaufteilungsmethode

4.2.4.1 Allgemeine Anwendbarkeit und Grenzen der Methode

Allgemeinhin ist die geschäftsvorfallbezogene Gewinnaufteilungsmethode anzuwenden, wenn sie die am besten geeignete Methode darstellt.[763] Für die Ermittlung einer Lizenz zur Nutzung von geistigem Eigentum ist dies regelmäßig gegeben, da die Standardmethoden kaum fremdvergleichskonforme Margen zur Gewinnaufteilung liefern können. Die Schwäche der geschäftsvorfallbezogenen Gewinnaufteilungsmethode besteht jedoch darin, dass die Ermittlung des Verrechnungspreises für die Nutzung von geistigem Eigentum im wesentlichen Maße von den Kosten des produzierten Erzeugnisses, das mithilfe der zu vergütenden Lizenz gefertigt wird, beeinflusst wird. So fließen regelmäßig nicht vergütungswürdige Vor- oder Nachteile in den Gewinn ein, die nicht auf das geistige Eigentum zurückzuführen sind. Dies betrifft zum einen unternehmensinterne Kostenfaktoren, z.B. Erfahrungskurveneffekte oder (un-)rentables Verhalten.[764] Zum anderen werden hiervon unternehmensexterne, nicht beeinflussbare Kosten umfasst, die auf den Gewinn einwirken. Demnach wird der Wert einer Lizenz für die Nutzung von geistigem Eigentum im Laufe des Lebenszyklus des betreffenden Gutes systematisch über- oder unterschätzt. Hinzu kommt, dass eine Vergütung des geistigen Eigentums stets unterbleibt, soweit ein Verlust erwirtschaftet wird, indem kein aufteilbarer Gewinn vorhanden ist.[765] Allerdings gibt der wirtschaftliche Misserfolg allein dem Lizenznehmer noch kein Recht auf eine Anpassung der Lizenzgebühr.[766]

Ferner ist zu berücksichtigen, dass die Lizenzgebühr für geistiges Eigentum, soweit es zur Herstellung und zum Vertrieb von Produkten an verbundene Unternehmen verwendet wird, bei einer verursachungsgerechten Weiterbelastung mittels Kostenaufschlagsmethode regelmäßig nicht oder in unangemessener Höhe in die Intercompany-Preise für die betreffende Leistung einfließt.[767]

---

763 Vgl. BMF-Schreiben vom 14.07.2021, BStBl. I 2021, S. 1098 Tz. 3.9; *OECD*, Verrechnungspreisleitlinien, 2017, Tz. 2.2.

764 So auch BGH, Urteil vom 15.03.1973, KZR 11/72, GRUR 1974, S. 40.

765 Dies ist darauf zurückzuführen, dass die OECD die Gewinne und Verluste gleichermaßen in die Gewinnaufteilung bzw. Lizenzierung einbezieht. Vgl. *OECD*, Verrechnungspreisleitlinien, 2017, Tz. 2.115.

766 Ebd.

767 Dasselbe gilt grundsätzlich auch für die Wiederverkaufspreismethode. Da die Wiederverkaufspreismethode jedoch regelmäßig nur der Vergütung von bloßen Routineleistungen dient, die sich ohne den Rückgriff auf geistiges Eigentum erbringen

Dies betrifft im Wesentlichen die Produkt- und Prozessinnovationen. Marken sind davon allgemeinhin nicht betroffen, da sie nur gegenüber einem fremden Dritten verkaufsfördernd wirken. Die Ursache der unangemessenen Weiterbelastung liegt darin begründet, dass die Kostenaufschlagsmethode den Verrechnungspreis regelmäßig aus den entstandenen Kosten zuzüglich einer marktüblichen prozentualen Marge ableitet. Dabei erhöht der Lizenzbetrag die Kosten und somit den absoluten Gewinnaufschlag des Leistungserbringers. Der zusätzliche Gewinnaufschlag erhöht wiederum die nach der geschäftsvorfallbezogenen Gewinnaufteilungsmethode berechnete und dem Lizenznehmer zuzurechnende Lizenzgebühr, die wiederum in seinen Kosten zu berücksichtigen ist. Es besteht demnach ein Zirkelschluss zwischen Lizenzgebühr, Kosten, Kostenaufschlagsmethode und Gewinn bei der Erzielung konzerninterner Umsätze.

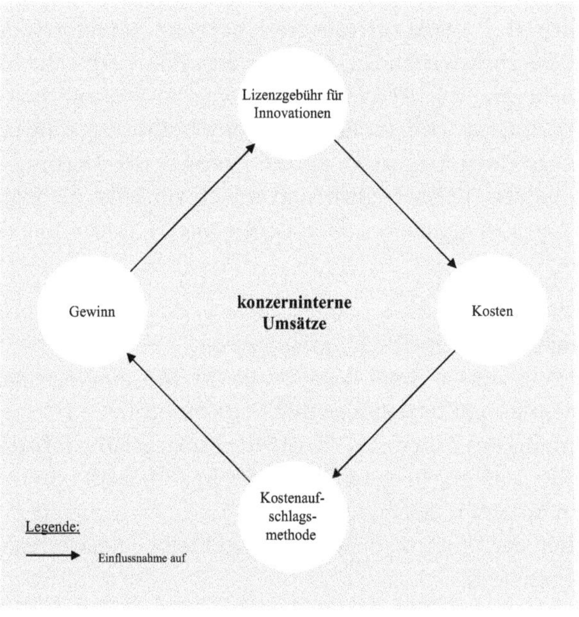

Abbildung 13: Zirkelschluss zwischen Lizenzgebühr, Kosten, Verrechnungspreismethode und Gewinn bei konzerninternen Umsätzen

lassen, ist die Wiederverkaufspreismethode in diesem Zusammenhang von untergeordneter Bedeutung. Demnach wird im Folgenden nicht weiter auf die Wiederverkaufspreismethode eingegangen.

Ein weiterer Kritikpunkt in der Anwendung der geschäftsvorfallbezogenen Gewinnaufteilungsmethode besteht darin, dass ihre Umsetzung bei ordnungsgemäßer Anwendung regelmäßig sehr aufwendig ist. Dies ist im Wesentlichen auf die umfassende und sich jährlich wiederholende Datenerhebung zurückzuführen. So kann es mitunter schwierig sein, die erforderlichen Informationen von ausländischen Konzerngesellschaften zu erhalten und den Gewinn aus den betreffenden Transaktionen zu identifizieren.[768] Infolgedessen soll im weiteren Verlauf der Arbeit ein Ansatz gefunden werden, mit dem den vorgenannten Problemen erfolgreich begegnet wird.

4.2.4.2 Modifizierung der Methode

4.2.4.2.1 Allgemeines

Im Folgenden soll ein Lösungsansatz zur Vereinfachung und gleichzeitigen Optimierung der geschäftsvorfallbezogenen Gewinnaufteilungsmethode entwickelt werden. Der Ansatz orientiert sich dabei am Marktpreis der Leistung, die mithilfe des zu bewertenden geistigen Eigentums erbracht wird. Dies ist insofern naheliegend, als der Wert einer Lizenz im Wesentlichen von diesem Marktpreis beeinflusst wird. Im Einzelnen wird beabsichtigt, die Lizenzgebühr langfristig über einen Lizenzsatz an die Umsätze der Leistung des Lizenznehmers zu binden. Diesbezüglich sind jedoch zunächst die folgenden Rahmenbedingungen zu definieren, unter denen eine Modifizierung der Methode möglich ist:

(i) Wettbewerbsbedingungen, unter denen die geschäftsvorfallbezogene Gewinnaufteilungsmethode anwendbar ist,
(ii) Abgrenzung des Gewinns, der als Basis zur Bestimmung einer Lizenz für die Nutzung von Innovationen und Marken dient,
(iii) Bestimmung des Zeitpunkts, in dem die Lizenzgebühr anhand des Marktpreises der Leistung in einen Lizenzsatz als Anteil am Umsatz umzurechnen und fortzuschreiben ist und
(iv) Definition der Umsätze, die in die Fortschreibung der Lizenzgebühr einzubeziehen sind.

Anschließend ist die Modifizierung der geschäftsvorfallbezogenen Gewinnaufteilungsmethode durchzuführen, um schließlich eine Bewertung des Lösungsansatzes vornehmen zu können.

768 So auch *OECD*, Verrechnungspreisleitlinien, 2017, Tz. 2.123.

4.2.4.2.2 Wettbewerbsbedingungen

Für die Erstellung eines Lösungsansatzes zur Optimierung der geschäftsvorfallbezogenen Gewinnaufteilungsmethode ist zunächst abzugrenzen, unter welchen Wettbewerbsbedingungen ein fremdvergleichskonformer Verrechnungspreis ermittelbar ist. Denn nur unter fremdvergleichskonformen Bedingungen des gehandelten Gutes, das mithilfe des betreffenden geistigen Eigentums gefertigt wird, ist eine Modifizierung der Methode auf Basis des Marktpreises möglich. Eine Fremdvergleichskonformität der Lizenzgebühr für das geistige Eigentum selbst scheidet indessen aus, da dann auf die Preisvergleichsmethode, statt die geschäftsvorfallbezogene Gewinnaufteilungsmethode zurückgegriffen werden könnte.

Ein fremdvergleichskonformer Verrechnungspreis lässt sich demnach erst ermitteln, soweit das betreffende Gut zu einer Produktgruppe gehört, die im Wettbewerb in Form eines Polypols oder zumindest eines Oligopols am Markt gehandelt wird. Dabei kann die Produktgruppe aus vergleichbaren Gütern verschiedener Qualität bestehen, die zu unterschiedlichen Preisen gehandelt werden. In einem Monopol findet der Ansatz hingegen keine Anwendung, da ein Monopol über einen längeren Zeitraum nur existieren kann, wenn der Wettbewerb bewusst unterdrückt wird oder sich ein Marktteilnehmer durch einen Innovationsvorsprung einen erheblichen Wettbewerbsvorteil verschafft. Wird jedoch der Wettbewerb verhindert, indem beispielsweise Wettbewerber willentlich vom Markt ferngehalten werden, ist die Festsetzung eines objektiven Marktpreises für das Gut nicht mehr möglich. Dies beeinflusst schließlich auch die damit erzielte Gewinnmarge, sodass sich ein angemessener Verrechnungspreis mangels geeigneter Datengrundlage ohnehin nicht ermitteln ließe. Es wäre schlichtweg nicht möglich zu bestimmen, welcher Anteil am Gewinn auf die Lizenz zurückzuführen wäre. Ähnlich verhält es sich, wenn sich ein Pionier als Monopolist über mehrere Jahre in einem Markt behaupten kann.

Ohne einen Wettbewerb innerhalb einer Produktgruppe, in dem das Gut gehandelt wird, ließen sich ferner die meisten Methoden der Gewinnaufteilung wie die Restgewinnanalyse und die 25 %-Rule bzw. Knoppe-Formel nicht mehr zuverlässig anwenden, da diese Gewinnaufteilungsmethoden zumindest in Teilen auf dem Fremdvergleichsgrundsatz beruhen. Beispielsweise werden unter Rückgriff auf die Restgewinnanalyse zunächst sämtliche Routinetätigkeiten mit einer fremdvergleichskonformen Standardmethode vergütet, um den verbleibenden Gewinn bestimmen zu können, der auf die Lizenz für die Nutzung des geistigen Eigentums entfällt. Wenn jedoch zur Vergütung einer Routinetätigkeit in Ermangelung eines Marktvergleichs kein Marktpreis ermittelbar wäre, würde ein entsprechender Verrechnungspreis nur eingeschränkt bestimmbar sein, sodass die

Lizenzgebühr für das geistige Eigentum nicht separierbar wäre. Ähnliches gilt für die 25 %-Rule bzw. Knoppe-Formel, da sie auf einer Marktstudie beruht. Somit wäre als „Ultima Ratio" lediglich eine Beitragsanalyse anwendbar.

4.2.4.2.3 Ableitung des Gewinns

Nach der geschäftsvorfallbezogenen Gewinnaufteilungsmethode ist zunächst der aufzuteilende Gewinn zu bestimmen, der sich aus den Geschäftsvorfällen ergibt, die zwischen den verbundenen Unternehmen getätigt werden.[769] Diesbezüglich ist entweder auf den Gesamtgewinn aus dem Geschäft oder den Restgewinn zurückzugreifen, der den Teil des Gesamtgewinns darstellen soll, der sich nicht ohne weiteres einer der Transaktionsparteien zuordnen lässt.[770] Dabei ist wahlweise auf den erwarteten oder tatsächlichen Gewinn abzustellen.[771] Erwirtschaftet eine Transaktionspartei zusätzlich noch gewisse Routinegewinne, sind diese anhand von einseitigen Verrechnungspreismethoden vorab zu vergüten.[772] Als Gewinngröße ist indessen vornehmlich der Nettogewinn heranzuziehen,[773] der sich vor Abzug der Lizenzgebühr ergibt. Auf den Bruttogewinn ist nur insofern zurückzugreifen, als die beteiligten Konzernunternehmen keine Risiken teilen, die über das Marktrisiko und das Risiko in Bezug auf die Kosten des Umsatzes hinausgehen.[774]

Anschließend ist zu definieren, welche Anforderungen an den Gewinn zu stellen sind, um aus ihm eine angemessene Vergütung zur Nutzung des geistigen Eigentums ermitteln zu können. Dabei werden die folgenden kumulierten Voraussetzungen an den Gewinn geknüpft:

(i) er wird infolge des optimalen Zusammenspiels der Bestandteile innerhalb der Wertschöpfungskette[775] erzielt,

---

769 Vgl. *OECD*, Verrechnungspreisleitlinien, 2017, Tz. 2.114.

770 Vgl. *Borstell/Dworaczek* in: Vögele et al., Verrechnungspreise, 2020, Kap. B Rz. 117.

771 Vgl. *OECD*, Verrechnungspreisleitlinien, 2017, Tz. 2.158 ff.

772 Vgl. *Vögele et al.* in: Vögele et al., Verrechnungspreise, 2020, Kap. H Rz. 506. Unter Rückgriff auf die Restgewinnanalyse erfolgt dies beispielsweise auf der ersten Stufe der Gewinnaufteilung.

773 Vgl. *OECD*, Verrechnungspreisleitlinien, 2017, Tz. 2.162.

774 Vgl. *Vögele et al.* in: Vögele et al., Verrechnungspreise, 2020, Kap. H Rz. 508; *OECD*, Verrechnungspreisleitlinien, 2017, Tz. 2.163 f.

775 Hierzu zählen im Wesentlichen Forschung & Entwicklung, Einkauf, Logistik, Produktion, Marketing, Vertrieb, After-Sales. Allgemein hierzu *Schwarz/Stein*, Verrechnungspreise, 2018, S. 16 ff.

(ii) es sind sämtliche den Gewinn beeinflussende Bestandteile der Wertschöpfungskette zu ihrer Entfaltung gekommen und
(iii) er ist innerhalb kurzer Zeit von einem beliebigen Unternehmen reproduzierbar.

Die ersten beiden Voraussetzungen resultieren aus der Annahme, dass mit der Herstellung und dem Vertrieb eines Produktes erst ein angemessener Gewinn erwirtschaftet wird, wenn die Bestandteile der Wertschöpfungskette aufeinander abgestimmt sind. Hierzu zählen beispielsweise geringe Lagerhaltungskosten durch eine sog. „Just-in-Time Lieferung", eine weitgehend fehlerfreie Produktion, eine gute Maschinenauslastung sowie die Etablierung des Produktes auf dem Markt. Erst dann können das geistige Eigentum und die übrigen Komponenten zu ihrer Entfaltung kommen. Die dritte Voraussetzung beruht hingegen auf der Annahme, dass eine Nutzungsüberlassung in Form der Vermietung, Verpachtung oder Lizenzierung stets darauf gerichtet ist, recht zeitnah nach Beginn der Überlassung den erwarteten Nutzen zu stiften. Die Zahlung einer Nutzungsgebühr für ein Wirtschaftsgut, das erst nach vielen Jahren einen angemessenen Gewinn erwirtschaftet, würde dagegen am Markt nicht geduldet werden. Demnach resultieren relative Gewinn- oder Verlustbestandteile, die erst wesentlich später im Laufe der Überlassung generiert werden, nicht aus dem Wert des geistigen Eigentums.

In Abbildung 14 markiert die Variable t den Zeitpunkt, an dem die Bestandteile der Wertschöpfungskette erstmalig derart aufeinander abgestimmt sind, dass deren gemeinsames Gewinnpotenzial vollständig zur Entfaltung kommt. Insofern ist die Steigerung der Gewinnmarge stets sämtlichen Bestandteilen anteilig zuzurechnen. Ab dem Zeitpunkt t ist die zusätzliche Gewinnmarge hingegen nicht mehr auf das geistige Eigentum, sondern auf andere Wertschöpfungsbestandteile zurückzuführen, da eine Steigerung der Gewinnmarge in der Regel nur noch durch Kostensenkungen realisierbar ist. Eine unmittelbare Erhöhung der Marge über den Stückpreis, der wiederum einen Einflussfaktor für den Wert des geistigen Eigentums bildet, ist hingegen nicht mehr zu erwarten. Das Produkt ist in der Regel bereits so sehr am Markt etabliert, dass eine Preiserhöhung gegenüber den Kunden nicht durchzusetzen wäre.[776] Zudem wird der Marktpreis in einem Polypol durch Angebot und Nachfrage im Laufe der Zeit ohnehin weitgehend fremdbestimmt. Demnach sind die Einflussmöglichkeiten von Marketing, Vertrieb und After-Sales ebenfalls nur begrenzt.

776 So auch *Diller*, Preispolitik, 2008, S. 289 f.; *Voigt* in: Diller/Herrmann, Preispolitik, 2003, S. 713.

Die Vertriebskanäle können allenfalls zu einer Umsatzerhöhung infolge einer Absatzsteigerung beitragen. Alternativ ist denkbar, dass unwirtschaftliches Verhalten zu einer abnehmenden Gewinnmarge ab dem Zeitpunkt t führt. Dieser Verlust wäre ebenfalls nicht auf das geistige Eigentum zurückzuführen.

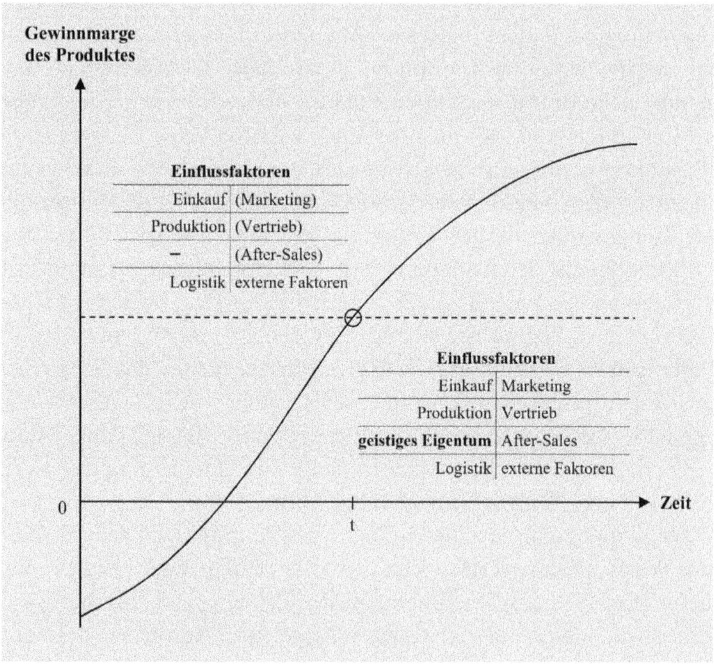

Abbildung 14: Darstellung wesentlicher Einflussfaktoren auf Gewinnmarge

Ein angemessener Verrechnungspreis für geistiges Eigentum lässt sich demzufolge insofern ermitteln, als die Gewinnmarge im Zeitpunkt t als Basis zur Fortschreibung der Lizenzgebühr für die Nutzung von Innovationen und Marken anhand des Umsatzes dient. Allerdings ist der Zeitpunkt t nicht leicht zu identifizieren. Um diesem Problem zu begegnen, bietet es sich an, auf einen Businessplan zurückzugreifen. So können die Voraussetzungen für einen angemessenen Gewinn als erfüllt angesehen werden, soweit die wesentlichen monetären Ziele des Businessplans zur Einführung des betreffenden Produktes in den Markt erreicht worden sind.

4.2.4.2.4 *Orientierung am Businessplan*

Zur Bestimmung des Zeitpunkts t, der als Basis zur weiteren Bestimmung eines Verrechnungspreises für die Nutzung von Innovationen und Marken anhand des Marktpreises dienen kann, sollte auf ein fundiertes strategiebasiertes Dokument des Unternehmens zurückgegriffen werden. Diese Anforderung erfüllt regelmäßig der Businessplan, der stets zur Markteinführung eines Produktes aufgestellt wird.[777] Der Businessplan ist ein Dokument, das die Strategie zur Realisierung der Unternehmensziele mit allen wesentlichen Voraussetzungen, Planungen und Maßnahmen schriftlich darlegt.[778] Er wird beispielsweise bei Neugründungen, Firmenübernahmen, Produkteinführungen und Expansionen in neue Märkte eingesetzt.[779] Im Zusammenhang mit der Verrechnung einer Lizenz für die Nutzung von geistigem Eigentum ist der Businessplan zumeist in Verbindung mit Produkteinführungen und der Erschließung neuer Märkte von Bedeutung. Dabei wird er regelmäßig für einen überschaubaren Zeitraum von bis zu drei Jahren aufgesetzt.[780] Die Zielgruppe des Businessplans kann sowohl aus internen als auch externen Adressaten bestehen. Sie reicht vom Management über die Mitarbeiter bis hin zu den internen und externen Kapitalgebern.[781]

Der Businessplan wird inzwischen vermehrt produktbezogen eingesetzt. Dabei sind insbesondere die produktorientierten Informationen des Geschäftsmodells in den Fokus zu stellen. Im Einzelnen enthält der produktbezogene Businessplan die folgenden Bestandteile:[782]

- Executive Summary,
- strategisches Umfeld,
- Marketing,
- Forschung und Entwicklung,
- Produkt,
- Produktion,
- Beschaffung,

---

777 Ergänzend oder ersatzweise sind vergleichbare strategiebasierte Dokumente einzubeziehen.

778 Vgl. *Nagl*, Businessplan, 2015, S. 3.

779 Vgl. *Singler*, Businessplan, 2014, S. 12.

780 Für Richtwerte hinsichtlich des Planungshorizonts in Abhängigkeit vom Planungszweck siehe *Fuchs/Paxmann*, Businessplan, 2010, S. 58 f.

781 Vgl. *Lahn*, Businessplan, 2015, S. 69.

782 Vgl. *Jacobs*, Produktlebenszyklusorientiertes Controlling, 2011, S. 145.

- Logistik,
- Investitionen,
- Personal,
- Finanzplan sowie
- Sensitivitäts- und Risikoanalysen.

Im Rahmen der Produkteinführung und Erschließung neuer Märkte dient der Businessplan insbesondere der zielgerichteten Etablierung des Produktes auf dem Markt. Während dieser Zeit wird er laufend angepasst und vom Controlling unterstützt, bis er im günstigsten Fall mit der Zielerreichung innerhalb von etwa drei Jahren ausläuft. Anschließend wird die Finanzplanung in vollem Umfang vom Controlling übernommen.[783]

Für die Bestimmung des Zeitpunkts t zur Festlegung einer Lizenzgebühr erscheint der Businessplan demnach ein geeignetes Instrument zu sein. Diesbezüglich sind im Businessplan insbesondere die Ziele zum strategischen Umfeld, Marketing und Finanzplan von Bedeutung. So werden im Hinblick auf das strategische Umfeld und Marketing die Wettbewerber und Kundenwünsche sowie das Marktpotenzial und Marktvolumen analysiert, um auf Basis dieser Informationen die Absatzziele zu definieren.[784] Demgegenüber legt der Finanzplan eine Zielmarge über den Planungshorizont hinweg fest.[785] Dabei greift der Finanzplan auf die Ergebnisse der übrigen Bestandteile des Businessplans zurück. Somit lässt sich der Zeitpunkt t, an dem das gemeinsame Gewinnpotenzial der Bestandteile innerhalb der Wertschöpfungskette erstmalig vollständig zur Entfaltung kommt, insofern ermitteln, als die Ziele des Businessplans im Hinblick auf die folgenden Punkte einem Soll-Ist-Vergleich unterzogen werden:

- Stückgewinne und
- regionaler Marktanteil.[786]

---

783 Alternativ kann der Businessplan jedoch fortgeführt und in das produktlebenszyklusorientierte Controlling eingebunden werden. Allgemein hierzu *Jacobs*, Produktlebenszyklusorientiertes Controlling, 2011, S. 162 ff.

784 Vgl. *Jacobs*, Produktlebenszyklusorientiertes Controlling, 2011, S. 146; *Nagl*, Businessplan, 2015, S. 37.

785 So auch *Singler*, Businessplan, 2014, S. 83 ff.

786 Der Bezug zum regionalen Marktanteil ist erforderlich, da sich regionale Märkte in Größe, Kundenpräferenz, Preisbereitschaft usw. unterscheiden können. In der Automobilzulieferindustrie wird dieser Effekt insofern verstärkt, als sich die Produktionsstätten regelmäßig in der Region des Kunden befinden und weitgehend autark produzieren. Dadurch können bereits die Produktionskosten innerhalb eines Konzerns je nach Region sehr unterschiedlich ausfallen. Demzufolge wird

Wenn die vorgenannten Ziele kumuliert erreicht worden sind, ist zugleich davon auszugehen, dass das Gewinnpotenzial von Dauer sein kann.

Die Anlehnung an den Businessplan ist insofern sinnvoll, als er die Grundlage einer jeden fundierten Investitionsentscheidung bildet und zugleich sämtliche über einen gewissen Zeitraum geplanten Ein- und Auszahlungen des betreffenden Projekts enthält.[787] Zudem basiert der Businessplan auf rein betriebswirtschaftlichen Annahmen und Zielen. Wäre der Businessplan hingegen unrealistisch, würde regelmäßig der Erfolg der Produkteinführung gefährdet werden.[788] Demnach kann davon ausgegangen werden, dass der Businessplan keine Züge von Gestaltungsmodellen der internationalen Steuerplanung aufweist. Zudem ist der Businessplan stets darauf ausgelegt, innerhalb angemessener Zeit einen adäquaten Gewinn zu erzielen und einen relevanten regionalen Marktanteil aufzubauen. Der Erreichung eines angemessenen Marktanteils kommt dabei eine besondere Bedeutung zu, da andernfalls das gesamte Projekt infolge mangelnder Rationalisierungseffekte innerhalb der Wertschöpfungskette scheitern könnte. Auf diese Weise sind die im Businessplan festgelegte Zielmarge und der angestrebte Marktanteil untrennbar miteinander verbunden.[789] Demnach werden die drei Anforderungen an den Gewinn mit Erreichung der Ziele des Businessplans erreicht, um eine sachgerechte Fortschreibung der Lizenzgebühr anhand des Marktpreises des betreffenden Produktes gewährleisten zu können.

4.2.4.2.5 Einbeziehung der Umsätze

Im Hinblick auf die umsatzbasierte Fortschreibung der Lizenzgebühr stellt sich die Frage, ob die Fortentwicklung auf Basis der konzerninternen und/oder konzernexternen Umsätze des Lizenznehmers erfolgen soll. Diese Frage ist insofern von Bedeutung, als insbesondere unter Anwendung der Preisvergleichsmethode und der transaktionsbezogenen Nettomargenmethode nur auf externe Umsätze zurückgegriffen wird. Dies lässt sich jedoch ausschließlich damit begründen, dass die Preisvergleichsmethode und die Nettomargenmethode einseitige Verrechnungspreismethoden darstellen, bei denen am Markt

der Gewinn in Abhängigkeit von der Region, dem Preis und den Kosten teils erheblich beeinflusst.

787 Vgl. *Busse von Colbe et al.*, Betriebswirtschaft für Führungskräfte, 2011, S. 324, 329.

788 So auch *Fuchs/Paxmann*, Businessplan, 2010, S. 48 f.

789 Beispielsweise lässt sich die Zielmarge regelmäßig nicht erreichen, wenn Materiallager und Maschinen aufgrund eines zu geringen Absatzvolumens längerfristig nicht ausgelastet sind.

beobachtbare Fremdvergleichswerte hinzugezogen werden. Die geschäftsvorfallbezogene Gewinnaufteilungsmethode verkörpert indessen eine zweiseitige Methode.[790] Hinzu kommt, dass eine verursachungsgerechte Weiterbelastung der Lizenzgebühr lediglich unter Einbeziehung der internen und externen Umsätze möglich ist. Somit bestehen keine Bedenken, sämtliche Umsätze zu berücksichtigen, die mithilfe des geistigen Eigentums generiert werden. Demzufolge sind die folgenden geschäftsvorfallbezogenen Umsätze einzubeziehen:

- externe Umsätze,
- interne Umsätze, soweit das Erzeugnis durch ein Konzernunternehmen in der Produktion weiter verwendet wird[791] und
- bei Handelsware die internen Umsätze gegenüber einem Handelsvertreter zum anschließenden Vertrieb an einen fremden Dritten[792].

Die Hinzuziehung der externen Umsätze des Lizenznehmers bedarf keiner weiteren Erläuterung. Der Rückgriff auf die internen Umsätze für ein Erzeugnis, das durch ein anderes Konzernunternehmen in der Produktion weiterverwendet wird, ist indessen insofern unproblematisch, als für dieses Gut ohnehin ein fremdvergleichskonformer Verrechnungspreis anzusetzen ist. Fehler in der Verrechnungspreisermittlung wären somit auf eine unzutreffende Bestimmung des Verrechnungspreises für die Routinetätigkeiten zurückzuführen. Gleiches ist für die Hinzuziehung der Umsätze im Zusammenhang mit einem konzerninternen Handelsvertreter festzuhalten. Dies gilt unabhängig davon, ob das Gut auf Provisionsbasis oder als Handelsware vertrieben wird. So wird ein Handelsvertreter regelmäßig nur zwischengeschaltet, wenn sich der Konzern durch diese Maßnahme einen höheren Konzerngewinn verspricht.[793] Die Vergütung des Handelsvertreters erfolgt dabei ausschließlich für die originäre Vertriebsleistung.[794] In gleicher Weise wäre die Vertriebstätigkeit im Rahmen

---

790 Vgl. *Vögele et al.* in: Vögele et al., Verrechnungspreise, 2020, Kap. C Rz. 450. Zwar wird die Gewinnaufteilungsmethode zum Zeitpunkt der Fixierung ebenfalls in eine einseitige Methode umgewandelt. Im Unterschied zu den anderen Methoden basiert der Vergütungsatz jedoch weiterhin auf der zuvor durchgeführten zweiseitigen Gewinnermittlung.

791 Dies beinhaltet insbesondere die Lieferung eines Produktes zur Weiterverarbeitung im eigenen Namen und auf eigene Rechnung.

792 Handelsware auf Provisionsbasis ist wiederum in den externen Umsätzen enthalten.

793 Beispielsweise wird häufig ein lokaler Handelsvertreter installiert, der mit der Kultur des Kunden vertraut ist und dem Hersteller einen besseren Marktzugang garantiert.

794 So auch BMF-Schreiben vom 14.07.2021, BStBl. I 2021, S. 1098 Tz. 3.50.

der Gewinnaufteilung nach der geschäftsvorfallbezogenen Gewinnaufteilungsmethode zu vergüten, soweit auf einen Handelsvertreter verzichtet wird.

Hinsichtlich des geistigen Eigentums lässt sich jedoch beobachten, dass die erzielten Umsätze in unterschiedlicher Weise vom geistigen Eigentum profitieren. So hat lediglich das auf die Herstellung gerichtete geistige Eigentum das Potenzial, sowohl den internen als auch den externen Umsätzen zu dienen. Dies trifft im Wesentlichen auf die Produkt- und Prozessinnovationen zu. Das vertriebsbezogene geistige Eigentum, wie beispielsweise die Marke, ist dagegen vornehmlich für externe Umsätze von Bedeutung. So ist die Marke für einen internen Umsatz insofern bedeutungslos, als das gehandelte Produkt von einem verbundenen Unternehmen zu einem neuen Produkt weiterverarbeitet wird und dieses Unternehmen das neu geschaffene Erzeugnis selbständig vermarktet. Wird der interne Umsatz indessen an eine bloße Handelsgesellschaft erbracht, verbleibt die Markennutzung in aller Regel weiterhin bei dem produzierenden Unternehmen, indem die Handelsgesellschaft die Marke zwar für die Distribution verwendet, aber lediglich eine Routinevergütung für ihre originäre Vertriebsleistung erhält.[795] Die folgende Tabelle gibt einen Überblick über die grundsätzliche Bedeutung von Produktinnovationen, Prozessinnovationen und Marken für interne und externe Umsätze:[796]

Tabelle 15: Bedeutung von Innovationen und Marken für konzerninterne und konzernexterne Umsätze

Art des geistigen Eigentums	**Bedeutung für...**		
	interne Umsätze		**externe Umsätze**
	zur Produktion/ Verarbeitung	**zum Vertrieb**	
Produktinnovation	x	x	x
Prozessinnovation	x	x	x
Marke		x	x

4.2.4.2.6 Entwicklung einer Modifizierung der Lizenzgebühr

4.2.4.2.6.1 Einführende Überlegungen

Im Folgenden soll ein Lösungsansatz vorgestellt werden, der die Ermittlung eines wesentlich angemesseneren Verrechnungspreises für die Nutzung von

795 Allgemein zur Verwendungsabsicht von Erzeugnissen siehe Kapitel 4.4.2.2.3.

796 Individuelle Abweichungen von der nachfolgenden Tabelle sind nicht auszuschließen und wären gesondert zu berücksichtigen.

Innovationen und Marken ermöglicht, als es unter derzeitiger Anwendung der geschäftsvorfallbezogenen Gewinnaufteilungsmethode der Fall ist. Dabei wird beabsichtigt, lediglich die Gewinn- oder Verlustbestandteile in die Verrechnungspreisbestimmung einfließen zu lassen, die auf das geistige Eigentum zurückzuführen sind. Der Ansatz ist allerdings nur zu wählen, soweit

(i) ein angemessener Gewinn erzielbar ist und
(ii) die Produktgruppe des Gutes, das mithilfe des geistigen Eigentums gefertigt wird, in einem Markt im Wettbewerb gehandelt wird.

Grundsätzlich ist für die Verrechnungspreisermittlung nach der geschäftsvorfallbezogenen Gewinnaufteilungsmethode stets in folgender Reihenfolge vorzugehen:

Tabelle 16: Vorgehensweise bei Verrechnungspreisermittlung nach der geschäftsvorfallbezogenen Gewinnaufteilungsmethode

Schritt 1	Funktions- und Risikoanalyse für die beteiligten Konzernunternehmen (ggf. Ergänzung um eine Wertschöpfungsanalyse).
Schritt 2	Identifizierung des aufteilbaren Gewinns von sämtlichen beteiligten Konzernunternehmen.
Schritt 3	Zuordnung des aufteilbaren Gewinns aus Schritt 2 auf die beteiligten Konzernunternehmen unter Berücksichtigung der Ergebnisse aus der Funktions- und Risikoanalyse aus Schritt 1.

Der im Folgenden vorgestellte Lösungsansatz setzt bei der Identifizierung des aufteilbaren Gewinns (Schritt 2) an, um für die anschließende Zuordnung (Schritt 3) auf eine geeignete Gewinnbasis zurückgreifen zu können. Die Funktions- und Risikoanalyse für die beteiligten Konzernunternehmen (Schritt 1) wird indessen wie gewohnt durchgeführt.

4.2.4.2.6.2 Ermittlung und Modifizierung

Nach dem Lösungsansatz erfolgt die Ermittlung und Modifizierung der Lizenzgebühr in den nachfolgenden Schritten:[797]

a) Identifizierung des aufteilbaren Gewinns aus Geschäftsvorfall

Zunächst ist der aufteilbare Gewinn jährlich in herkömmlicher Weise zu identifizieren und auf die beteiligten Unternehmen aufzuteilen. Dazu ist im Wesentlichen

797 Für ein Anwendungsbeispiel siehe Kapitel 4.5.

auf die geschäftsvorfallbezogene Gewinnaufteilungsmethode zurückzugreifen. Insofern ist als Methode zur Gewinnaufteilung insbesondere die Restgewinnanalyse zu empfehlen. Soweit das geistige Eigentum aus unterschiedlichen immateriellen Werten wie Produktinnovationen, Prozessinnovationen und Marken besteht, sind die Werte über eine Wertschöpfungsanalyse zu identifizieren. Auf diese Weise lassen sich die prozentualen Anteile der Produktinnovationen, Prozessinnovationen und Marken am gesamten geistigen Eigentum gezielt separieren. Unter Rückgriff auf

- den berechneten Gewinnanteil für das geistige Eigentum auf Basis der geschäftsvorfallbezogenen Gewinnaufteilungsmethode,
- die prozentualen Anteile der Produktinnovationen, Prozessinnovationen und Marken am geistigen Eigentum nach der Wertschöpfungsanalyse sowie
- die internen und externen Umsätze

können nun die absoluten Beträge für die Lizenzgebühren des Lizenznehmers aus den Produktinnovationen, Prozessinnovationen und Marken bestimmt werden. Diesbezüglich ist auf die im Folgenden dargestellten Formeln zurückzugreifen:[798]

798 Es ist zu beachten, dass die Produkt- und Prozessinnovationen sämtliche internen und externen Umsätze beeinflussen, wogegen sich die Marken im Wesentlichen nur auf die externen Umsätze sowie die internen Umsätze gegenüber einem Handelsvertreter auswirken.

Aufteilung des geistigen Eigentums auf Innovationen und Marken

(i) Lizenzgebühr des Lizenznehmers für Produktinnovation (in GE):

$$L_t^{Pi,Ln}(in\ GE) = gE_t(in\ GE) * gE_t^{Pi}(in\ \%) * \frac{UE_t^{G,Ln}(in\ GE)}{UE_t^{G}(in\ GE)}$$

(ii) Lizenzgebühr des Lizenznehmers für Prozessinnovation (in GE):

$$L_t^{Pzi,Ln}(in\ GE) = gE_t(in\ GE) * gE_t^{Pzi}(in\ \%) * \frac{UE_t^{G,Ln}(in\ GE)}{UE_t^{G}(in\ GE)}$$

(iii) Lizenzgebühr des Lizenznehmers für Marke (in GE):

$$L_t^{M,Ln}(in\ GE) = gE_t(in\ GE) * gE_t^{M}(in\ \%) * \frac{UE_t^{iV,Ln}(in\ GE)+UE_t^{e,Ln}(in\ GE)}{UE_t^{iV}(in\ GE)+UE_t^{e}(in\ GE)}$$

mit den Variablen

t:	Zeitpunkt der Lizenzumrechnung in Lizenzsatz als Anteil am Umsatz
$L^{Pi,Ln}$:	Lizenzgebühr des Lizenznehmers für Produktinnovation
$L^{Pzi,Ln}$:	Lizenzgebühr des Lizenznehmers für Prozessinnovation
$L^{M,Ln}$:	Lizenzgebühr des Lizenznehmers für Marke
gE:	Vergütung von geistigem Eigentum gesamt
gE^{Pi}:	Anteil am geistigen Eigentum für Vergütung von Produktinnovation
gE^{Pzi}:	Anteil am geistigen Eigentum für Vergütung von Prozessinnovation
gE^{M}:	Anteil am geistigen Eigentum für Vergütung von Marke
UE^{G}:	Umsätze gesamt
UE^{iV}:	interne Umsätze an Handelsvertreter gesamt
UE^{e}:	externe Umsätze gesamt
$UE^{G,Ln}$:	Umsätze des Lizenznehmers gesamt
$UE^{iV,Ln}$:	interne Umsätze des Lizenznehmers an Handelsvertreter
$UE^{e,Ln}$:	externe Umsätze des Lizenznehmers

Abbildung 15: Formeln zur Aufteilung von geistigem Eigentum auf Innovationen und Marken

Mithilfe der bisherigen Ergebnisse können auch den internen und externen Umsätzen des Lizenznehmers die absoluten Beträge einer Lizenzgebühr zugeordnet werden. Dabei ist zwischen den nachfolgenden geschäftsvorfallbezogenen Umsätzen zu unterscheiden:

- interne Umsätze zur Verwendung in der Produktion,
- interne Umsätze an einen Handelsvertreter und
- externe Umsätze.

Dies erfolgt schließlich mit den im Folgenden aufgeführten Formeln:[799]

799 Es ist zu beachten, dass die Produkt- und Prozessinnovationen sämtliche internen und externen Umsätze beeinflussen, wogegen sich die Marken im Wesentlichen nur auf die externen Umsätze sowie die internen Umsätze gegenüber einem Handelsvertreter auswirken.

Aufteilung des geistigen Eigentums auf interne und externe Umsätze aus Geschäftsvorfall

(i) Lizenzgebühr des Lizenznehmers für interne Umsätze zur Verwendung in der Produktion (in GE):

$$L_t^{UE^{iP},Ln}(in\ GE) = \left(L_t^{Pi,Ln}(in\ GE) + L_t^{Pzi,Ln}(in\ GE)\right) * \frac{UE_t^{iP,Ln}(in\ GE)}{UE_t^{G,Ln}(in\ GE)}$$

(ii) Lizenzgebühr des Lizenznehmers für interne Umsätze an Handelsvertreter (in GE):

$$L_t^{UE^{iV},Ln}(in\ GE) = \left(L_t^{Pi,Ln}(in\ GE) + L_t^{Pzi,Ln}(in\ GE)\right) * \frac{UE_t^{iV,Ln}(in\ GE)}{UE_t^{G,Ln}(in\ GE)} + L_t^{M,Ln}(in\ GE) * \frac{UE_t^{iV,Ln}(in\ GE)}{UE_t^{iV,Ln}(in\ GE) + UE_t^{e,Ln}(in\ GE)}$$

(iii) Lizenzgebühr des Lizenznehmers für externe Umsätze (in GE):

$$L_t^{UE^{e},Ln}(in\ GE) = \left(L_t^{Pi,Ln}(in\ GE) + L_t^{Pzi,Ln}(in\ GE)\right) * \frac{UE_t^{e,Ln}(in\ GE)}{UE_t^{G,Ln}(in\ GE)} + L_t^{M,Ln}(in\ GE) * \frac{UE_t^{e,Ln}(in\ GE)}{UE_t^{iV,Ln}(in\ GE) + UE_t^{e,Ln}(in\ GE)}$$

mit den Variablen

t: Zeitpunkt der Lizenzumrechnung in Lizenzsatz als Anteil am Umsatz

$L^{UE^{iP},Ln}$: Lizenzgebühr des Lizenznehmers für interne Umsätze zur Produktion

$L^{UE^{iV},Ln}$: Lizenzgebühr des Lizenznehmers für interne Umsätze an Handelsvertreter

$L^{UE^{e},Ln}$: Lizenzgebühr des Lizenznehmers für externe Umsätze

$L^{Pi,Ln}$: Lizenzgebühr des Lizenznehmers für Produktinnovation

$L^{Pzi,Ln}$: Lizenzgebühr des Lizenznehmers für Prozessinnovation

$L^{M,Ln}$: Lizenzgebühr des Lizenznehmers für Marke

$UE^{G,Ln}$: Umsätze des Lizenznehmers gesamt

$UE^{iP,Ln}$: interne Umsätze des Lizenznehmers zur Produktion

$UE^{iV,Ln}$: interne Umsätze des Lizenznehmers an Handelsvertreter

$UE^{e,Ln}$: externe Umsätze des Lizenznehmers

Abbildung 16: Formeln zur Aufteilung von geistigem Eigentum auf konzerninterne und konzernexterne Umsätze aus Geschäftsvorfall[800]

800 Die Beträge können im weiteren Verlauf zur Einbeziehung der Lizenzgebühr in die internen Umsätze herangezogen werden (siehe Punkt c)).

b) Umrechnung in Lizenzsatz als Anteil am Umsatz

Wenn schließlich die Ziele des Businessplans oder vergleichbarer Planungen hinsichtlich

- der Stückgewinne und
- des regionalen Marktanteils

für das Erzeugnis erreicht werden (Zeitpunkt t), ist der aufteilbare Gewinn letztmalig zu identifizieren, festzuhalten und in einen Lizenzsatz als Anteil am Umsatz umzurechnen. Auf diese Weise wird erreicht, dass über den Produktlebenszyklus hinweg nur die Gewinnbestandteile der Gewinnaufteilung unterworfen werden, die vom Wert des geistigen Eigentums geprägt sind. Da jedoch vereinzelt für jedes Konzernunternehmen oder sogar für jeden Marktraum von ein und derselben Konzerngesellschaft ein separater Businessplan für das neu eingeführte Produkt erstellt wird, ist es möglich, dass die Umrechnung der Lizenzgebühr für die einzelnen Konzernunternehmen oder Markräume in unterschiedlichen Jahren erfolgt.[801] Dies ist nur folgerichtig, da auf diese Weise der unterschiedlichen Käuferbereitschaft in den einzelnen Regionen und der infolgedessen bestehenden räumlichen Preisdifferenzierung sowie den regionalen Unterschieden in den Produktionskosten Rechnung getragen wird. In begründeten Fällen können jedoch gleichartige Geschäftsvorfälle für dasselbe Produkt und dieselbe Konzerngesellschaft zusammengefasst werden.[802] Demnach lassen sich für die Nutzung desselben geistigen Eigentums je nach Konzernunternehmen und Marktraum unterschiedliche Lizenzsätze bestimmen. Die Umrechnung der Lizenzgebühr in einen Prozentsatz erfolgt schließlich nach der folgenden allgemeingültigen Formel:

801 Insoweit sind die Kennzahlen des Controllings als Datengrundlage geeignet, da das Controlling seine Daten üblicherweise zunächst nach den Faktoren Produkt und Marktraum aufbereitet und erst in einem zweiten Schritt nach Gesellschaft differenziert.

802 In diesem Fall wäre die Fortschreibung der Lizenzgebühr im Jahr der Erreichung der Ziele des letzten unerfüllten Businessplans vorzunehmen.

Ermittlung eines Lizenzsatzes (in Zeitpunkt t)

$$Lizenzsatz\ (in\ \%)_t = \frac{Gewinnmarge_t(in\ GE) * \frac{verrechenbare\ Gewinnmarge_t(in\ GE)}{Gewinnmarge_t(in\ GE)}}{Umsatzerlöse_t(in\ GE)}$$

$$= \frac{verrechenbare\ Gewinnmarge_t(in\ GE)}{Umsatzerlöse_t(in\ GE)}$$

Die $Gewinnmarge_t$ umfasst sämtliche identifizierten und aufteilbaren Gewinne der an der Gewinnaufteilung beteiligten Unternehmen im Zeitpunkt t, die auf das betreffende Produkt zurückzuführen sind. Die $verrechenbare\ Gewinnmarge_t$ beinhaltet den Gewinnbestandteil der $Gewinnmarge_t$, der als Lizenzgebühr zur Verteilung gelangt. Mit dem Begriff $Umsatzerlöse_t$ werden sämtliche internen und externen Umsätze der an der Gewinnaufteilung beteiligten Unternehmen im Zeitpunkt t bezeichnet, die dem betreffenden Produkt zuzuordnen sind.

Abbildung 17: Allgemeine Formel zur Ermittlung von Lizenzsatz (in Zeitpunkt t)

Hinsichtlich des Soll-Ist-Vergleichs der Marge aus dem Businessplan und der tatsächlichen Marge ist ein besonderes Augenmerk auf die Vergleichbarkeit der Kennzahlen zu richten. So ist es regelmäßig sinnvoll, für den Vergleich auf das sog. „Operating Income" (OI) des Controllings zurückzugreifen, da Businesspläne zumeist ebenfalls Controlling-Kennzahlen enthalten. Für die anschließende Gewinnaufteilung ist hingegen der steuerrechtliche Brutto- oder Nettogewinn maßgebend – beispielsweise das OI nach Umrechnung der kalkulatorischen Zinsen in marktübliche Fremdkapitalzinsen sowie unter Berücksichtigung etwaiger Anpassungsrechnungen bei der Absetzung für Abnutzung (AfA).

Soweit das geistige Eigentum aus unterschiedlichen immateriellen Werten wie Produktinnovationen, Prozessinnovationen und Marken besteht, ist es sinnvoll, für die verschiedenen Bestandteile des geistigen Eigentums separate prozentuale Lizenzsätze zu bestimmen. Unter Berücksichtigung der bereits identifizierten Beträge lassen sich diese Lizenzsätze aus der allgemeinen Formel in Abbildung 17 wie folgt ableiten:

Ermittlung ausgewählter Lizenzsätze (in Zeitpunkt t)

(i) Lizenzsatz des Lizenznehmers für interne Umsätze zur Verwendung in der Produktion (in %):

$$L_t^{UE^{iP},Ln}(in\ \%) = \frac{L_t^{UE^{iP},Ln}(in\ GE)}{UE_t^{iP,Ln}(in\ GE)}$$

(ii) Lizenzsatz des Lizenznehmers für interne Umsätze an einen Handelsvertreter (in %):

$$L_t^{UE^{iV},Ln}(in\ \%) = \frac{L_t^{UE^{iV},Ln}(in\ GE)}{UE_t^{iV,Ln}(in\ GE)}$$

(iii) Lizenzsatz des Lizenznehmers für externe Umsätze (in %):

$$L_t^{UE^{e},Ln}(in\ \%) = \frac{L_t^{UE^{e},Ln}(in\ GE)}{UE_t^{e,Ln}(in\ GE)}$$

(iv) Lizenzsatz des Lizenznehmers für Produktinnovation (in % der Umsätze gesamt):

$$L_t^{Pi,Ln}(in\ \%) = \frac{L_t^{Pi,Ln}(in\ GE)}{UE_t^{G,Ln}(in\ GE)}$$

(v) Lizenzsatz des Lizenznehmers für Prozessinnovation (in % der Umsätze gesamt):

$$L_t^{Pzi,Ln}(in\ \%) = \frac{L_t^{Pzi,Ln}(in\ GE)}{UE_t^{G,Ln}(in\ GE)}$$

(vi) Lizenzsatz des Lizenznehmers für Marke (in % der internen Umsätze an Handelsvertreter und externen Umsätze):

$$L_t^{M,Ln}(in\ \%) = \frac{L_t^{M,Ln}(in\ GE)}{UE_t^{iV,Ln}(in\ GE) + UE_t^{e,Ln}(in\ GE)}$$

mit den Variablen

t: Zeitpunkt der Lizenzumrechnung in Lizenzsatz als Anteil am Umsatz
$L^{UE^{iP},Ln}$: Lizenzgebühr des Lizenznehmers für interne Umsätze zur Produktion
$L^{UE^{iV},Ln}$: Lizenzgebühr des Lizenznehmers für interne Umsätze an Handelsvertreter
$L^{UE^{e},Ln}$: Lizenzgebühr des Lizenznehmers für externe Umsätze
$L^{Pi,Ln}$: Lizenzgebühr des Lizenznehmers für Produktinnovation
$L^{Pzi,Ln}$: Lizenzgebühr des Lizenznehmers für Prozessinnovation
$L^{M,Ln}$: Lizenzgebühr des Lizenznehmers für Marke
$UE^{G,Ln}$: Umsätze des Lizenznehmers gesamt
$UE^{iP,Ln}$: interne Umsätze des Lizenznehmers zur Produktion
$UE^{iV,Ln}$: interne Umsätze des Lizenznehmers an Handelsvertreter
$UE^{e,Ln}$: externe Umsätze des Lizenznehmers

Abbildung 18: Formeln zur Berechnung ausgewählter Lizenzsätze (in Zeitpunkt t)[803]

803 Die Lizenzsätze sind mitunter zur jährlichen Fortentwicklung der Lizenzgebühr erforderlich. Allgemein hierzu Kapitel 4.2.4.2.6.3 Punkt a) und b).

c) Einbeziehung in interne Umsätze

Werden die konzerninternen Leistungen schließlich über die Kostenaufschlagsmethode bestimmt, besteht zur Ermittlung des aufteilbaren Gewinns indessen das Problem des Zirkelschlusses zwischen der Lizenz für Innovationen, den Kosten, der Verrechnungspreismethode und dem Gewinn. So erhöht die Lizenzgebühr die Kosten zur Ermittlung des Intercompany-Preises des Lizenznehmers, was wiederum dessen Gewinnmarge und somit den Lizenzbetrag ansteigen lässt. Unter Anwendung der Preisvergleichsmethode besteht diese Gefahr hingegen nicht, da sich insofern an Marktpreisen anstatt den Kosten orientiert wird. Um den Zirkelschluss zu durchbrechen, lässt sich die finale Lizenzgebühr für die mithilfe der Kostenaufschlagsmethode vergüteten internen Umsätze, deren Güter der Produktion dienen, mit der folgenden Formel bestimmen:

Formel zur Bestimmung der Lizenzgebühr für mithilfe der Kostenaufschlagsmethode festgesetzte interne Umsätze aus einem Geschäftsvorfall zur Produktion (in Zeitpunkt t)

$$L_{n,t}^{UE^{iP},Ln}(in\,GE) = \Big[\Big(K_{o,t}^{iP,Ln}(in\,GE) + L_{n,t}^{UE^{iP},Ln}(in\,GE)\Big) + \Big(K_{o,t}^{iP,Ln}(in\,GE) + L_{n,t}^{UE^{iP},Ln}(in\,GE)\Big) * \frac{G_{o,t}^{iP,Ln}(in\,GE)}{K_{o,t}^{iP,Ln}(in\,GE)}\Big] * L_{v,t}^{UE^{iP},Ln}(in\,\%)$$

$$\Rightarrow L_{n,t}^{UE^{iP},Ln}(in\,GE) = K_{o,t}^{iP,Ln}(in\,GE) * \frac{L_{v,t}^{UE^{iP},Ln}(in\,\%) * \left(1 + \frac{G_{o,t}^{iP,Ln}(in\,GE)}{K_{o,t}^{iP,Ln}(in\,GE)}\right)}{1 - L_{v,t}^{UE^{iP},Ln}(in\,\%) * \left(1 + \frac{G_{o,t}^{iP,Ln}(in\,GE)}{K_{o,t}^{iP,Ln}(in\,GE)}\right)}$$

mit den Variablen

- t: Zeitpunkt der Lizenzumrechnung in Lizenzsatz als Anteil am Umsatz
- $L_{n}^{UE^{iP},Ln}$: Lizenzgebühr des Lizenznehmers für interne Umsätze zur Produktion nach Korrektur
- $L_{v}^{UE^{iP},Ln}$: Lizenzgebühr des Lizenznehmers für interne Umsätze zur Produktion vor Korrektur (bereits in Punkt b) für Zeitpunkt t ermittelt ($L_{t}^{UE^{iP},Ln}$))
- $K_{o}^{iP,Ln}$: Kosten des Lizenznehmers aus internen Umsätzen zur Produktion ohne Einbeziehung der Lizenz in Intercompany-Preise
- $G_{o}^{iP,Ln}$: Gewinn des Lizenznehmers aus internen Umsätzen zur Produktion ohne Einbeziehung der Lizenz in Intercompany-Preise

Abbildung 19: Formel zur Bestimmung von Lizenzgebühr für konzerninterne Umsätze (in Zeitpunkt t)

Die Korrektur ist grundsätzlich nur für diejenigen internen Umsätze erforderlich, die mithilfe der Kostenaufschlagsmethode bestimmt und der weiteren Produktion zugeführt bzw. verarbeitet werden. Dabei kann die Berichtigung allgemeinhin im Rahmen der Festlegung des Intercompany-Preises für das betreffende Produkt erfolgen. Bei internen Umsätzen, die gegenüber einem Handelsvertreter erzielt werden, kann hingegen in aller Regel auf eine Korrektur verzichtet werden. Dies beruht darauf, dass die Vertriebsleistung vornehmlich retrograd über die Wiederverkaufspreismethode vergütet wird. Demnach fällt der produzierenden Konzerngesellschaft ohnehin der gesamte Umsatz und Gewinn aus dem Geschäftsvorfall, abzüglich der mithilfe der Handelsspanne berechneten Vergütung für die originäre Vertriebstätigkeit zu. Somit beinhaltet die Vergütung der Vertriebsleistung keine Lizenzgebühr, sodass eine Korrektur der Handelsspanne entbehrlich ist.

Aus der nun berechneten endgültigen Lizenzgebühr für die internen Umsätze lassen sich schließlich die übrigen finalen Kennzahlen ableiten. So sind die bisherigen Kosten um die neu berechnete Lizenzgebühr zu erhöhen, um die endgültigen Kosten zu erhalten. Der Gewinn ist aus dem Produkt der endgültigen Kosten und dem prozentualen Gewinnaufschlag ablesbar. Die endgültigen internen Umsätze können der Summe aus den neu berechneten Kosten und dem endgültigen Gewinn entnommen werden.

4.2.4.2.6.3 Fortschreibung

Der dem geistigen Eigentum zuzurechnende Anteil des aufteilbaren Gewinns kann in den Folgejahren insofern identifiziert und verrechnet werden, als er mit den im Zeitpunkt t ermittelten Prozentsätzen fortgeschrieben wird.[804] Diesbezüglich ist jedoch zu beachten, dass eine Änderung der Ausbringungsmenge für interne Umsätze zugunsten (zulasten) der externen Umsätze aus dem Geschäftsvorfall auch eine Änderung der Prozentsätze bewirken kann. Dies soll an folgendem Beispiel deutlich werden:

Die drei Unternehmen A (Konzernobergesellschaft), B (Tochterunternehmen von A) und C (Tochterunternehmen von A) sind Konzernunternehmen eines Konzerns, der im Automobilzulieferergeschäft agiert und u.a. Sitzpolster für Pkw herstellt. A unterhält mitunter eine Entwicklungsabteilung, in der die Sitzpolster entwickelt werden. B produziert und vertreibt die Sitzpolster und greift dabei auf eine von A zur Verfügung gestellte

804 Die in den nachfolgenden Ausführungen dieses Kapitels umrahmten Formeln sind jährlich wiederkehrend zu verwenden. Für ein Anwendungsbeispiel siehe Kapitel 4.5.

Lizenz zurück. Gleichzeitig beliefert B die Vertriebsgesellschaft C mit einem Kontingent aus den produzierten Sitzpolstern. A und B können als Strategieträger angesehen werden, wogegen C ein Routineunternehmen darstellt.

Im Jahr 01 verkauft B 100 Sitzpolster an C zu einem Preis von 80 GE/Stück und 100 Sitzpolster direkt an externe Kunden zum Preis von 100 GE/Stück. C verkauft die von B erworbenen Sitzpolster indessen zum Preis von 110 GE/Stück an externe Kunden. Die von B an A zu zahlende Lizenzgebühr wird im Jahr 01 an die internen und externen Umsätze von B gebunden. Dabei wird ein Prozentsatz i.H.v. 5 % der Umsätze festgelegt. Infolgedessen zahlt B im Jahr 01 eine Lizenzgebühr i.H.v. 900 GE an A. Das Unternehmen C hat keine Lizenzgebühr zu leisten, da es lediglich eine Vertriebsleistung erbringt.

Zu Beginn des Jahres 02 wird entschieden, Unternehmen C zu liquidieren. Von nun an übernimmt das Unternehmen B die Belieferung der externen Kunden vollständig. Im Jahr 02 verkauft B schließlich 200 Sitzpolster zum Preis von 100 GE/Stück an externe Kunden. Infolgedessen wird anhand des Lizenzsatzes i.H.v. 5 % vom Umsatz eine Lizenzgebühr von 1.000 GE ermittelt. Die Lizenzgebühr hat sich durch die Liquidation von C und den daran anschließenden Direktvertrieb der Sitzpolster ceteris paribus um 100 GE erhöht.

Das vorgenannte Beispiel verdeutlicht, dass sich offenbar der absolute Betrag der Lizenzgebühr erhöht (reduziert), wenn in den Jahren nach ihrer Fixierung und Umrechnung in einen Lizenzsatz als Anteil am Umsatz ceteris paribus eine Reduzierung (Steigerung) der Ausbringungsmenge aus den internen Umsätzen zugunsten (zulasten) der externen Umsätze erfolgt. Die jährliche Änderung der Ausbringungsmenge für interne Umsätze zugunsten (zulasten) der externen Umsätze beeinflusst offenbar sämtliche im Zeitpunkt t ermittelten Prozentsätze. Dies schlägt sich sowohl auf den Korrekturbetrag für die mithilfe der Kostenaufschlagsmethode berechneten internen Umsätze[805] als auch den Lizenzsatz für die Produktinnovationen, Prozessinnovationen und Marken[806] nieder. Dies lässt sich jedoch insofern korrigieren, als die verwendeten Lizenzsätze im Rahmen der jährlichen Fortschreibung in Abhängigkeit von Preis und Menge des betreffenden Gutes angepasst werden. Dabei kann auf die folgende allgemeingültige Formel zurückgegriffen werden:

805 Allgemein hierzu Kapitel 4.2.4.2.6.2 Punkt c).

806 Allgemein hierzu Kapitel 4.2.4.2.6.2 Punkt b).

Korrektur der Lizenzsätze bei Fortschreibung der Lizenzgebühr: Entwicklung einer allgemeinen Formel (in Zeitpunkt t+n)

$$a_{t+n}(in\,\%) = a_t(in\,\%) * \frac{\frac{ME_t^i(in\,Stk)*p_t^i(in\,GE)+ME_t^e(in\,Stk)*p_t^e(in\,GE)}{ME_t^i(in\,Stk)+ME_t^e(in\,Stk)}}{\frac{ME_{t+n}^i(in\,Stk)*p_t^i(in\,GE)+ME_{t+n}^e(in\,Stk)*p_t^e(in\,GE)}{ME_{t+n}^i(in\,Stk)+ME_{t+n}^e(in\,Stk)}}$$

$$\Rightarrow a_{t+n}(in\,\%) = a_t(in\,\%) * \frac{ME_t^i(in\,Stk)*p_t^i(in\,GE)+ME_t^e(in\,Stk)*p_t^e(in\,GE)}{ME_t^i(in\,Stk)+ME_t^e(in\,Stk)}$$

$$* \frac{ME_{t+n}^i(in\,Stk)+ME_{t+n}^e(in\,Stk)}{ME_{t+n}^i(in\,Stk)*p_t^i(in\,GE)+ME_{t+n}^e(in\,Stk)*p_t^e(in\,GE)}$$

mit den Variablen

t:	Zeitpunkt der Lizenzumrechnung in Lizenzsatz als Anteil am Umsatz
t+n:	Zeitpunkt der Fortschreibung der Lizenzgebühr
a:	Lizenzsatz
ME^i:	Ausbringungsmenge für interne Umsätze
ME^e:	Ausbringungsmenge für externe Umsätze
p^i:	Marktpreis für Vertrieb an verbundene Unternehmen
p^e:	Marktpreis für Vertrieb an fremde Dritte

Abbildung 20: Allgemeine Formel zur Korrektur von Lizenzsätzen bei Fortschreibung der Lizenzgebühr (in Zeitpunkt t+n)

Mithilfe der allgemeinen Formel werden die für Zeitpunkt t berechneten Prozentsätze auf das veränderte Verhältnis der Ausbringungsmenge für die internen und externen Umsätze in Zeitpunkt t+n überführt, um sie anschließend mit den Umsätzen in Zeitpunkt t+n fortschreiben zu können. Diese allgemeine Formel lässt sich nun auf die jeweiligen Lizenzsätze überführen.

a) Einbeziehung in interne Umsätze

Die Einbeziehung der Lizenzgebühr in die internen Umsätze erfolgt vorzugsweise bereits im Rahmen der Festlegung der mithilfe der Kostenaufschlagsmethode berechneten Intercompany-Preise. Zur Bestimmung der darauf entfallenden Lizenzgebühr ist auf die Formel in Abbildung 19 zurückzugreifen.[807] Um jedoch der jährlichen Veränderung des in dieser Formel enthaltenen Lizenzsatzes $\left(L_t^{UE^{iP},Ln}\right)$ in Zeitpunkt t+n zu begegnen, ist der betreffende Lizenzsatz zunächst mit der folgenden aus Abbildung 20 abgeleiteten Formel anzupassen:

807 Allgemein hierzu Kapitel 4.2.4.2.6.2 Punkt c).

Korrektur der Lizenzsätze bei Fortschreibung der Lizenzgebühr: Überleitung der allgemeinen Formel auf interne Umsätze (in Zeitpunkt t+n)

Korrigierter Lizenzsatz für interne Umsätze (in %):

$$L_{t+n}^{UE^{iP},Ln}(in\ \%) = L_t^{UE^{iP},Ln}(in\ \%) * \frac{UE_t^{G,Ln}(in\ GE)}{ME_t^{G,Ln}(in\ Stk)} * \frac{M_{t+n}^{G,Ln}(in\ Stk)}{ME_{t+n}^{iP,Ln}(in\ Stk) * \frac{UE_t^{iP,Ln}(in\ GE)}{ME_t^{iP,Ln}(in\ Stk)} + ME_{t+n}^{iV,Ln}(in\ Stk) * \frac{UE_t^{iV,Ln}(in\ GE)}{ME_t^{iV,Ln}(in\ Stk)} + ME_{t+n}^{e,Ln}(in\ Stk) * \frac{UE_t^{e,Ln}(in\ GE)}{ME_t^{e,Ln}(in\ Stk)}}$$

mit den Variablen

- t: Zeitpunkt der Lizenzumrechnung in Lizenzsatz als Anteil am Umsatz
- t+n: Zeitpunkt der Fortschreibung der Lizenzgebühr
- $L^{UE^{iP},Ln}$: Lizenzgebühr des Lizenznehmers für interne Umsätze zur Produktion
- $UE^{G,Ln}$: Umsätze des Lizenznehmers gesamt
- $UE^{iP,Ln}$: interne Umsätze des Lizenznehmers zur Produktion
- $UE^{iV,Ln}$: interne Umsätze des Lizenznehmers an Handelsvertreter
- $UE^{e,Ln}$: externe Umsätze des Lizenznehmers
- $ME^{G,Ln}$: Ausbringungsmenge des Lizenznehmers gesamt
- $ME^{iP,Ln}$: Ausbringungsmenge des Lizenznehmers für interne Umsätze zur Produktion
- $ME^{iV,Ln}$: Ausbringungsmenge des Lizenznehmers für interne Umsätze zum Vertrieb
- $ME^{e,Ln}$: Ausbringungsmenge des Lizenznehmers für externe Umsätze

Abbildung 21: Formel zur Korrektur von Lizenzsatz für konzerninterne Umsätze (in Zeitpunkt t+n)

Der nun korrigierte Lizenzsatz $\left(L_{t+n}^{UE^{iP},Ln}\right)$ lässt sich wieder in die nachfolgende Formel übernehmen, um schließlich die darauf entfallende Lizenzgebühr in Zeitpunkt t+n zu bestimmen:

Formel zur Bestimmung der Lizenzgebühr für mithilfe der Kostenaufschlagsmethode festgesetzte interne Umsätze aus einem Geschäftsvorfall zur Produktion (in Zeitpunkt t+n)

$$L_{n,t+n}^{UE^{iP},Ln}(in\ GE) = K_{o,t+n}^{iP,Ln}(in\ GE) * \frac{L_{v,t+n}^{UE^{iP},Ln}(in\ \%) * \left(1+\frac{G_{o,t+n}^{iP,Ln}(in\ GE)}{K_{o,t+n}^{iP,Ln}(in\ GE)}\right)}{1-L_{v,t+n}^{UE^{iP},Ln}(in\ \%) * \left(1+\frac{G_{o,t+n}^{iP,Ln}(in\ GE)}{K_{o,t+n}^{iP,Ln}(in\ GE)}\right)}$$

mit den Variablen

t+n: Zeitpunkt der Fortschreibung der Lizenzgebühr

$L_n^{UE^{iP},Ln}$: Lizenzgebühr des Lizenznehmers für interne Umsätze zur Produktion nach Korrektur

$L_v^{UE^{iP},Ln}$: Lizenzgebühr des Lizenznehmers für interne Umsätze zur Produktion vor Korrektur [bereits in Punkt a) für Zeitpunkt t ermittelt ($L_{t+n}^{UE^{iP},Ln}$)]

$K_o^{iP,Ln}$: Kosten des Lizenznehmers aus internen Umsätzen zur Produktion ohne Einbeziehung der Lizenz in Intercompany-Preise

$G_o^{iP,Ln}$: Gewinn des Lizenznehmers aus internen Umsätzen zur Produktion ohne Einbeziehung der Lizenz in Intercompany-Preise

Abbildung 22: Formel zur Bestimmung von Lizenzgebühr für konzerninterne Umsätze (in Zeitpunkt t+n)

Aus der Lizenzgebühr für die nach der Kostenaufschlagsmethode berechneten internen Umsätze lassen sich wiederum die übrigen finalen Kennzahlen ableiten. Beispielsweise sind die bisherigen Kosten um die neu berechnete Lizenzgebühr zu erhöhen, um die endgültigen Kosten zu erhalten. Der Gewinn lässt sich aus dem Produkt der finalen Kosten und dem prozentualen Gewinnaufschlag ablesen. Die endgültigen internen Umsätze können der Summe aus den neu berechneten Kosten und dem endgültigen Gewinn entnommen werden. Ferner lassen sich aus diesen Kennzahlen die Stückkosten und ein Gewinnaufschlagssatz für das betreffende Produkt ableiten.

b) Bestimmung eines Lizenzsatzes als Anteil am Umsatz

Die allgemeine Formel aus Abbildung 20 lässt sich ferner in die folgenden individuellen Formeln zur jährlichen Anpassung der Lizenzsätze für die Produktinnovationen $\left(L_t^{Pi,Ln}\right)$, Prozessinnovationen $\left(L_t^{Pzi,Ln}\right)$ und Marken $\left(L_t^{M,Ln}\right)$ überleiten, um wiederum den Auswirkungen aus einer Änderung der Ausbringungsmenge für die internen Umsätze zugunsten (zulasten) der externen Umsätze zu begegnen:

Korrektur der Lizenzsätze bei Fortschreibung der Lizenzgebühr: Überleitung der allgemeinen Formel auf Innovationen und Marken (in Zeitpunkt t+n)

(i) Korrigierter Lizenzsatz für Produktinnovation (in %):

$$L_{t+n}^{Pi,Ln}(in\,\%) = L_t^{Pi,Ln}(in\,\%) * \frac{UE_t^{G,Ln}(in\,GE)}{ME_t^{G,Ln}(in\,Stk)} * \frac{M_{t+n}^{G,Ln}(in\,Stk)}{ME_{t+n}^{iP,Ln}(in\,Stk) * \frac{UE_t^{iP,Ln}(in\,GE)}{ME_t^{iP,Ln}(in\,Stk)} + ME_{t+n}^{iV,Ln}(in\,Stk) * \frac{UE_t^{iV,Ln}(in\,GE)}{ME_t^{iV,Ln}(in\,Stk)} + ME_{t+n}^{e,Ln}(in\,Stk) * \frac{UE_t^{e,Ln}(in\,GE)}{ME_t^{e,Ln}(in\,Stk)}}$$

(ii) Korrigierter Lizenzsatz für Prozessinnovation (in %):

$$L_{t+n}^{Pzi,Ln}(in\,\%) = L_t^{Pzi,Ln}(in\,\%) * \frac{UE_t^{G,Ln}(in\,GE)}{ME_t^{G,Ln}(in\,Stk)} * \frac{M_{t+n}^{G,Ln}(in\,Stk)}{ME_{t+n}^{iP,Ln}(in\,Stk) * \frac{UE_t^{iP,Ln}(in\,GE)}{ME_t^{iP,Ln}(in\,Stk)} + ME_{t+n}^{iV,Ln}(in\,Stk) * \frac{UE_t^{iV,Ln}(in\,GE)}{ME_t^{iV,Ln}(in\,Stk)} + ME_{t+n}^{e,Ln}(in\,Stk) * \frac{UE_t^{e,Ln}(in\,GE)}{ME_t^{e,Ln}(in\,Stk)}}$$

(iii) Korrigierter Lizenzsatz für Marke (in %):

$$L_{t+n}^{M,Ln}(in\,\%) = L_t^{M,Ln}(in\,\%) * \frac{UE^{iV,Ln}(in\,GE) + UE^{e,Ln}(in\,GE)}{ME_t^{iV,Ln}(in\,Stk) + ME_t^{M,Ln}(in\,Stk)} * \frac{ME_{t+n}^{iV,Ln}(in\,Stk) + ME_{t+n}^{M,Ln}(in\,Stk)}{ME_{t+n}^{iV,Ln}(in\,Stk) * \frac{UE_t^{iV,Ln}(in\,GE)}{ME_t^{iV,Ln}(in\,Stk)} + ME_{t+n}^{e,Ln}(in\,Stk) * \frac{UE_t^{e,Ln}(in\,GE)}{ME_t^{e,Ln}(in\,Stk)}}$$

mit den Variablen

t: Zeitpunkt der Lizenzumrechnung in Lizenzsatz als Anteil am Umsatz

$t+n$: Zeitpunkt der Fortschreibung der Lizenzgebühr

$L^{Pi,Ln}$: Lizenzgebühr des Lizenznehmers für Produktinnovation

$L^{Pzi,Ln}$: Lizenzgebühr des Lizenznehmers für Prozessinnovation

$L^{M,Ln}$: Lizenzgebühr des Lizenznehmers für Marke

$UE^{G,Ln}$: Umsätze des Lizenznehmers gesamt

$UE^{iP,Ln}$: interne Umsätze des Lizenznehmers zur Produktion

$UE^{iV,Ln}$: interne Umsätze des Lizenznehmers an Handelsvertreter

$UE^{e,Ln}$: externe Umsätze des Lizenznehmers

$ME^{G,Ln}$: Ausbringungsmenge des Lizenznehmers gesamt

$ME^{iP,Ln}$: Ausbringungsmenge des Lizenznehmers für interne Umsätze zur Produktion

$ME^{iV,Ln}$: Ausbringungsmenge des Lizenznehmers für interne Umsätze zum Vertrieb

$ME^{e,Ln}$: Ausbringungsmenge des Lizenznehmers für externe Umsätze

Abbildung 23: Formeln zur Korrektur von Lizenzsätzen für Innovationen und Marken bei Fortschreibung der Lizenzgebühr (in Zeitpunkt t+n)

c) Ermittlung der Lizenzgebühr

Die in Abbildung 23 aufgeführten Formeln können schließlich zur jährlichen Berechnung der Lizenzgebühren für die Produktinnovationen, Prozessinnovationen und Marken verwendet werden. Dazu kann auf die folgenden Formeln zurückgegriffen werden:

Ermittlung der Lizenzgebühr (in Zeitpunkt t+n)

(i) Lizenzgebühr des Lizenznehmers für Produktinnovation (in % der Umsätze gesamt):

$$L^{Pi,Ln}_{t+n}(in\ GE) = L^{Pi,Ln}_{t+n}(in\ \%) * UE^{G,Ln}_{t+n}(in\ GE)$$

(ii) Lizenzgebühr des Lizenznehmers für Prozessinnovation (in % der Umsätze gesamt):

$$L^{Pzi,Ln}_{t+n}(in\ GE) = L^{Pzi,Ln}_{t+n}(in\ \%) * UE^{G,Ln}_{t+n}(in\ GE)$$

(iii) Lizenzgebühr des Lizenznehmers für Marke (in % der internen Umsätze an Handelsvertreter und externen Umsätze):

$$L^{M,Ln}_{t+n}(in\ GE) = L^{Pi,Ln}_{t+n}(in\ \%) * \left(UE^{iV,Ln}_{t+n}(in\ GE) + UE^{e,Ln}_{t+n}(in\ GE)\right)$$

mit den Variablen

t:	Zeitpunkt der Lizenzumrechnung in Lizenzsatz als Anteil am Umsatz
t+n:	Zeitpunkt der Fortschreibung der Lizenzgebühr
$L^{Pi,Ln}$:	Lizenzgebühr des Lizenznehmers für Produktinnovation
$L^{Pzi,Ln}$:	Lizenzgebühr des Lizenznehmers für Prozessinnovation
$L^{M,Ln}$:	Lizenzgebühr des Lizenznehmers für Marke
$UE^{G,Ln}$:	Umsätze des Lizenznehmers gesamt
$UE^{iV,Ln}$:	interne Umsätze des Lizenznehmers an Handelsvertreter
$UE^{e,Ln}$:	externe Umsätze des Lizenznehmers

Abbildung 24: Formeln zur Berechnung ausgewählter Lizenzgebühren (in Zeitpunkt t+n)

Der Gesamtlizenzsatz für das geistige Eigentum eines Jahres lässt sich schließlich aus dem Quotienten der addierten absoluten Lizenzbeträge für die Innovationen und Marken und dem Gesamtumsatz bestimmen. Eine weitergehende Ermittlung des aufteilbaren Gewinns ist in den Folgejahren hingegen nicht mehr erforderlich.

4.2.4.2.6.4 Aufhebung oder Änderung

Die Lizenzgebühr lässt sich so lange in der vorgestellten Weise fortschreiben, bis der Grund dafür entfällt. Dies ist insbesondere in den folgenden Fällen gegeben:

Tabelle 17: Gründe zur Änderung oder Aufhebung einer Lizenzgebühr

	Gründe für Änderung oder Aufhebung der Lizenzgebühr
Fall 1	Das Produkt ist bereits <u>ohne Berücksichtigung der zu vergütenden Lizenz</u> nachhaltig nicht mehr profitabel.
Fall 2	Es sind wesentliche Änderungen in der Funktionsausübung und/oder Risikoübernahme seitens der beteiligten Konzernmitglieder erfolgt.
Fall 3	Eine Produktinnovation, eine Prozessinnovation oder die nennenswerte Steigerung des Markenwerts lässt eine signifikante Erhöhung der Gewinnmarge zu.
Fall 4	Das Produkt ist <u>unter Berücksichtigung der zu vergütenden Lizenz</u> nachhaltig nicht mehr profitabel.
Fall 5	Außerordentliche vom Unternehmer nicht beeinflussbare Umstände wirken erheblich auf den Gewinn des Produktes. Derartige Umstände können sein:[808] - ein Preisverfall des Produktes, - ein Einbruch der Nachfrage, - ein Rohstoffpreisschock, - die Erhöhung oder Senkung des Unternehmenssteuersatzes,[809] - die Erhöhung oder Senkung von Einfuhr-/Ausfuhrzöllen am Beschaffungsmarkt oder Absatzmarkt, - veränderte rechtliche Rahmenbedingungen (Umweltschutzauflagen etc.), - Ablauf des Patents, - bei der Marke eine unerwartete und signifikante Änderung des Markenwerts.

Soweit eine der vorgenannten Situationen oder vergleichbare Sachverhalte eingetreten sind, ist in Abhängigkeit des jeweiligen Falles wie folgt vorzugehen:

808 Keine abschließende Aufzählung. Hierbei handelt es sich regelmäßig um nicht beeinflussbare Kosten. Diese Kosten sind grundsätzlich nicht in die Vergütung einzubeziehen.

809 Dies ist aufgrund der Abzugsfähigkeit der Lizenzgebühr als Betriebsausgabe zu vernachlässigen.

Tabelle 18: Vorgehensweise bei Änderung oder Aufhebung einer Lizenzgebühr

	Vorgehensweise
Fall 1	Das geistige Eigentum ist für den Lizenznehmer wertlos geworden. Die Lizenzgebühr entfällt ab dem Wirtschaftsjahr, in dem das Produkt ohne Berücksichtigung der Lizenzgebühr nachhaltig nicht mehr profitabel ist, vollständig.
Fall 2	Die Schritte zur Funktions- und Risikoanalyse sowie zur Identifizierung und Zuordnung des aufteilbaren Gewinns auf die beteiligten Konzernunternehmen sind erneut zu durchlaufen. Anschließend ist die Lizenzgebühr wieder in einen Lizenzsatz als Anteil am Umsatz umzurechnen und fortzuschreiben.
Fall 3	Aufgrund der Produktinnovation, Prozessinnovation oder signifikanten Steigerung des Markenwerts ist der Gewinn neu aufzuteilen. Die Schritte zur Identifizierung und Zuordnung des aufteilbaren Gewinns auf die beteiligten Konzernunternehmen sind erneut zu durchlaufen. Anschließend ist die Lizenzgebühr wieder in einen Lizenzsatz als Anteil am Umsatz umzurechnen und fortzuschreiben.
Fall 4	Der Lizenznehmer ist nicht mehr bereit, die gegenwärtige Lizenzgebühr zu bezahlen. Der verrechenbare Gewinn ist in dem Wirtschaftsjahr, in dem das Produkt unter Berücksichtigung der Lizenzgebühr nachhaltig nicht mehr profitabel ist, einmalig nach den herkömmlichen Methoden zu ermitteln und in einen Lizenzsatz als Anteil am Umsatz umzurechnen und fortzuschreiben.
Fall 5	Die außerordentlichen nicht beeinflussbaren Umstände sind sämtlichen Gewinntreibern eines Konzernunternehmens zuzurechnen. Eine Anpassung der bestehenden Lizenzgebühr ist ab dem Wirtschaftsjahr erforderlich, das auf das Wirtschaftsjahr folgt, in dem die außerordentlichen Umstände eingetreten sind (Zeitpunkt t+n). Dabei ist die Gewinnauswirkung den Innovationen und Marken insofern zurechenbar, als sie dem Anteil der Lizenzgebühr am aufteilbaren Gewinn im Zeitpunkt t entspricht. **Formel zur Anpassung des Lizenzsatzes (im Zeitpunkt t+n):** $Lizenzsatz(in\%)_{A,t+n} = Lizenzsatz(in\%)_{A,t} + Lizenzsatz(in\%)_{A,t} * \frac{\Delta Gewinnmarge_{A,t+n}}{Gewinnmarge_{A,t}}$ Das $\Delta Gewinnmarge_{A,t+n}$ beinhaltet die Gewinnbestandteile (+)/ Verlustbestandteile (-) des Unternehmens A im Zeitpunkt t+n, die auf die außerordentlichen, nicht beeinflussbaren Umstände zurückzuführen sind. Der Begriff $Gewinnmarge_{A,t}$ umfasst sämtliche Gewinne des Unternehmens A im Zeitpunkt t, die dem entsprechenden Produkt zuzurechnen sind.

In den übrigen Fällen ist die Lizenzierung mit dem bestehenden Prozentsatz allgemeinhin fortzuführen.

4.2.4.2.6.5 Zusammenfassung

Ein Überblick über die Verfahrensschritte ist der nachfolgenden Übersicht zu entnehmen:

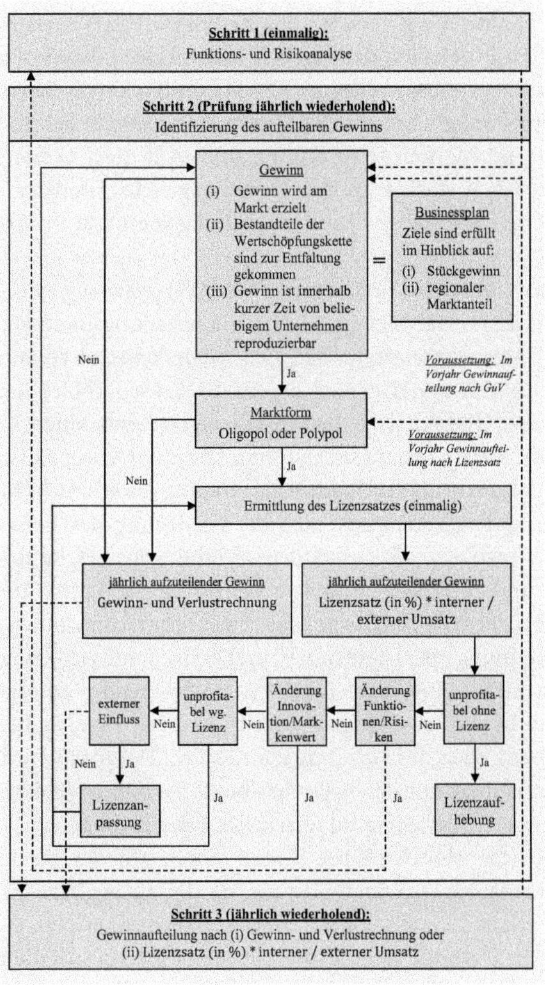

Abbildung 25: Vorgehensweise bei Verrechnungspreisermittlung nach der geschäftsvorfallbezogenen Gewinnaufteilungsmethode

4.2.4.3 Bewertung der Modifizierung

Es ist der Nachweis erbracht worden, dass die Lizenzierung von geistigem Eigentum allgemeinhin an den Umsatz des Erzeugnisses gebunden werden kann, das mithilfe des geistigen Eigentums hergestellt und vertrieben wird. Wenn zur Verrechnungspreisermittlung auf die geschäftsvorfallbezogene Gewinnaufteilungsmethode zurückgegriffen wird, ist ferner eine Modifizierung in der Anwendung der Methode zu empfehlen. So bietet die Modifizierung in mehrfacher Hinsicht Vorteile gegenüber den herkömmlichen Ansätzen, indem sie zielgerichtet den Problemen der jährlich wiederkehrenden Bestimmung einer Lizenzgebühr in der Praxis begegnet. Darüber hinaus stellt sie sicher, dass sich die Verrechnung möglichst auf die Gewinnbestandteile beschränkt, die den Innovationen und Marken zuzurechnen sind. Auf diese Weise ist die Modifizierung wesentlich stärker an den Fremdvergleichsgrundsatz angelehnt als die geschäftsvorfallbezogene Gewinnaufteilungsmethode in ihrer originären Ausprägung.

In der Praxis sind die Bestimmung und Verrechnung der Lizenzgebühr nach der geschäftsvorfallbezogenen Gewinnaufteilungsmethode unter Rückgriff auf die Unternehmensdaten jährlich wiederkehrend vorzunehmen. Dies erfordert jedoch einen enormen, sich periodisch wiederholenden Aufwand in der Aufbereitung und Analyse der einschlägigen Kennzahlen. Unter Anwendung der Modifizierung ist dieser zeit- und kostenintensive Aufwand lediglich in den ersten Jahren nach der Produkteinführung erforderlich. Mit Beginn der Lizenzfortschreibung vereinfacht sich die Festlegung des Verrechnungspreises schließlich insofern, als er aus dem Produkt der geschäftsvorfallbezogenen internen und externen Umsätze eines Konzernmitglieds und dem zuvor berechneten Prozentsatz für das geistige Eigentum bestimmt wird. Dabei lässt sich der Verrechnungspreis berechnen, indem die Schlüsselkennzahlen in eine Computersoftware – eine Excel-Tabelle ist ausreichend – eingegeben werden. Nur soweit ein besonderes Ereignis eintritt, ist noch eine Neuberechnung der Lizenzgebühr auf Basis des Gewinns erforderlich. Demnach wird die Verrechnungspreisermittlung mit der Fortschreibung der Lizenzgebühr im Hinblick auf den Zeit- und Kostenaufwand wesentlich beherrschbarer.

Ferner stellt die Modifizierung keinen Bruch mit der geschäftsvorfallbezogenen Gewinnaufteilungsmethode dar, da die anfängliche Ermittlung des Lizenzsatzes weiterhin zweiseitig auf Basis des Gewinns erfolgt. Der Wechsel zu einer einseitigen Methode ist indessen unbedenklich, da sich die Lizenzgebühr anschließend an der Umsatzentwicklung orientiert, die wiederum im Wesentlichen die Wertentwicklung des geistigen Eigentums abbildet. Überdies wird der Entscheidung des *BGH* aus dem Jahr 1973 Rechnung getragen, wonach der wirtschaftliche Misserfolg allein dem Lizenznehmer noch kein Recht auf eine Anpassung der Lizenzgebühr gibt.[810] Die Wirkung der Modifizierung auf die Verrechnungspreise ist dem folgenden Beispiel zu entnehmen:

Tabelle 19: Beispiel zum Lösungsansatz bei Lizenzvergütung nach der geschäftsvorfallbezogenen Gewinnaufteilungsmethode

Beispiel:
Es sei angenommen, dass Unternehmer A eine Autofelge zum Preis (p) von 100 GE am Markt anbietet. Der Preis bleibt über die Perioden hinweg konstant. Die Felgenproduktion erfolgt über eine Lizenz, die vom verbundenen Unternehmen B zur Verfügung gestellt wird. Zur Produktion benötigt A Maschinen, von denen jede Maschine innerhalb einer Periode bis zu 2.000 Felgen produzieren kann. Eine Maschine dieses Typs verursacht fixe Kosten (K_t) in Höhe von 50.000 GE. Die variablen Kosten (k_0) des ersten Prototyps betragen 356,50 GE. Allerdings sei eine Durchschnittliche Lernrate (α) von 15 % für jede Produktionsverdoppelung angenommen. Diese Lernrate resultiert nicht aus einer Prozessinnovation. Es ist ferner davon auszugehen, dass das Produkt ab einer Menge von 2.000 Prototypen marktreif ist und die Produktion weitgehend fehlerfrei läuft. Die Produktionsmenge Q_t bezeichnet die kumulierte Produktionsmenge incl. der Prototypen. Die jährliche Produktionsmenge wird mit x_t bezeichnet. Schließlich sei angenommen, dass dem Lizenzgeber vertraglich fixierte 25 % (G_L) am Gesamtgewinn (G_t) zustehen. Der Gesamtgewinn, der als Basis zur Ermittlung der Lizenz dient, wird nach Ablauf der Periode, in der die Ziele des 3-jährigen Businessplans erreicht werden, in einen Lizenzsatz als Anteil am Umsatz umgerechnet. Die endgültigen Ziele des Businessplans werden bereits im Laufe der Periode t_2 erreicht.

Ferner bestehen die folgenden linearen Funktionen:

(1) $k_t = k_0 Q_t^{\lambda}$

mit der Kostenelastizität[811] $\lambda = \ln(1-\alpha) / \ln 2$

(2) $G_t = (p_t * x_t) - [K_t + x_t * (k_{t-1} + k_t) / 2]$.

810 Vgl. BGH, Urteil vom 15.03.1973, KZR 11/72, GRUR 1974, S. 40.

811 Allgemein hierzu *Simon/Fassnacht*, Preismanagement, 2009, S. 322 f.

Das Ergebnis ist der folgenden Tabelle zu entnehmen:								
T	**p_t (in GE)**	**K_t (in GE)**	**k_t (in GE)**	**x_t (in ME)**	**Q_t (in ME)**	**G_t (in GE)**	**G_L (in GE)**	**G_L (in %)**
0	---	50.000	60,00	2.000	2.000	---	---	
1	100	100.000	48,39	3.000	5.000	37.415	9.354	25,0
2	100	100.000	42,16	4.000	9.000	118.900	29.725	25,0
3	100	150.000	37,40	6.000	15.000	211.320	44.588	21,1
4	100	200.000	34,19	7.000	22.000	249.435	52.019	20,9
5	100	200.000	31,79	8.000	30.000	336.080	59.450	17,7
6	100	200.000	30,08	8.000	38.000	352.520	59.450	16,9
Summe						**1.305.670**	**254.586**	

Im Vergleich dazu würden sich ohne Umrechnung der Lizenzgebühr in einen Lizenzsatz als Anteil am Umsatz folgende Werte ergeben:								
T	**p_t (in GE)**	**K_t (in GE)**	**k_t (in GE)**	**x_t (in ME)**	**Q_t (in ME)**	**G_t (in GE)**	**G_L (in GE)**	**G_L (in %)**
0	---	50.000	60,00	2.000	2.000	---	---	
1	100	100.000	48,39	3.000	5.000	37.415	9.354	25,0
2	100	100.000	42,16	4.000	9.000	118.900	29.725	25,0
3	100	150.000	37,40	6.000	15.000	211.320	52.830	25,0
4	100	200.000	34,19	7.000	22.000	249.435	62.359	25,0
5	100	200.000	31,79	8.000	30.000	336.080	84.020	25,0
6	100	200.000	30,08	8.000	38.000	352.520	88.130	25,0
Summe						**1.305.670**	**326.418**	

Das Beispiel in Tabelle 19 illustriert, dass die Nutzung des geistigen Eigentums durch die Umrechnung der Lizenzgebühr wesentlich angemessener vergütet wird. Dies wird insofern deutlich, als die prozentuale Reduzierung der Lizenz ab dem Zeitpunkt ihrer Fixierung in t_3 ceteris paribus über die Jahre hinweg in etwa der prozentualen Kostenreduzierung durch die Lernrate entspricht.[812] Offenbar stellt die Fixierung sicher, dass die Lernrate aus der Lizenzgebühr herausgerechnet wird. Bis zum Zeitpunkt t_2 ist die Lernrate hingegen noch im Gewinn zur Vergütung des geistigen Eigentums zu berücksichtigen,

812 Eine exakte Übereinstimmung in den einzelnen Jahren ist aufgrund des Einflusses der Fixkosten nicht möglich.

da eine Umrechnung des Gewinns erst vorgenommen wird, wenn die Produktion vollständig angelaufen ist und ohne größere Störungen erfolgt. Dies wird regelmäßig erst mit Erreichen bestimmter Ziele des Businessplans der Fall sein.

Ferner gewährleistet die umsatzbasierte Lizenzierung, dass sich nicht vergütungswürdige Faktoren, die den Gewinn beeinflussen, nach dem Umrechnungszeitpunkt über eine Umsatzsteigerung zumindest mittelbar auf die Lizenzvergütung auswirken. Dies wird ebenfalls aus dem Beispiel in Tabelle 19 deutlich. So unterstützt der Erfahrungseffekt die Umsatzsteigerung über den Betrachtungszeitraum hinweg, die wiederum die Lizenzhöhe positiv beeinflusst. Dies ist nur folgerichtig, da eine Umsatzsteigerung zugleich eine Aufwertung der Innovationen und Marken bewirkt. Auf diese Weise wird gleichzeitig der Forderung der deutschen Finanzverwaltung Rechnung getragen, dass der Lizenzgeber von regionalen Kostenvorteilen des Lizenznehmers zu profitieren hat. Insoweit zieht der Verpächter des geistigen Eigentums jedoch nur insofern einen Nutzen aus den Kostenvorteilen, als auch der Wert der Innovationen und Marken gesteigert wird. Bei einer gewinnbasierten Vergütung würde der Lizenzgeber hingegen unabhängig von der Wertentwicklung des geistigen Eigentums von sämtlichen kurz-, mittel- und langfristigen Effekten mit Gewinn- oder Verlustauswirkung übermäßig profitieren.[813]

Mithilfe der umsatzbasierten Lizenzvergütung lassen sich zudem die regional unterschiedlichen Lizenzen für dasselbe geistige Eigentum wesentlich einfacher fortschreiben, um der räumlichen Preisdifferenzierung gerecht zu werden. Überdies erscheint die umsatzbasierte Vergütung bereits dem Grunde nach weitaus fremdvergleichskonformer. So würde der Pächter einer Lizenz seinen Gewinn in aller Regel nur in Ausnahmefällen gegenüber dem Verpächter offenlegen. Vielmehr ist vorstellbar, dass die Lizenzvergütung zwischen fremden Dritten über einen Fixbetrag oder einen Anteil am Umsatz erfolgt. Dies ist nicht zuletzt darauf zurückzuführen, dass der Lizenzgeber bei einer gewinnbasierten Vergütung in übermäßiger Weise an den Unternehmensrisiken des Lizenznehmers partizipieren würde. Zugleich kann eine umsatzbasierte Vergütung unvorhergesehene negative Einflüsse auf den Wert einer Innovation oder Marke wesentlich gezielter in der individuellen Lizenzierung berücksichtigen.

Die Bestimmung des Umrechnungszeitpunkts zur Fortschreibung der Lizenzgebühr über den Businessplan gewährleistet schließlich, dass dieser

---

813 So sind nach der geschäftsvorfallbezogenen Gewinnaufteilungsmethode Gewinne und Verluste gleichermaßen zu berücksichtigen. Vgl. *OECD*, Verrechnungspreisleitlinien, 2017, Tz. 2.115.

Zeitpunkt in objektivierter Weise ermittelt wird. Demnach wird insofern dem Fremdvergleichsgrundsatz entsprochen, als sich der Businessplan für ein Produkt stets an den vorliegenden Marktgegebenheiten orientiert und keine Züge von Gestaltungsmodellen der internationalen Steuerplanung aufweist. Zudem verbessert die Orientierung an den Businessplan die Nachweispflicht gegenüber der Finanzverwaltung im Hinblick auf den Umrechnungszeitpunkt.

Die Bindung der Lizenzgebühr an die geschäftsvorfallbezogenen internen und externen Umsätze erscheint indessen sachgerecht und erleichtert die Fortschreibung der Vergütung. Dabei ist die Einbeziehung der internen Umsätze insofern mit dem Fremdvergleichsgrundsatz vereinbar, als sie ebenfalls fremdvergleichskonform zu ermitteln sind. Soweit der Fremdvergleichsgrundsatz dennoch nicht eingehalten wird, ist dies nicht auf die Ermittlung der Lizenzvergütung, sondern vielmehr auf die Berechnung der internen Umsätze zurückzuführen. In einem derartigen Fall wäre zunächst der Verrechnungspreis für die betreffenden internen Umsätze und anschließend die Lizenzgebühr zu korrigieren. Eine Korrektur der internen Umsätze ist dabei losgelöst vom Rückgriff auf die Modifizierung vorzunehmen.

4.3 Besonderheiten in der Lizenzierung von Produkt- und Prozessinnovationen

4.3.1 Allgemeines

Ein Produkt besteht aus einem Produktkern, dem vom Kunden wahrgenommenen Produktäußeren sowie verschiedenen Zusatzleistungen. Bezogen auf einen Pkw lässt sich der Produktkern anhand der Komponenten Motor, Getriebe und Fahrwerk beschreiben. Das Produktäußere zeichnet sich durch verschiedene Karosserievarianten und Fahrzeugausstattungen aus. Als Zusatzleistungen kommen indessen Finanzierungs- und Leasingvarianten sowie Garantie- und Serviceleistungen des Herstellers in Frage. Die Kombination dieser Merkmale gibt dem Kunden schließlich ein eindeutig unterscheidbares Produktangebot.[814] Demzufolge bezeichnen Produktinnovationen die Entwicklung eines neu auf den Markt gebrachten Produktes, die auf die Befriedigung von konkreten Kundenbedürfnissen abzielen und sich positiv auf die abgesetzte Menge und/oder den zu erzielenden Marktpreis auswirken.[815] Demnach

---

814 Vgl. *Thome*, Erfolgsfaktoren, 2012, S. 41 ff.; *Vahs/Brem*, Innovationsmanagement, 2015, S. 53.

815 Vgl. *Krause*, Innovationsprozesse, 2004, S. 24 f.; *Thom*, Grundlagen, 1980, S. 32 ff.

dienen Produktinnovationen der Entwicklung eines Gutes zum Gebrauch oder Verbrauch.

Ein Prozess ist die zielgerichtete Erstellung einer Leistung durch eine Aneinanderreihung zusammenhängender Aktivitäten, die innerhalb einer Zeitspanne nach einem vorgegebenen Ablauf durchgeführt werden.[816] Dabei wird zwischen Leistungs-, Unterstützungs- und Führungsprozessen unterschieden. Die Leistungsprozesse beinhalten im Wesentlichen die Vertriebs-, Auftragsabwicklungs- und After-Sales-Prozesse. Den Unterstützungsprozessen sind die Personalgewinnung, die interne Logistik und die IT-Bereitstellung zuzurechnen. Die Führungsprozesse umfassen vornehmlich die strategische Planung und Budgetierung.[817] Demnach beinhalten die Prozessinnovationen eine neuartige Veränderung im Prozess und wirken unmittelbar auf der Angebotsseite.[818] Sie beziehen sich im Wesentlichen auf die für die Leistungserstellung notwendigen materiellen und informationellen Prozesse. Dabei dienen sie insbesondere der Erhöhung der Arbeitsproduktivität. Im Gegensatz zu Produktinnovationen zielen Prozessinnovationen auf die Verbesserung oder Neugestaltung der Unternehmensprozesse ab. Hierzu zählen sowohl die materiellen Prozesse, wie die Bearbeitung oder Verarbeitung und der Transport, als auch die informationellen Prozesse, wie der Austausch und die Verarbeitung von Informationen.[819]

Die Produkt- und Prozessinnovationen stehen vielfach in gegenseitiger Abhängigkeit zueinander. Dies gilt sowohl innerhalb eines Konzerns als auch über Unternehmensgrenzen hinweg.[820] So stellen Prozessinnovationen häufig die Grundlage neuer Produkte dar.[821] Dies konnte u.a. durch eine Studie von *Salomo/Cratzius* aus dem Jahr 2005 validiert werden. Demnach hat insbesondere die Integration der Fertigung in der frühen Phase des Produktentwicklungsprozesses einen umfassenden positiven Einfluss auf den

---

816 Vgl. *Vahs*, Organisation, 2019, S. 215.

817 Allgemein hierzu *Schallmo/Brecht*, Prozessinnovation, 2017, S. 25 ff.

818 Vgl. *Vahs/Brem*, Innovationsmanagement, 2015, S. 56; *Thom*, Grundlagen, 1980, S. 35; *Schallmo/Brecht*, Prozessinnovation, 2017, S. 23.

819 Vgl. *Krause*, Innovationsprozesse, 2004, S. 24 f.; *Vahs/Brem*, Innovationsmanagement, 2015, S. 56 f. Ferner können die Produkt- und Prozessinnovationen um die Materialentwicklungen ergänzt werden. Vgl. *Gramlich et al.*, Produktinnovation, 2018, S. 12 ff. Auf diese Art der Differenzierung wird im Folgenden jedoch verzichtet.

820 So auch *Vahs/Brem*, Innovationsmanagement, 2015, S. 58.

821 Vgl. *Brown*, Technovation 2011, S. 467.

Unternehmenserfolg.[822] Infolgedessen ist für den Gesamtinnovationserfolg eine intensive Abstimmung zwischen Produkt- und Prozessinnovationen erforderlich.[823] Dabei sind insbesondere die technischen, zeitlichen, wirtschaftlichen und quantitativen Merkmale in Einklang zu bringen. Diesbezüglich beziehen sich die technischen Merkmale im Wesentlichen auf die Koordination angestrebter Produkteigenschaften und technologischer Prozesse. Die zeitlichen Merkmale befassen sich mit dem Markteinführungszeitpunkt des Produktes und dem Zeitpunkt der Einführung neuer Technologien. Die wirtschaftlichen Merkmale betreffen hauptsächlich die Preispositionierung im Markt sowie das mit den Technologien zu erreichende Kostenniveau der Produktion. Die quantitativen Merkmale beziehen sich indessen auf die sich aus der Marktsituation ergebenden Produktionsstückzahlen und die erforderliche Kapazität und Flexibilität in den Unternehmensbereichen.[824]

Die Bedeutung von Produkt- und Prozessinnovationen auf den individuellen Unternehmenserfolg lässt den Schluss zu, dass die Leistungsfähigkeit in der Umsetzung von Prozessinnovationen einen wesentlichen Wettbewerbsvorteil bewirken kann.[825] Demnach steigern sowohl Produkt- als auch Prozessinnovationen jeweils individuell die Wettbewerbsfähigkeit eines Unternehmens. Zudem kann ein Unternehmen durch die gezielte Abstimmung und Interaktion der beiden Innovationsarten einen zusätzlichen Wettbewerbsvorteil gegenüber den Wettbewerbern erlangen. Dabei kann sich die Fähigkeit, Produkt- und Prozessinnovationen voranzutreiben, für ein Unternehmen als überlebenswichtig erweisen.[826] Dies ist nicht zuletzt darauf zurückzuführen, dass den Innovationen infolge der sich zunehmend verkürzenden Produktlebenszyklen ein stetig steigender Stellenwert beizumessen ist.[827]

Aufgrund der Bedeutung von Innovationen im Wertschöpfungsprozess kommt auch der Verrechnungspreisermittlung für Produkt- und Prozessinnovationen eine erhebliche Bedeutung zu. Deshalb soll im Folgenden analysiert werden, ob die durch eine geeignete Verrechnungspreismethode ermittelte Vergütung für die Nutzung von Produkt- und Prozessinnovationen der Höhe nach angemessen ist oder eine Anpassung erforderlich wird. Dabei werden die

---

822 Vgl. *Salomo/Cratzius*, JBE 2005, S. 82.

823 Vgl. *Lay*, PI-Mitteilungen 1997, S. 1 ff.; *Lischka*, Prozessinnovationen, 2011, S. 18.

824 Allgemein hierzu *Gemünden et al.* in: Gemünden/Pleschak, Innovationsmanagement, 1992, S. 38.

825 Vgl. *Lischka*, Prozessinnovationen, 2011, S. 19.

826 Vgl. *Vahs/Brem*, Innovationsmanagement, 2015, S. 54.

827 So auch *Großklaus*, Markterfolg, 2008, S. 10 f.

besonderen Erfolgsfaktoren für die Innovationen identifiziert und analysiert, um schließlich Handlungsempfehlungen für eine Verrechnungspreisanpassung auszuarbeiten.

4.3.2 Identifizierung der Faktoren zur Verrechnungspreisermittlung

4.3.2.1 Unternehmensinterne Innovationsfaktoren

Es existieren zahlreiche unternehmensinterne Faktoren, die den Innovationserfolg und somit die Verrechnungspreise für geistiges Eigentum beeinflussen können. Dies beruht vor allem darauf, dass jedes Unternehmen ganz individuelle Ausgangsbedingungen für die Durchführung von Innovationsprozessen aufweist. Bei den folgenden Faktoren erscheint es jedoch lohnenswert, sie näher zu betrachten:

- Alter des Unternehmens und der Branche,
- Strategie, Kultur und Organisation,
- finanzielle Ressourcen und
- Unternehmensgröße.[828]

Das Alter eines Unternehmens stellt eine relative Größe dar. Demnach ist das Alter eines Unternehmens nicht an der Anzahl der Jahre festzumachen, sondern vielmehr an dem Alter des Unternehmens in Verbindung mit dem Alter der jeweiligen Branche. So kann ein Unternehmen wie Google trotz seines jungen Alters von knapp über 20 Jahren als alt bezeichnet werden, da es in einer noch recht jungen Branche agiert.[829] Hinsichtlich der Innovationen ist zu beobachten, dass die allgemeine Innovationsfähigkeit in jungen Unternehmen stärker ausgeprägt ist als in alten Unternehmen. Dies lässt sich jedoch im Wesentlichen auf den Umstand zurückführen, dass sich junge Unternehmen in einem bereits bestehenden Markt nur durch eine umfassende Innovationstätigkeit behaupten können. Gleichzeitig erfordern neue Märkte eine rege Innovationstätigkeit, um die vorhandenen Absatzpotenziale erfolgreich zu erschließen. Ein unmittelbarer Zusammenhang zwischen dem Alter eines Unternehmens und seiner Innovationsfähigkeit allein lässt sich indessen nicht feststellen. Vielmehr ist der Innovationserfolg eines Unternehmens davon abhängig, inwieweit

---

828 So auch *Mohr*, Bestimmungsgründe, 1977, S. 108 ff.; *Vahs/Brem*, Innovationsmanagement, 2015, S. 77.

829 So auch *Vahs/Brem*, Innovationsmanagement, 2015, S. 77 f.

es seine Erfahrungen nutzt und sich die Flexibilität für eine erfolgreiche Entwicklung und die Einführung von Neuprodukten bewahrt.[830]

Einen weiteren Faktor für den Innovationserfolg bilden die Strategie, Kultur und Organisation eines Unternehmens.[831] Diese drei Ausprägungen sind eng miteinander verknüpft. So tragen Innovationen als Teil der Unternehmensstrategie dazu bei, die kurz-, mittel- und langfristigen Ziele eines Unternehmens zu erfüllen.[832] Gleichzeitig hat die Organisation nachweislich einen signifikanten direkten Einfluss auf den Innovationserfolg.[833] Dabei ist bei Unternehmen kleiner und mittlerer Größe die funktionale Organisation zu bevorzugen, wogegen bei großen Unternehmen die divisionale Gliederung, d.h. die organisationale Einteilung in Produkte oder Produktgruppen vorzuziehen ist.[834] Für die Unternehmenskultur ist ein derartiger Zusammenhang mit dem Innovationserfolg zwar nicht festzustellen. Allerdings besteht eine hohe Korrelation mit der Organisation eines Unternehmens, sodass diese beiden Faktoren nicht getrennt voneinander betrachtet werden sollten.[835] Somit kann die Innovationskultur als innovationsrelevanter Co-Faktor der Organisation angesehen werden, die wiederum die Voraussetzung für die Entwicklung einer innovativen Unternehmenskultur ist.[836] In diesem Zusammenhang ist ebenfalls die Innovationshistorie bedeutsam. So kann eine langjährige Innovationsgeschichte als organisationale Wissensbasis verstanden werden, die fortlaufend ergänzt wird und den Umgang mit neuen Innovationen erleichtert.[837]

Die finanziellen Ressourcen stellen eine weitere Einflussgröße für Innovationen dar. Sie erlauben es einem Unternehmen, die Innovationen voranzutreiben

---

830 Vgl. *Vahs/Brem*, Innovationsmanagement, 2015, S. 78.

831 Die Kultur verleiht einem Unternehmen sowohl nach innen als auch nach außen seine eigene, unverwechselbare Systemidentität, mit der den Systemmitgliedern die Richtung für das zukünftig von ihnen erwartete Verhalten signalisiert wird. Vgl. *Bleicher*, Management, 2011, S. 225.

832 Allgemein hierzu *Gemünden et al.* in: Gemünden/Pleschak, Innovationsmanagement, 1992, S. 36. Diesbezüglich sollte das Top-Management als Promoter für Innovationen fungieren. Vgl. *Großklaus*, Markterfolg, 2008, S. 19 f.

833 Vgl. *Vahs/Schmitt*, zfo 2010, S. 4 ff.

834 Allgemein hierzu *Mohr*, Bestimmungsgründe, 1977, S. 145 ff.

835 Vgl. *Vahs/Schmitt*, zfo 2010, S. 4 ff.

836 Vgl. *Vahs/Brem*, Innovationsmanagement, 2015, S. 79. Diesbezüglich ist auf eine hohe Technologie-Sensibilisierung der Mitarbeiter zu achten, um das Innovationspotenzial optimal auszuschöpfen. Allgemein hierzu *Gassmann*, F&E-Management, 1997, S. 83.

837 Vgl. *Vahs/Brem*, Innovationsmanagement, 2015, S. 78 f.

und mit geeigneten Marketing- und Vertriebsmaßnahmen im Markt einzuführen. Dies beruht im Wesentlichen darauf, dass Innovationsvorhaben aus einer Eigenkapitalfinanzierung nicht mit Zins- und Tilgungszahlungen, die das Finanzbudget einschränken und die ökonomischen Erfolgsaussichten der Innovation nachteilig beeinflussen können, belastet werden.[838] Ferner ist festzustellen, dass die Selbstfinanzierung die Einführung von Innovationen insofern begünstigt, als die allgemeine Investitionsbereitschaft der Unternehmen zunimmt.[839]

Schließlich ist die Unternehmensgröße als Einflussfaktor für den Innovationserfolg anzusehen. Zur Messung der Unternehmensgröße kann sowohl auf quantitative (z.B. Beschäftigtenzahl, Umsatz) als auch qualitative Kriterien zurückgegriffen werden (z.B. Kapitalbeschaffungsmöglichkeiten, Grad der Spezialisierung der Mitarbeiter).[840] So scheint es eine positive Korrelation zwischen der Größe des Unternehmens und der Erfolgswahrscheinlichkeit von Produktinnovationen zu geben. Dies lässt sich insbesondere darauf zurückführen, dass die zunehmende Unternehmensgröße mit der steigenden Verfügbarkeit von Ressourcen sowie einer größeren Marktmacht und der besseren Möglichkeit zur Einflussnahme auf die innovationsrelevanten Bezugsgruppen einhergeht. Ferner besitzen große Unternehmen umfangreichere Erfahrungen im Umgang mit Innovationen.[841] Im Einzelfall kann sich die Unternehmensgröße jedoch auch negativ auf die Innovationsfähigkeit auswirken, indem Kommunikations-, Koordinations- und Steuerungsprobleme zu einer Bürokratisierung innerhalb des Konzerns führen.[842]

4.3.2.2 Unternehmensexterne Innovationsfaktoren

Die unternehmensexternen Faktoren unterliegen der Besonderheit, dass es einem Unternehmen zumindest kurzfristig nicht möglich ist, einen

---

838 Vgl. *Vahs/Brem*, Innovationsmanagement, 2015, S. 81.

839 Allgemein hierzu *Mohr*, Bestimmungsgründe, 1977, S. 116 ff.

840 Allgemein hierzu *Mohr*, Bestimmungsgründe, 1977, S. 108 ff. In der Regel wird jedoch auf die Beschäftigtenzahl oder den Umsatz des Konzerns abgestellt. Vgl. *Vahs/Brem*, Innovationsmanagement, 2015, S. 82.

841 Vgl. *Vahs/Brem*, Innovationsmanagement, 2015, S. 83.

842 Ebd. Diesem Problem kann mit transnationalen Forschungs- und Entwicklungsprojekten in Form von temporären länderübergreifenden Innovationstätigkeiten innerhalb des Konzerns entgegengewirkt werden. Allgemein hierzu *Gassmann*, F&E-Management, 1997, S. 84 f.

unmittelbaren Einfluss auf sie auszuüben.[843] Dabei kann grundsätzlich eine Vielzahl dieser Faktoren die Innovationstätigkeit eines Unternehmens und somit die Verrechnungspreise für geistiges Eigentum beeinflussen. Eine besondere Aufmerksamkeit erhalten jedoch die folgenden drei Faktoren:

- Marktgröße,
- Marktdynamik und
- Kooperationsmöglichkeiten.

Die Bedeutung dieser drei Faktoren beruht darauf, dass sie als besonders kritisch erachtet werden.[844]

In Bezug auf die Marktgröße soll zunächst angenommen werden, dass ein Markt in Form eines Polypols oder zumindest eines Oligopols vorliegt. Ist dies der Fall, so ist die Bedeutung der Marktgröße für Innovationen dennoch ambivalent. So lässt sich einerseits ein kleiner Markt mit einem vergleichsweise geringen Aufwand durchdringen.[845] Andererseits gestattet erst die Aufnahmefähigkeit des Absatzmarktes den Einsatz neuer Innovationen, die zu ihrer wirtschaftlichen Nutzung eine ganz bestimmte Produktionsmenge erfordern.[846] Demzufolge wird es regelmäßig erforderlich sein, eine kritische Marktgröße bzw. einen kritischen Marktanteil zu überschreiten, um die Gewinnschwelle zu erreichen.[847] So kann insbesondere ein zu geringer Absatz infolge einer unzureichenden Kenntnis des Marktes oder der Wünsche der potenziellen Kunden zum Scheitern einer Innovation führen.[848]

Die Marktdynamik stellt einen weiteren bedeutsamen Faktor für Innovationen dar. So steigert der Wettbewerbsdruck die Innovationskraft erheblich, wogegen sich ein geringer Wettbewerb negativ auf Innovationen auswirkt.[849] Allerdings können Märkte mit starkem Wettbewerb, zufriedenen Kunden,

843 Vgl. *Maier*, Innovationsmanagement, 1995, S. 69.

844 Vgl. *Vahs/Brem*, Innovationsmanagement, 2015, S. 83 f.

845 Vgl. *Vahs/Brem*, Innovationsmanagement, 2015, S. 84.

846 Vgl. *Mohr*, Bestimmungsgründe, 1977, S. 65.

847 Vgl. *Vahs/Brem*, Innovationsmanagement, 2015, S. 84. Bereits in einer OECD-Studie aus dem Jahr 1968 wurde die Marktgröße als einer der Hauptfaktoren zur Erklärung des technologischen Rückstands von Europa gegenüber den USA genannt. Allgemein hierzu *OECD*, Technology, 1968, S. 34.

848 Vgl. *Mohr*, Bestimmungsgründe, 1977, S. 65.

849 Vgl. *Mohr*, Bestimmungsgründe, 1977, S. 67 f. Dasselbe Ziel kann durch einen konzerninternen Wettbewerb in Form von Parallelforschung erreicht werden. Allgemein hierzu *Gassmann*, F&E-Management, 1997, S. 91 ff.

einer hohen Dynamik und häufigen Neuprodukteinführungen ebenso den Innovationserfolg hemmen.[850] Diesbezüglich sind vor allem die Reaktionsfähigkeit und die Fähigkeit, die Markttrends rechtzeitig wahrzunehmen und in neuartige Produkte umzusetzen, in dynamischen Märkten ein erfolgsbestimmender Faktor.[851] Gleichzeitig ist zu beobachten, dass dynamische Märkte in der Regel durch hohe Wachstumsraten gekennzeichnet sind. Demzufolge lassen sich Neuerungen vergleichsweise leicht und zügig in den Markt einführen. Dies verringert wiederum die mit der Planungs- und Marktunsicherheit einhergehenden Innovationsrisiken.[852]

Ein weiterer Faktor für Innovationen ist in den Kooperationsmöglichkeiten zu sehen.[853] Dies beinhaltet insbesondere die Kooperationen mit Universitäten, Lieferanten, Kunden, Beratungsdienstleistern und Wettbewerbern. Gleichzeitig können die Kooperationen sowohl zwischen verbundenen Unternehmen als auch mit unverbundenen Unternehmen eingegangen werden. Dabei wird regelmäßig auf Joint Ventures oder strategische Allianzen zurückgegriffen. Diesbezüglich kommt der Gemeinschaftsforschung eine wesentliche Bedeutung zu. Die maßgeblichen Ziele der Zusammenarbeit sind indessen in der Erzeugung einer umfassenden Wissensbasis, der Ausnutzung von Losgrößeneffekten, der Verbreiterung der Eigenkapitalbasis, der Risikodiversifikation sowie der Integration der Wertschöpfungskette zu sehen.[854] In der Automobilindustrie ist diese Form der Kooperation vornehmlich zwischen Herstellern und Zulieferern zu beobachten.[855]

4.3.3 Bewertung der Faktoren zur Verrechnungspreisermittlung

4.3.3.1 Einflusspotenzial der Faktoren auf Produkt- und Prozessinnovationen

Der große Einfluss von Innovationen auf den Erfolg eines Unternehmens ist inzwischen hinreichend belegt.[856] So haben Produktinnovationen vornehmlich

850 Vgl. *Maier*, Innovationsmanagement, 1995, S. 69.

851 Vgl. *Vahs/Brem*, Innovationsmanagement, 2015, S. 84.

852 Vgl. *Vahs/Brem*, Innovationsmanagement, 2015, S. 85.

853 Allgemein hierzu *Gomez et al.*, PLOS ONE 2016, S. 1 ff.

854 Vgl. *Mohr*, Bestimmungsgründe, 1977, S. 73 ff.; *Vahs/Brem*, Innovationsmanagement, 2015, S. 85.

855 Dieser Trend wird in den nächsten Jahren weiter zunehmen. Allgemein hierzu *Grochowski et al.*, Kooperationsmodelle, 2015, S. 1 ff.

856 Vgl. *Haneda/Ito*, RP 2018, S. 194; *Roth*, Innovationsfähigkeit, 2009, S. 41.

ein Markterschließungspotenzial, das sich über höhere Marktpreise und/oder eine mengenmäßige Absatzsteigerung definiert.[857] Dagegen führen Prozessinnovationen zu einer Kostenreduktion, die u.a. durch eine Produktivitätssteigerung sowie Rohstoff- und Energieeinsparungen erreicht wird.[858] Ferner gilt als gesichert, dass Produkt- und Prozessinnovationen in der Regel erst durch eine gemeinsam abgestimmte Integration vollumfänglich ihre Wirkung entfalten. Denn erst auf diese Weise lassen sich Markterschließungen und damit einhergehende zügige Kostenreduktionen in einen monetären Vorteil überleiten. Allerdings wirken die unternehmensinternen und unternehmensexternen Faktoren in unterschiedlicher Weise auf die Produkt- und Prozessinnovationen ein.

Die Innovationsfähigkeit eines Unternehmens wird vornehmlich von seiner Strategie, Kultur und Organisation beeinflusst. Demnach erfordert die erfolgreiche Generierung von Innovationen, alte Organisationsstrukturen aufzubrechen und die Mitarbeiter über ein gezieltes Personalmanagement aktiv in den Innovationsprozess einzubinden.[859] Auf diese Weise werden den Mitarbeitern umfassende Freiräume für Inspirationen und Kreativität im Hinblick auf neue Produkt- und Prozessinnovationen gegeben.[860] Allerdings konnte wiederholt festgestellt werden, dass die Produkt- und Prozessinnovationen in Abhängigkeit von der Branche unterschiedlich stark verfolgt werden. So bemühen sich die Unternehmen in einer relativ alten Branche wie der Automobilindustrie vorwiegend um die Entwicklung von Prozessinnovationen. Gleichzeitig werden diese Branchen vornehmlich von alteingesessenen Unternehmen beherrscht. Dieser Umstand ist im Wesentlichen auf die recht großen und weitgehend gesättigten Märkte zurückzuführen. Insofern erscheint es schwieriger, inkrementelle oder sogar radikale Produktinnovationen einzuführen, sodass sich Wettbewerbsvorteile häufig nur über Prozessinnovationen erzielen lassen. Darüber hinaus wirkt ein gesättigter Markt für junge Unternehmen wie eine Markteintrittsbarriere.

In einer jungen Branche gestaltet sich die Situation indessen anders. Dort lässt sich ein Wettbewerbsvorteil vor allem über Produktinnovationen erzielen.[861] So werden junge Märkte von Produktinnovationen naturgemäß insofern dominiert, als sie häufig erst infolge einer Produktneuheit entstehen.

857 Vgl. *Vahs/Brem*, Innovationsmanagement, 2015, S. 54.

858 Vgl. *Krause*, Innovationsprozesse, 2004, S. 24.

859 Für den Einfluss des Personalmanagements auf Innovationen siehe *Seeck/Diehl*, International Journal of Human Resource Management 2017, S. 913 ff.

860 So auch *Großklaus*, Markterfolg, 2008, S. 17.

861 Vgl. *Vahs/Brem*, Innovationsmanagement, 2015, S. 54.

Gleichzeitig werden diese Märkte nicht selten von recht jungen Unternehmen dominiert, da es sich vorwiegend um Wachstumsmärkte mit geringen Markteintrittsbarrieren handelt. Hinsichtlich der Unternehmensgröße ist indessen zu beobachten, dass sich große Unternehmen auf Prozessinnovationen fokussieren, wogegen kleine und mittlere Unternehmen eher auf Produktinnovationen setzen.[862] So können zahlreiche Prozessinnovationen erst in großen Unternehmen ihre Wirkung entfalten,[863] sodass sich kleine und mittlere Unternehmen mit ihren begrenzten Forschungs- und Entwicklungsressourcen direkt auf die Produktinnovationen konzentrieren.[864] Ein Zusammenhang zwischen der Unternehmensgröße und der Bereitschaft zur Entwicklung und Übernahme von Innovationen lässt sich daraus jedoch nicht ableiten.[865]

Die Marktgröße und die Marktdynamik können ebenfalls auf den Innovationserfolg eines Unternehmens einwirken. Allerdings lassen sich kaum Besonderheiten in Bezug auf Produktinnovationen einerseits und Prozessinnovationen andererseits feststellen. Es kann allenfalls festgehalten werden, dass die Bedeutung von Prozessinnovationen mit wachsender Marktgröße zunimmt, um die große Nachfrage über standardisierte Prozesse ausreichend bedienen zu können. Dagegen steigt der Einfluss von Produktinnovationen mit zunehmender Marktdynamik, da dort die Wettbewerbsfähigkeit nur mit innovativen Produkten beibehalten werden kann.[866] Dies lässt sich insbesondere durch gezielte Kooperationen im Bereich der Produktentwicklung erreichen.[867]

Der folgenden Tabelle ist ein Überblick über die Auswirkungen der unternehmensinternen und unternehmensexternen Innovationsfaktoren auf den Wertschöpfungsbeitrag der Produkt- und Prozessinnovationen für die gesamten Innovationen zu entnehmen:

---

862 Vgl. *Lischka*, Prozessinnovationen, 2011, S. 26. Allgemein hierzu u.a. *Fritsch/Meschede*, Review of Industrial Organization 1998, S. 335 ff.; *Golovko/Valentini*, GSJ 2014, S. 161 ff.

863 Vgl. *Lischka*, Prozessinnovationen, 2011, S. 26 f. Zudem erfolgt die Amortisationsdauer für die Investition in eine Prozessinnovation regelmäßig losgelöst von den Produktlebenszyklen, wogegen die Investition in eine Produktinnovation innerhalb des betreffenden Produktlebenszyklus amortisiert werden muss.

864 Vgl. *Fritsch/Meschede*, Review of Industrial Organization 1998, S. 335 ff.

865 Allgemein hierzu *Mohr*, Bestimmungsgründe, 1977, S. 109 ff. So auch *Lay*, PI-Mitteilungen 1997, S. 5 f.

866 Vgl. *Vahs/Brem*, Innovationsmanagement, 2015, S. 84.

867 Kooperationen im Bereich der Forschung und Entwicklung werden ohnehin als profitabler und weniger risikobehaftet angesehen als selbständige Innovationsanstrengungen. Vgl. *Egmond* in: Akintoye et al., Process Improvement, 2012, S. 98.

Tabelle 20: Wertschöpfungsbeitrag von Innovationen auf Lizenzgebühr in Abhängigkeit von unternehmensinternen und unternehmensexternen Innovationsfaktoren

Innovationsfaktor			**Wertschöpfungsbeitrag der Produktinnovation(en)**			**Wertschöpfungsbeitrag der Prozessinnovation(en)**		
			gering	***mittel***	***groß***	***gering***	***mittel***	***groß***
interner Faktor	Alter des Unternehmens	*jung*			x		x	
		alt		x				x
	Alter der Branche	*jung*			x		x	
		alt		x				x
	Innovationsorientierung: Strategie, Kultur, Organisation	*niedrig*	x			x		
		hoch			x			x
	finanzielle Ressourcen	*wenig*	x			x		
		viel			x			x
	Unternehmensgröße	*klein*			x	x		
		groß		x				x
externer Faktor	Marktgröße	*klein*			x	x		
		groß			x			x
	Marktdynamik	*niedrig*		x				x
		hoch			x		x	
	Kooperationsmöglichkeiten	*wenig*		x			x	
		viel			x			x

4.3.3.2 Grenzen der Verrechnung von Innovationen

Innovationen stellen allgemeinhin vergütungswürdiges geistiges Eigentum dar. Auf die Verrechnung einer Innovation kann jedoch unter bestimmten Bedingungen verzichtet werden. So erscheint eine Innovation erst vergütungsfähig, wenn sie werthaltig ist. Denn nur für eine werthaltige Innovation wäre ein Unternehmen bereit, eine Lizenzgebühr zu entrichten. Diese Voraussetzung ist regelmäßig erfüllt, wenn das betreffende Konzernunternehmen mithilfe der Innovation kurz- oder mittelfristig in die Lage versetzt wird, seinen Unternehmenserfolg zu steigern. Dies erfordert jedoch eine isolierte Betrachtung des Erfolgsbeitrags aus dem geistigen Eigentum. So kann dem geistigen Eigentum auch ein Wert beigemessen werden, wenn der zusätzliche Unternehmenserfolg dem Konzernunternehmen aufgrund anderer gleichzeitig negativ wirkender Einflussfaktoren über einen begrenzten Zeitraum hinweg verwehrt bleibt. Dies wäre beispielsweise der Fall, wenn das geistige Eigentum zumindest isoliert betrachtet zum Unternehmenserfolg beiträgt.

Wird die Werthaltigkeit der Innovation schließlich festgestellt, ist abschließend zu klären, ob der Lizenzgeber die Innovation selbst geschaffen hat. Diesbezüglich ist jede Vertragsbeziehung zwischen den verbundenen Unternehmen separat zu beurteilen. So ist beispielsweise davon auszugehen, dass der Lizenznehmer den Wert einer Prozessinnovation mitunter selbst geschaffen hat, wenn er sich aktiv in die Optimierung des Produktionsprozesses einbringt. Demnach hat die Vergütung der Innovation insofern nicht zu erfolgen, als der Lizenznehmer das geistige Eigentum selbst generiert hat.[868] Zur Beurteilung, inwiefern eine Produkt- oder Prozessinnovation vergütungsfähig ist, kann auf das folgende Prüfungsschema zurückgegriffen werden:

Tabelle 21: Prüfungsschema zur verursachungsgerechten Verrechnung von Innovationen

	Prüfungsschema: Verrechnung von Produkt- und Prozessinnovationen
(i)	Ist die Innovation werthaltig?
(ii)	Wer hat den Wert der Innovation geschaffen?

4.3.4 Analyse der Verrechnungspreisermittlung nach der geschäftsvorfallbezogenen Gewinnaufteilungsmethode

4.3.4.1 Wertschöpfungsbeitrag von Produkt- und Prozessinnovationen für das geistige Eigentum

Innovationen weisen insofern einen Wert auf, als sie einem Unternehmen einen monetären Vorteil verschaffen können. Demnach erscheint die Lizenzierung von Produkt- oder Prozessinnovationen in aller Regel gerechtfertigt. Dabei sind die beiden Innovationsarten allgemeinhin zusammen zu betrachten und zu vergüten, da sie nur gemeinsam ihre umfassende Wirkung entfalten. So führt die Verrechnungspreisbestimmung aus den folgenden zwei Gründen sowohl für die Produkt- als auch Prozessinnovationen grundsätzlich zu fremdvergleichskonformen Verrechnungspreisen:[869]

868 In Anlehnung an BFH, Urteil vom 09.08.2000, I R 12/99, BStBl. II 2001, S. 140.

869 Ausgenommen sind jedoch die in Kapitel 4.2.4.1 dargelegten Besonderheiten in der Verrechnungspreisermittlung nach der geschäftsvorfallbezogenen Gewinnaufteilungsmethode, die zu nicht fremdvergleichskonformen Verrechnungspreisen führen können.

- Innovationen wirken sich kurz- oder mittelfristig unmittelbar auf den Unternehmenserfolg aus, indem sich das Umsatzwachstum oder die Kostenreduktion im Unternehmensgewinn niederschlägt.
- Der Unternehmensgewinn wird in der Verrechnungspreisermittlung in der Regel über die geschäftsvorfallbezogene Gewinnaufteilungsmethode berücksichtigt.

Demnach führen die Besonderheiten in den unternehmensinternen und unternehmensexternen Innovationsfaktoren nicht zu einer unsachgemäßen Ermittlung des Gesamtwerts für das geistige Eigentum.

Den bisherigen Ausführungen ist jedoch zu entnehmen, dass den Produkt- und Prozessinnovationen in Abhängigkeit von den unternehmensinternen und unternehmensexternen Innovationsfaktoren ein unterschiedlich hoher Wertschöpfungsbeitrag zum Gesamtwert des geistigen Eigentums zukommt. So ist der relative Beitrag der Prozessinnovationen im Vergleich zu den Produktinnovationen bei einem großen Unternehmen regelmäßig stärker ausgeprägt als bei einem kleinen oder mittelgroßen Unternehmen. In diesem Fall ist anzunehmen, dass den Prozessinnovationen auch ein größerer Anteil am Gesamtwert für das geistige Eigentum zukommt, sodass ihnen ein entsprechend höherer Anteil an den Lizenzgebühren zufallen sollte. Demnach wird der jeweilige Beitrag der Produkt- und Prozessinnovationen eines Konzernunternehmens für den Wert des gesamten geistigen Eigentums von der Ausprägung der jeweiligen Einflussfaktoren auf die Innovationen beeinflusst.

Um einen Überblick über die Wertschöpfungsbeiträge der beiden Innovationsarten in Abhängigkeit von den unternehmensinternen und unternehmensexternen Faktoren zu erhalten, ist in aller Regel eine Wertschöpfungsanalyse des betreffenden Unternehmens vorzunehmen. Diesbezüglich sind die Einflussfaktoren auf den Innovationserfolg zu bestimmen und zu gewichten, um schließlich die Wertschöpfungsbeiträge der Produkt- und Prozessinnovationen bestimmen zu können. Zur Unterstützung der Wertschöpfungsanalyse kann auf die Ergebnisse aus Tabelle 20 zurückgegriffen werden.[870] Hierzu lassen sich die dort aufgeführten Ausprägungen der unternehmensinternen und unternehmensexternen Innovationsfaktoren auf den Wertschöpfungsbeitrag mit einem Wert von 1 bis 3 gewichten (1 = geringer Wertschöpfungsbeitrag, 2 = mittlerer Wertschöpfungsbeitrag, 3 = großer Wertschöpfungsbeitrag). Das Ergebnis dieser Gewichtung ist der folgenden Tabelle zu entnehmen:

870 Allgemein hierzu Kapitel 4.3.3.1.

Tabelle 22: Gewichteter Wertschöpfungsbeitrag von Innovationen für Lizenzgebühr in Abhängigkeit von unternehmensinternen und unternehmensexternen Innovationsfaktoren

Innovationsfaktor		**Gewichtungsfaktor**	
		Produktinnovation	**Prozessinnovation**
Alter des Unternehmens	*jung*	3	2
	alt	2	3
Alter der Branche	*jung*	3	2
	alt	2	3
Innovationsorientierung	*niedrig*	1	1
	hoch	3	3
finanzielle Ressourcen	*wenig*	1	1
	viel	3	3
Unternehmensgröße	*klein*	3	1
	groß	2	3
Marktgröße	*klein*	3	1
	groß	3	3
Marktdynamik	*niedrig*	2	3
	hoch	3	2
Kooperationsmöglichkeiten	*wenig*	2	2
	viel	3	3

Das Ergebnis der Tabelle 22 kann nun die Wertschöpfungsanalyse des betreffenden Konzernunternehmens insofern unterstützen, als die jeweilige Ausprägung der Innovationsfaktoren dem zu untersuchenden Unternehmen zugeordnet wird. Dabei ist im Einzelnen wie folgt vorzugehen:

(i) Festlegung der unternehmensinternen und unternehmensexternen Faktoren des zu untersuchenden Konzernunternehmens für den Innovationserfolg über eine Funktions-, Risiko- und Marktanalyse.

(ii) Ablesen des gewichteten Wertschöpfungsbeitrags von Produkt- und Prozessinnovationen je Innovationsfaktor aus Tabelle 22.

(iii) Ermittlung des erwarteten Wertschöpfungsbeitrags der Produkt- und Prozessinnovationen an den Lizenzgebühren für die Innovationen.

Ein Beispiel für die Bestimmung des erwarteten Wertschöpfungsbeitrags der Produkt- und Prozessinnovationen von zwei Unternehmen an einer Lizenz für Innovationen ist der folgenden Tabelle zu entnehmen:

Tabelle 23: Beispiel zur Bestimmung des erwarteten Wertschöpfungsbeitrags von Innovationen an Lizenzgebühr

Innovationsfaktor		**Gewichtungsfaktor**			
		Unternehmen A		**Unternehmen B**	
		Produktinnovation	**Prozessinnovation**	**Produktinnovation**	**Prozessinnovation**
Alter des Unternehmens	*jung*	3	2		
	alt			2	3
Alter der Branche	*jung*	3	2		
	alt			2	3
Innovationsorientierung	*niedrig*			1	1
	hoch	3	3		
finanzielle Ressourcen	*wenig*	1	1		
	viel			3	3
Unternehmensgröße	*klein*	3	1		
	groß			2	3
Marktgröße	*klein*	3	1		
	groß			3	3
Marktdynamik	*niedrig*			2	3
	hoch	3	2		
Kooperationsmöglichkeiten	*wenig*	2	2		
	viel			3	3
gewichtete Summe		**21**	**14**	**18**	**22**
Anteil (in %)		**60,00**	**40,00**	**45,00**	**55,00**

Aus den zuvor analysierten unternehmensinternen und unternehmensexternen Faktoren für den Innovationserfolg von Unternehmen A ist offenbar zu erwarten, dass die Produktinnovationen 60 % und die Prozessinnovationen 40 % zur gesamten Wertschöpfung für die Innovationen von Unternehmen A beitragen. Indessen ist für Unternehmen B anzunehmen, dass die Produktinnovationen lediglich einen Beitrag von 45 % leisten, wogegen die Prozessinnovationen einen Anteil von 55 % an den gesamten Innovationen aufweisen. Es liegt demnach nahe, die Produkt- und Prozessinnovationen entsprechend zu vergüten. Diese Form der Analyse ist jedoch nicht als allgemeingültige Untersuchung zu verstehen, da ihr keine einheitliche und repräsentative Studie zugrunde liegt. Sie ersetzt demnach keinesfalls die unternehmensindividuelle Wertschöpfungsanalyse, die zur Aufteilung des geistigen Eigentums auf die Innovationen sowie Marken erforderlich ist. Vielmehr dient sie als

Unterstützung zur Gewichtung des Wertschöpfungsbeitrags der Produkt- und Prozessinnovationen. Alternativ kann das Ergebnis der Tabelle zur Überprüfung der Wertschöpfungsanalyse herangezogen werden.

Bei der Ermittlung eines Verrechnungspreises für die Innovationen ist ferner ein großer Unterschied in der Wertschöpfung von Produkt- und Prozessinnovationen festzustellen. So werden Produktinnovationen fast ausschließlich vom Lizenzgeber – bei einer Gemeinschaftsforschung von mehreren Lizenzgebern – geschaffen. Die Prozessinnovationen entstehen hingegen häufig unter Einbeziehung des Konzernunternehmens, bei dem sie eingeführt werden sollen. Dies betrifft vornehmlich die Prozessinnovationen innerhalb der Leistungs- und Unterstützungsprozesse. So werden insbesondere die Prozessinnovationen im Bereich des Vertriebs, der Auftragsabwicklung und des After-Sales sowie der internen Logistik in enger Abstimmung mit der operativ tätigen Konzerngesellschaft geschaffen und auf ihre unternehmensindividuellen Bedürfnisse abgestimmt. Dies ist nicht zuletzt darauf zurückzuführen, dass die für die Leistungserstellung notwendigen materiellen und informellen Prozesse zur Erhöhung der Arbeitsproduktivität von den operativ tätigen Konzerngesellschaften umzusetzen sind.[871] Da es sich bei dem begünstigten Unternehmen jedoch stets um den Lizenznehmer handelt, leistet dieser mitunter einen Beitrag zur Wertschöpfung an den Innovationen. Demnach sind die Prozessinnovationen insofern nicht in die Verrechnungspreise einzubeziehen, als sie vom Lizenznehmer selbst geschaffen werden.

4.3.4.2 Keine Besonderheiten bei Produktinnovationen

Das geistige Eigentum lässt sich vorzugsweise über die geschäftsvorfallbezogene Gewinnaufteilungsmethode und diesbezüglich mithilfe der Restgewinnanalyse als Methode zur Gewinnaufteilung bestimmen. Dabei kann die Aufteilung des Residualgewinns auf die Produktinnovationen, Prozessinnovationen und Marken über eine Wertschöpfungsanalyse erfolgen. Ein Anhaltspunkt, wonach der in der vorgenannten Weise den Produktinnovationen zuzurechnende Gewinnanteil keinen fremdvergleichskonformen Verrechnungspreis darstellt, ist indessen nicht ersichtlich. So ist insbesondere der auf die Produktinnovationen entfallende Gewinnanteil in aller Regel ausschließlich dem Lizenzgeber zuzurechnen. Es lässt sich allenfalls als Kritikpunkt anführen, dass die Wertschöpfungsanalyse auf subjektiven Einschätzungen beruht.[872] Dies ist jedoch

871 Ähnlich auch *Vahs/Brem*, Innovationsmanagement, 2015, S. 56 f.
872 So auch *Cordes*, Aufzeichnungspflichten, 2009, S. 180 f.

unvermeidbar. Infolgedessen erscheint eine Modifizierung des Verrechnungspreises für die Nutzung von Produktinnovationen regelmäßig nicht erforderlich zu sein.

4.3.4.3 Besonderheiten bei Prozessinnovationen

4.3.4.3.1 Modifizierung des Verrechnungspreises

Die Vergütung für die Nutzung von Prozessinnovationen ist – genauso wie die der Produktinnovationen – vornehmlich über die geschäftsvorfallbezogene Gewinnaufteilungsmethode zu bestimmen. Als Methode zur Gewinnaufteilung sollte dabei bevorzugt auf die Restgewinnanalyse zurückgegriffen werden. Demnach wird der Residualgewinn, der den Gesamtwert des geistigen Eigentums darstellt, insofern auf die Produktinnovationen, Prozessinnovationen und Marken aufgeteilt, als ihnen ihr Anteil über eine Wertschöpfungsanalyse zugerechnet wird. Von der Preisvergleichsmethode ist indessen nur in besonderen Fällen Gebrauch zu machen.

Es ist jedoch bei der Lizenzierung der Prozessinnovationen zu berücksichtigen, dass sie mitunter vom Lizenznehmer selbst geschaffen werden können. Wird dies festgestellt, dann sind die Prozessinnovationen insofern nicht vergütungswürdig, als sie dem Lizenznehmer zuzurechnen sind. In diesem Fall wird es erforderlich sein, den Wertschöpfungsbeitrag des Lizenzgebers, des Lizenznehmers und der sonstigen Konzernunternehmen zu bestimmen. Dies kann über eine Wertschöpfungsanalyse erfolgen, bei der im Wesentlichen zwischen den Wertschöpfungsbeiträgen zu den Leistungs-, Unterstützungs- und Führungsprozessen unterschieden wird. Darüber hinaus sind wahlweise noch weitere relevante individuelle Prozesse einzubeziehen. Diese Prozesse sind schließlich noch weiter aufzugliedern, um ein möglichst genaues Ergebnis aus der Wertschöpfungsanalyse zu erhalten. Ein Beispiel für eine Wertschöpfungsanalyse zur Aufteilung der Lizenzgebühr auf die Konzernunternehmen ist der folgenden Tabelle zu entnehmen:

Tabelle 24: Beispiel zur Wertschöpfungsanalyse für Prozessinnovation

Schritt 1			Schritt 2			Schritt 3		
Wertschöpfungsprozess			**Wertschöpfungsbeitrag ungewichtet**			**Wertschöpfungsbeitrag gewichtet**		
Prozessinnovation		**Anteil (in %)**	**Lizenzgeber (in %)**	**Lizenznehmer (in %)**	**sonstige Unternehmen (in %)**	**Lizenzgeber (in %)**	**Lizenznehmer (in %)**	**sonstige Unternehmen (in %)**
Leistungsprozess	Vertriebsprozess							
	Auftragsabwicklungsprozess							
	After-Sales-Prozess							
Unterstützungsprozess	Personalgewinnung							
	interne Logistik							
	IT-Bereitstellung							
Führungsprozess	strategische Planung							
	Budgetierung							
Summe								

Aus der Wertschöpfungsanalyse lässt sich anschließend der Wertschöpfungsbeitrag der beteiligten Konzernunternehmen an den Prozessinnovationen entnehmen. Das Ergebnis der Analyse kann schließlich dazu genutzt werden, den Wertschöpfungsbeitrag des Lizenznehmers von der Lizenzvergütung für die Prozessinnovationen in Abzug zu bringen, indem der zuvor bestimmte Verrechnungspreis um diesen Prozentsatz gekürzt wird. Auf diese Weise lässt sich eine unternehmensindividuelle Lizenzgebühr für die Prozessinnovation ermitteln.

4.3.4.3.2 Bewertung der Modifizierung

Die Modifizierung der Lizenzgebühr für die Prozessinnovationen wird stets dann erforderlich sein, wenn der Lizenznehmer nachweislich einen Wertschöpfungsbeitrag zur Generierung der Prozessinnovationen leistet. Es erscheint jedoch äußerst komplex, diesen Beitrag zu separieren und aus der Lizenzgebühr auszunehmen. Diesbezüglich bietet die Wertschöpfungsanalyse eine gute Möglichkeit, sämtliche Beiträge verursachungsgerecht auf die einzelnen Konzernunternehmen aufzuteilen. Dabei kann die Analyse mit den Ergebnissen aus der Auswertung der unternehmensinternen und unternehmensexternen Innovationsfaktoren beliebig verfeinert oder überprüft werden. Indessen kann auf eine Wertschöpfungsanalyse verzichtet werden, wenn sich ausschließlich der Lizenzgeber für die Maßnahmen, die zur Verbesserung der Prozesse beitragen, verantwortlich zeigt oder die Prozessverbesserungen keinen monetären Wert aufweisen.

Ferner lässt sich festhalten, dass die Wertschöpfungsanalyse spätestens mit der Implementierung der Grundzüge des DEMPE-Funktionskonzepts in § 1 Abs. 3c AStG von der Finanzverwaltung allgemeinhin anerkannt worden ist. Allerdings ist davon auszugehen, dass die Aufteilungsmaßstäbe nach wie vor ein erhebliches Konfliktpotenzial zwischen den Konzernen und der Finanzverwaltung bieten werden. Dies ist nicht zuletzt darauf zurückzuführen, dass die aus der Wertschöpfung ermittelte Gewinnaufteilung auf subjektiven Einschätzungen beruht.[873] Demnach ist zu erwarten, dass die Ermittlung von Verrechnungspreisen für Prozessinnovationen weiterhin von einer gewissen Unsicherheit begleitet wird. Allerdings lässt sich dies aufgrund der Individualität von Prozessinnovationen ohnehin nicht vermeiden.

---

873 So auch *Cordes*, Aufzeichnungspflichten, 2009, S. 180 f.; *Eigelshoven/Nientimp*, DB 2005, S. 1186.

4.4 Besonderheiten in der Lizenzierung von Marken

4.4.1 Allgemeines

Ein Business-to-Business Markt zeichnet sich durch seine Käufer, anstatt durch die gehandelten Produkte aus.[874] Insoweit unterscheidet sich der Industriegütermarkt in erheblichem Maße vom Konsumgütermarkt. Dies führte in der Vergangenheit dazu, dass sich das Marketing beider Marktformen divergent entwickelt hat. So werden die immateriellen Marketingwerte – beispielsweise das Image, die Unternehmensmarke und die damit verbundenen Familien- und Produktmarken – völlig unterschiedlich pointiert und beworben. Dies kann sich insofern auf die Vergütung einer Marke auswirken, als die Markennutzung im Business-to-Business Markt auf andere Weise und somit mit einem anderen Wert zu entlohnen ist, als es im Business-to-Consumer Markt der Fall wäre.

Ein Image ist ein Vorstellungsbild, das der Kunde von Personen, Gruppen, Unternehmen oder Produkten hat.[875] Im Business-to-Business Markt lassen sich die Begriffe Unternehmensimage und Produktimage unterscheiden, wobei die Bedeutung des Unternehmensimages überwiegt.[876] Das Unternehmensimage wird vorwiegend durch die Einschätzung der Zuverlässigkeit und Leistungsfähigkeit des Unternehmens geprägt. Dagegen beinhaltet das Produktimage insbesondere die subjektive Beurteilung der Qualität eines Produktes. Mit zunehmender Stärke lässt sich ein Image vom Unternehmen oder Produkt schrittweise abkoppeln. Wenn ein Unternehmens- oder Produktimage derart abgekoppelt ist, dass es eine gewisse Eigendynamik entfaltet, kann schließlich von einer Marke ausgegangen werden. Die Marke ist somit die Weiterentwicklung eines Images, das sich durch seinen Bekanntheitsgrad und seine Unverwechselbarkeit auszeichnet.[877] Sie führt zur effizienten Verarbeitung von Informationen, indem sie für das Leistungsangebot des Anbieters steht und die Differenzierungsposition des Markenanbieters gegenüber anderen Anbietern manifestiert.[878] Die Marke selbst lässt sich in die Begriffe Markenimage und Markenidentität einteilen. Das Markenimage bezeichnet die Wahrnehmung

874 So auch *Webster/Keller*, JBM 2004, S. 391.

875 Vgl. *Kyrer*, Wirtschaftslexikon, 2017, S. 263.

876 Im Konsumgütermarkt überwiegt hingegen der Wert des Produktimages bzw. der Produktmarke. Vgl. *Bendixen et al.*, IMM 2004, S. 372.

877 Vgl. *Kyrer*, Wirtschaftslexikon, 2017, S. 354. Das Image gehört neben einer Unternehmensvision und Unternehmenskultur zu den Grundpfeilern einer Marke. Vgl. *Hatch/Schultz*, HBR 2001, S. 130.

878 Vgl. *Backhaus/Gausling* in: Backhaus/Voeth, B2B-Marketing, 2015, S. 371.

der Marke durch einen Außenstehenden, wogegen die Markenidentität die Beurteilung der Marke durch eine Person beinhaltet, die bereits diese Marke besitzt.

Im Folgenden soll analysiert werden, ob die durch eine geeignete Verrechnungspreismethode ermittelte Vergütung für die Nutzung von Marken der Höhe nach angemessen oder aufgrund des besonderen Wettbewerbsumfeldes im Business-to-Business Markt eine Anpassung gerechtfertigt ist. Dabei werden die besonderen Faktoren im Business-to-Business Markt identifiziert und analysiert, um schließlich Handlungsempfehlungen für eine Verrechnungspreisanpassung auszuarbeiten, die den besonderen Eigenschaften des Marketings im Business-to-Business Markt gerecht wird.

4.4.2 Identifizierung der Faktoren zur Verrechnungspreisermittlung

4.4.2.1 Unternehmens- und Produktimage

4.4.2.1.1 Zuverlässigkeit und Leistungsfähigkeit

Im Business-to-Business Markt werden einerseits standardisierte und gleichartige Produkte und andererseits kundenindividuelle Auftragsfertigungen angeboten, die gemäß der jeweiligen Spezifikation nur für einen Kunden oder eine Kundengruppe hergestellt werden.[879] Soweit standardisierte Produkte geliefert werden, erfolgt dies regelmäßig über langfristige Lieferverträge. Dabei wird ein besonderer Wert auf Just-in-Time Lieferungen, geringe Rücklaufquoten und weitere Faktoren gelegt, die für eine reibungslose Fertigung und Auslieferung erforderlich sind.[880] Bei der Auftragsfertigung handelt es sich hingegen häufig um komplexe Hardware-Software-Kombinationen, die neben der reinen Gerätelösung um anwendungsbezogene Hilfen ergänzt werden.[881] Auf diese Weise entsteht im Industriegütermarkt ein besonderes Abhängigkeitsverhältnis zwischen Verkäufer und Käufer, das im Konsumgütermarkt in dieser Form nicht existiert.[882]

Das besondere Abhängigkeitsverhältnis der Vertragsparteien im Business-to-Business Markt erfordert ein ausgewogenes Vertrauensverhältnis zwischen Verkäufer und Käufer. Dies spiegelt sich insbesondere im Unternehmensimage

---

879 So auch *Pepels*, Produktmanagement, 2016, S. 133.

880 So auch *Reeg*, Liefer- und Leistungsbeziehungen, 1998, S. 68 ff.

881 Vgl. *Pepels*, Produktmanagement, 2016, S. 133.

882 Dieser Unterschied zwischen Industrie- und Konsumgütermarkt hat sich durch den zunehmend internetbasierten Handel im Konsumgüterbereich noch verstärkt.

des Lieferanten wider, dessen Wahrnehmung im Wesentlichen von dem Handeln der Eigentümer, Manager und Mitarbeiter beeinflusst wird.[883] So ist es für den Käufer von großer Bedeutung, die beauftragte Leistung zum vereinbarten Zeitpunkt und in vereinbarter Qualität zu erhalten, um seinerseits die Leistung gegenüber seinem Kunden in angemessener Weise erfüllen zu können.[884] Dabei lässt sich der Qualitätsbegriff aus der Güte der Leistung selbst oder der Erfüllung von anbieterseitig definierten Standards ableiten, die den Bedürfnissen des Kunden entsprechen.[885] Hierzu zählen im Wesentlichen die Zuverlässigkeit und die Leistungsfähigkeit des Lieferanten. Die Zuverlässigkeit des Verkäufers ist jedoch erst gegeben, wenn er die finanziellen, technischen und prozessbezogenen Fähigkeiten besitzt, den Auftrag in vereinbarter Weise leisten zu können.[886] Somit sind die Begriffe Zuverlässigkeit und Leistungsfähigkeit untrennbar miteinander verbunden. Die Leistungsfähigkeit beinhaltet zugleich, dass der Lieferant finanziell solide aufgestellt und nicht insolvenzgefährdet ist. So kann die Insolvenz des Verkäufers dazu führen, dass vereinbarte Lieferungen verzögert erfolgen oder sogar ausfallen und Anzahlungen in der Insolvenzmasse untergehen. Die wesentlichen Anforderungen an die Zuverlässigkeit und Leistungsfähigkeit eines Lieferanten sind der folgenden Tabelle zu entnehmen:

883 So auch *Gomez et al.*, JBIM 2016, S. 194.

884 Zur Gewährleistung der vereinbarten Qualität wird auf das Qualitätsmanagement zurückgegriffen. Allgemein hierzu *Pepels*, Produktmanagement, 2016, S. 927 ff.

885 So auch *Pepels*, Produktmanagement, 2016, S. 925.

886 In einigen Fällen lässt sich der Kunde diese Fähigkeiten sogar schriftlich absichern. Beispielsweise existieren in der Automobilindustrie Fragebögen, die vom Lieferanten auszufüllen sind und sich mit seiner Leistungsfähigkeit befassen.

Tabelle 25: Ausgewählte Faktoren des Unternehmensimages

Zuverlässigkeit	Leistungsfähigkeit
- optimale Lieferperformance (Just-in-Time Lieferung etc.) - geringe Rücklaufquote - umfangreiche Beratung - ausgiebiges Leistungs- und Serviceangebot - Einbeziehung individueller Kundenwünsche - zuverlässiger Service - umfassende Versicherung und Haftung	*finanzielle Fähigkeiten* - Finanzierung von Forschung und Entwicklung - Vorfinanzierung von Projekten - ggf. Aufbau einer Produktionsstätte - keine Insolvenzgefährdung
	technische Fähigkeiten - hohe Innovationskraft - große Innovationsgeschwindigkeit - Produkt-Know-how - hohe Produktqualität mit weltweit einheitlicher Qualität - kundenspezifische Fertigung - Produktions-Know-how
	prozessbezogene Fähigkeiten - Mitarbeiter-Know-how - Prozess-Know-how - prozessbezogene Qualität - Beschaffungskapazität für Roh-, Hilfs-, Betriebsstoffe - Produktionskapazität - Lieferkapazität - onlinegestützte Bestellung, Fakturierung, Reklamation - große Reaktionsgeschwindigkeit - Erfüllung hoher Umweltanforderungen - gute Arbeitsbedingungen für die Mitarbeiter

Soweit ein Unternehmen durch Leistungsbeziehungen über einen längeren Zeitraum hinweg seine Zuverlässigkeit und Leistungsfähigkeit gegenüber seinen Kunden darlegt, ist es ihm möglich, ein positives Unternehmensimage aufzubauen. Dieses Image kann mit der Zeit neben bestehenden Kundenbeziehungen auch auf potentielle Kunden übergreifen. Hat sich das Unternehmensimage schließlich weitgehend verfestigt, kann daraus eine Unternehmensmarke entstehen, die sich durch geschicktes Marketing in ein Preis-, Volumen- und Support-Premium umwandeln lässt.[887] Das Preis-Premium ist eine monetäre

887 So auch *Gomez et al.*, JBIM 2016, S. 195. Allgemein hierzu *Douven*, Markenwirkung, 2009, S. 208 ff.

Erfolgsgröße und beinhaltet die Möglichkeit des Verkäufers, gegenüber dem Käufer einen höheren Preis durchzusetzen. Das Volumen-Premium stellt ebenfalls eine monetäre Größe dar. Es beschreibt den Vorteil des Anbieters, infolge seiner Marke ein größeres Absatzvolumen zu erzielen. Ein Volumen-Premium macht sich vornehmlich durch wiederholte Verkäufe an denselben Abnehmer bemerkbar. Mit dem Support-Premium werden hingegen nicht-monetäre Vorteile verbunden, die jenseits des eigentlichen Geschäftsvorfalls entstehen. Hierzu zählt insbesondere die Weitergabe von nützlichen Informationen durch den Erwerber an den Lieferanten infolge eines Geschäftsvorfalls.[888] Sämtliche Premiumarten sind in der Lage, die Erfolgskennzahlen eines Unternehmens zu fördern.

4.4.2.1.2 Produktqualität

Im Business-to-Business Markt kann es vereinzelt ratsam sein, neben dem Unternehmensimage für einige Güter ein gezieltes Produktimage aufzubauen. Dabei wird das Produktimage insbesondere durch die Produktqualität des betreffenden Gutes beeinflusst. Das Produktimage ist jedoch sorgsam zu pflegen, da es im Industriegütermarkt – entgegen dem Konsumgütermarkt – stets auf das Unternehmensimage abfärbt. Diese Abhängigkeit ist dadurch zu erklären, dass im Business-to-Business Markt einerseits wesentlich intensivere Geschäftsbeziehungen zwischen Verkäufer und Käufer bestehen[889] und andererseits das Produktmarketing weitaus geringer ausgeprägt ist.

Im Rahmen des Produktimages ist die Produktqualität eng mit dem Preis-Leistungs-Verhältnis des betreffenden Gutes verbunden und beinhaltet einerseits die produktbezogene und andererseits die Preis-Nutzen-bezogene Qualität. Dabei versucht sich ein Lieferant von Konkurrenzprodukten insofern abzugrenzen, als er ein Produkt entweder in höherer Qualität oder zu einem besseren Preis-Leistungs-Verhältnis anbietet. Diesbezüglich gehen die Unternehmen auch im Business-to-Business Markt zunehmend dazu über, Produkte unterschiedlicher Qualität anzubieten, um den vielfältigen Qualitätsbedürfnissen der Kunden zu begegnen.[890] So werden die Güter im Industriegütermarkt regelmäßig in einer Qualität beschafft und verbaut, die für das hergestellte Produkt als ausreichend erachtet wird. Zugleich wird die Kaufentscheidung

---

888 So auch *Douven*, Markenwirkung, 2009, S. 83.

889 So auch *Baumgarth* in: Backhaus/Voeth, B2B-Marketing, 2015, S. 387 f.

890 Beispielsweise wird Stahl in Abhängigkeit vom Verwendungszweck in geringer, mittlerer und hoher Qualität produziert und vertrieben.

im Wesentlichen vom Preis-Leistungs-Verhältnis beeinflusst, was bereits durch zahlreiche Studien bestätigt worden ist.[891]

Wie das Unternehmensimage lässt sich auch das Produktimage in eine Marke überführen, indem es sich am Markt weitgehend verfestigt.[892] In der Folge kann die Produktmarke ebenfalls dazu genutzt werden, über geschicktes Produktmarketing ein Preis-, Volumen- und Support-Premium am Markt zu erzielen[893] und zugleich die Unternehmensmarke zu stärken.

4.4.2.2 Die Marke auf Industriegütermärkten

4.4.2.2.1 Kernfunktionen der Marke

Die Marke dient dazu, den Nutzen und den Wert einer Leistung gegenüber dem Kunden zu kommunizieren. Dabei nimmt die Unternehmensmarke im Business-to-Business Markt eine sehr dominante Rolle ein. So tritt das Unternehmen im Industriegütermarkt häufig mit einer Unternehmensmarke am Markt in Erscheinung, die je nach Zielgruppe, Region und Produktkategorie unterschiedlich positioniert wird.[894] Demgegenüber wird sich im Business-to-Consumer Markt auf die Produktmarken konzentriert.[895] Dies lässt sich darauf zurückführen, dass die Etablierung einer Produktmarke im Industriegütermarkt wesentlich kostenintensiver ist als im Konsumgütermarkt.[896] So wurde in einer im Jahr 2018 von *Liu et al.* veröffentlichten Studie nachgewiesen, dass die Profitabilität eines Unternehmens im Business-to-Business Markt ab einer Anzahl von über vier Marken abnimmt.[897] Ein Unternehmen im Industriegütermarkt unterhält jedoch häufig zahlreiche Produktvariationen, die jeweils unter einer separaten Produktmarke auf den Markt zu bringen wären.[898] Dies lässt sich besonders in der Automobilindustrie beobachten. Hinzu kommt die Neigung des industriellen Käufers, sich im Rahmen der Kaufentscheidung vornehmlich am Unternehmensimage des Verkäufers zu

891 Vgl. u.a. *Mudambi*, IMM 2002, S. 525 ff.; *Bendixen et al.*, IMM 2004, S. 371 ff.

892 In gleicher Weise kann eine Familienmarke aus einer Mehrzahl von Produktimages entstehen.

893 Allgemein hierzu *Douven*, Markenwirkung, 2009, S. 208 ff.

894 Allgemein hierzu *Baumgarth* in: Backhaus/Voeth, B2B-Marketing, 2015, S. 388. So auch *Gomez et al.*, JBIM 2016, S. 194.

895 Vgl. *Mudambi*, IMM 2002, S. 527.

896 Vgl. *Liu et al.*, IMM 2018, S. 152.

897 Vgl. *Liu et al.*, IMM 2018, S. 154 ff.

898 So auch *Liu et al.*, IMM 2018, S. 149.

orientieren.[899] Infolgedessen werden die Marken im Industriegütermarkt über das Marketing in anderer Weise als im Konsumgütermarkt positioniert. Die wesentlichen Unterschiede im Markenmanagement sind der folgenden Tabelle zu entnehmen:

Tabelle 26: Themen im Markenmanagement[900]

Business-to-Business Markt	Business-to-Consumer Markt
Marke auf Ebene von (Konzern-) Unternehmen mit Erprobungen auf Produktebene	Marke auf Produktebene mit zunehmender Betonung der (Konzern-) Unternehmensebene
Kundenwahrnehmung der Marke vornehmlich im Hinblick auf Risikominderung. Geringere Betonung des selbstausdrückenden Nutzens einer Marke	Kundenwahrnehmung der Marke im Hinblick auf funktionalen, emotionalen und selbstausdrückenden Nutzen
Erhöht die Anzahl der Marken innerhalb eines Unternehmens durch Akquisitionen	Reduziert die Anzahl der Marken innerhalb eines Unternehmens

Die Marke unterliegt unterschiedlichsten Funktionen, die den Vertrieb des Lieferanten und den Beschaffungsprozess des Kunden unterstützen und schließlich den Unternehmenserfolg beider Parteien sicherstellen sollen. Kundenseitig lassen sich diese Funktionen in den drei folgenden Kernfunktionen zusammenfassen:[901]

(i) Informationseffizienz,
(ii) Risikoreduktion und
(iii) ideeller Nutzen.

Diese Kernfunktionen sind sowohl in Business-to-Business Markt als auch im Business-to-Consumer Markt anzutreffen. Dennoch gibt es teils erhebliche Unterschiede in der Markenstrategie. Dies ist insbesondere darauf zurückzuführen, dass das Markenmanagement im Industriegüterbereich auf andere Herausforderungen trifft als im Konsumgüterbereich.[902] So handelt es sich im

899 So auch *Mayer*, Wechselverhalten, 2009, S. 22.

900 In Anlehnung an *Mudambi*, IMM 2002, S. 527.

901 Vgl. *Caspar et al.*, Markenrelevanz, 2002, S. 13 f.; *Backhaus/Gausling* in: Backhaus/Voeth, B2B-Marketing, 2015, S. 372 f.; *Kotler/Pfoertsch*, B2B, 2006, S. 43 f. Für andere Aufteilungen siehe *Bendixen et al.*, IMM 2004, S. 371.

902 Vgl. *Backhaus/Gausling* in: Backhaus/Voeth, B2B-Marketing, 2015, S. 374.

Industriegüterbereich um weitgehend rationale Käufer, die innerhalb von formalisierten und organisierten Beschaffungsprozessen agieren (Buying Center), sodass mehrere Personen in den Kaufentscheidungsprozess einbezogen werden, die unterschiedliche Präferenzen haben.[903] Hinzu kommt, dass sich das Leistungsangebot im Industriegütermarkt vornehmlich an eine überschaubare Kundenanzahl richtet und somit die Funktion der Risikoreduktion eine größere Aufmerksamkeit erfährt.[904]

Die Informationseffizienz greift auf der ersten Stufe und dient in besonderem Maße der Optimierung der vorbereitenden Tätigkeiten im Beschaffungsprozess.[905] So kann die Informationsbeschaffung im Einkauf durch die Marke des Lieferanten insofern erleichtert werden, als dem Käufer bestimmte Informationen im Zusammenhang mit dem geplanten Kauf bereits vorab bekannt sind.[906] Auf diese Weise lässt sich eine Zeit- und Kostenersparnis generieren, indem dem Käufer die Produktauswahl vereinfacht wird.[907] Dies ist von besonderer Relevanz, da im Industriegütermarkt jedem Kauf durch seinen bloßen Warenwert eine große Bedeutung zukommt und somit nicht oder nicht rechtzeitig erreichte Kaufabschlüsse empfindlich auf das Unternehmensergebnis durchschlagen.[908] Da die Informationseffizienz im Industrie- und Konsumgütermarkt äußerst relevant ist, kommt ihr sowohl für die Unternehmens- als auch Produktmarke eine große Bedeutung zu.

Die Risikoreduktion ist im Business-to-Business Markt von besonderer Bedeutung.[909] Sie greift auf der zweiten Stufe und betrifft somit die eigentliche Kaufentscheidung.[910] Im Konsumgütermarkt ist sie hingegen weniger relevant. So spielt die Risikoreduktion im Moment der Kaufentscheidung eine Rolle,

---

903 Vgl. *Alexander et al.*, SAJBM 2009, S. 2; *Mayer*, Wechselverhalten, 2009, S. 15; *Backhaus/Gausling* in: Backhaus/Voeth, B2B-Marketing, 2015, S. 374; *Bendixen et al.*, IMM 2004, S. 371; *Pepels*, Produktmanagement, 2016, S. 132; *Gomez et al.*, JBIM 2016, S. 195. Dabei ist das Einkaufsverhalten kleiner Unternehmen in geringerem Maße von rationalen und kollektiven Entscheidungen geprägt als der Einkauf großer Unternehmen. Dieses lässt sich damit erklären, dass den kleinen Unternehmen weniger Ressourcen zur Verfügung stehen. Vgl. *Gomez et al.*, JBIM 2016, S. 197.

904 Vgl. *Backhaus/Gausling* in: Backhaus/Voeth, B2B-Marketing, 2015, S. 375; *Pepels*, Produktmanagement, 2016, S. 132.

905 Vgl. *Donnevert*, Markenrelevanz, 2009, S. 29.

906 So auch *Caspar et al.*, Markenrelevanz, 2002, S. 13.

907 Vgl. *Gomez et al.*, JBIM 2016, S. 195.

908 So auch *Pepels*, Produktmanagement, 2016, S. 132.

909 So auch *Mudambi*, IMM 2002, S. 527.

910 Vgl. *Donnevert*, Markenrelevanz, 2009, S. 30.

indem durch den Rückgriff auf die Marke das Risiko, eine falsche Entscheidung zu treffen, verringert und auf diese Weise die Gefahr kognitiver Dissonanzen reduziert werden kann.[911] Beispielsweise werden Erfahrungen aus bereits erfolgreich abgewickelten Geschäftsbeziehungen der Vergangenheit in die anstehende Kaufentscheidung einbezogen, um dem Käufer eine gewisse Sicherheit zu vermitteln.[912] Dabei ist der Erwerber insbesondere dann bereit, ein Premium für ein Produkt zu bezahlen, wenn die Unverfügbarkeit des Produktes negative Auswirkungen auf ihn oder seine Organisation hat.[913] Diese Auswirkungen können sich insofern äußern, als sich der Käufer infolge der kognitiven Dissonanzen außer Stande sieht, seinen Kunden zum vereinbarten Zeitpunkt oder in vereinbarter Qualität zu beliefern. Aufgrund des Umstandes, dass sich im Industriegütermarkt vornehmlich auf die Unternehmensmarke konzentriert wird und zugleich die Risikoreduktion im Industriegütermarkt einen wesentlich größeren Stellenwert als im Konsumgütermarkt einnimmt,[914] wirkt sich die Risikoreduktion in erster Linie auf die Unternehmensmarke aus.

Der ideelle Nutzen stellt die dem eigentlichen Kauf nachgelagerte dritte Stufe dar.[915] Er ist in erster Linie im Business-to-Consumer Markt zu beobachten.[916] So erhält der Käufer mit dem Erwerb des betreffenden Produktes einen durch die Marke bedingten Zusatznutzen.[917] Demnach wirkt sich der ideelle Nutzen vornehmlich auf die Produktmarke aus. Ein Überblick über die Kernfunktionen der Marke ist der folgenden Tabelle zu entnehmen:

911 Vgl. *Caspar et al.*, Markenrelevanz, 2002, S. 13. In der Informationsökonomie wurde festgestellt, dass Vertrauenseigenschaften für das Business-to-Business Geschäft typisch sind. Da vor allem Vertrauenseigenschaften mit einem hohen Risiko verbunden sind und ein hohes Risiko Transaktionen erschweren oder verhindern kann, sind Mechanismen zur Unsicherheitsreduktion erforderlich. Eine Marke mit hoher Reputation kann ein Informationssurrogat darstellen, das diesen Mechanismus erfüllt. Vgl. *Baumgarth* in: Backhaus/Voeth, B2B-Marketing, 2015, S. 390. So auch *Gomez et al.*, JBIM 2016, S. 195.

912 Vgl. *Pepels*, Produktmanagement, 2016, S. 132.

913 Vgl. *Hutton*, Journal of Product & Brand Management 1997, S. 428 ff.

914 Vgl. *Backhaus/Gausling* in: Backhaus/Voeth, B2B-Marketing, 2015, S. 376; *Caspar et al.*, Markenrelevanz, 2002, S. 37 ff.

915 Vgl. *Donnevert*, Markenrelevanz, 2009, S. 30.

916 Vgl. *Backhaus/Gausling* in: Backhaus/Voeth, B2B-Marketing, 2015, S. 376; *Caspar et al.*, Markenrelevanz, 2002, S. 37 ff.

917 Vgl. *Caspar et al.*, Markenrelevanz, 2002, S. 13.

Tabelle 27: Überblick über nachfrageorientierte Kernfunktionen einer Marke[918]

	Kernfunktionen einer Marke		
	1. Stufe Informationseffizienz	**2. Stufe Risikoreduktion**	**3. Stufe Ideeller Nutzen**
Markenfunktionen	- Informationsvermittlung - Komplexitätsreduktion - Auswahlvereinfachung, Unterscheidung - Produktmarkierung, Wiedererkennung - Preis-Leistungs-Verhältnis	- Garantie der vereinbarten Qualität - Lieferzuverlässigkeit, Konstanz - finanzielle Leistungsfähigkeit des Lieferanten - Vertrauen, Sicherheit	- Prestige - Zusatznutzen - Personalisierung des Angebots - Identifikation
wesentlicher Markeneinfluss	Unternehmensmarke, Produktmarke	Unternehmensmarke	Produktmarke

4.4.2.2.2 Berücksichtigung des Geschäftsfeldes

Der Business-to-Business Markt ist äußerst vielschichtig. So lassen sich unterschiedliche Geschäftsfelder identifizieren, die verschiedenen Marktrisiken und Herausforderungen ausgesetzt sind. Beispielsweise zählen zum Industriegütermarkt Massenprodukte und Individuallösungen, niedrig- und hochpreisige Leistungen sowie Standardleistungen und erklärungsbedürftige Leistungen.[919] Dies hat zur Folge, dass die Markenfunktionen in den einzelnen Geschäftsfeldern einer unterschiedlich starken Ausprägung unterliegen. So können innerhalb des Business-to-Business Marktes die folgenden vier Geschäftstypen unterschieden werden:[920]

- Produktgeschäft,
- Projektgeschäft,
- Systemgeschäft und
- Integrationsgeschäft.

Im Produktgeschäft werden vorgefertigte Leistungen erbracht und isoliert beim Nachfrager eingesetzt.[921] Demnach handelt es sich um ein weitgehend

918 So auch *Caspar et al.*, Markenrelevanz, 2002, S. 14.
919 Vgl. *Baumgarth* in: Backhaus/Voeth, B2B-Marketing, 2015, S. 387.
920 Vgl. *Backhaus/Gausling* in: Backhaus/Voeth, B2B-Marketing, 2015, S. 376.
921 Vgl. *Pepels*, Produktmanagement, 2016, S. 131.

standardisiertes und normiertes Leistungsangebot.[922] Das funktionale Risiko dieser Leistung ist vergleichsweise gering, da das gehandelte Produkt in der Regel bereits am Markt erprobt ist und der Nachfrager bei Folgekäufen problemlos auf andere Anbieter zurückgreifen kann.[923] Somit ist die Bedeutung der Marke im Produktgeschäft begrenzt.

Anders verhält es sich im Projektgeschäft. Hier handelt es sich um komplexe Anlagen mit spezifischer Kaufentscheidung zu einem bestimmten Zeitpunkt.[924] Das Projektgeschäft umfasst auftragsgefertigte, individualisierte Projekte, deren Beschaffung mit einem außerordentlich hohen Risiko verbunden ist, da die Leistung in Abhängigkeit von Standortgegebenheiten oder Größe individuell angefertigt wird.[925] Hinzu kommt, dass Anlagen und Maschinen einen großen Einfluss auf den reibungslosen Produktionsablauf und einen hohen Wertschöpfungsanteil haben.[926] Somit steigen das funktionale und finanzielle Risiko mit zunehmendem Grad der Individualisierung.[927] Demzufolge ist die Marke für den Käufer zur Risikoreduktion und Informationseffizienz von großer Bedeutung.

Das Systemgeschäft beinhaltet den sukzessiven Kauf einzelner Systeme und die Vernetzung auf Basis einer Systemarchitektur, sodass ein enger Verbund zwischen langfristiger Architekturentscheidung und kurzfristigen Komponentenbeschaffungen gegeben ist.[928] Es ähnelt insofern dem Projektgeschäft, als der Nachfrager bei Folgekäufen langfristig an den Anbieter gebunden wird.[929] Somit nehmen mit zunehmender Bindung an den Verkäufer das Verhaltensrisiko und das finanzielle Risiko für den Käufer zu,[930] sodass seitens des Nachfragers ein großes Bedürfnis zur Informationseffizienz besteht.

Das Integrationsgeschäft ist einerseits durch einen hohen Individualisierungsgrad und andererseits durch eine enge Bindung zwischen Anbieter und Nachfrager geprägt.[931] Es lässt sich besonders in der Automobilindustrie

---

922 Vgl. *Backhaus/Gausling* in: Backhaus/Voeth, B2B-Marketing, 2015, S. 377.

923 Vgl. *Budt/Lügger* in: Binckebanck et al., Führung, 2013, S. 72; *Backhaus/Gausling* in: Backhaus/Voeth, B2B-Marketing, 2015, S. 377 f.

924 Vgl. *Pepels*, Produktmanagement, 2016, S. 131.

925 Vgl. *Backhaus/Gausling* in: Backhaus/Voeth, B2B-Marketing, 2015, S. 379.

926 Vgl. *Caspar et al.*, Markenrelevanz, 2002, S. 45.

927 Vgl. *Budt/Lügger* in: Binckebanck et al., Führung, 2013, S. 72.

928 Vgl. *Pepels*, Produktmanagement, 2016, S. 131.

929 Vgl. *Backhaus/Gausling* in: Backhaus/Voeth, B2B-Marketing, 2015, S. 378.

930 Vgl. *Budt/Lügger* in: Binckebanck et al., Führung, 2013, S. 72.

931 Vgl. *Backhaus/Gausling* in: Backhaus/Voeth, B2B-Marketing, 2015, S. 379.

beobachten, indem die Automobilhersteller mit den Automobilzulieferern langfristige Lieferverträge über einzelne Produkte oder Systemkomponenten abschließen. Das funktionale Risiko und das Verhaltensrisiko sind im Integrationsgeschäft besonders ausgeprägt, sodass die Informationseffizienz im Rahmen der Marke für den Käufer eine große Rolle spielt.[932]

4.4.2.2.3 Bedeutung der Produktverwendung

Ein Beschaffungsprozess beginnt stets mit der Überlegung des Käufers, zu welchem Zweck er die zu erwerbende Leistung nutzen möchte. Dabei kann der Grund der Anschaffung ebenfalls für die Markenrelevanz eines Produktes von Bedeutung sein. Dies resultiert daraus, dass das erworbene Gut verschiedenen Zwecken dienen kann. So lässt sich das Produkt in folgender Weise nutzen:

- Verarbeitung,
- Einbau in ein anderes Produkt,
- Wiederverkauf oder
- Gebrauch.

Voraussetzung für die Zuordnung zum Industriegütermarkt ist in sämtlichen Fällen, dass die Leistung beschafft wird, um mit ihrem direkten oder indirekten Einsatz zum Ge- oder Verbrauch weitere Güter für die Fremdbedarfsdeckung zu erstellen.[933] Dabei kann das erworbene Gut sowohl zu rein unternehmerischen Zwecken als auch zum teilweisen persönlichen Bedarf durch einen Mitarbeiter verwendet werden. Zudem besteht seitens des Käufers die Möglichkeit, das Produkt einerseits unter der Eigenmarke und andererseits unter der Fremdmarke des Verkäufers zu vertreiben. Dies ist nicht zuletzt vom Verwendungszweck abhängig.

Soweit der Käufer das Gut zur Verarbeitung oder zum Einbau in ein anderes Produkt erwirbt, wird es im Rahmen des Herstellungsprozesses zu rein unternehmerischen Zwecken verbraucht. Das dadurch hergestellte Gut wird schließlich an einen industriellen Abnehmer oder Endkunden geliefert. Insoweit tritt der Käufer mit seiner Eigenmarke gegenüber dem Kunden auf. Die Marke des Lieferanten geht hingegen im Rahmen des Herstellungsprozesses unter. Nur im Einzelfall wird beim Einbau des Gutes mit der Fremdmarke des Verkäufers gegenüber dem Kunden geworben. Dies lässt sich beispielsweise in

---

932 Ebd.

933 Vgl. *Pepels*, Produktmanagement, 2016, S. 131.

der Automobilindustrie beobachten, indem ein Hersteller mit der Marke der eingebauten Soundanlage seines Lieferanten wirbt. Selbiges gilt für die Computerbranche, in der die Hersteller von Computern auf Intel Prozessoren in ihren Produkten verweisen.

Wird ein Gut zum Wiederverkauf oder Gebrauch beschafft, erfolgt für gewöhnlich eine Veräußerung unter der Fremdmarke des Verkäufers zu unternehmerischen Zwecken. Soweit das Produkt zum Wiederverkauf erworben wird, kommt es jedoch vereinzelt vor, dass der Käufer das Gut unter seiner Eigenmarke vertreibt. Zudem kann ein zum Gebrauch erworbenes Gut mitunter dem Mitarbeiter zum persönlichen Bedarf zur Verfügung gestellt werden. Beispielsweise wird ein Firmenwagen dem Mitarbeiter häufig sowohl zu betrieblichen als auch privaten Zwecken überlassen. Ist dieses der Fall, kann der Geschäftsvorfall konsumgütermarktähnliche Züge aufweisen. Ein Überblick über die möglichen Verwendungszwecke eines Produktes und die Folgen ist der folgenden Tabelle zu entnehmen:

Tabelle 28: Verwendungszweck eines Produktes im Unternehmen

	Produkterwerb			
Verwendungszweck	Verarbeitung	Einbau	Wiederverkauf	Gebrauch
Verwendung für...	unternehmerische Zwecke			persönlichen Bedarf des Mitarbeiters
Verwendung unter...	Eigenmarke	Eigenmarke, (Fremdmarke)	Fremdmarke (Eigenmarke)	Fremdmarke

4.4.3 Bewertung der Faktoren zur Verrechnungspreisermittlung

4.4.3.1 Allgemeine Markenrelevanz

Die Relevanz der Marke im Business-to-Business Markt lässt sich in der Forschung inzwischen eingehend belegen. Bei der Frage, ob die Marke im Industriegütermarkt einen ähnlich hohen Stellenwert einnimmt wie im Konsumgütermarkt, gehen die Ergebnisse der wissenschaftlichen Studien jedoch weit auseinander. So hat eine im Jahr 2001 von der Beratungsgesellschaft *PwC* veröffentlichte Industriestudie zum Thema „Praxis von Markenbewertung und Markenmanagement in deutschen Unternehmen" ergeben, dass die Marke von Unternehmen des Industriegütermarktes mit 18 % einen wesentlich geringeren Anteil am Gesamtunternehmenswert ausmacht als von Unternehmen des

Konsumgütermarktes mit 53 % und mehr.[934] Dagegen zeigt eine im Jahr 2002 veröffentlichte Studie von *Caspar et al.*, dass die Markenrelevanz im Business-to-Business Markt im Durchschnitt nur um 0,3 % niedriger ist als im Business-to-Consumer Markt.[935] Interessante Ergebnisse lieferte auch die Studie von *Honarmandi et al.* aus dem Jahr 2019.[936] Dort wurde der Einfluss der Marke auf das Ergebnis in der konsummarktorientierten Bankenindustrie und der industriemarktorientierten petrochemischen Industrie im Iran untersucht. Um ein weitgehend branchenneutrales Ergebnis zu erhalten, wurde dabei auf Tobin´s-q zurückgegriffen. Auf diese Weise ließen sich die Ergebnisse beider Branchenzweige weitgehend vergleichen. Die Studie kam zu dem Schluss, dass die Marke in der Konsumgüterindustrie für 19 % des Unternehmensergebnisses verantwortlich war, wogegen sich das Ergebnis im Industriegütermarkt zu 11 % auf die Marke zurückführen ließ.

Aus den vorgenannten Beispielen lässt sich ableiten, dass es kaum möglich ist, eine allgemeine wertmäßige Aussage darüber zu treffen, inwieweit die Bedeutung der Marke im Industriegütermarkt von der Markenrelevanz im Konsumgütermarkt abweicht. Dies beruht nicht zuletzt auf die Probleme, die die Markenbewertung selbst mit sich bringt. So handelt es sich bei der Marke um ein immaterielles Wirtschaftsgut, dessen Wert kaum bestimmbar ist.[937] Hinzu kommt, dass das Marktumfeld produktbezogen und nicht unternehmens- oder sogar branchenbezogen zu bestimmen ist. Demnach kann eine Studie, die auf eine unternehmensbezogene Messung der Markenrelevanz beruht, insofern eine Ungenauigkeit aufweisen, als sie Unternehmen enthält, die sowohl im Industrie- als auch im Konsumgütermarkt agieren, gleichzeitig jedoch einem dieser Märkte vollumfänglich zugeordnet werden mussten. Vor diesem Hintergrund erscheint das Ergebnis der Studie von *Honarmandi et al.* äußerst aussagekräftig zu sein, da dort mit der Branchenauswahl eine weitgehende Abgrenzung zwischen Industrie- und Konsumgütermarkt erreicht worden ist und durch den Rückgriff auf Tobin´s-q eine branchenneutrale Messung erfolgen konnte.[938]

---

934 Allerdings verweist die Studie selbst darauf, dass für den Industriegütersektor nur eine geringe Anzahl an Teilstichproben zur Auswertung vorlag. Vgl. *PwC*, Industriestudie, 2001, S. 12.

935 Vgl. *Caspar et al.*, Markenrelevanz, 2002, S. 43.

936 Vgl. *Honarmandi et al.*, IJMS 2019, S. 121 ff.

937 So auch *Honarmandi et al.*, IJMS 2019, S. 122. Zu diesem Ergebnis kommt auch die PwC-Industriestudie zum Thema „Praxis von Markenbewertung und Markenmanagement in deutschen Unternehmen". Vgl. *PwC*, Industriestudie, 2001, S. 15.

938 Vgl. *Honarmandi et al.*, IJMS 2019, S. 128 ff.

Unabhängig von den Problemen in der Messung der Markenrelevanz lässt sich festhalten, dass die Bedeutung der Marke im Konsumgütermarkt allgemeinhin stärker ausgeprägt ist als im Industriegütermarkt.[939] Allerdings kann die Markenrelevanz in Abhängigkeit des Produktmarktes höchst unterschiedlich ausfallen.[940] Demnach ist der Wert einer Marke stets individuell zu ermitteln. Es lassen sich jedoch allgemeine werterhöhende und wertmindernde Faktoren zusammenstellen, die den Wert einer Marke beeinflussen können.[941] Die folgende Tabelle gibt einen Überblick über potentielle wertbeeinflussende Faktoren:

Tabelle 29: Einflussfaktoren auf Markenwert

Markenwert erhöhende Faktoren	Markenwert mindernde Faktoren
- positives Unternehmens- oder Produktimage - hoher Bekanntheitsgrad des Unternehmens oder Produktes - erfolgreiche Unternehmens- oder Produktvermarktung - umfangreiche Investitionen in das Marketing - Monopolstellung des Lieferanten - Luxusartikel - hohe Produktqualität - gutes Preis-Leistungs-Verhältnis - umfangreiches Serviceangebot	- öffentlichkeitswirksame negative Informationen über das Unternehmen oder Produkt - niedriger Bekanntheitsgrad des Unternehmens oder Produktes - kaum Investitionen in das Marketing - geringe Produktqualität - schlechtes Preis-Leistungs-Verhältnis - geringes Serviceangebot - Rückgriff auf die Übervorteilungsstrategie

4.4.3.2 Wirkungsweise der Kernfunktionen

Der Wert einer Marke ist stets individuell zu beurteilen. Demnach ist es kaum möglich festzustellen, ob die Relevanz einer bestimmten Marke im Business-to-Business Markt weniger ausgeprägt ist als im Business-to-Consumer Markt. Allerdings lässt sich eine Aussage über die Gewichtung der Kernfunktionen aus der Marke des Verkäufers im Industriegütermarkt einerseits und

939 Vgl. u.a. *PwC*, Industriestudie, 2001, S. 1 ff.; *Honarmandi et al.*, IJMS 2019, S. 121 ff.; *Caspar et al.*, Markenrelevanz, 2002, S. 1 ff.

940 So auch *Caspar et al.*, Markenrelevanz, 2002, S. 44 f.

941 Je nachdem, welche Methode zur Bestimmung des Wertes einer Marke angewandt wird, können diese Faktoren in der Bewertung bereits berücksichtigt sein.

Konsumgütermarkt andererseits treffen. So ist die Studie von *Caspar et al.* aus dem Jahr 2002 zu dem Ergebnis gekommen, dass die durchschnittliche Bedeutung der einzelnen Markenfunktionen zwischen den Märkten teils beträchtlich variiert.[942] Dieses Ergebnis wurde durch eine im Jahr 2011 veröffentlichte Studie von *Backhaus et al.* bestätigt.[943] Ein Überblick über die Bedeutungsgewichte der Markenfunktionen im Business-to-Business Markt und Business-to-Consumer Markt ist der folgenden Abbildung zu entnehmen:

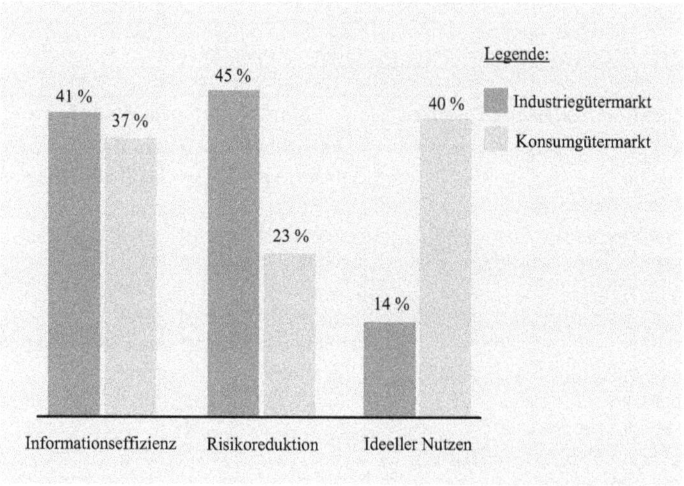

Abbildung 26: Bedeutungsgewichte von Markenfunktionen im Industrie- und Konsumgütermarkt[944]

Die herausragende Bedeutung der Informationseffizienz und der Risikoreduktion im Industriegütermarkt lässt sich dadurch erklären, dass Behinderungen im Betriebsablauf empfindlich auf das Ergebnis durchschlagen können. Deshalb versucht sich der industrielle Käufer gegen etwaige Lieferprobleme insofern abzusichern, als er einen großen Wert auf geringes Risiko

942 Vgl. *Caspar et al.*, Markenrelevanz, 2002, S. 43 f.; *Backhaus/Gausling* in: Backhaus/Voeth, B2B-Marketing, 2015, S. 375.

943 Vgl. u.a. *Backhaus et al.*, IMM 2011, S. 1088.

944 In Anlehnung an *Backhaus/Gausling* in: Backhaus/Voeth, B2B-Marketing, 2015, S. 376; *Caspar et al.*, Markenrelevanz, 2002, S. 37 ff.

und umfangreiche Informationen zum Geschäftsvorfall legt. Dies deckt sich mit der einhelligen Auffassung, dass die Markenrelevanz im Business-to-Business Markt bei sehr risikobehafteten Einkäufen am größten ist.[945] Der deutlich geringere Wert des ideellen Nutzens ist indessen auf das rationale und formalisierte Beschaffungsverhalten zurückzuführen.[946] So sind eine mit dem Produkt verbundene Identifikation, Prestige und Emotionen im Zusammenhang mit der Kaufentscheidung im Industriegütermarkt wesentlich geringer ausgeprägt als im Konsumgütermarkt.

4.4.3.3 Auswirkung des Geschäftstyps

Das Geschäftsfeld, in dem der Käufer bei der zu beurteilenden Leistungserbringung agiert, ist für die Markenrelevanz von großer Bedeutung. So wurde in einer im Jahr 2011 veröffentlichten Studie von *Backhaus et al.* festgestellt, dass die Markenrelevanz zwischen dem Produkt-, Projekt-, Integrations- oder Systemgeschäft variiert und ein teils signifikanter Unterschied besteht.[947] Dabei wurden zunächst die Mittelwerte der Markenrelevanz je Geschäftstyp berechnet, um anschließend einen Mehrgruppenvergleich durchführen zu können, der die Mittelwertdifferenzen zwischen den Geschäftstypen auf ihre Signifikanz hin überprüft.[948] Die Verfasser kamen schließlich zu dem Ergebnis, dass die Markenrelevanz offenbar entscheidend vom Risiko und Informationsbedarf des jeweiligen Geschäftsvorfalls abhängt.[949] Dies deckt sich wiederum mit der besonderen Bedeutung der Informationseffizienz und Risikoreduktion im Industriegütermarkt. Das Ergebnis der Studie geht aus der folgenden Abbildung hervor:

945 Vgl. *Brown et al.*, IJRM 2011, S. 195 f.
946 Vgl. *Backhaus/Gausling* in: Backhaus/Voeth, B2B-Marketing, 2015, S. 375 f.
947 Vgl. *Backhaus et al.*, IMM 2011, S. 1082 ff.; *Backhaus/Gausling* in: Backhaus/Voeth, B2B-Marketing, 2015, S. 376 ff.
948 Vgl. *Backhaus/Gausling* in: Backhaus/Voeth, B2B-Marketing, 2015, S. 376 f.
949 Vgl. *Backhaus/Gausling* in: Backhaus/Voeth, B2B-Marketing, 2015, S. 377.

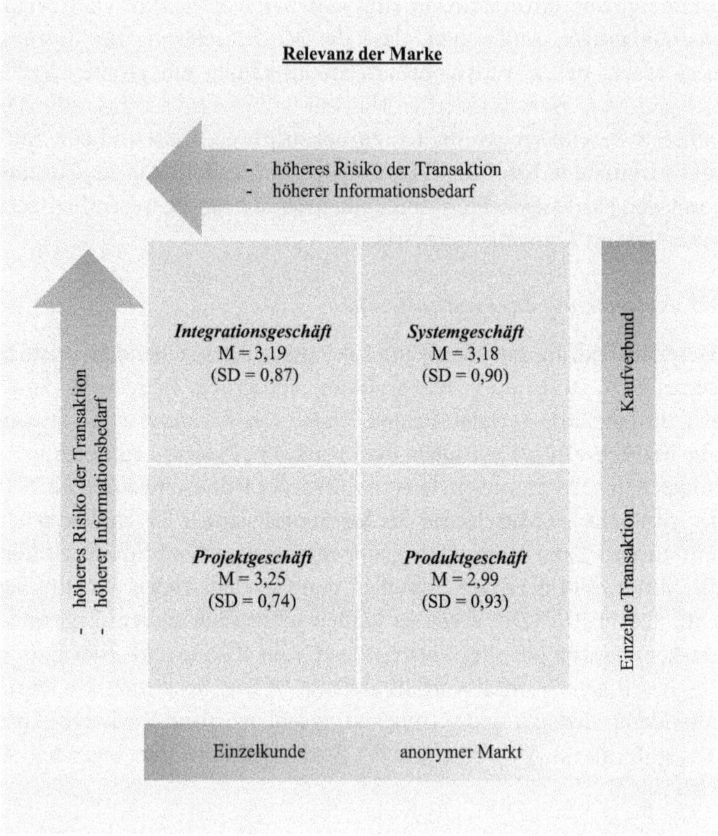

Abbildung 27: Einfluss von Geschäftstypen auf Markenrelevanz in Abhängigkeit von Risiko und Informationsbedarf[950]

Der Abbildung 27 ist zu entnehmen, dass das Produktgeschäft im Vergleich zu den übrigen Geschäftstypen einen signifikant niedrigeren Mittelwert in der Markenrelevanz aufweist. Dies lässt sich darauf zurückführen, dass im Produktgeschäft ein weitgehend standardisiertes und normiertes Leistungsangebot zu beobachten ist, in dem der Käufer jederzeit auf einen anderen Anbieter

950 In Anlehnung an *Backhaus/Gausling* in: Backhaus/Voeth, B2B-Marketing, 2015, S. 378.

zurückgreifen kann. Zudem ist dieser Geschäftstyp in großem Maße durch Folgekäufe geprägt, die mit einem geringeren Informationsbedarf und weniger Risiko verbunden sind.[951]

Die vergleichsweise große Bedeutung der Marke im Projektgeschäft ist offenbar darauf zurückzuführen, dass entgegen dem Produktgeschäft ein transparenter Markt existiert, der bis hin zum Einzelkundengeschäft ausgestaltet ist. So kann ein Kunde im Einzelkundengeschäft mangels Alternativen auf keinen anderen Lieferanten ausweichen. Dies deckt sich mit dem Ergebnis der im Jahr 2011 veröffentlichten Studie von *Brown et al.*, wonach in einem Markt mit wenig Wettbewerb ein größerer Zusammenhang zwischen Markenrelevanz und Geschäftsrisiko festzustellen ist als in einem wettbewerbsintensiven Markt.[952] Hinzu kommt, dass das Geschäftsrisiko in Verbindung mit dem Erwerb von Anlagen und Maschinen insofern steigt, als ihnen ein großer Einfluss auf den reibungslosen Produktionsablauf und ein hoher Wertschöpfungsanteil zukommen.[953]

Die große Bedeutung der Marke im Systemgeschäft lässt sich indessen insofern erklären, als dort zahlreiche Transaktionen im Kaufverbund durchgeführt werden, die nicht unabhängig voneinander erfolgen können. So ist es einem Kunden nur unter hohen Zusatzkosten möglich, zu einem anderen Lieferanten zu wechseln. Demnach ist der Käufer auf umfangreiche Vorabinformationen über den Geschäftsvorfall angewiesen. Darüber hinaus können Fehler in einem System ähnlich wie im Projektgeschäft den Produktionsablauf erheblich beeinträchtigen. Diesem Umstand begegnet der Kunde offenbar, indem er seinen Informationsbedarf im Hinblick auf die betreffende Lieferung bereits vor Umsetzung des Geschäftsvorfalls möglichst umfassend über die Marke des Lieferanten deckt und in gleicher Weise die bestehenden Risiken minimiert.[954]

Im Integrationsgeschäft herrscht sogar entgegen den übrigen Geschäftstypen ein Kaufverbund in einem weitgehend vom Einzelkundengeschäft geprägten Markt. Dies hat zur Folge, dass dem Erwerber regelmäßig kein Lieferant oder nur äußerst wenig andere Lieferanten zur Verfügung stehen. Aufgrund der in der Zulieferindustrie weit verbreiteten Just-in-Time Lieferungen kann jeder

---

951 So auch *Backhaus/Gausling* in: Backhaus/Voeth, B2B-Marketing, 2015, S. 377 f.

952 Vgl. *Brown et al.*, IJRM 2011, S. 201 f.

953 So auch *Caspar et al.*, Markenrelevanz, 2002, S. 45.

954 Allgemein hierzu *Backhaus/Gausling* in: Backhaus/Voeth, B2B-Marketing, 2015, S. 377 ff. Allgemein zum Zusammenhang zwischen erhöhtem Geschäftsrisiko und steigender Markenrelevanz im Business-to-Business Markt siehe *Brown et al.*, IJRM 2011, S. 195 ff.

Lieferausfall zu einer Verzögerung in der nachgelagerten Wertschöpfungskette führen. Demnach ist der Käufer im Integrationsgeschäft darum bemüht, das Beschaffungsrisiko über die Marke des Verkäufers auf ein Minimum zu reduzieren. Somit steigt die Markenrelevanz offenbar mit erhöhtem Risiko im Einkauf sowie zunehmender Unsicherheit und Komplexität des Beschaffungsprozesses.[955]

Die unterschiedlichen Ausprägungen der Geschäftstypen haben ferner zur Folge, dass für jeden Geschäftstyp eine andere Ausprägung von Informationseffizienz, Risikoreduktion und ideellem Nutzen zu beobachten ist. Die einzelnen Ausprägungen der Kernfunktionen je Geschäftstyp im Industriegütermarkt sind der folgenden Abbildung zu entnehmen:

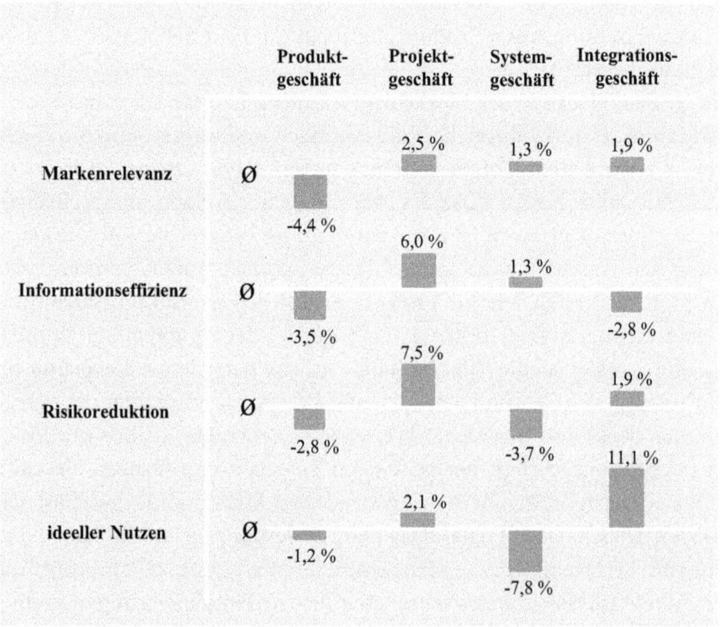

Abbildung 28: Ausprägungen von Kernfunktionen auf Geschäftstypen im Business-to-Business Markt[956]

955 Vgl. *Gomez et al.*, JBIM 2016, S. 196; *Webster/Keller*, JBM 2004, S. 395.
956 In Anlehnung an *Caspar et al.*, Markenrelevanz, 2002, S. 47.

Aus der Abbildung 28 wird nochmals deutlich, dass das Produktgeschäft gegenüber den übrigen Geschäftstypen in allen Kernfunktionen die geringste Marktrelevanz aufweist. Der Informationseffizienz kommt im Projekt- und Systemgeschäft eine besondere Bedeutung zu. Die individuellen Leistungen dieser Geschäftstypen erfordern offenbar ein hohes Maß an Informationen. Die Risikoreduktion ist vornehmlich im Projekt- und Integrationsgeschäft relevant. Dies lässt sich darauf zurückzuführen, dass in diesen Bereichen Individualleistungen angeboten werden, die mit einem hohen Geschäftsrisiko verbunden sind.[957] Das infolge der Laufzeit entstehende Risiko des Systemgeschäftes wird indessen äußerst gering eingeschätzt. Die Ausprägungen des ideellen Nutzens lassen sich vornehmlich anhand der Wertschöpfungsbeiträge, die den einzelnen Geschäftstypen an der Gesamtwertschöpfung eines Unternehmens zuzurechnen sind, erklären.[958] So liefern Anlagen und Maschinen einen erheblichen Wertschöpfungsbeitrag innerhalb eines Unternehmens. Gleichzeitig ist ein Auftrag im Integrationsgeschäft mit einer erheblichen Wertschöpfung verbunden, da es sich dort regelmäßig um einen über mehrere Jahre geltenden Liefervertrag für ein Produkt handelt.

4.4.3.4 Relevanz der Verwendungsabsicht

Bei einem Erwerbsvorgang ist die Verwendungsabsicht des Käufers in vielfacher Hinsicht von Bedeutung. Im Einzelnen kann sie sich auf die Verarbeitung, den Einbau des gekauften Produktes, den Wiederverkauf und den Gebrauch erstrecken. So ist es möglich, dass die Verwendungsabsicht im Business-to-Business Markt die Gewichtung der Kernfunktionen einer Marke beeinflusst. Denn soweit der Käufer oder sein Abnehmer mit der Marke des Verkäufers gegenüber dem Endkunden auftritt oder das erworbene Gut einem Mitarbeiter zum teilweisen privaten Bedarf zur Verfügung gestellt wird, können sich Verkäufer und Käufer in einem konsumgüternahen Markt befinden. Ist das der Fall, so ist davon auszugehen, dass die Ausprägungen der Kernfunktionen einer Marke weitgehend denen des Konsumgütermarktes entsprechen.

Wird ein zuvor erworbenes Produkt zum Wiederverkauf verwendet, nutzt der Käufer in der Regel vertriebsseitig die Marke des Verkäufers. Gleiches gilt, wenn ein zum Gebrauch erworbenes Gut nach Ablauf des Nutzungszeitraums veräußert wird. Wird ein Produkt hingegen im Herstellungsprozess

957 Vgl. *Caspar et al.*, Markenrelevanz, 2002, S. 47.
958 Vgl. *Caspar et al.*, Markenrelevanz, 2002, S. 48.

verbraucht oder eingebaut, tritt der Käufer im Rahmen der Veräußerung des dadurch entstandenen Produktes nahezu ausschließlich mit seiner Eigenmarke in Erscheinung. Soweit indessen der Käufer vertriebsseitig mit der Fremdmarke des Lieferanten auftritt und die Weiterveräußerung bereits zum Zeitpunkt des Erwerbs bekannt ist, handelt es sich um einen konsumgüternahen Markt innerhalb des Industriegütermarktes. So wird der Käufer in dieser Situation seine Preisbereitschaft in der Höhe ansetzen, bei der er unter Berücksichtigung des Konsumverhaltens des Endkunden noch davon ausgehen kann, eine angemessene Marge zu erwirtschaften. Gleichzeitig wird der Verkäufer bestrebt sein, das Preis-Premium aus seiner Marke über den Verkaufspreis selbst abzuschöpfen. Dies ist nur folgerichtig, da das Preis-Premium aus der Marke andernfalls dem Käufer im Industriegütermarkt zufallen würde. Ähnlich verhält es sich, wenn das Produkt einem Mitarbeiter zur teilweisen privaten Verwendung überlassen wird, dies bereits vorab bekannt ist und der Mitarbeiter Einfluss auf den Erwerbsvorgang nehmen kann. In diesem Fall ist davon auszugehen, dass sich der Mitarbeiter ähnlich einem Endverbraucher im Konsumgütermarkt verhält. Wird festgestellt, dass die Rahmenbedingungen für einen konsumgüternahen Markt vorliegen, kann die Marke des Verkäufers im Industriegütermarkt wie die Marke im Konsumgütermarkt behandelt werden. Ein Überblick über die Markengewichtung in Abhängigkeit von der Produktverwendungsabsicht ist der folgenden Abbildung zu entnehmen:

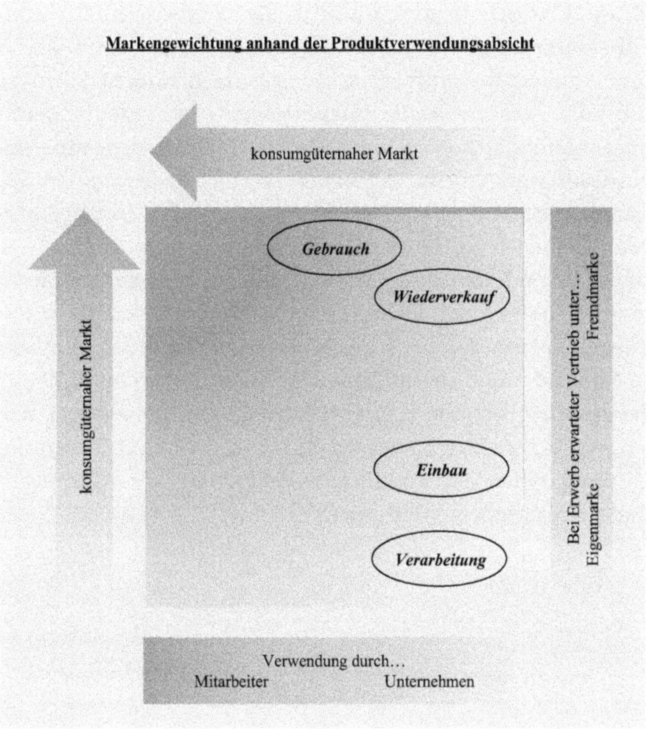

Abbildung 29: Markengewichtung unter Berücksichtigung von Produktverwendungsabsicht

4.4.3.5 Wirkung von Einkaufssituation und Wettbewerb

Im Business-to-Business Markt existieren unterschiedliche Einkaufssituationen. So wird in der Geschäftsbeziehung von Verkäufer und Käufer zwischen Neukauf, Folgekauf und geändertem Folgekauf unterschieden.[959] Bei einem Neukauf unterhalten die Vertragsparteien erstmalig eine Geschäftsbeziehung. Der Folgekauf basiert indessen auf einer Kaufhandlung, der bereits mindestens eine Lieferung desselben Produktes vorausgegangen ist. Ein geänderter Folgekauf beinhaltet dagegen die erstmalige Lieferung eines Gutes durch einen Lieferanten, mit dem bereits zuvor eine Geschäftsbeziehung über ein anderes Produkt bestanden hat. Gleichzeitig kann ein Produkt entweder in einem Markt mit geringem Wettbewerb oder einem wettbewerbsintensiven Markt gehandelt werden.

959 Vgl. *Gomez et al.*, JBIM 2016, S. 196.

Sowohl die Einkaufssituation als auch die Wettbewerbsintensität können sich auf die Markenrelevanz auswirken. Dies ist durch die im Jahr 2011 veröffentlichte Studie von *Brown et al.* nachgewiesen worden.[960] Im Einzelnen ergab die Studie, dass eine große Markenrelevanz in Einkaufssituationen mit sehr geringem und sehr hohem Risiko existiert. Für Erwerbe mit gemäßigtem Risiko wurde hingegen eine vergleichsweise geringe Bedeutung der Marke festgestellt. Somit entsteht eine konkave Markenrelevanz-Kurve in Abhängigkeit vom Risiko. Demnach ist die Markenrelevanz offenbar bei einem Neu- und Folgekauf von besonderer Bedeutung, wogegen sie bei einem geänderten Folgekauf abnimmt. Dieses Ergebnis deckt sich insofern mit der Studie von *Gomez et al.* aus dem Jahr 2016, als dort festgestellt wurde, dass die Markenbekanntheit bei einem Neukauf und die Kaufhäufigkeit für den Folgekauf im Wesentlichen die Markenrelevanz bestimmen.[961] Gleichzeitig haben *Brown et al.* nachgewiesen, dass die konkave Markenrelevanz-Kurve in einem wettbewerbsintensiven Markt bei stetig hoher Markenrelevanz weniger intensiv ausgeprägt ist als in einem Markt mit geringem Wettbewerb.[962]

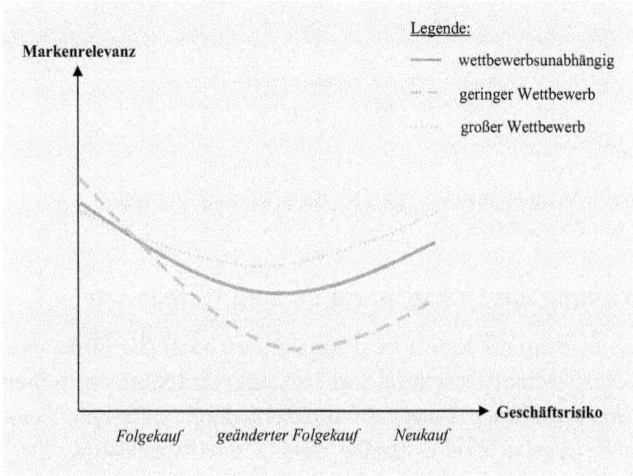

Abbildung 30: Markenrelevanz und Geschäftsrisiko in Abhängigkeit von Einkaufssituation und Wettbewerbsumfeld[963]

960 Vgl. *Brown et al.*, IJRM 2011, S. 194 ff.
961 Vgl. *Gomez et al.*, JBIM 2016, S. 193 ff.
962 Vgl. *Brown et al.*, IJRM 2011, S. 194 ff.
963 In Anlehnung an *Brown et al.*, IJRM 2011, S. 202.

Die hohe Markenrelevanz bei gleichzeitig schwach konkaver Ausprägung in einem wettbewerbsintensiven Markt lässt sich darauf zurückführen, dass sich der Käufer für die Entscheidungsfindung in hohem Maße auf die Marke verlässt. Diesbezüglich wird der Markenwert in besonderem Maße von der Informationseffizienz geprägt. Die stark konkave Ausprägung bei vergleichsweise geringer Markenrelevanz in einem Markt mit geringem Wettbewerb ist dadurch zu erklären, dass dem Erwerber die Entscheidungsfindung wesentlich einfacher fällt, da er sich nur zwischen wenigen Wettbewerbern entscheiden muss.

Die große Markenrelevanz bei einem Folgekauf lässt sich insofern erklären, als der Käufer in einem risikoarmen Kaufprozess wenig Anreiz verspürt, sich umfangreich mit den Einzelheiten des Beschaffungsvorgangs auseinanderzusetzen.[964] Dabei sind die Buying-Center bestrebt, den Einkauf über die Marke des Lieferanten zu vereinfachen.[965] Offenbar ist die Informationseffizienz gegenüber den anderen Kernfunktionen bei einem Folgekauf für die Markenrelevanz von übergeordneter Bedeutung. Gleichzeitig ist eine hohe Markentreue anzunehmen, die mit einer umfangreichen Informationsdeckung einhergeht. Bei einem Geschäftsvorfall mit großem Risiko stellt die Risikoreduktion den wesentlichen Treiber der Markenrelevanz dar. Dabei misst der Käufer der Marke des Lieferanten eine große Bedeutung bei, wenn ihm die erforderlichen Informationen zu der zu erbringenden Leistung lediglich in beschränktem Maße zugänglich sind.[966] Liegt hingegen ein geänderter Folgekauf vor, der in aller Regel von einem gemäßigten Risiko geprägt ist, wird der Beschaffungsprozess nur von einer geringen Markenrelevanz gekennzeichnet sein, da sich der Käufer auf andere Leistungsfaktoren wie Preis, Funktionalität, Service und Logistik fokussiert.[967] Daraus lässt sich schließen, dass die Gewichtung der einzelnen Kernfunktionen für die Markenrelevanz im Industriegütermarkt in Abhängigkeit von der Einkaufssituation in folgender Weise variiert:

964 So auch *Brown et al.*, IJRM 2011, S. 197.
965 Vgl. *Kotler/Pfoertsch*, B2B, 2006, S. 48.
966 So auch *Brown et al.*, IJRM 2011, S. 197.
967 Vgl. *Mudambi*, IMM 2002, S. 525 ff.

Tabelle 30: Ausprägung der Kernfunktionen für Markenrelevanz in Abhängigkeit von Einkaufssituation

	Informationseffizienz	Risikoreduktion	ideeller Nutzen
ø	hoch	hoch	niedrig
Folgekauf	sehr hoch	mittel	niedrig
geänderter Folgekauf	hoch	mittel	niedrig
Neukauf	mittel	sehr hoch	niedrig

4.4.3.6 Grenzen der Markenverrechnung

Die Marke stellt allgemeinhin vergütungswürdiges geistiges Eigentum dar. Auf die Verrechnung einer Marke kann jedoch unter bestimmten Bedingungen verzichtet werden. So ist eine Unternehmensmarke nicht vergütungswürdig, wenn sie lediglich als Differenzierungsmerkmal zur Identifizierung der Zugehörigkeit des betreffenden Konzernunternehmens dient. Dies betrifft insbesondere das Firmenlogo eines Konzerns, das von einer Konzerngesellschaft genutzt wird, um ihre Zugehörigkeit zum Konzernverbund gegenüber ihren Kunden zu kommunizieren.[968] Darüber hinaus ist eine Verrechnung zu unterlassen, wenn der Eigentümer des geistigen Eigentums andere Personen nicht von seiner Nutzung ausschließen kann oder die Marke völlig unbekannt ist.[969]

Ist die Marke dem Grunde nach vergütungswürdig, ist zur Verrechnung einer Marke zudem notwendig, dass sie werthaltig ist. So wird einer Marke ein Wert beigemessen, wenn sie für ihren Nutzer einen monetären wirtschaftlichen Vorteil bewirkt. Insbesondere im Business-to-Business Markt lässt sich jedoch der Nutzen einer Marke regelmäßig nur bedingt feststellen. Falls ein Konzernunternehmen hingegen als bloße Vertriebsgesellschaft fungiert, ist die Vergütung der Marke gänzlich ausgeschlossen, da sie die Produkte insoweit nicht im eigenen Namen und auf eigene Rechnung vertreibt. In diesem Fall erbringt die Gesellschaft eine bloße Dienstleistung in Form einer Vertriebsunterstützung. Insofern sind mit der Vergütung der Vertriebsleistung bereits sämtliche Leistungsbeziehungen abgegolten.[970]

Soweit die Werthaltigkeit der Marke festgestellt wird, ist abschließend zu prüfen, inwiefern das durch die Verrechnung begünstigte Konzernunternehmen

968 Vgl. BFH, Urteil vom 21.01.2016, I R 22/14, BStBl. II 2017, S. 336; BMF-Schreiben vom 14.07.2021, BStBl. I 2021, S. 1098 Tz. 3.49.

969 Vgl. *Greinert* in: Wassermeyer/Baumhoff, Verrechnungspreise, 2014, Rz. 6.565.

970 Vgl. BMF-Schreiben vom 14.07.2021, BStBl. I 2021, S. 1098 Tz. 3.50.

den Markenwert selbst geschaffen hat. Diesbezüglich ist jeder räumliche Markt weitgehend selbständig zu beurteilen. So ist davon auszugehen, dass die operativ tätige Konzerngesellschaft den Wert einer Unternehmens-, Familien- oder Produktmarke in einem bestimmten Marktraum selbst geschaffen hat, wenn sie dort seit jeher die Vertriebsfunktion wie die Kundenakquise und Kundenpflege sowie die Beobachtung des Marktes übernimmt und die betreffende Marke dort zuvor gänzlich unbekannt gewesen ist.[971] In diesem Fall hat eine Vergütung der Marke zu unterbleiben. Zur Beurteilung, ob eine Verrechnung der Marke angemessen ist, kann auf das folgende Prüfungsschema zurückgegriffen werden:[972]

Tabelle 31: Prüfungsschema zur verursachungsgerechten Verrechnung einer Marke

Prüfungsschema: Verrechnung der Marke	
(i)	Liegt dem Grunde nach eine vergütungswürdige Marke vor?
(ii)	Ist die Marke werthaltig?
(iii)	Wer hat den Wert der Marke geschaffen?

4.4.4 Analyse der Verrechnungspreisermittlung nach der geschäftsvorfallbezogenen Gewinnaufteilungsmethode

4.4.4.1 Allgemeine Anwendbarkeit des Verrechnungspreises

Der anzusetzende Verrechnungspreis für die Nutzung einer Marke wird in aller Regel über die geschäftsvorfallbezogene Gewinnaufteilungsmethode bestimmt. Nur im Einzelfall erfolgt ein Rückgriff auf die Preisvergleichsmethode. Dieses Vorgehen ist in keiner Weise zu beanstanden. Allerdings zeigen sich im Zusammenhang mit der Bemessung von geistigem Eigentum zwei grundlegende Probleme. Zum einen besteht die Herausforderung, den Gesamtwert des von einem Konzernunternehmen genutzten geistigen Eigentums wertmäßig auf seine Bestandteile aufzuteilen. So ist es nicht immer ohne weiteres möglich, den Gewinn des Lizenznehmers unter Rückgriff auf die geschäftsvorfallbezogene Gewinnaufteilungsmethode in angemessener Höhe den verwendeten Marken und Innovationen zuzuordnen. Zum anderen kann sich die verursachungsgerechte Zuordnung von geistigem Eigentum auf die beteiligten Konzerngesellschaften als schwierig erweisen.

971 Vgl. BFH, Urteil vom 09.08.2000, I R 12/99, BStBl. II 2001, S. 140.
972 In Anlehnung an BFH, Urteil vom 09.08.2000, I R 12/99, BStBl. II 2001, S. 140.

Zur wertmäßigen Aufteilung des identifizierten geistigen Eigentums in Produktinnovationen, Prozessinnovationen und Marken kann auf eine Wertschöpfungsanalyse zurückgegriffen werden. Dabei sind zur Separierung des Markenwerts insbesondere die gewonnenen Erkenntnisse über

- den Geschäftstyp, in dem sich das Unternehmen befindet,
- die Verwendungsabsicht des Produktes sowie
- die Einkaufs- und Wettbewerbssituation

in die Analyse einzubeziehen. Beispielsweise ist davon auszugehen, dass die Marke im Projektgeschäft einen größeren Beitrag zum Wert des geistigen Eigentums leistet als im Produktgeschäft. Demzufolge ist der Marke ein größerer Anteil aus der gesamten Vergütung für das geistige Eigentum zuzurechnen, wenn das Unternehmen im Projektgeschäft agiert. Gleichzeitig nimmt die Marke bei einem geänderten Folgekauf im Wettbewerb ebenfalls einen vergleichsweise hohen Wert ein. Die Wertschöpfungsanalyse kann schließlich durch Methoden der Patentbewertung[973] und Datenbankanalysen plausibilisiert werden.

Die verursachungsgerechte Zuordnung von geistigem Eigentum gestaltet sich jedoch weitaus komplexer. Dies betrifft insbesondere die Beurteilung, welches Unternehmen den Wert einer Marke geschaffen hat. So können sämtliche Konzernunternehmen, die direkt oder indirekt an einem Geschäftsvorfall partizipieren, an der Erzeugung des Markenwerts beteiligt sein. Dies betrifft insbesondere Konzerngesellschaften, die im Business-to-Business Markt agieren. Im Business-to-Consumer Markt ist dieses Problem hingegen weitaus weniger präsent. So wird die Markenrelevanz im Konsumgütermarkt vornehmlich durch die Wahrnehmung eines Produktes im Hinblick auf den funktionalen, emotionalen und selbstausdrückenden Nutzen für den Kunden geprägt[974] und vielfach über ein zentrales Marketing gesteuert. Zudem existiert ein weitgehend anonymer Markt, der sich zunehmend auf das Internet verlagert. Ferner sind Konzerne im Konsumgütermarkt regelmäßig derart strukturiert, dass sie ihre Produkte über ein Auftragsfertiger-Modell produzieren und mithilfe von Vertriebsgesellschaften vertreiben. Demnach sind diese operativen Gesellschaften allenfalls geringfügig an der Schaffung des Markenwerts beteiligt. Anders verhält es sich im Industriegütermarkt. Dort existieren häufig weitgehend

---

973 Allgemein hierzu *Schwingenschlögl/Gotwald*, Bewertungsmethoden für Patente, 2008, S. 55 ff.

974 Vgl. *Mudambi*, IMM 2002, S. 527.

selbständig agierende Konzernunternehmen. Dies lässt sich insbesondere in der Automobilzulieferindustrie beobachten. Es führt dazu, dass die persönliche Beziehung zwischen den Mitarbeitern des Verkäufers und Käufers das Bild einer Marke teils stärker prägt als die eigentliche Leistung.[975] Demnach wird im Business-to-Business Markt ein Teil der Marke über die operativen Konzerngesellschaften geschaffen. Infolgedessen lässt sich eine Marke insofern nicht vergüten, als sie vom Lizenznehmer selbst geschaffen worden ist. Daher soll im Folgenden ein Verfahren erarbeitet werden, das diese Besonderheit des Industriegütermarktes bei der Festlegung eines Verrechnungspreises für die Nutzung einer Marke berücksichtigt.

4.4.4.2 Modifizierung des Verrechnungspreises

Die bisherigen Ausführungen verdeutlichen, dass diverse Faktoren auf den Verrechnungspreis für eine Marke im Business-to-Business Markt einwirken können. Dabei beeinflussen die Faktoren den Markenwert in Abhängigkeit vom Marktumfeld, Unternehmen und Geschäftsvorfall in völlig unterschiedlicher Weise. Lediglich für die Kernfunktionen einer Marke, in dem sich die am Geschäftsvorfall beteiligten Unternehmen befinden, lässt sich im Industriegütermarkt ein allgemein gültiges Bild in der Markenrelevanz erkennen. Gleichzeitig kann dieser Bereich über verschiedene Studien, die sich mit dem Business-to-Business Markt auseinandersetzen, wertmäßig bestimmt werden. Demnach ist eine Modifizierung des Verrechnungspreises für eine Marke an den Kernfunktionen anzusetzen.

Die Markenrelevanz wird kundenseitig im Wesentlichen von den beiden Kernfunktionen Informationseffizienz und Risikoreduktion geprägt. Der ideelle Nutzen ist im Industriegütermarkt hingegen von untergeordneter Bedeutung. Unter Rückgriff auf die Literatur, die sich mit den Funktionen befasst, die im Wesentlichen den Wert einer Marke prägen, lassen sich die folgenden Einflussfaktoren auf die Markenrelevanz identifizieren:[976]

- Qualität,
- Zuverlässigkeit,
- Leistung,
- Service/Unterstützung,

---

975 Vgl. *Bausback*, Positionierung, 2007, S. 62.

976 Vgl. u.a. *McQuiston*, IMM 2004, S. 350 ff.; *Mitchell et al.*, IMM 2001, S. 421 f.; *Sarin*, Vikalpa 2014, S. 92 f.; *Mudambi*, IMM 2002, S. 529; *Bendixen et al.*, IMM 2004, S. 376.

- Preis-Leistungs-Verhältnis,
- Bedienungsfreundlichkeit,
- Wartungsfreundlichkeit,
- Lieferbarkeit,
- Bekanntheit,
- Ruf des Lieferanten,
- Beziehung zum Lieferanten,
- Preis und
- Werbung.

Allerdings werden einige dieser Faktoren im Industriegütermarkt in wesentlichem Maße von der operativ tätigen Konzerngesellschaft des Verkäufers übernommen. Dies lässt den Schluss zu, dass die zu vergütende Marke teilweise von dieser Konzerneinheit aufgebaut wird und insoweit nicht vergütungsfähig ist. Demnach lässt sich eine Modifizierung des Verrechnungspreises für eine Marke insofern entwickeln, als die nicht vergütungsfähigen Bestandteile der Marke über eine Wertschöpfungsanalyse bestimmt und aus der Lizenz extrahiert werden. Auf diese Weise ist die Wertschöpfung an der Marke den beteiligten Unternehmen verursachungsgerecht zurechenbar.

Zur Extrahierung der nicht lizenzierungsfähigen Bestandteile einer Marke sind jedoch zunächst die einzelnen Faktoren der drei Kernfunktionen zu bestimmen und zu gewichten. Erst im Anschluss daran lässt sich eine unternehmensindividuelle Wertschöpfungsanalyse durchführen, mit dessen Hilfe die nicht vergütungsfähigen Markenbestandteile ermittelt werden. Nach der wertmäßigen Bestimmung aller allgemeinhin der Vergütung unterliegenden Markenbestandteile kann schließlich eine weitere Anpassung der Lizenzgebühr, z.B. auf Basis des Geschäftstyps erfolgen.

a) Gewichtung der einzelnen Bereiche der Kernfunktionen einer Marke

Zur Gewichtung der einzelnen Faktoren aus den drei Markenkernfunktionen können die Studien von *Mitchell et al.*[977] und *Bendixen et al.*[978] herangezogen werden. Die Untersuchung von *Mitchell et al.* basiert auf einer Umfrage unter 70 produzierenden Unternehmen des Industriegütermarktes, die zum Zeitpunkt der Durchführung der Studie im „Kompass Register of UK Companies" gelistet waren. Der Fragebogen beinhaltete zehn Faktoren, die nach Auffassung der

977 Vgl. *Mitchell et al.*, IMM 2001, S. 415 ff.
978 Vgl. *Bendixen et al.*, IMM 2004, S. 371 ff.

herrschenden Literaturmeinung im Wesentlichen zur Relevanz einer Marke beitragen. Diese Faktoren waren von den Adressaten des Fragebogens dahingehend zu bewerten, ob sie einen wesentlichen, sekundären oder geringen Einfluss auf die Markentreue des Kunden ausüben. Das Ergebnis dieser Studie ist der folgenden Tabelle zu entnehmen:

Tabelle 32: Einflussfaktoren auf Markenrelevanz nach *Mitchell et al.*[979]

Faktor für Markentreue	**wesentlicher Faktor**	**sekundärer Faktor**	**geringer Faktor**
Qualität	65 %	5 %	30 %
Zuverlässigkeit	61 %	9 %	30 %
Leistung	60 %	10 %	30 %
Service/Unterstützung	49 %	15 %	36 %
Preis-Leistungs-Verhältnis	43 %	23 %	34 %
Lieferbarkeit	26 %	38 %	36 %
Bekanntheit	22 %	41 %	37 %
Beziehung zum Lieferanten	22 %	38 %	40 %
Preis	17 %	45 %	38 %
Werbung	14 %	33 %	53 %

Die Studie von *Bendixen et al.* beinhaltet eine Umfrage unter 54 produzierenden Unternehmen des Industriegütermarktes in Südafrika, die zum Zeitpunkt der Durchführung der Untersuchung in der chemischen Industrie, der Schwerindustrie, der Stromindustrie oder im Bereich Bergwerk agierten. Im Fragebogen sollten die nach allgemeiner Auffassung neun wesentlichen Faktoren, die sich für die Markenrelevanz verantwortlich zeigen, ihrer Bedeutung für die Kaufentscheidung nach auf einer Skala von 1 bis 5 (5 = sehr bedeutend, 1 = unbedeutend) bewertet werden. Das Ergebnis dieser Studie ist der folgenden Tabelle zu entnehmen:

979 In Anlehnung an *Mitchell et al.*, IMM 2001, S. 422.

Tabelle 33: Einflussfaktoren auf Markenrelevanz nach *Bendixen et al.*[980]

Faktor für Markenrelevanz	Gesamtpunktzahl	Median
Qualität	260	5
Zuverlässigkeit	259	5
Leistung	257	5
Service/Unterstützung	232	4
Bedienungsfreundlichkeit	228	4
Wartungsfreundlichkeit	227	4
Preis	220	4
Ruf des Lieferanten	216	4
Beziehung zum Lieferanten	196	4

Bei einem Vergleich der beiden Studien fällt auf, dass sie im Wesentlichen dieselben Einflussfaktoren auf die Markenrelevanz behandeln und hinsichtlich der Bedeutung der einzelnen Faktoren zu einem ähnlichen Ergebnis führen, obwohl unterschiedliche Branchen untersucht worden sind. Dies lässt den Schluss zu, dass es sich um repräsentative Umfragen für den gesamten Business-to-Business Markt handelt. Da die Faktoren zugleich eine nach herrschender Meinung abschließende Aufzählung der wesentlichen Einflussfaktoren darstellen, können Sie zur Bestimmung und Gewichtung der Bestandteile einer Marke herangezogen werden, um damit eine Modifizierung des Verrechnungspreises einer Marke entwickeln zu können.

Zunächst sind die einzelnen Faktoren der beiden Studien jedoch dahingehend zu überprüfen, ob einer der Faktoren für die weitergehende Untersuchung zu eliminieren ist. So sind im weiteren Verlauf der Faktor „Preis-Leistungs-Verhältnis" aus der Studie von *Mitchell et al.* nicht weiter zu berücksichtigen, da er bereits über die Faktoren Preis und Leistung abgedeckt wird. Anschließend sind die übrigen Faktoren einer der drei Kernfunktionen einer Marke, der Informationseffizienz, der Risikoreduktion oder dem ideellen Nutzen zuzuordnen. Dabei lassen sich die Faktoren Lieferbarkeit, Preis, Bekanntheit, Beziehung zum Lieferanten und Ruf des Lieferanten der Informationseffizienz, die Faktoren Qualität, Zuverlässigkeit, Leistung, Service/Unterstützung, Bedienungsfreundlichkeit und Wartungsfreundlichkeit der Risikoreduktion und der Faktor Werbung dem ideellen Nutzen zurechnen. Auffallend ist hierbei, dass die Faktoren, die der Risikoreduktion zugeordnet werden, in beiden Studien und zugleich in Übereinstimmung mit der Untersuchung von *Caspar et al.*[981]

980 In Anlehnung an *Bendixen et al.*, IMM 2004, S. 376.
981 Vgl. *Caspar et al.*, Markenrelevanz, 2002, S. 37 ff.

die bedeutendsten Einflussfaktoren auf die Markenrelevanz darstellen. Dem ideellen Nutzen wurde hingegen nur einer der Faktoren zugeordnet. Dies ist nur folgerichtig, da der ideelle Nutzen im Industriegütermarkt nachweislich lediglich eine untergeordnete Rolle einnimmt.

Anschließend sind die einzelnen Faktoren zu gewichten. Da die Studie von *Mitchell et al.* nur zwischen der Gewichtung wesentlicher, sekundärer und geringer Faktor unterscheidet, ist hier nochmals eine betragsmäßige Gewichtung von 1 bis 3 vorzunehmen (3 = wesentlicher Faktor, 2 = sekundärer Faktor, 1 = geringer Faktor), um sie mit der Studie von *Bendixen et al.* vergleichen zu können. Die Berechnung zur Gewichtung der beiden Studien ist den folgenden Tabellen zu entnehmen:

Tabelle 34: Gewichtete Einflussfaktoren auf Markenrelevanz nach *Mitchell et al.*

Faktor für Markentreue				**Summe gewichtet**	**relative Gewichtung unskaliert**	**relative Gewichtung skaliert**
Qualität	0,65	0,05	0,30	2,35	0,7833	100,00 %
Zuverlässigkeit	0,61	0,09	0,30	2,31	0,7700	98,30 %
Leistung	0,60	0,10	0,30	2,30	0,7667	97,87 %
Service/Unterstützung	0,49	0,15	0,36	2,13	0,7100	90,64 %
~~Preis-Leistungs-Verhältnis~~	~~0,43~~	~~0,23~~	~~0,34~~	~~2,09~~	~~0,6967~~	~~88,94 %~~
Lieferbarkeit	0,26	0,38	0,36	1,90	0,6333	80,85 %
Bekanntheit	0,22	0,41	0,37	1,85	0,6167	78,72 %
Beziehung zum Lieferanten	0,22	0,38	0,40	1,82	0,6067	77,45 %
Preis	0,17	0,45	0,38	1,79	0,5967	76,17 %
Werbung	0,14	0,33	0,53	1,61	0,5367	68,51 %

Tabelle 35: Gewichtete Einflussfaktoren auf Markenrelevanz nach *Bendixen et al.*

Faktor für Markenrelevanz		**relative Gewichtung skaliert**
Qualität	260	100,00 %
Zuverlässigkeit	259	99,62 %
Leistung	257	98,85 %
Service/Unterstützung	232	89,23 %
Bedienungsfreundlichkeit	228	87,69 %
Wartungsfreundlichkeit	227	87,31 %
Preis	220	84,62 %
Ruf des Lieferanten	216	83,08 %
Beziehung zum Lieferanten	196	75,38 %

Nach der Gewichtung der beiden Studien lässt sich ein Durchschnitt aus den Gewichtungen der einzelnen Faktoren beider Untersuchungen bestimmen, der schließlich eine repräsentative Gewichtung der einzelnen Faktoren darstellt, um so deren Anteil an der Markenrelevanz für die einzelnen Kernfunktionen ermitteln zu können. Das Ergebnis ist der folgenden Tabelle zu entnehmen:

Tabelle 36: Zuteilung der Einflussfaktoren auf Markenrelevanz zu Kernfunktionen einer Marke

Kernfunktion	**Faktor für Markenrelevanz**	***Mitchell et al.* (2001)**	***Bendixen et al.* (2004)**	**ø unskaliert**	**ø skaliert**	**Anteil an Kernfunktion**
Informationseffizienz	Ruf des Lieferanten		83,08 %	83,08 %	100,00 %	20,80 %
	Lieferbarkeit	80,85 %		80,85 %	97,32 %	20,24 %
	Preis	76,17 %	84,62 %	80,40 %	96,77 %	20,13 %
	Bekanntheit	78,72 %		78,72 %	94,75 %	19,71 %
	Beziehung zum Lieferanten	77,45 %	75,38 %	76,42 %	91,98 %	19,13 %
	Summe					**100,00 %**
Risikoreduktion	Qualität	100,00 %	100,00 %	100,00 %	100,00 %	17,79 %
	Zuverlässigkeit	98,30 %	99,62 %	98,96 %	98,96 %	17,60 %
	Leistung	97,87 %	98,85 %	98,36 %	98,36 %	17,49 %
	Service/Unterstützung	90,64 %	89,23 %	89,94 %	89,94 %	16,00 %
	Bedienungsfreundlichkeit		87,69 %	87,69 %	87,69 %	15,60 %
	Wartungsfreundlichkeit		87,31 %	87,31 %	87,31 %	15,53 %
	Summe					**100,00 %**
Ideeller Nutzen	Werbung	68,51 %		68,51 %	100,00 %	100,00 %
	Summe					**100,00 %**

Unter Rückgriff auf die Anteile der einzelnen Kernfunktionen auf die Markenrelevanz im Industriegütermarkt können die einzelnen Faktoren nun auf die gesamte Marke bezogen und gewichtet werden. Die Berechnung wird in der folgenden Tabelle veranschaulicht:

Tabelle 37: Gewichtete Einflussfaktoren auf Markenwert

Kernfunktion	**Faktor für Markenrelevanz**	**Anteil am Markenwert**	**Anteil an Kernfunktion**	**Anteil am Markenwert**
Informations-effizienz	Ruf des Lieferanten	41,00 %	20,80 %	8,53 %
	Lieferbarkeit		20,24 %	8,30 %
	Preis		20,13 %	8,25 %
	Bekanntheit		19,71 %	8,08 %
	Beziehung zum Lieferanten		19,13 %	7,84 %
Risikoreduk-tion	Qualität	45,00 %	17,79 %	8,00 %
	Zuverlässigkeit		17,60 %	7,92 %
	Leistung		17,49 %	7,87 %
	Service/Unterstützung		16,00 %	7,20 %
	Bedienungsfreundlich-keit		15,60 %	7,02 %
	Wartungsfreundlichkeit		15,53 %	6,99 %
Ideeller Nutzen	Werbung	14,00 %	100,00 %	14,00 %
	Summe	**100,00 %**		**100,00 %**

b) Entwicklung der Wertschöpfungsanalyse und Bestimmung der vergütungsfähigen Lizenzgebühr

Nach der Aufteilung der die Markenrelevanz beeinflussenden Faktoren auf den Markenwert ist es nun möglich, eine Wertschöpfungsanalyse zu entwickeln. Diese Analyse ist für die betreffenden Konzerngesellschaften auszufüllen, um schließlich ihren jeweiligen Wertschöpfungsbeitrag zur Entwicklung der Marke ermitteln zu können. Im Folgenden ist die Tabelle zur Wertschöpfungsanalyse abgebildet:

Tabelle 38: Wertschöpfungsanalyse für Marke

Schritt 1			**Schritt 2**			**Schritt 3**		
Wertschöpfungsprozess (Markenfunktion)			**Wertschöpfungsbeitrag ungewichtet**			**Wertschöpfungsbeitrag gewichtet**		
Kernfunktion	**Faktor für Markenrelevanz**	**Anteil am Markenwert (in %)**	**Lizenzgeber (in %)**	**Lizenznehmer (in %)**	**sonstige Unternehmen (in %)**	**Lizenzgeber (in %)**	**Lizenznehmer (in %)**	**sonstige Unternehmen (in %)**
Informationseffizienz	Ruf des Lieferanten	8,53						
	Lieferbarkeit	8,30						
	Preis	8,25						
	Bekanntheit	8,08						
	Beziehung zum Lieferanten	7,84						
Risikoreduktion	Qualität	8,00						
	Zuverlässigkeit	7,92						
	Leistung	7,87						
	Service/Unterstützung	7,20						
	Bedienungsfreundlichkeit	7,02						
	Wartungsfreundlichkeit	6,99						
Ideeller Nutzen	Werbung	14,00						
Summe		**100,00**						

Für die an der Wertschöpfung zur Entwicklung der Marke beteiligten Konzernunternehmen ist nun der geleistete Beitrag zu den einzelnen Faktoren jeder Kernfunktion für den Lizenzgeber und Lizenznehmer zu schätzen. Dabei sind die Beiträge über einen zuvor definierten Zeitraum maßgebend. Auf Basis dieser Schätzung und mithilfe des Anteils der einzelnen Funktionen am Markenwert ist es möglich, sowohl für den Lizenzgeber als auch den Lizenznehmer jeweils einen prozentualen Wertschöpfungsbeitrag zur Schaffung der zur Nutzung überlassenen Marke zu berechnen. Der Wertschöpfungsbeitrag des Lizenznehmers ist schließlich von der Lizenzvergütung für die Marke in Abzug zu bringen, indem der zuvor bestimmte Verrechnungspreis um diesen Prozentsatz gekürzt wird. Auf diese Weise lässt sich eine unternehmensindividuelle Lizenzgebühr für die Marke ermitteln.

4.4.4.3 Bewertung der Modifizierung

Die Modifizierung des Verrechnungspreises für die Marke beinhaltet im Wesentlichen eine Korrektur auf Ebene der Kernfunktionen. Die Korrektur basiert auf der Tatsache, dass einige Funktionen für den Erfolg einer Marke von größerer Bedeutung sind als andere. Gleichzeitig lässt sich durch die Betrachtung der einzelnen Funktionen eine zielgerichtete Analyse dahingehend vornehmen, welche Funktionen vom Lizenznehmer ausgeübt werden und zum Erfolg der Marke beigetragen haben und insoweit nicht von der Lizenzgebühr erfasst werden dürfen.

Die Modifizierung der Lizenzgebühr für die Marke im Industriegütermarkt ist das Ergebnis aus der Zusammenführung der Daten von drei unabhängig voneinander erstellten Studien, deren Ergebnisse wiederum durch zahlreiche weitere Untersuchungen gestützt werden. Diesbezüglich überrascht insbesondere die Ähnlichkeit der Forschungsergebnisse aus den verwendeten Studien, die in die Datengrundlage zur Wertschöpfungsanalyse eingeflossen sind. Demnach ist von einer Allgemeingültigkeit der Studien für den gesamten Business-to-Business Markt auszugehen, sodass problemlos auf die berechnete Gewichtung der Kernfunktionen zur Modifizierung der Marke zurückgegriffen werden kann. Da in der Wertschöpfungsanalyse neben den vorgegebenen Gewichtungsfaktoren auch auf unternehmensindividuelle Daten zurückgegriffen wird, lässt sich eine Lizenzgebühr ermitteln, welche die individuellen Besonderheiten einer Marke berücksichtigt. Demzufolge stellt die Modifizierung der Markenlizenzierung eine fundierte Methode zur Bestimmung des Verrechnungspreises für die Nutzung einer Marke dar, welche die Finanzverwaltung nicht übergehen kann.

4.5 Anwendungsbeispiel

Das folgende Anwendungsbeispiel soll die zuvor erarbeiteten Arbeitsschritte zur Modifizierung der geschäftsvorfallbezogenen Gewinnaufteilungsmethode verdeutlichen. Dabei wird nach einer kurzen Beschreibung des Sachverhalts in folgender Weise vorgegangen:

A) Bestimmung der Bestandteile des geistigen Eigentums mittels Wertschöpfungsanalyse
B) Ermittlung und Modifizierung der Lizenzgebühr
   a) Identifizierung des aufteilbaren Gewinns aus Geschäftsvorfall
   b) Modifizierung der Gebühr für Prozessinnovation
   c) Modifizierung der Gebühr für Unternehmensmarke
   d) Umrechnung in Lizenzsatz als Anteil am Umsatz
   e) Einbeziehung in interne Umsätze
C) Fortschreibung der Lizenzgebühr
   a) Einbeziehung in interne Umsätze
   b) Bestimmung eines Lizenzsatzes als Anteil am Umsatz
   c) Ermittlung der Lizenzgebühr
D) Aufhebung oder Änderung der Lizenzgebühr
E) Zusammenfassung der Ergebnisse

In der Praxis lassen sich die einzelnen Schritte teilweise unabhängig voneinander durchführen.

<u>*Sachverhalt:*</u>

Die beiden Unternehmen A (Konzernobergesellschaft) und B (Tochterunternehmen von A) sind Konzernunternehmen eines Konzerns, der im Automobilzulieferergeschäft agiert und u.a. Sitzpolster für Pkw herstellt. Nach der Anzahl der Mitarbeiter sowie im Umsatzvergleich muss der Konzern gegenüber der Konkurrenz als vergleichsweise klein angesehen werden, obwohl er als traditionsreiches Familienunternehmen bereits in der vierten Generation geführt wird. Allerdings kann der Konzern den Größennachteil mit seiner innovationsorientierten Unternehmensstrategie und Organisationsstruktur bislang sehr erfolgreich ausgleichen. Dies erfolgt insbesondere durch zahlreiche Kooperationen innerhalb der Automobilindustrie.

Das Unternehmen A hat seinen Sitz in Land X, wogegen Unternehmen B in Land Y niedergelassen ist. A beliefert die Produktionsstätten der Automobilhersteller in Westeuropa. Demgegenüber produziert B seit jeher für die Produktionsstätten in Osteuropa. Die Forschung und Entwicklung sowie die

Marketingabteilung sind bei A angesiedelt. Gleichzeitig übernimmt A als Konzernobergesellschaft die strategische Planung des Konzerns und stellt sämtlichen Konzernmitgliedern die IT-Infrastruktur zur Verfügung. Der Preisrahmen der vertriebenen Produkte wird für alle Konzerngesellschaften zentral von A festgelegt. Diesbezüglich schließt A aufgrund der Anforderungen der Automobilhersteller langfristige Rahmenverträge für überregionale bis weltweite Lieferverpflichtungen ab. Allerdings sind regelmäßige und substanzielle Nachverhandlungen durch den operativen Vertrieb von A und B üblich und geboten. Die Beschaffung der Roh-, Hilfs- und Betriebsstoffe, die Produktion, die Qualitätskontrolle, der Service gegenüber dem Kunden, die Vertriebsabwicklung und die Logistik erfolgen ebenfalls dezentral und weitgehend selbständig durch die jeweiligen Abteilungen von A und B. Insoweit nimmt A lediglich eine übergeordnete Unterstützungsfunktion für beide Gesellschaften ein. Dasselbe gilt für die Budgetierung und laufende Personalgewinnung. Ferner wird die Kundenakquise mitunter dezentral gesteuert. Demnach sind sowohl A als auch B als Strategieträger anzusehen.

Das Unternehmen A entwickelt ein neues Sitzpolster, das schnell zur Marktreife gebracht werden kann. Die damit verbundene Innovation, deren Entwicklung ausschließlich aus Eigenkapital finanziert worden ist, wird schließlich patentiert und dem Unternehmen B zur Nutzung überlassen. Sowohl A als auch B produzieren und vertreiben das neue Sitzpolster in der Folge im eigenen Namen und auf eigene Rechnung. Zur Optimierung der Produktion werden gleichzeitig die bestehenden Prozesse der Leistungserstellung, Unterstützung und Unternehmensführung für die Wertschöpfungskette der Sitzpolster überprüft und angepasst. Hierzu wird ein Projektteam von A eingesetzt. Um ein optimales Ergebnis zu erreichen, erfolgt die Prozessoptimierung unter intensiver Einbindung der Mitarbeiter vor Ort. Es ist davon auszugehen, dass diese Prozessoptimierung einen wesentlichen Beitrag zur Wertschöpfung leistet.

Das Unternehmen A vertreibt die neuen Sitzpolster ausschließlich an externe Kunden. Unternehmen B beliefert ebenfalls externe Kunden mit den neuen Sitzpolstern. Darüber hinaus produziert B ein Vorprodukt, das ebenfalls aus der Produktinnovation resultiert und zur Herstellung der Sitzpolster benötigt wird. Dieses von B hergestellte Vorprodukt wird sowohl der eigenen Produktion als auch der Produktion von A zugeführt. Zur Verbesserung der Vertriebsaktivitäten für die neuen Sitzpolster erlaubt das Unternehmen A dem Unternehmen B, die Unternehmensmarke des Konzerns vertriebsseitig zu nutzen. In der Folge tritt B gegenüber seinen Kunden ausschließlich mit der Unternehmensmarke in Erscheinung. Es kann davon ausgegangen werden, dass B durch die Nutzung der Unternehmensmarke ein Preis- und Volumen-Premium erzielt. Auf den Aufbau einer Produktmarke für Sitzpolster wurde im Konzern indessen gänzlich verzichtet.

In Land X herrscht ein hohes Lohnniveau. Dies hat zur Folge, dass für Unternehmen A ein Standortnachteil im Bereich der Produktion besteht. Dagegen erweist sich die große Anzahl an gut ausgebildeten Ingenieuren als äußerst vorteilhaft für die Forschungs- und Entwicklungsabteilung. Da die Geschäftsführung dies erkannt hat und einen ständigen und engen Austausch zwischen der Forschungs- und Entwicklungsabteilung und dem Produktionsbereich als wesentlichen Erfolgsfaktor für die Unternehmenswertschöpfung sieht, wird es als unvermeidbar angesehen, einen Teil der Gesamtproduktion in Land X zu belassen. In Land Y besteht ein vergleichsweise niedriges Lohnniveau. Demnach profitiert B von einem Standortvorteil im Bereich der Produktion. Allerdings sind die Bedingungen für die Forschung und Entwicklung wesentlich schlechter als in Land X, sodass der Aufbau einer Forschungs- und Entwicklungsabteilung in Land Y keine Alternative darstellt. Die Infrastruktur ist in beiden Ländern vergleichbar.

In den ersten 5 Jahren ergeben sich für A und B die folgenden Unternehmenskennzahlen. Dabei wurde auf die Einbeziehung von Lizenzgebühren in die Herstellungskosten zunächst verzichtet:

Tabelle 39: Praxisbeispiel – Unternehmenskennzahlen von Unternehmen A in den Jahren 01–05 (in GE)

Unternehmen A										
Jahr	*Umsatz*		*Menge (Stk.)*		*Kosten*					*Gewinn*
	extern	*intern*	*extern*	*intern*	*Einkauf*	*Produktion*	*Vertrieb*	*Entwicklung*	*Verwaltung*	
01	*1.100*	*0*	*550*	*0*	*500*	*500*	*150*	*900*	*100*	*-1.050*
02	*2.250*	*0*	*1.125*	*0*	*950*	*1.000*	*200*	*100*	*120*	*-120*
03	*4.600*	*0*	*2300*	*0*	*1.950*	*1.900*	*250*	*0*	*200*	*300*
04	*5.700*	*0*	*2.850*	*0*	*2.350*	*2.200*	*300*	*0*	*250*	*600*
05	*6.000*	*0*	*3.000*	*0*	*2.425*	*2.375*	*300*	*0*	*250*	*650*

Tabelle 40: Praxisbeispiel – Unternehmenskennzahlen von Unternehmen B in den Jahren 01–05 (in GE)

Unternehmen B										
Jahr	*Umsatz*		*Menge (Stk.)*		*Kosten*					*Gewinn*
	Extern	*intern*	*extern*	*intern*	*Einkauf*	*Produktion*	*Vertrieb*	*Entwicklung*	*Verwaltung*	
01	*1.500*	*440*	*750*	*550*	*800*	*840*	*150*	*0*	*200*	*-50*
02	*5.000*	*900*	*2.500*	*1.125*	*2.200*	*2.100*	*450*	*0*	*550*	*600*
03	*6.000*	*1.840*	*3.000*	*2.300*	*3.100*	*2.390*	*500*	*0*	*600*	*1.250*
04	*6.500*	*2.280*	*3.250*	*2.850*	*3.400*	*2.730*	*550*	*0*	*600*	*1.500*
05	*8.800*	*2.400*	*4.400*	*3.000*	*4.300*	*3.400*	*800*	*0*	*650*	*2.050*

Die Konzernführung ist mit der Produkteinführung in den Markt für Sitzpolster sehr zufrieden. Die Ziele des Businessplans hinsichtlich der Marge und des Marktanteils werden von Unternehmen A bereits im dritten Jahr, das auf das Jahr der Produkteinführung folgt, erreicht (in 04). Unternehmen B hat die entsprechenden Ziele des Businessplans sogar ein Jahr früher erfüllt (in 03).

Es wird beabsichtigt, die Gewinnaufteilung mithilfe der Restgewinnanalyse vorzunehmen. Dabei sind sämtliche Routineleistungen anhand der Kostenaufschlagsmethode mit einem fremdüblichen Gewinnaufschlag von 5 % zu vergüten. Der Verrechnungspreis für konzerninterne Umsätze wird ebenfalls nach der Kostenaufschlagsmethode auf Vollkostenbasis mit einem Nettogewinnaufschlag von 5 % berechnet. Zudem sind sich A und B darüber einig, dass der Kundenstamm mit einer fremdüblichen Marge von 5 % der externen Umsätze zu vergüten ist.

Lösung:

A) Ermittlung der Bestandteile des geistigen Eigentums mittels Wertschöpfungsanalyse

Das geistige Eigentum zur Produktion und für den Vertrieb der Sitzpolster ist vornehmlich dem Unternehmen A zuzurechnen und besteht im Wesentlichen aus der Produktinnovation, Prozessinnovation und der Unternehmensmarke des Konzerns. Diesbezüglich wird auf eine Wertschöpfungsanalyse zurückgegriffen, um die Bestandteile des geistigen Eigentums zu identifizieren und wertmäßig zu bestimmen. Das Ergebnis der Wertschöpfungsanalyse ist der folgenden Tabelle zu entnehmen:

Tabelle 41: Praxisbeispiel – Wertschöpfungsanalyse zur Aufteilung von Lizenzgebühr auf Innovationen und Marken

Schritt 1		***Schritt 2***
Wertschöpfungsprozess		***Wertschöpfungsbeitrag (in %)***
Produkt-innovation(en)	*Grundlagenforschung*	8,00
	Forschung & Entwicklung	28,00
	F&E-Controlling	4,00
	Zwischensumme	**40,00**
Prozess-innovation(en)	*Leistungsprozess(e)*	15,00
	Unterstützungsprozess(e)	11,00
	Führungsprozess(e)	6,00
	Zwischensumme	**32,00**
Marke(n)	*Unternehmensmarke*	28,00
	Familienmarke(n)	0,00
	Produktmarke(n)	0,00
	Zwischensumme	**28,00**
Summe Wertschöpfungsbeiträge		**100,00**

B) Ermittlung und Modifizierung der Lizenzgebühr

a) Identifizierung des aufteilbaren Gewinns aus Geschäftsvorfall

Unter Anwendung der Restgewinnanalyse ergibt sich der aufteilbare Gewinn aus dem Residualgewinn. Für das Jahr 01 ist der Residualgewinn nicht zu bestimmen, da sowohl A als auch B einen Verlust erzielen. Demnach existiert kein Gewinn, der zur Vergütung der Nutzung des geistigen Eigentums aufzuteilen wäre. Ab dem Jahr 02 erfolgen die Ermittlung und Aufteilung des Residualgewinns zunächst in der nachstehenden Weise. Dabei ist der Residualgewinn vor Abzug der Lizenzgebühr wie folgt zu bestimmen:

Gesamtgewinn der Transaktion
– Vergütung der (Routine-)Funktionen
+/– sonstige Faktoren[982]

= Residualgewinn

Im vorliegenden Beispiel wird angenommen, dass sich die Summe der sonstigen Faktoren von Unternehmen A und B, wie z.B. die Standortvorteile und Standortnachteile egalisieren. Demnach lässt sich der Residualgewinn insofern ermitteln, als vom Gesamtgewinn die Vergütung für die Routinetätigkeiten und den Kundenstamm abgezogen wird. Anschließend kann A und B durch die Aufteilung des Residualgewinns auf Basis der internen und/oder externen Umsatzerlöse eine Lizenzverpflichtung für die Produktinnovation, Prozessinnovation und Unternehmensmarke zugeordnet werden. Dabei lässt sich die Lizenzgebühr des jeweiligen Unternehmens in Anlehnung an die Knoppe-Formel um 25 % der unternehmensindividuellen sonstigen Faktoren erhöhen (senken), damit der Lizenzgeber in angemessener Weise an den sonstigen Faktoren partizipiert.[983] *Die Gewinnaufteilung für die Jahre 02 und 03 wird in den folgenden Tabellen vorgenommen:*

---

982 Hierzu zählen Marktbedingungen, Standortvorteile oder Standortnachteile, Synergien etc. Vgl. *Greinert* in: Wassermeyer/Baumhoff, Verrechnungspreise, 2014, Rz. 6.588.

983 Die Vergütung der sonstigen Faktoren ist in der Praxis umstritten, wird allerdings zur Veranschaulichung durchgeführt.

Tabelle 42: Praxisbeispiel – Ermittlung und Aufteilung von Residualgewinn im Jahr 02 (in GE)

Jahr 02:			
Schritt 1: Ermittlung des operativen Gewinns (vor Aufteilung)			
	Unternehmen A	***Unternehmen B***	***Summe***
Umsatzerlöse	*2.250*	*5.900*	*8.150*
Einkauf	*-950*	*-2.200*	*-3.150*
Produktion	*-1.000*	*-2.100*	*-3.100*
Bruttogewinn	***300***	***1.600***	***1.900***
Vertriebskosten	*-200*	*-450*	*-650*
Entwicklungskosten	*-100*	*0*	*-100*
Verwaltungskosten	*-120*	*-550*	*-670*
operativer Gewinn (vor Aufteilung)	***-120***	***600***	***480***

Schritt 2: Verursachungsgerechte Zuordnung der Lizenzgebühr			
	Unternehmen A	***Unternehmen B***	***Summe***
1. Stufe: Ermittlung Residualgewinn[984]	*-120*	*600*	*480*
Routinefunktionen (Kosten + 5 %)	*-114*	*-265*	*-379*
Kundenstamm (5 % der externen Umsätze)[985]	*-31*	*-70*	*-101*
Residualgewinn	***-265***	***265***	***0***
2. Stufe: Zuordnung Lizenzgebühr			
Residualgewinn (anhand der Umsätze)	*0*	*0*	*0*
sonstige Faktoren (25 %)	*0*	*0*	*0*
Lizenzgebühr (Zuordnung)	***0***	***0***	***0***

---

984 Im vorliegenden Beispiel wird der Residualgewinn über eine gewinnbasierte Nettorechnung ermittelt.

985 Die Vergütung des Kundenstamms wird den Unternehmen A und B anhand der externen Umsätze anteilig zugeordnet, da kein ausreichender Gewinn zur Verfügung steht.

Tabelle 42: Fortsetzung

Schritt 3: Ermittlung des operativen Gewinns (nach Aufteilung)			
	Unternehmen A	***Unternehmen B***	***Summe***
	-120	*600*	*480*
Lizenzgebühr A (Aufteilung nach angefallenen Entwicklungskosten)	*0*	*0*	*0*
Lizenzgebühr B (Aufteilung nach angefallenen Entwicklungskosten)	*0*	*0*	*0*
operativer Gewinn (nach Aufteilung)	***-120***	***600***	***480***

Tabelle 43: Praxisbeispiel – Ermittlung und Aufteilung von Residualgewinn im Jahr 03 (in GE)

Jahr 03:			
Schritt 1: Ermittlung des operativen Gewinns (vor Aufteilung) [verkürzte Darstellung]			
	Unternehmen A	***Unternehmen B***	***Summe***
Umsatzerlöse	*4.600*	*7.840*	*12.440*
Kosten gesamt	*-4.300*	*-6.590*	*-10.890*
operativer Gewinn (vor Aufteilung)	***300***	***1.250***	***1.550***

Schritt 2: Verursachungsgerechte Zuordnung der Lizenzgebühr			
	Unternehmen A	***Unternehmen B***	***Summe***
1. Stufe: Ermittlung Residualgewinn	*300*	*1.250*	*1.550*
Routinefunktionen (Kosten + 5 %)	*- 215*	*- 330*	*- 545*
Kundenstamm (5 % der externen Umsätze)	*-230*	*-300*	*-530*
Residualgewinn	***-145***	***620***	***475***

Tabelle 43: Fortsetzung

Schritt 2: Verursachungsgerechte Zuordnung der Lizenzgebühr			
	Unternehmen A	***Unternehmen B***	***Summe***
2. Stufe: Zuordnung Lizenzgebühr			
Residualgewinn (anhand der Umsätze)			
Produktinnovation (40 %)[986]	*70*[987]	*120*[988]	*190*
Prozessinnovation (32 %)[989]	*56*[990]	*96*[991]	*152*
Unternehmensmarke (28 %)[992]	*58*[993]	*75*[994]	*133*

---

986 Die in Abschnitt A) berechnete Lizenz für die Produktinnovation i.H.v. 40 % des Residualgewinns ist für sämtliche Umsätze relevant, sodass die internen und externen Umsätze von Unternehmen A und B zur Aufteilung der Lizenzgebühr dienen. Für die Berechnungsformel siehe Kapitel 4.2.4.2.6.2 Punkt a).

987 Berechnung: $L_3^{Pi,A} = 475\,\text{GE} * 40\,\% * \frac{4.600\,\text{GE}}{12.440\,\text{GE}} = 70\,\text{GE}$.

988 Berechnung: $L_3^{Pi,B} = 475\,\text{GE} * 40\,\% * \frac{(6.000\,\text{GE} + 1.840\,\text{GE})}{12.440\,\text{GE}} = 120\,\text{GE}$.

989 Die in Abschnitt A) berechnete Lizenz für die Prozessinnovation i.H.v. 32 % des Residualgewinns ist für sämtliche Umsätze relevant, sodass die internen und externen Umsätze von Unternehmen A und B zur Aufteilung der Lizenzgebühr dienen. Für die Berechnungsformel siehe Kapitel 4.2.4.2.6.2 Punkt a).

990 Berechnung: $L_3^{Pzi,A} = 475\,\text{GE} * 32\,\% * \frac{4.600\,\text{GE}}{12.440\,\text{GE}} = 56\,\text{GE}$.

991 Berechnung: $L_3^{Pzi,B} = 475\,\text{GE} * 32\,\% * \frac{(6.000\,\text{GE} + 1.840\,\text{GE})}{12.440\,\text{GE}} = 96\,\text{GE}$.

992 Die in Abschnitt A) berechnete Lizenz für die Unternehmensmarke i.H.v. 28 % des Residualgewinns ist grundsätzlich nur für die externen Umsätze und die internen Umsätze an einen Handelsvertreter relevant. Da die Güter aus den internen Umsätzen jedoch ausschließlich zur Produktion bestimmt sind, werden nur die externen Umsätze von Unternehmen A und B in die Aufteilung der Lizenzgebühr einbezogen. Für die Berechnungsformel siehe Kapitel 4.2.4.2.6.2 Punkt a).

993 Berechnung: $L_3^{M,A} = 475\,\text{GE} * 28\,\% * \frac{4.600\,\text{GE}}{(4.600\,\text{GE} + 6.000\,\text{GE})} = 58\,\text{GE}$.

994 Berechnung: $L_3^{M,B} = 475\,\text{GE} * 28\,\% * \frac{6.000\,\text{GE}}{(4.600\,\text{GE} + 6.000\,\text{GE})} = 75\,\text{GE}$.

Tabelle 43: Fortsetzung

Schritt 2: Verursachungsgerechte Zuordnung der Lizenzgebühr			
	Unternehmen A	***Unternehmen B***	***Summe***
sonstige Faktoren (25 %)[995]	*-82*[996]	*82*[997]	*0*
Lizenzgebühr (Zuordnung)	***102***	***373***	***475***

Schritt 3: Ermittlung des operativen Gewinns (nach Aufteilung)			
	Unternehmen A	***Unternehmen B***	***Summe***
	300	*1.250*	*1.550*
Lizenzgebühr A (Aufteilung nach angefallenen Entwicklungskosten)[998]	*0*	*0*	*0*
Lizenzgebühr B (Aufteilung nach angefallenen Entwicklungskosten)	*373*	*-373*	*0*
operativer Gewinn (nach Aufteilung)	***673***	***877***	***1.550***

In den vorstehenden Tabellen sind nun die Lizenzgebühr und der operative Gewinn (nach Aufteilung) der beteiligten Konzernunternehmen A und B für die Nutzung der Innovationen und der Unternehmensmarke in den Jahren 02 und 03 ablesbar. Da A der Eigentümer des geistigen Eigentums ist, hat lediglich B eine Lizenzgebühr an A zu entrichten. Auf diese Weise wird der gesamte Residualgewinn A zugerechnet.[999]

995 Der Wert der sonstigen Faktoren lässt sich durch den Differenzbetrag aus dem operativen Gewinn/Verlust und den individuellen Vergütungen für die Routinefunktionen und der Lizenz bestimmen. Dabei sind in Anlehnung an die Knoppe-Formel 25 % der sonstigen Faktoren des betreffenden Unternehmens der Lizenzgebühr zur Gewinnaufteilung hinzuzurechnen.

996 Berechnung: $25\%*\begin{pmatrix} 300GE-215GE-230GE \\ -70GE-56GE-58GE \end{pmatrix}=-82GE$.

997 Berechnung: $25\%*\begin{pmatrix} 1.250GE-330GE-300GE \\ -120GE-96GE-75GE \end{pmatrix}=82GE$.

998 Der auf Unternehmen A entfallende Anteil der Lizenzgebühr ist nicht aufzuteilen, da die Lizenzgebühr vollumfänglich A zusteht.

999 Auf die Darstellung zur Ermittlung der Lizenzgebühr für die Jahre 04 und 05 wird verzichtet, da die Absicht besteht, die Lizenzgebühr bereits ab dem Jahr 04 über einen Lizenzsatz als Anteil am Umsatz fortzuschreiben.

b) Modifizierung der Gebühr für Prozessinnovation

Die Prozessinnovation stellt allgemeinhin einen werthaltigen immateriellen Wert dar, indem sie einen Beitrag zum Unternehmenserfolg leistet. Demnach ist sie als vergütungswürdig anzusehen. Zur genauen Bestimmung der Lizenzgebühr für die Nutzung der Prozessinnovation sind jedoch die Urheber der Innovation zu ermitteln. Laut Sachverhalt waren sowohl Unternehmen A als auch Unternehmen B in den Innovationsprozess eingebunden, sodass über eine Wertschöpfungsanalyse zu bestimmen ist, inwieweit B die Prozessinnovation selbst generiert hat. Die Wertschöpfungsanalyse führt schließlich zu folgendem Ergebnis:

Tabelle 44: Praxisbeispiel – Wertschöpfungsanalyse für Prozessinnovation (in %)

Schritt 1			*Schritt 2*			*Schritt 3*		
Wertschöpfungsprozess			***Wertschöpfungsbeitrag ungewichtet***			***Wertschöpfungsbeitrag gewichtet***		
Prozessinnovation		***Anteil (in %)***	***Unternehmen A (in %)***	***Unternehmen B (in %)***	***sonstige Unternehmen (in %)***	***Unternehmen A (in %)***	***Unternehmen B (in %)***	***sonstige Unternehmen (in %)***
Leistungsprozess	*Vertriebsprozess*	*11,00*	*70,00*	*30,00*	*0,00*	*7,70*	*3,30*	*0,00*
	Auftragsabwicklungsprozess	*29,00*	*68,00*	*32,00*	*0,00*	*19,72*	*9,28*	*0,00*
	After-Sales-Prozess	*7,00*	*35,00*	*65,00*	*0,00*	*2,45*	*4,55*	*0,00*
Unterstützungsprozess	*Personalgewinnung*	*9,00*	*82,00*	*18,00*	*0,00*	*7,38*	*1,62*	*0,00*
	interne Logistik	*14,00*	*43,00*	*57,00*	*0,00*	*6,02*	*7,98*	*0,00*
	IT-Bereitstellung	*11,00*	*100,00*	*0,00*	*0,00*	*11,00*	*0,00*	*0,00*
Führungsprozess	*strategische Planung*	*13,00*	*100,00*	*0,00*	*0,00*	*13,00*	*0,00*	*0,00*
	Budgetierung	*6,00*	*70,00*	*30,00*	*0,00*	*4,20*	*1,80*	*0,00*
Summe		***100,00***				***71,47***	***28,53***	***0,00***

Aus der Wertschöpfungsanalyse ist ablesbar, dass die Prozessinnovation zu 71,47 % durch Unternehmen A und zu 28,53 % durch Unternehmen B geschaffen worden ist. Andere Unternehmen haben indessen keinen Beitrag zu der Innovation geleistet. Demnach ist die zuvor berechnete Lizenzgebühr von B lediglich zu 71,47 % gegenüber A vergütungswürdig und in folgender Höhe anzusetzen:

Tabelle 45: Praxisbeispiel – Ermittlung von Lizenzgebühr für Unternehmen B zur Nutzung von Prozessinnovation in den Jahren 01–03 (in GE)

Jahr	*Lizenzgebühr für Prozessinnovation*	*davon Anteil an der Prozessinnovation*	
		Unternehmen A (Lizenzgeber) [71,47 % = vergütungswürdig]	*Unternehmen B (Lizenznehmer) [28,53 % = nicht vergütungswürdig]*
01	*0*	*0*	*0*
02	*0*	*0*	*0*
03	*96*	*69*	*27*

c) Modifizierung der Gebühr für Unternehmensmarke

Die Unternehmensmarke ist infolge des erzielten Preis- und Volumen-Premium als werthaltig einzustufen. Zudem erscheint sie vergütungswürdig, da ihre Nutzung über die Funktion der bloßen Unternehmensdifferenzierung hinausgeht. Demnach ist zur Bestimmung der Lizenzgebühr für die Nutzung der Unternehmensmarke zu prüfen, wer ihren Wert geschaffen hat. Im Einzelnen ist zu beurteilen, ob Unternehmen B als Lizenznehmer einen Beitrag zur Entwicklung der Marke gegenüber seinen Kunden in Osteuropa geleistet hat. Davon ist auszugehen, da B seit jeher den osteuropäischen Markt betreut und dort die Beschaffung der Roh-, Hilfs- und Betriebsstoffe, die Produktion, die Qualitätskontrolle, den Service gegenüber dem Kunden, den Vertrieb und die Logistik weitgehend selbständig verantwortet. Demnach ist über eine Wertschöpfungsanalyse zu bestimmen, in welchem Umfang B die Unternehmensmarke selbst geschaffen hat. Die Wertschöpfungsanalyse für die Unternehmensmarke ist schließlich wie folgt durchzuführen:

Tabelle 46: Praxisbeispiel – Wertschöpfungsanalyse für Unternehmensmarke (in %)

Schritt 1			***Schritt 2***			***Schritt 3***		
Wertschöpfungsprozess (Markenfunktion)			***Wertschöpfungsbeitrag ungewichtet***			***Wertschöpfungsbeitrag gewichtet***		
Kernfunktion	***Faktor für Markenrelevanz***	***Anteil (in %)***	***Unternehmen A (in %)***	***Unternehmen B (in %)***	***sonstige Unternehmen (in %)***	***Unternehmen A (in %)***	***Unternehmen B (in %)***	***sonstige Unternehmen (in %)***
Informationseffizienz	*Ruf des Lieferanten*	*8,53*	*45,00*	*55,00*	*0,00*	*3,84*	*4,69*	*0,00*
	Lieferbarkeit	*8,30*	*20,00*	*80,00*	*0,00*	*1,66*	*6,64*	*0,00*
	Preis	*8,25*	*85,00*	*15,00*	*0,00*	*7,01*	*1,24*	*0,00*
	Bekanntheit	*8,08*	*80,00*	*20,00*	*0,00*	*6,46*	*1,62*	*0,00*
	Beziehung zum Lieferanten	*7,84*	*35,00*	*65,00*	*0,00*	*2,74*	*5,10*	*0,00*
Risikoreduktion	*Qualität*	*8,00*	*75,00*	*25,00*	*0,00*	*6,00*	*2,00*	*0,00*
	Zuverlässigkeit	*7,92*	*15,00*	*85,00*	*0,00*	*1,19*	*6,73*	*0,00*
	Leistung	*7,87*	*90,00*	*10,00*	*0,00*	*7,08*	*0,79*	*0,00*
	Service/Unterstützung	*7,20*	*5,00*	*95,00*	*0,00*	*0,36*	*6,84*	*0,00*
	Bedienungsfreundlichkeit	*7,02*	*95,00*	*5,00*	*0,00*	*6,67*	*0,35*	*0,00*
	Wartungsfreundlichkeit	*6,99*	*95,00*	*5,00*	*0,00*	*6,64*	*0,35*	*0,00*
Ideeller Nutzen	*Werbung*	*14,00*	*100,00*	*0,00*	*0,00*	*14,00*	*0,00*	*0,00*
Summe		***100,00***				***63,65***	***36,35***	***0,00***

Die Wertschöpfungsanalyse hat ergeben, dass die Unternehmensmarke für den Markt in Osteuropa zu 63,65 % durch Unternehmen A und zu 36,35 % durch Unternehmen B geschaffen worden ist. Andere Unternehmen haben indessen keinen Beitrag zur Unternehmensmarke geleistet. Demnach ist die Lizenzgebühr von B lediglich zu 63,65 % gegenüber A vergütungswürdig. Der verbleibende Anteil des Lizenzwertes ist hingegen infolge der Tätigkeiten von B entstanden. Somit ist die ursprünglich berechnete Lizenzgebühr nur in folgender Höhe anzusetzen:

Tabelle 47: Praxisbeispiel – Ermittlung von Lizenzgebühr für Unternehmen B zur Nutzung von Unternehmensmarke in den Jahren 01–03 (in GE)

Jahr	***Lizenzgebühr für Unternehmensmarke***	***davon Anteil am Markenwert***	
		Unternehmen A (Lizenzgeber) [63,65 % = vergütungswürdig]	***Unternehmen B (Lizenznehmer) [36,35 % = nicht vergütungswürdig]***
01	*0*	*0*	*0*
02	*0*	*0*	*0*
03	*75*	*48*	*27*

d) Umrechnung in Lizenzsatz als Anteil am Umsatz

Da der Businessplan für Unternehmen B bereits im Jahr 03 erfüllt worden ist, wird die Lizenz in diesem Jahr letztmalig auf herkömmliche Weise ermittelt, anschließend fixiert und in einen Lizenzsatz als Anteil am Umsatz umgerechnet. Zur Umrechnung der Lizenzgebühr sind nun die folgenden mitunter modifizierten Lizenzbeträge heranzuziehen:

Tabelle 48: Praxisbeispiel – Lizenzgebühr für Unternehmen B nach Modifizierung in den Jahren 01–03 (in GE)

Jahr	***Lizenzgebühr Unternehmen B***				
	Produktinnovation	***Prozessinnovation***	***Unternehmensmarke***	***sonstige Faktoren***	***Summe***
01	*0*	*0*	*0*	*0*	*0*
02	*0*	*0*	*0*	*0*	*0*
03	*120*	*69*	*48*	*82*	*319*

Zur Umrechnung der Lizenzgebühr ist zwischen den internen und externen Umsätzen zu differenzieren, um dem Umstand Rechnung zu tragen, dass die Umsätze in unterschiedlicher Weise von den Innovationen und der Unternehmensmarke profitieren. Dabei sind die vorgenannten Lizenzbeträge mit den im Folgenden aufgeführten Umsätzen ins Verhältnis zu setzen. Diesbezüglich ist jedoch zu beachten, dass die Lizenzgebühr noch nicht in den aufgeführten Kosten berücksichtigt und noch keine Einbeziehung der Lizenzgebühr in die internen Umsätze vorgenommen worden ist:

Tabelle 49: Praxisbeispiel – Unternehmenskennzahlen von Unternehmen B vor Einbeziehung von Lizenzgebühr in konzerninterne Umsätze in den Jahren 01–03 (in GE)

Jahr	*Unternehmen B – vor Einbeziehung der Lizenzgebühr in interne Umsätze*							
	externe Umsätze				*interne Umsätze*[1000]			
	Umsatz (vor Lizenz)	*Kosten (vor Lizenz)*[1001]	*Lizenz*	*Gewinn (vor Lizenz)*	*Umsatz (vor Lizenz)*	*Kosten (vor Lizenz)*[1002]	*Lizenz*	*Gewinn (vor Lizenz)*
01	*1.500*	*1.571*[1003]	*0*	*-71*	*440*	*419*[1004]	*0*	*21*
02	*5.000*	*4.443*	*0*	*557*	*900*	*857*	*0*	*43*

1000 Die Ermittlung erfolgt laut Sachverhalt mithilfe der Kostenaufschlagsmethode auf Vollkostenbasis mit einer Nettogewinnmarge von 5 %.

1001 Die Kosten für die externen Umsätze lassen sich durch den Differenzbetrag aus den Kosten für sämtliche Umsätze (Einkauf, Produktion, Vertrieb, Entwicklung, Verwaltung) und den Kosten für die internen Umsätze bestimmen.

1002 Die auf die internen Umsätze entfallenden Kosten lassen sich retrograd mithilfe der internen Umsätze und der Marge von 5 % ermitteln.

1003 Berechnung: $(800\,GE + 840\,GE + 150\,GE + 200\,GE) - 419\,GE = 1.571\,GE$.

1004 Berechnung: $\frac{440\,GE}{(1+0{,}05)} = 419\,GE$.

Tabelle 49: Fortsetzung

Jahr	Unternehmen B – vor Einbeziehung der Lizenzgebühr in interne Umsätze							
	externe Umsätze				interne Umsätze[1000]			
	Umsatz (vor Lizenz)	Kosten (vor Lizenz)[1001]	Lizenz	Gewinn (vor Lizenz)	Umsatz (vor Lizenz)	Kosten (vor Lizenz)[1002]	Lizenz	Gewinn (vor Lizenz)
03	6.000	4.838	255[1005]	1.162	1.840	1.752	64[1006]	88

Aus den Werten der Tabellen 48 und 49 lassen sich für das Jahr 03 nun die folgenden Lizenzsätze ermitteln. Dabei ist zu berücksichtigen, dass keine internen Umsätze gegenüber einem Handelsvertreter generiert werden:[1007]

(i) Lizenzsatz für interne Umsätze zur Verwendung in der Produktion (in % der internen Umsätze):

$$L_3^{UE^{iP},B}\left(in\,\%\right)=\frac{64\,GE}{1.840\,GE}=3{,}48\,\%.$$

1005 Die Aufteilung der zuvor berechneten und mitunter modifizierten Lizenzgebühr des Unternehmens B i.H.v. 319 GE für das Jahr 03 (Produktinnovationen = 120 GE, Prozessinnovation = 69 GE, Unternehmensmarke = 48 GE, sonstige Faktoren = 82 GE) erfolgt anhand der Umsätze. Dabei sind die Produkt- und Prozessinnovation sowohl für die internen als auch externen Umsätze relevant, sodass sämtliche Umsätze von Unternehmen B zur Aufteilung der Lizenzgebühr dienen. In gleicher Weise ist mit den sonstigen Faktoren im Residualgewinn zu verfahren. Da die Unternehmensmarke hingegen regelmäßig nur für externe Umsätze sowie interne Umsätze an einen Handelsvertreter von Bedeutung ist, werden insoweit nur diese Umsätze in die Aufteilung der Lizenzgebühr einbezogen. Diesbezüglich ist jedoch festzuhalten, dass die Güter aus den internen Umsätzen im vorliegenden Sachverhalt der Produktion von Unternehmen A zugeführt werden und demnach nicht markenrelevant sind. Somit ist die Unternehmensmarke ausschließlich den externen Umsätzen von B zuzurechnen. Für die Berechnungsformel siehe Kapitel 4.2.4.2.6.2 Punkt a).
Berechnung: $L_3^{UE^e,B}=(120\mathrm{GE}+69\mathrm{GE}+82\mathrm{GE})*\frac{6.000\,\mathrm{GE}}{7.840\,\mathrm{GE}}+48\mathrm{GE}*\frac{6.000\,\mathrm{GE}}{(0\mathrm{GE}+6.000\,\mathrm{GE})}$
$=255\mathrm{GE}$.

1006 Berechnung: $L_3^{UE^{iP},B}=(120\mathrm{GE}+69\mathrm{GE}+82\mathrm{GE})*\frac{1.840\mathrm{GE}}{7.840\mathrm{GE}}=64\mathrm{GE}$.

1007 Für die Berechnungsformeln siehe Kapitel 4.2.4.2.6.2 Punkt b).

(ii) Lizenzsatz für Produktinnovation (in % der internen und externen Umsätze):

$$L_3^{Pi,B}\left(in\,\%\right)=\frac{120\,GE}{7.840\,GE}=1{,}53\,\%.$$

(iii) Lizenzsatz für Prozessinnovation (in % der internen und externen Umsätze):

$$L_3^{Pzi,B}\left(in\,\%\right)=\frac{69\,GE}{7.840\,GE}=0{,}88\,\%.$$

(iv) Lizenzsatz für Unternehmensmarke (in % der internen Umsätze gegenüber einem Handelsvertreter sowie externen Umsätze):

$$L_3^{M,B}\left(in\,\%\right)=\frac{48\,GE}{0\,GE+6.000\,GE}=0{,}80\,\%.$$

(v) Lizenzsatz für sonstige Faktoren (in % der internen und externen Umsätze):

$$sF_3^{B}\left(in\,\%\right)=\frac{82\,GE}{7.840\,GE}=1{,}05\,\%.$$

e) Einbeziehung in interne Umsätze

Das Unternehmen B erzielt als Lizenznehmer interne Umsätze gegenüber Unternehmen A, die von den Innovationen profitieren und nach der Kostenaufschlagsmethode verrechnet werden. Demnach sind sowohl die individuelle Vergütung der Produkt- und Prozessinnovation als auch der Verrechnungspreis für die konzerninternen Umsätze von B zu korrigieren. Die Lizenzgebühr für die Unternehmensmarke ist indessen nicht in die Korrektur einzubeziehen, da die Marke für diese internen Umsätze nicht relevant ist. Die Korrektur ist zunächst für die Jahre in Betracht zu ziehen, in denen die Vergütung der Innovationen noch nicht über einen Lizenzsatz als Anteil am Umsatz fortgeschrieben wird (Jahre 01–03). Dabei wird auf den Outcome Testing Approach zurückgegriffen, sodass Year-End-Adjustments für B vorgenommen werden. Eine Korrektur der Jahre 01 und 02 ist allerdings nicht erforderlich, da in diesen Jahren kein aufteilbarer Gewinn zur Vergütung des geistigen Eigentums existiert. Somit verbleibt es bei der Korrektur für das Jahr 03, die schließlich mit der folgenden Formel erfolgt:[1008]

$$L_{n,3}^{UE^{IP},B}\left(in\,GE\right)=1.752\,GE*\frac{3,48\,\%*\left(1+\frac{88\,GE}{1.752\,GE}\right)}{1-3,48\,\%*\left(1+\frac{88\,GE}{1.752\,GE}\right)}=66\,GE.$$

Infolgedessen erhöhen sich neben der Lizenzgebühr (+2 GE)[1009] *die Kosten (+66 GE)*[1010]*, der Umsatz (+69 GE)*[1011] *und der Gewinn (+3 GE)*[1012] *aus den konzerninternen Lieferungen. Da sich durch die Korrektur sämtliche Kennzahlen ändern, bleiben die zuvor in d) berechneten Lizenzsätze für Unternehmen B unverändert bestehen.*[1013] *Die Korrektur führt schließlich zu den folgenden Kennzahlen für Unternehmen B. Dabei ist zu beachten, dass die Lizenzgebühren nun in den Kosten berücksichtigt worden sind:*

1008 Für die Berechnungsformel siehe Kapitel 4.2.4.2.6.2 Punkt c). Die Berechnungswerte sind den Beträgen aus d) dieses Praxisbeispiels zu entnehmen.

1009 Der Erhöhungsbetrag für die Lizenzgebühr ermittelt sich aus dem Differenzbetrag aus der Lizenzgebühr vor und nach ihrer Korrektur.
Berechnung: $66GE-64GE=2GE$.

1010 Die berechnete Lizenzgebühr für Innovationen von 66 GE ist vollumfänglich in den Kosten zu berücksichtigen, da sie bislang nicht in den Intercompany-Preisen enthalten ist (siehe Sachverhalt).

1011 Der Erhöhungsbetrag für die internen Umsätze bestimmt sich aus dem Erhöhungsbetrag für die Kosten aus den internen Umsätzen zzgl. eines Gewinnaufschlags von 5 %.
Berechnung: $66GE*\left(1+0,05\right)=69GE.$

1012 Der Erhöhungsbetrag für den Gewinn berechnet sich durch den Differenzbetrag aus dem Erhöhungsbetrag für die internen Umsätze und den entsprechenden Kosten.
Berechnung: $69\text{GE}-66\text{GE}=3\text{GE}$.

1013 Die aus der Korrektur der internen Umsätze resultierende Umsatz- und Gewinnsteigerung führt jedoch zu einem geringeren Lizenzanteil für Unternehmen A, da die Korrektur zu Lasten des Gewinns von A geht.

Tabelle 50: Praxisbeispiel – Unternehmenskennzahlen von Unternehmen B nach Einbeziehung von Lizenzgebühr in konzerninterne Umsätze in den Jahren 01–03 (in GE)

Jahr	*Unternehmen B – nach Einbeziehung der Lizenzgebühr in interne Umsätze*							
	externe Umsätze				*interne Umsätze*			
	Umsatz	*Kosten (nach Lizenz)*	*davon Lizenz*	*Gewinn (nach Lizenz)*	*Umsatz (nach Lizenz)*	*Kosten (nach Lizenz)*	*davon Lizenz*	*Gewinn (nach Lizenz)*
01	*1.500*	*1.571*	*0*	*-71*	*440*	*419*	*0*	*21*
02	*5.000*	*4.443*	*0*	*557*	*900*	*857*	*0*	*43*
03	*6.000*	*5.093*	*255*	*907*	*1.909*	*1.818*	*66*	*91*

Der Gewinn nach Lizenzvergütung von Unternehmen B hat sich infolge der Modifizierungen und der Einbeziehung der Lizenzgebühr in die internen Umsätze von 877 GE auf nunmehr 998 GE erhöht.[1014]

C) Fortschreibung der Lizenzgebühr

a) Einbeziehung in interne Umsätze

Bei Unternehmen B können die Einbeziehung der Lizenzgebühr in die konzerninternen Umsätze und die damit verbundenen Korrekturbeträge ab dem Jahr 04 bereits vorab in der Verrechnungspreisbestimmung nach der Kostenaufschlagsmethode berücksichtigt werden. Dazu ist jedoch der Lizenzsatz für die internen Umsätze insofern zu korrigieren, als er die Veränderung der Ausbringungsmenge für die internen und externen Umsätze gegenüber dem Zeitpunkt der Umrechnung der Lizenzgebühr in einen Lizenzsatz als Anteil am Umsatz (Zeitpunkt t) berücksichtigt. Die Anpassung der Lizenzgebühr erfolgt für das Jahr 04 in folgender Weise:[1015]

1014 Für die Gewinnerhöhung zeigen sich im Einzelnen (i) die verursachungsgerechte Weiterbelastung der Lizenz über die Kostenaufschlagsmethode an Unternehmen A und die damit verbundenen Korrekturbeträge sowie (ii) der Korrekturbetrag aus der Modifizierung der Prozessinnovation und Unternehmensmarke, der den externen Umsätzen zuzurechnen ist, verantwortlich. Der auf die internen Umsätze entfallende Korrekturbetrag aus der Modifizierung der Prozessinnovation und Unternehmensmarke wirkt sich indessen nicht unmittelbar auf den Gewinn aus, da unter Anwendung der Kostenaufschlagsmethode neben der Lizenzgebühr in gleicher Weise die internen Umsätze reduziert worden sind.

1015 Für die Berechnungsformel siehe Kapitel 4.2.4.2.6.3 Punkt a).

$$L_{3+1}^{UE^{iP},B}\left(in\,\%\right)=3{,}48\,\%*\frac{7.909\,GE}{5.300\,Stk}*\frac{6.100\,Stk}{2.850\,Stk*\frac{1.909\,GE}{2.300\,Stk}+0\,Stk*\frac{0\,GE}{0\,Stk}+3.250\,Stk*\frac{6.000\,GE}{3.000\,Stk}}$$

$$=3{,}57\,\%\ [im\ Jahr\ 05{:}\ 3{,}40\,\%].$$

Anschließend kann die korrigierte Lizenzgebühr für die nach der Kostenaufschlagsmethode berechneten internen Umsätze ermittelt und in die Kalkulation der Intercompany-Preise einbezogen werden. Diesbezüglich lässt sich für das Jahr 04 wieder auf die folgende Formel zurückgreifen:[1016]

$$L_{n,3+1}^{UE^{iP},B}\left(in\,GE\right)=2.171\,GE*\frac{3{,}57\,\%*\left(1+\frac{109\,GE}{2.171\,GE}\right)}{1-3{,}57\,\%*\left(1+\frac{109\,GE}{2.171\,GE}\right)}$$

$$=85\,GE\left[im\,Jahr\ 05:84\,GE\right].$$

Infolgedessen erhöhen sich die Kosten (+85 GE), der Umsatz (+89 GE) und der Gewinn (+4 GE) aus den konzerninternen Lieferungen. Die berechneten Beträge können nun vorab in der Verrechnungspreiskalkulation berücksichtigt werden.

b) Bestimmung eines Lizenzsatzes als Anteil am Umsatz

Die Lizenzgebühr lässt sich für Unternehmen B ab dem Jahr 04 unter Berücksichtigung der in Abschnitt B) Punkt d) ermittelten Lizenzsätze fortschreiben. Diesbezüglich ist wiederum zu beachten, dass die Lizenzsätze jährlich in Abhängigkeit von Preis und Menge der abgesetzten Sitzpolster zu korrigieren sind, um der jährlichen Änderung der Ausbringungsmenge der internen und externen Umsätze am Gesamtumsatz zu begegnen. Die Korrektur der Lizenzsätze für das Jahr 04 erfolgt schließlich in folgender Weise:[1017]

(i) Lizenzsatz für Produktinnovation (in % der internen und externen Umsätze):

1016 Für die Berechnungsformel siehe Kapitel 4.2.4.2.6.3 Punkt a).
1017 Für die Berechnungsformel siehe Kapitel 4.2.4.2.6.3 Punkt b).

$$L_{3+1}^{Pi,B}\left(in\,\%\right)=1{,}53\,\%*\frac{7.909\,GE}{5.300\,Stk}*\frac{6.100\,Stk}{2.850\,Stk*\frac{1.909\,GE}{2.300\,Stk}+0\,Stk*\frac{0\,GE}{0\,Stk}+3.250\,Stk*\frac{6.000\,GE}{3.000\,Stk}}$$

= 1,57 % [im Jahr 05: 1,50 %].

(ii) Lizenzsatz für Prozessinnovation (in % der internen und externen Umsätze):

$$L_{3+1}^{Pzi,B}\left(in\,\%\right)=0{,}88\,\%*\frac{7.909\,GE}{5.300\,Stk}*\frac{6.100\,Stk}{2.850\,Stk*\frac{1.909\,GE}{2.300\,Stk}+0\,Stk*\frac{0\,GE}{0\,Stk}+3.250\,Stk*\frac{6.000\,GE}{3.000\,Stk}}$$

= 0,90% [im Jahr 05: 0,86 %].

(iii) Lizenzsatz für Unternehmensmarke (in % der internen Umsätze gegenüber einem Handelsvertreter sowie externen Umsätze):

$$L_{3+1}^{M,B}\left(in\,\%\right)=0{,}80\,\%*\frac{0\,GE+6.000\,GE}{0\,Stk+3.000\,Stk}*\frac{0\,Stk+3.250\,Stk}{0\,Stk*\frac{0\,GE}{0\,Stk}+3.250\,Stk*\frac{6.000\,GE}{3.000\,Stk}}$$

= 0,80% [im Jahr 05: 0,80 %].

(iv) Lizenzsatz für sonstige Faktoren (in % der internen und externen Umsätze):

$$L_{3+1}^{sF,B}\left(in\,\%\right)=1{,}05\,\%*\frac{7.909\,GE}{5.300\,Stk}*\frac{6.100\,Stk}{2.850\,Stk*\frac{1.909\,GE}{2.300\,Stk}+0\,Stk*\frac{0\,GE}{0\,Stk}+3.250\,Stk*\frac{6.000\,GE}{3.000\,Stk}}$$

=1,08% [im Jahr 05: 1,03 %].

Es ist festzustellen, dass sich der Lizenzsatz für die Unternehmensmarke in den Folgejahren nicht verändert hat. Dies ist nur folgerichtig, da sich die Unternehmensmarke nur auf Basis der externen Umsätze berechnet. Demnach kann sie durch die Wechselwirkung aus der Ausbringungsmenge von internen und externen Umsätzen nicht beeinflusst werden.

c) Ermittlung der Lizenzgebühr

Mithilfe der korrigierten Lizenzsätze lassen sich nun die Lizenzgebühren von Unternehmen B für die Nutzung der Produktinnovation, Prozessinnovation, Unternehmensmarke und die sonstigen Faktoren für das Jahr 04 wie folgt berechnen:[1018]

1018 Für die Berechnungsformel siehe Kapitel 4.2.4.2.6.3 Punkt c).

(i) *Lizenzgebühr für Produktinnovation (in % der internen und externen Umsätze):*

$$L_{3+1}^{Pi,B}(in\,GE) = 1{,}57\,\% * (6.500\,GE + 2.366\,GE) = 139\,GE \quad [im\ Jahr\ 05{:}\ 169\,GE].$$

(ii) *Lizenzgebühr für Prozessinnovation (in % der internen und externen Umsätze):*

$$L_{3+1}^{Pzi,B}(in\,GE) = 0{,}90\,\% * (6.500\,GE + 2.366\,GE) = 80\,GE \quad [im\ Jahr\ 05{:}\ 97\,GE].$$

(iii) *Lizenzgebühr für Unternehmensmarke (in % der internen Umsätze gegenüber einem Handelsvertreter sowie externen Umsätze):*

$$L_{3+1}^{M,B}(in\,GE) = 0{,}80\,\% * 6.500\,GE = 52\,GE \quad [im\ Jahr\ 05{:}\ 70\,GE].$$

(iv) *Lizenzgebühr für sonstige Faktoren (in % der internen und externen Umsätze):*

$$L_{3+1}^{sF,B}(in\,GE) = 1{,}08\,\% * (6.500\,GE + 2.366\,GE) = 96\,GE \quad [im\ Jahr\ 05{:}\ 116\,GE].$$

Ein Überblick über die endgültigen Lizenzgebühren für Unternehmen B in den Jahren 01 bis 05 ist der folgenden Tabelle zu entnehmen:

Tabelle 51: Praxisbeispiel – Endgültige Lizenzgebühr für Unternehmen B in den Jahren 01–05 (in GE)

Jahr	*Lizenzgebühr für Unternehmen B*				
	Produktinnovation	***Prozessinnovation***	***Unternehmensmarke***	***sonstige Faktoren***	***Summe***
01	0	0	0	0	0
02	0	0	0	0	0
03	121[1019]	69[1020]	48[1021]	83[1022]	321
04	139	80	52	96	367
05	169	97	70	116	452

D) Aufhebung oder Änderung der Lizenzgebühr

Es sind keine Anhaltspunkte für eine Aufhebung oder Änderung der Lizenzgebühr für Unternehmen B erkennbar.

1019 Berechnung: $(6.000\,GE + 1.909\,GE) * 1{,}53\% = 121\,GE$.

1020 Berechnung: $(6.000\,GE + 1.909\,GE) * 0{,}88\% = 69\,GE$.

1021 Berechnung: $6.000\,GE * 0{,}80\% = 48\,GE$.

1022 Berechnung: $(6.000\,GE + 1.909\,GE) * 1{,}05\% = 83\,GE$.

E) Zusammenfassung der Ergebnisse

Die nachfolgende Tabelle gibt nun einen Überblick über den Gewinn und die zu zahlende Lizenzgebühr von Unternehmen A und B jeweils vor und nach den folgenden Änderungen:[1023]

(i) Modifizierung der Lizenzgebühr von Unternehmen B für die Prozessinnovation und Unternehmensmarke,[1024]

(ii) Einbeziehung der Lizenzgebühr von Unternehmen B in die internen Umsätze und Bestimmung der damit verbundenen Korrekturbeträge[1025] *und*

(iii) Fortentwicklung der Lizenzgebühr von Unternehmen B über einen Lizenzsatz als Anteil am Umsatz ab dem Jahr 04[1026].

Tabelle 52: Praxisbeispiel – Gegenüberstellung von Gewinn und Lizenzgebühr für Unternehmen A und B ohne und mit Modifizierung und Korrektur von Lizenzgebühr in den Jahren 01–05 (in GE)

Jahr	*Unternehmen A*				*Unternehmen B*			
	ohne Modifizierung und Korrektur		*mit Modifizierung und Korrektur*		*ohne Modifizierung und Korrektur*		*mit Modifizierung und Korrektur*	
	Gewinn	*davon Lizenz des B*	*Gewinn*	*davon Lizenz des B*	*Gewinn*	*Lizenz*	*Gewinn*	*Lizenz*
01	*-550*	*0*	*-550*	*0*	*-100*	*0*	*-100*	*0*
02	*-120*	*0*	*-120*	*0*	*600*	*0*	*600*	*0*
03	*673*	*373*	*552*	*321*	*877*	*373*	*998*	*321*
04	*1.185*	*585*	*872*	*367*	*915*	*585*	*1.228*	*367*
05	*1.526*	*876*	*1.019*	*452*	*1.174*	*876*	*1.681*	*452*

Aus der Tabelle 52 wird schließlich deutlich, dass die vorgenannten Änderungen zu einer erheblichen Reduzierung der Lizenzgebühr von Unternehmen B hin

1023 Auf eine ausführliche Herleitung der nicht bereits zuvor berechneten Beträge wurde in der folgenden Tabelle verzichtet, da sie lediglich zur Veranschaulichung der Veränderung der Lizenzgebühr dient.

1024 Allgemein hierzu Abschnitt B) Punkte b) und c) dieses Praxisbeispiels.

1025 Allgemein hierzu Abschnitt B) Punkt e) und Abschnitt C) Punkt a) dieses Praxisbeispiels.

1026 Allgemein hierzu Abschnitt C) Punkte b) und c) dieses Praxisbeispiels.

zu einem angemessenen Wert geführt haben. Beispielsweise konnte die Lizenzgebühr im Jahr 04 von über 40 % auf ein fremdübliches Maß von knapp unter 25 % des erwirtschafteten Gewinns vor Lizenzvergütung reduziert werden. Dabei ist der Umstand, dass die Lizenzgebühr auf einen Wert leicht unterhalb der Knoppe-Formel gefallen ist, auf den von Unternehmen B geleisteten Beitrag an der Prozessinnovation und Unternehmensmarke zurückzuführen.

5 Ermittlung eines Verrechnungspreises für geistiges Eigentum in der Automobilzulieferindustrie

5.1 Einführende Überlegungen

Der Markt in der Automobilindustrie ist seit vielen Jahren äußerst umkämpft. Dies ist nicht zuletzt darauf zurückzuführen, dass die Endkunden einen enormen Preisdruck auf die Automobilhersteller ausüben. Gleichzeitig neigen viele Kunden zu Individuallösungen, die mit höheren Produktionskosten einhergehen. Dieser Situation begegnet die Automobilindustrie mit einer steigenden Arbeitsteilung zwischen Herstellern und Zulieferern.[1027] Hinzu kommen die zunehmend beobachtbaren Folgen des Klimawandels, die zu einer verstärkten kundenseitigen Bewusstseinsänderung in der Fortbewegung hin zur Elektromobilität führen. Die Entwicklung zur Elektromobilität wird zudem durch staatliche Förderprogramme und gesetzliche Vorgaben flankiert. Beispielsweise fördert Deutschland den Kauf eines Elektroautos übergangsweise je nach Listenpreis mit bis zu 9.000 €. Zudem hat China eine NEV-Quote eingeführt, wonach Automobilhersteller einen gewissen Anteil aller in China produzierten Autos mit Elektroantrieb auszustatten und auszuliefern haben.[1028] Die vorgenannten Beispiele zeigen, dass sich die gesamte Automobilindustrie in einem nie dagewesenen Umbruch befindet, der nur mit außerordentlichen Entwicklungsanstrengungen zu bewältigen ist.

Im Folgenden soll analysiert werden, ob die durch eine geeignete Verrechnungspreismethode ermittelte Vergütung für die Nutzung von geistigem Eigentum der Höhe nach angemessen oder aufgrund des besonderen Wettbewerbsumfeldes in der Automobilzulieferindustrie eine Anpassung gerechtfertigt ist. Dabei wird auf die Untersuchung der einzelnen Verrechnungspreismethoden hinsichtlich ihrer Eignung in der Automobilzulieferindustrie weitgehend verzichtet, da die grundsätzliche Anwendbarkeit einer Methode durch die zu

---

1027 Allgemein hierzu *Lang* in: Ebel et al., Automotive Management, 2004, S. 315.

1028 Zu den sog. „New Energy Vehicles" (NEV) zählen Elektroautos (BEV) und Plug-in-Hybride (PHEV). Die NEV-Quote soll m.W. im Jahr 2019 10 % betragen und in den folgenden Jahren um jährlich 2 % steigen. Erreicht ein Hersteller diese Quote nicht, muss er entweder sog. „Kreditpunkte" bei anderen Herstellern kaufen oder eine Strafzahlung an den chinesischen Staat leisten. So auch *Kriener*, LMd 2017, S. 20.

verrechnende Leistung und nicht durch das Marktumfeld beeinflusst wird. Vielmehr werden die besonderen Faktoren in der Automobilzulieferindustrie identifiziert und analysiert, um schließlich Handlungsempfehlungen für eine Verrechnungspreisanpassung auszuarbeiten, die den besonderen Eigenschaften in der Automobilzulieferindustrie gerecht wird.

5.2 Identifizierung der Faktoren zur Verrechnungspreisermittlung

5.2.1 Wettbewerbsbedingungen in der Automobilindustrie

Die Automobilindustrie ist eine der größten Industrien weltweit und stellt zugleich eine der wichtigsten industriellen Führungsbranchen in Deutschland dar.[1029] Allerdings ist der Automobilmarkt durch einen zunehmenden Preisdruck geprägt. Dies wird insbesondere dadurch deutlich, dass der Endkunde bei einem Autokauf einen besonderen Wert auf das Preis-Leistungs-Verhältnis legt. Erst im Anschluss daran folgen Entscheidungskriterien, wie Qualität, Zuverlässigkeit, Design, Sicherheit, Sparsamkeit, Komfort oder die Marke des Autos.[1030] Hinzu kommt, dass die Automobilhersteller ihr Kapital vermehrt in Entwicklungsanstrengungen innerhalb der Elektromobilität investieren. Demzufolge stehen besonders die Produktionskosten und Innovationen im Fokus der Hersteller.

Der Markt der Automobilhersteller ist oligopolistisch geprägt. Demgegenüber agieren die Automobilzulieferer in einem innerhalb der Wertschöpfungskette vorgelagerten Polypol. Dieser Zustand bietet den Herstellern einen unmittelbaren Wettbewerbsvorteil gegenüber den Zulieferern. Die Überlegenheit liegt zum einen darin begründet, dass die Hersteller den Margendruck auf den Automobilmärkten durch den nachgelagerten Status innerhalb der Wertschöpfungskette einfacher auf die vorangehenden Wertschöpfungsstufen weiterreichen können. Zum anderen agieren die Zulieferer in einem äußerst umkämpften Markt, der auf nur wenige bedeutende Automobilhersteller zugeschnitten ist. Dieser Zustand wird dadurch verstärkt, dass neben den Tier-1-Lieferanten zugleich die Tier-2- und Tier-3-Lieferanten stark an die wirtschaftliche Situation der Hersteller gebunden sind.[1031] Dies bietet den

---

1029 Vgl. *Pfäfflin/Schwarz-Kocher*, Automobilzulieferindustrie, 2017, S. 1; *Fraß*, Automobilzulieferindustrie, 2012, S. 1.

1030 Vgl. *Statista*, Aspekte Autokauf, 2017.

1031 Vgl. *Hung Vo*, Industrie 4.0, 2016, S. 15.

Herstellern die Möglichkeit, äußerst vorteilhafte Einkaufskonditionen zu erhalten, die durch die Tier-1-Lieferanten in abgeschwächter Form an die vorgelagerten Tier-2- und Tier-3-Lieferanten weitergegeben werden können.[1032] Die Konditionen beinhalten einerseits günstige Lieferantenpreise und andererseits die Auslagerung umfassender Entwicklungsleistungen auf den Vorlieferanten.[1033] Um diesen Entwicklungen Rechnung zu tragen, schließen sich die Zulieferer auf horizontaler Ebene vermehrt zu Allianzen zusammen oder versuchen auf vertikaler Ebene Kooperationspartnerschaften aufzubauen, um Synergieeffekte und die Innovationskraft zu stärken.[1034]

Die Erhöhung des Wertschöpfungsbeitrags seitens der Automobilzulieferer infolge der verstärkten Übernahme von Entwicklungstätigkeiten sowie die zunehmende vertikale Vernetzung führen jedoch zu einer gegenseitigen Abhängigkeit, die mit einer verbesserten Verhandlungsposition gegenüber den Automobilherstellern einhergeht.[1035] Diesem Zustand begegnen die Hersteller wiederum insofern, als sie versuchen, einen verstärkten Einfluss auf die Entscheidungsprozesse der Zulieferer zu nehmen, indem sie beispielsweise vermehrt Sublieferanten, Zielkosten und Produktionsstandorte des Lieferanten bestimmen.[1036] Dieser Art der Einflussnahme können sich lediglich die großen marktrelevanten Zulieferer widersetzen. Demnach sind in den kommenden Jahren innerhalb der Automobilzulieferindustrie zahlreiche Unternehmenskonsolidierungen zu erwarten, um eine Balance zwischen Herstellern und Zulieferern zu etablieren.[1037]

1032 Die Weiterleitung des Kostendrucks auf den vorgelagerten Lieferanten wird auch als „López-Effekt" bezeichnet. Aufgrund der daraus häufig resultierenden Qualitätsprobleme, werden unter dem López-Effekt inzwischen jedoch auch aus Sparmaßnahmen resultierende Qualitätsprobleme verstanden. Vgl. *Bratzel et al.*, Automobilzulieferer, 2015, S. 72.

1033 Vgl. *Schömann*, Produktentwicklung, 2012, S. 51 f.; *Bratzel et al.*, Automobilzulieferer, 2015, S. 129 ff.

1034 Vgl. *Hung Vo*, Industrie 4.0, 2016, S. 25 f.; *Schömann*, Produktentwicklung, 2012, S. 52.

1035 So auch *Eisert/Schaal*, WiWo 2016, S. 35 f.; *Schömann*, Produktentwicklung, 2012, S. 52.

1036 Vgl. *Schömann*, Produktentwicklung, 2012, S. 52. Häufig führt jedoch bereits der durch die Hersteller ausgeübte Preisdruck zu einer freiwilligen Ausweitung der Produktion in den sog. „Low-Cost-Countries" seitens der Zulieferer. Vgl. *Pfäfflin/Schwarz-Kocher*, Automobilzulieferindustrie, 2017, S. 7.

1037 So auch *Becker*, Automobilindustrie, 2010, S. 176; *Schömann*, Produktentwicklung, 2012, S. 53.

5.2.2 Auftragsvergabe der Automobilhersteller

5.2.2.1 Wesentliche Merkmale des Auswahlverfahrens

In der Automobilindustrie werden die Aufträge der Automobilhersteller regelmäßig über einen mehrjährigen Zeitraum als überregionale bis globale Projekte ausgeschrieben. Hinter den Projekten verbirgt sich in der Regel eine Produktreihe, deren Produktion auf mehrere Jahre angelegt ist. Diesbezüglich reichen die Aufträge von einzelnen Fahrzeugteilen bis hin zu komplexen Systemkomponenten, die von den Automobilzulieferern produziert und an die Hersteller vertrieben werden. Vom Zulieferer wird dabei verlangt, innerhalb eines vorgegebenen Bauraums, im Zielsystem ein Optimum von Funktion, Qualität und Kosten zu finden.[1038] Dies führt mitunter so weit, dass einige Produktionsstätten der Hersteller lediglich der Zusammensetzung der gelieferten Fahrzeugkomponenten sowie der Auslieferung an den Endkunden dienen.[1039]

Das Auswahlverfahren der Automobilhersteller gestaltet sich indessen äußerst komplex. Diesbezüglich haben die Zulieferer umfangreiche Kriterien zu erfüllen, um für ein Projekt berücksichtigt zu werden. So versetzt der in der Automobilindustrie herrschende Konkurrenz- und Kostendruck[1040] die Hersteller häufig in die Lage, den gewünschten Zulieferer über ein gezieltes Auswahlverfahren bestimmen zu können. Dabei kommt der Auseinandersetzung mit den Eigenleistungen und eine genaue Definition der Leistungsschnittstellen zum Zulieferer für die Vergabe von Aufträgen eine besondere Bedeutung zu.[1041] Ferner erfolgt während der Projektphase eine laufende produkt-, produktions- und prozessbezogene Qualitätskontrolle seitens der Hersteller. Im Wesentlichen fokussieren sich die Hersteller auf die folgenden Auswahlkriterien, welche die Zulieferer nachzuweisen haben:[1042]

- Entwicklungskapazitäten,
- Innovationen und Know-how in Schlüsseltechnologien,
- Bonität,

1038 Vgl. *Lang* in: Ebel et al., Automotive Management, 2004, S. 314.

1039 Dies trifft vornehmlich auf die Fahrzeugproduktion im Niedrig- und Mittelpreissegment zu. Ähnlich auch *Lang* in: Ebel et al., Automotive Management, 2004, S. 322 f.

1040 Allgemein hierzu *Bratzel et al.*, Automobilzulieferer, 2015, S. 162; *Schömann*, Produktentwicklung, 2012, S. 53

1041 Vgl. *Lang* in: Ebel et al., Automotive Management, 2004, S. 315.

1042 So auch *Wolters*, Automobilindustrie, 1999, S. 344; *Pfäfflin/Schwarz-Kocher*, Automobilzulieferindustrie, 2017, S. 7.

- Flexibilität/Mobilität,
- weltweite Versorgungsfähigkeit,
- wirtschaftliche Produkt- und Prozesskonzeptionen sowie
- Zuverlässigkeit.

Die Entwicklungskapazitäten sowie die Innovationen und das Know-how in Schlüsseltechnologien sind eng mit der Bonität des Automobilzulieferers verbunden. So kann es vorkommen, dass ein Zulieferer, der zur Erbringung der erforderlichen Entwicklungsvorleistungen unzureichend ausgestattet ist, die betreffende Produktsparte auf Anraten des Herstellers an einen anderen Zulieferer verkauft. Die Flexibilität/Mobilität und die weltweite Versorgungsfähigkeit beinhalten die Fähigkeit des Zulieferers, eine Just-in-Time Lieferung garantieren zu können. Dies erfordert regelmäßig eine regionale Präsenz am Produktionsstandort des Herstellers. Insofern ist ebenfalls die Bonität des Zulieferers bedeutsam, da er notfalls in der Lage sein muss, innerhalb kürzester Zeit eine neue Produktionsstätte in einer vom Hersteller vorgegebenen Region zu errichten. Gleichzeitig legen die Hersteller bei der Auswahl ihrer Zulieferer einen großen Wert auf angemessene Beschaffungskosten, Garantieleistungen und einen guten Kundendienst. Dies kann ein Zulieferer im Wesentlichen durch ausgewogene und wirtschaftliche Produkt- und Prozesskonzeptionen sowie umfangreiche Serviceleistungen gewährleisten.

Eine weitere Voraussetzung für die Auftragserteilung ist die Vorlage verschiedener gültiger Zertifikate. So sind insbesondere die folgenden international gebräuchlichen Zertifikate notwendig:

- Umweltzertifikat (ISO 14001)
- Energiemanagementzertifikat (ISO 50001)
- Arbeitsschutzmanagementzertifikat (OHSAS 18001)
- Qualitätsmanagementzertifikat (IATF 16949)

Während die ersten drei Zertifikate allgemeingültige Unternehmenszertifikate darstellen, ist das Qualitätsmanagementzertifikat speziell auf die Automobilindustrie mit seinen hohen Anforderungen zugeschnitten.[1043] Die vorgenannten Zertifikate sind bei Bedarf um ein Zertifikat für das IT-System des Zulieferers zu ergänzen, soweit es zur erfolgreichen Umsetzung eines gemeinsamen Projektes erforderlich wird, dass der Zulieferer einen Zugang zu ausgewählten

1043 Diesbezüglich ist in letzter Zeit festzustellen, dass das Umweltzertifikat eine zunehmend größere Rolle bei der Auftragsvergabe einnimmt.

Daten des Herstellers erhält. Auf diese Weise versucht der Hersteller, den Abfluss sensibler Daten an fremde Dritte zu minimieren.

Geographisch lässt sich die Automobilindustrie in drei Regionen einteilen. Dabei werden die europäische, nordamerikanische und ostasiatische Automobilindustrie unterschieden. Diese geographische Aufteilung ist für die Auswahl der Lieferanten von großer Bedeutung. So bevorzugt ein Automobilhersteller bei der Lieferantenwahl üblicherweise jene Zulieferer, die aus derselben Region wie der Hersteller stammen. Beispielsweise wählen die deutschen Autobauer vornehmlich europäische Automobilzulieferer als Lieferanten aus. Dieses Vorgehen ist u.a. auf die kulturelle Nähe zwischen den Geschäftspartnern, die eine weitgehend reibungslose Geschäftsbeziehung garantiert, zurückzuführen. Besonders deutlich lässt sich diese Auswahlpraxis im ostasiatischen Raum beobachten. So ist es für einen deutschen Zulieferer äußerst schwierig, eine intensive Geschäftsbeziehung zu einem Automobilhersteller wie Toyota aufzubauen. Demnach ist der Erfolg eines Automobilzulieferers nicht nur vom weltweiten Automobilmarkt, sondern vielmehr vom Erfolg der Hersteller aus seiner geographischen Region abhängig. Dies führt dazu, dass der ohnehin bereits oligopolistisch geprägte Absatzmarkt der Zulieferer zusätzlich eingeschränkt wird.

In der laufenden Qualitätskontrolle werden die Anforderungen, die ein Automobilhersteller an seine Zulieferer stellt, einer durchgehenden Überwachung unterzogen. Diese Anforderungen werden in Abhängigkeit vom Hersteller unterschiedlich ausgestaltet und gewichtet.[1044] Die Bewertung erfolgt über ein externes IT-System, das vom Hersteller zur Verfügung gestellt wird und durch den Zulieferer zu bezahlen ist.[1045] Dieses IT-System bietet dem Hersteller schließlich die Möglichkeit, die Produktqualität seines Lieferanten über ein Ampelsystem oder ein vergleichbares Bewertungssystem zu beurteilen. Die Bewertung umfasst im Wesentlichen die Themen Produktqualität, Lieferzuverlässigkeit und Garantieleistungen. Soweit im Lieferprozess negative Auffälligkeiten wie Qualitätsprobleme oder Lieferengpässe auftreten, wird dies im Bewertungssystem entsprechend berücksichtigt. Dabei greifen die Hersteller auf sog. „Eskalationsstufen" zurück, die von der Aufforderung zur Beseitigung

---

1044 Zu diesem Zweck geben einige Automobilhersteller sogar umfangreiche Anforderungshandbücher heraus, in denen die Grundlage für eine erfolgreiche Zusammenarbeit aufgeführt und erläutert wird.

1045 Ein derartiges IT-System wird beispielsweise von dem Anbieter EcoVadis vertrieben.

der negativen Auffälligkeit bis hin zur Nichtberücksichtigung des Zulieferers bei zukünftigen Aufträgen[1046] reicht. Demnach machen die Hersteller von ihrer Marktmacht insofern Gebrauch, als sich Mängel im Zusammenhang mit der Lieferung eines Produktes auf das gesamte Produktportfolio aus der Geschäftsbeziehung negativ auswirken können.[1047] Die Zulieferer sind daher bestrebt, derartige Folgen um jeden Preis zu vermeiden, da dies neben Gewinn- und Umsatzeinbußen zugleich zu einem enormen Imageverlust innerhalb der Automobilindustrie führen kann. Umgekehrt wirkt die Belieferung namhafter Hersteller wie ein Gütesiegel für den Zulieferer.

Die hohen Anforderungen der Hersteller an die Auftragsvergabe und die laufende Qualitätskontrolle führen zweifelsfrei zur Steigerung der Produkt- und Prozessqualität, die mit einem hohen Arbeitnehmerschutz und großen Umweltauflagen einhergeht. Gleichzeitig kann die Bewertungsplattform die Nachhaltigkeit der Geschäftsbeziehung fördern. Allerdings führen die hohen Anforderungen und die laufende Qualitätskontrolle zu einem nicht zu unterschätzenden zusätzlichen Wettbewerbsdruck in der Automobilzulieferindustrie.

5.2.2.2 Bedeutung des Innovationspotenzials der Zulieferer

Innovationen gelten als wesentlicher Faktor für Wachstum und Unternehmenserfolg. Demnach ist die Innovationsfähigkeit eines Unternehmens auch in der Automobilindustrie von großer Bedeutung.[1048] So verwundert es nicht, dass im Jahr 2019 allein die Automobilhersteller in Deutschland 49,85 Mrd. € in Innovationen investiert haben.[1049] Gleichzeitig verbleibt die Innovationsintensität seit Jahren auf einem gleichbleibend hohen Niveau von etwa 10 %.[1050] Darüber hinaus leisten jedoch auch die Automobilzulieferer einen bedeutenden Anteil an der Forschung und Entwicklung in der Automobilindustrie. So sind bereits über 40 % der gesamten Entwicklungsleistungen auf Automobilzulieferer und Ingenieurdienstleister zurückzuführen. Es wird zudem erwartet, dass

1046 Der Status der Nichtberücksichtigung für zukünftige Aufträge wird in der Automobilindustrie als „new business hold" bezeichnet.

1047 Beispielsweise ist es üblich, dass sich der Automobilhersteller bei aufkommenden Qualitätsmängeln eines Produktes veranlasst sieht, die Überprüfung der Qualität des gesamten Produktportfolios zu verlangen.

1048 Allgemein hierzu *Roth*, Innovationsfähigkeit, 2009, S. 41 ff.

1049 Vgl. *Statista*, Automobilindustrie, 2019, S. 25.

1050 Vgl. *Statista*, Automobilindustrie, 2019, S. 26.

sich der Anteil bis zum Jahr 2025 sogar auf 53 % erhöhen wird.[1051] Dieser Trend lässt sich durch den überproportionalen Anstieg des Ingenieur-Anteils unter den Beschäftigten in der Zulieferindustrie innerhalb der letzten Jahre bestätigen.[1052] Gleichzeitig existieren zahlreiche Kooperationen zwischen Automobilherstellern und Automobilzulieferern. Demnach verwundert es nicht, dass die Geschäftsbeziehung zwischen Herstellern und Zulieferern in besonderem Maße vom Innovationspotenzial des jeweiligen Zulieferers abhängt.

In der Automobilindustrie sind die Entwicklungsleistungen in besonderem Maße durch Produkt- und Prozessinnovationen geprägt.[1053] Die Produktinnovationen beinhalten die technische Entwicklung neuer marktfähiger Produkte[1054] und bestehen in der Regel aus der Akquisitions-, Planungs-, Entwicklungs-, Industrialisierungs- und Serienphase. Die Prozessinnovationen stellen hingegen eine durch die Produktentwicklung hervorgerufene Veränderung der Produktionsprozesse innerhalb eines Produktlebenszyklus dar.[1055] Da die Automobilzulieferer eine umfassende produktionswissensbasierte Fähigkeit zur Produktinnovation besitzen, gehen die Hersteller in zunehmendem Maße dazu über, die Entwicklungen über Innovationsnetzwerke voranzutreiben.[1056] Hinzu kommt, dass die Zusammenarbeit mit den Zulieferern eine parallele Produktentwicklung gewährleistet, die aufgrund immer kürzer werdender Produktlebenszyklen unter gleichzeitig steigendem Kostendruck geboten ist.[1057] Ferner ermöglicht dieses Vorgehen den Herstellern, die Entwicklungsrisiken auf die Zulieferer auszulagern, zugleich von einem Know-how Transfer zu profitieren und dennoch ihre strategische Flexibilität im Falle eines technologischen Marktaustritts zu erhalten.[1058]

1051 Vgl. *Grochowski et al.*, Kooperationsmodelle, 2015, S. 1; *Bratzel et al.*, Automobilzulieferer, 2015, S. 61.

1052 Vgl. *Pfäfflin/Schwarz-Kocher*, Automobilzulieferindustrie, 2017, S. 4.

1053 Vgl. *Erler*, Downstream-Risiken, 2015, S. 43.

1054 Vgl. *Diez*, Automobil-Marketing, 2006, S. 119 f.; *Schömann*, Produktentwicklung, 2012, S. 60 f.

1055 Vgl. *Voigt*, Industrielles Management, 2008, S. 430. Aus diesem Grund ist eine räumliche Nähe von Produktion und Entwicklung von großer Bedeutung, um einen kontinuierlichen Austausch beider Bereiche zu gewährleisten. So auch *Pfäfflin/Schwarz-Kocher*, Automobilzulieferindustrie, 2017, S. 6.

1056 So auch *Pfäfflin/Schwarz-Kocher*, Automobilzulieferindustrie, 2017, S. 4 f.; *Bratzel et al.*, Automobilzulieferer, 2015, S. 129 f.

1057 Vgl. *Vahrenkamp*, Produktionsmanagement, 2008, S. 42; *Erler*, Downstream-Risiken, 2015, S. 44; *Reeg*, Liefer- und Leistungsbeziehungen, 1998, S. 81 ff.

1058 Vgl. *Erler*, Downstream-Risiken, 2015, S. 44.

Unter den Automobilzulieferern ist zwischen Produktions-, Entwicklungs- und Technologiespezialisten zu unterscheiden. Produktionsspezialisten stellen regelmäßig Nischenspezialisten dar, die sich dadurch auszeichnen, vergleichsweise kleine Produktionsmengen eines von den Kunden bereits fertig konstruierten Produktes wirtschaftlich und in hoher Qualität anbieten zu können. Allerdings verfügen sie über eine schlechte Verhandlungsposition gegenüber ihren Abnehmern, die vornehmlich durch die fehlende Einbindung in den Entwicklungsprozess ihrer Kunden begründet ist.[1059] Die Entwicklungsspezialisten sind hingegen sehr wohl in den Entwicklungsprozess ihrer Hauptkunden integriert.[1060] Sie verfügen jedoch über kein wettbewerbsrelevantes Alleinstellungsmerkmal, da ihre Hauptprodukte in der Regel eine allenfalls mittlere technische Komplexität aufweisen.[1061] Zudem unterliegen ihre Entwicklungstätigkeiten einem erhöhten Aufwand und großem Finanzierungsdruck,[1062] was mit einem hohen Unternehmerrisiko einhergeht. Die Technologiespezialisten sind ebenfalls in den Entwicklungsprozess ihrer Kunden eingebunden, haben jedoch darüber hinaus produkt- und/oder prozessbezogene Alleinstellungsmerkmale vorzuweisen.[1063] Dabei bieten sie ihren Abnehmern Systeme, Komponenten oder Baugruppen von hoher Komplexität an.[1064] Demnach besitzen sie – entgegen den Produktions- und Entwicklungsspezialisten – eine außerordentlich gute Verhandlungsposition gegenüber den Kunden.[1065]

Für die Automobilhersteller sind in besonderem Maße die Entwicklungskapazitäten und das bereits bestehende Know-how im betreffenden Produktsegment von Bedeutung. Dabei sind sie mehr an den Prozessinnovationen als

1059 Vgl. *Bratzel et al.*, Automobilzulieferer, 2015, S. 161 ff.

1060 Vgl. *Schömann*, Produktentwicklung, 2012, S. 48.

1061 Vgl. *Bratzel et al.*, Automobilzulieferer, 2015, S. 164.

1062 So auch vgl. *Schömann*, Produktentwicklung, 2012, S. 51 f.; *Bratzel et al.*, Automobilzulieferer, 2015, S. 165.

1063 Vgl. *Bratzel et al.*, Automobilzulieferer, 2015, S. 166. Technologiespezialisten werden auch als Integrationspartner bezeichnet. Allgemein hierzu *Hung Vo*, Industrie 4.0, 2016, S. 26.

1064 Vgl. *Schömann*, Produktentwicklung, 2012, S. 48.

1065 Vgl. *Bratzel et al.*, Automobilzulieferer, 2015, S. 166 f. Dies ist im Wesentlichen darauf zurückzuführen, dass sich der Lieferantenwechsel bei einem Technologiespezialisten als mühevoller und kostenintensiver erweist. Vgl. *Lang* in: Ebel et al., Automotive Management, 2004, S. 319. Zu den Technologiespezialisten unter den Automobilzulieferern mit großer Verhandlungsmacht zählen beispielsweise Bosch, Continental und ZF Friedrichshafen. Vgl. *Jörgl*, Logistik heute 2016, S. 27 f.; *Reimann*, WiWo 2018, S. 56.

den Produktinnovationen der Zulieferer interessiert, da Produkt-Know-how zu einem Alleinstellungsmerkmal und folglich zu einer größeren Abhängigkeit führen kann.[1066] Demnach legen die Hersteller ein besonderes Augenmerk auf die Diversifizierung ihrer Lieferanten. Dies führt mitunter so weit, dass die Hersteller bei der Lieferantenwahl das Preis-Leistungs-Verhältnis vernachlässigen oder einen Zulieferer, der über einzigartige Schlüsseltechnologien verfügt, dazu drängen, diese Innovationen über eine Kooperationsvereinbarung mit einem anderen Unternehmen zu teilen oder sogar an den Hersteller abzutreten,[1067] um so die Abhängigkeit zu einem Lieferanten unterbinden zu können.

5.2.2.3 Besonderheiten im Einkaufsverhalten der Hersteller

Der Einkauf in der Automobilindustrie ist umfassend von der Strategie des sog. „Global Sourcing" geprägt. Sie beinhaltet die konzernweite Zusammenlegung dezentraler Einkaufsaktivitäten und eine internationale Ausschreibung von Aufträgen.[1068] Auf diese Weise versuchen die Automobilhersteller dem enormen Kostendruck im Markt zu begegnen, der von den Endverbrauchern über die Hersteller auf die Zulieferer übertragen wird. So liegt im Einkaufsverhalten ein großes Einsparpotenzial, um die Beschaffungskosten zu reduzieren. Beispielsweise betragen die Materialkosten bei einem Pkw mittlerer Größe in Europa rund 48 % des Verkaufspreises und 69 % der gesamten Produktionskosten.[1069] Dieser Umstand veranlasst die Hersteller, im Rahmen von Preisverhandlungen und Vertragsabschlüssen insbesondere auf die folgenden Methoden zu setzen:[1070]

- Savings,
- Mehrraumverhandlungen,
- Online-Bidding Verfahren und
- Cost-Break-Down.

Gleichzeitig behalten sich die Hersteller stets vor, Warenabrufe je nach Bedarf kurzfristig zu reduzieren oder auszuweiten. Die vorgenannten Methoden treten für die Hersteller besonders im Hinblick auf die zunehmenden Investitionen in die Elektromobilität, das autonome Fahren und vernetzte Autos in den

---

1066 Vgl. *Bratzel et al.*, Automobilzulieferer, 2015, S. 130.
1067 Vgl. *Roth*, Innovationsfähigkeit, 2009, S. 61.
1068 Vgl. *Reeg*, Liefer- und Leistungsbeziehungen, 1998, S. 62.
1069 Vgl. *Bratzel et al.*, Automobilzulieferer, 2015, S. 71.
1070 Vgl. *Jörgl*, Logistik heute 2016, S. 28.

Vordergrund.[1071] So bieten sie den Herstellern eine willkommene Möglichkeit, einen Teil der eigenen Innovationskosten an die Automobilzulieferer weiter zu belasten.[1072]

Als Savings werden besondere Preisnachlässe und sonstige Einsparpotenziale bezeichnet, die ein Automobilzulieferer seinem Kunden im Rahmen von Preisverhandlungen und Vertragsabschlüssen gewährt. Dabei lassen sich „Quick Savings“, „Savings on Current Account“ und „Annual Savings“ unterscheiden. Quick Savings stellen Eintrittsgelder dar, die von einem Automobilhersteller neben den üblichen Preisnachlässen und sonstigen Eintrittsvoraussetzungen eingefordert werden, um als Entwicklungs- oder Lieferpartner für ein Produkt aufgenommen zu werden.[1073] Savings on Current Account sind vom Hersteller eingeforderte Preisnachlässe auf das bereits laufende Geschäft, um bei einem Folgeauftrag berücksichtigt zu werden.[1074] Annual Savings beinhalten dagegen laufende, zumeist vorab vereinbarte Preisnachlässe auf das betreffende Produkt, die mit Kosteneinsparungen infolge von Lernkurven und Prozessverbesserungen seitens des Zulieferers begründet werden.[1075] Die durch Savings insgesamt geforderten jährlichen Kosteneinsparungen der Hersteller liegen je nach Quellenangabe bei 3–5 %.[1076]

Die Mehrraumverhandlungen sind eine besondere Form der direkten Preisverhandlung. Dazu lädt der Automobilhersteller mehrere Lieferanten zur selben Zeit in getrennte Zimmer am selben Ort ein, um ihnen während der Verhandlung zu suggerieren, dass ein Kandidat im Nebenraum ein günstigeres Angebot abgegeben hat. Infolgedessen wird jedem Lieferanten wiederholt die Möglichkeit gegeben, sein Angebot nachzubessern, bis schließlich möglichst günstige Lieferbedingungen erreicht worden sind.[1077]

Das Online-Bidding Verfahren wird allgemeinhin den E-Procurement Lösungen zugeschrieben. Dort bieten die Lieferanten über ein Internet-Tool

---

1071 In diesen drei Segmenten wird in den kommenden Jahrzehnten ein enormes Marktwachstum erwartet. Vgl. *Statista*, Automobilindustrie, 2019, S. 11 ff.

1072 So auch *Reimann*, WiWo 2018, S. 55.

1073 Vgl. *Jörgl*, Logistik heute 2016, S. 28; *Roth*, Innovationsfähigkeit, 2009, S. 59; *Reimann*, WiWo 2018, S. 56; *Bratzel et al.*, Automobilzulieferer, 2015, S. 124.

1074 So auch *Roth*, Innovationsfähigkeit, 2009, S. 59.

1075 So auch *Erler*, Downstream-Risiken, 2015, S. 59; *Reimann*, WiWo 2018, S. 56; Vgl. *Reeg*, Liefer- und Leistungsbeziehungen, 1998, S. 66 f.; *Pfäfflin/Schwarz-Kocher*, Automobilzulieferindustrie, 2017, S. 5.

1076 Vgl. *Bratzel et al.*, Automobilzulieferer, 2015, S. 124.

1077 Vgl. *Jörgl*, Logistik heute 2016, S. 28.

nach einem Online-Ampelsystem. Soweit ein Lieferant den günstigsten Preis in einem Onlineportal geboten hat, erhält er im Ampelsystem einen grünen Status. Dagegen erhält er einen gelben Status, wenn ein Wettbewerber das Produkt zu einem günstigeren Preis anbietet.[1078] Eine besondere Variante dieses Verfahrens beinhaltet die allmähliche Anhebung des Lieferpreises, wobei der Lieferant, der als erstes dem Preis zustimmt, den Auftrag erhält.[1079] Das Online-Bidding Verfahren wird unter den Automobilzulieferern sehr kritisch betrachtet, da es entpersonalisiert stattfindet und Manipulationen im Rahmen des Vergabeprozesses nicht auszuschließen sind.[1080]

Als Cost-Break-Down wird ein Zustand bezeichnet, in dem der Lieferant vom Automobilhersteller gedrängt wird, seine gesamte Kostenkalkulation offenzulegen, um einen Auftrag zu erhalten.[1081] Dies versetzt den Hersteller in die Lage, die Kosten für Material und Produktkomponenten zu vergleichen und entsprechende Änderungsprozesse anzustoßen.[1082] Dabei werden mit dem Cost-Break-Down die folgenden Ziele verfolgt:[1083]

- Einsichtnahme in Materialkosten,
- Stärkung der Verhandlungsposition,
- Ausübung einer Margenkontrolle mittels Marktmacht,
- Deckelung überhöhter Forderungen bei Spezifikationsänderungen,
- Gegenüberstellung einzelner Prozessschritte,
- Anwendung von Materialpreisgleitklauseln und
- Teilung von Rationalisierungseffekten mit dem Lieferanten.

So ermöglicht das Cost-Break-Down dem Hersteller, die Kostenstrukturen verschiedener Zulieferer miteinander zu vergleichen und einen großen Druck auf seine Lieferanten auszuüben. Es kann jedoch den Lieferanten zugleich als Rechtfertigungsgrund dienen, um Preiserhöhungen durchzusetzen.[1084]

Das Ausmaß des Preisnachlasses kann je nach Geschäftsvorfall und Zulieferer höchst unterschiedlich ausfallen. Dabei orientiert sich die Höhe des Preisnachlasses einerseits an der Verhandlungsposition und andererseits an der finanziellen Leistungskraft des Zulieferers. So müssen insbesondere

---

1078 Vgl. *Erler*, Downstream-Risiken, 2015, S. 59.

1079 Vgl. *Bratzel et al.*, Automobilzulieferer, 2015, S. 74 f.; *Jörgl*, Logistik heute 2016, S. 28.

1080 Vgl. *Bratzel et al.*, Automobilzulieferer, 2015, S. 122 f.

1081 Vgl. *Jörgl*, Logistik heute 2016, S. 28.

1082 Vgl. *Roth*, Innovationsfähigkeit, 2009, S. 60 f.

1083 Vgl. *Erler*, Downstream-Risiken, 2015, S. 60.

1084 Ebd.

Produktionsspezialisten dem Druck ihrer Hauptkunden in aller Regel nachgeben und der Vereinbarung von Savings und sonstigen Preisnachlässen oder der Verlängerung von Zahlungszielen zustimmen.[1085] Dabei sehen sie sich nicht selten Preisnachlassforderungen von bis zu 10 % ausgesetzt.[1086] Ausschlaggebend für diesen immensen Druck ist dabei weniger der drohende Verlust des einzelnen Auftrags, sondern vielmehr des Kunden an sich.[1087] Dieser Zustand wird dadurch verstärkt, dass in der Zulieferbranche ein enormer Verdrängungswettbewerb herrscht, den die Hersteller über das Global Sourcing gezielt verstärken.[1088] Es besteht jedoch die Gefahr, dass diese von betriebswirtschaftlichen Kennzahlen getriebenen Geschäftsbeziehungen einerseits zulasten der Produktqualität gehen und andererseits die Innovationsbereitschaft hemmen.[1089]

5.2.3 Ungenügender Patentschutz im chinesischen Markt

Der Schutz von geistigem Eigentum stellt in der Automobilindustrie ein bedeutendes Thema dar. So lässt sich geistiges Eigentum vornehmlich über gewerbliche Schutzrechte als hoheitlich gewährtes Exklusivrecht schützen. Demnach treten eine Wertminderung des geistigen Eigentums und der Verlust von Marktanteilen ein, soweit das geistige Eigentum kein gewerbliches Schutzrecht mehr darstellt oder das Schutzrecht umfassend missachtet wird.[1090] Der Wegfall des gewerblichen Schutzrechts ist ein rechtsüblicher Vorgang, der regelmäßig innerhalb von bis zu 20 Jahren nach seiner Anmeldung erfolgt.[1091] Auf diese Weise wird ein Ausgleich zwischen dem Anreiz, geistiges Eigentum zu entwickeln und über ein Schutzrecht von seiner Vermarktung profitieren zu können, und dem berechtigten gesellschaftlichen Interesse, innerhalb angemessener Zeit einen kostengünstigen Zugang zu den Ergebnissen aus diesem Schutzrecht zu erhalten, geschaffen. Die umfassende Missachtung eines Schutzrechtes, die auf

1085 Vgl. *Bratzel et al.*, Automobilzulieferer, 2015, S. 162.

1086 Vgl. *Reimann*, WiWo 2018, S. 56.

1087 Ebd.; *Bratzel et al.*, Automobilzulieferer, 2015, S. 163.

1088 So auch *Jörgl*, Logistik heute 2016, S. 27 f.; *Reeg*, Liefer- und Leistungsbeziehungen, 1998, S. 62 ff.

1089 So auch *Bratzel et al.*, Automobilzulieferer, 2015, S. 72; *Roth*, Innovationsfähigkeit, 2009, S. 61.

1090 Beispielsweise führt das Aufkommen von Plagiaten auf dem Markt zu einer Verwässerung der Marke. Vgl. *Petzold*, Schutz des geistigen Eigentums, 2012, S. 26.

1091 So beträgt in China die Schutzdauer für Marken, Gebrauchs- und Geschmacksmuster 10 Jahre und für Patente 20 Jahre, beginnend mit dem Anmeldetag. Vgl. *Erd/Rebstock*, Produkt- und Markenpiraterie, 2010, S. 42, 52.

dem Markt über Fälschungen, Nachahmungen und Plagiate[1092] zum Vorschein kommt, stellt hingegen ein großes Problem in der globalisierten Wirtschaft dar. So sind Unternehmen, die von Marken- und Produktpiraterie betroffen sind, Umsatz- und Gewinneinbußen, Imageverlusten, Gewährleistung- und Produkthaftungsansprüchen und dem Abfluss von Know-how ausgesetzt.[1093] Dies kann schließlich dazu führen, dass infolge der Missachtung eines Schutzrechtes die Anreizfunktion zur Entwicklung von geistigem Eigentum, die regelmäßig mit einem hohen finanziellen Aufwand und einem bedeutenden Unternehmerrisiko verbunden ist, erheblich beeinträchtigt wird. Diesbezüglich rückt insbesondere der chinesische Markt in den Fokus der Öffentlichkeit, da er einen weltwirtschaftlich äußerst bedeutsamen Markt darstellt und China zugleich das Herkunftsland der mit Abstand meisten Fälschungen, Nachahmungen und Plagiate ist.[1094]

Die handelsbezogenen Rechte von geistigem Eigentum werden länderübergreifend durch das sog. „Agreement on Trade-Related Aspects of Intellectual Property Rights (TRIPS)“, das Bestandteil des WTO-Abkommens ist, geschützt.[1095] Als Mitglied der WTO folgt China formal dem TRIPS, indem es ein umfassendes Patentrecht nach internationalen Standards eingeführt hat.[1096] Allerdings hängt die allgemeine Effektivität des Schutzumfangs von Patenten im Wesentlichen von der Gesetzesauslegung und Umsetzung durch die mit der Rechtsdurchsetzung betrauten Behörden und Gerichte vor Ort ab.[1097] So ist der Patentrechtsinhaber stets bestrebt, den Schutzumfang vor Gericht möglichst weit auszulegen, wogegen der Beklagte auf eine enge Auslegung setzt, um der Beurteilung der infrage stehenden Handlung als Verletzungshandlung zu entgehen.[1098] Dieser Auslegungsumfang eines Patents ist im TRIPS jedoch nicht

1092 Allgemein hierzu *Petzold*, Schutz des geistigen Eigentums, 2012, S. 15.

1093 Allgemein hierzu *Ahmed*, Marken- und Produktpiraterie, 2011, S. 21 ff.

1094 So auch *Petzold*, Schutz des geistigen Eigentums, 2012, S. 21 f. Beispielsweise nannten bei einer Umfrage im Maschinenbau 82 % der befragten Unternehmen China als Herkunftsland und 44 % als Absatzmarkt für Plagiate. Somit liegt China im Hinblick auf Produktpiraterie weltweit unangefochten an der Spitze. Vgl. *o.V.*, Markt&Technik 2018, S. 15.

1095 Allgemein hierzu Art. 1 ff. TRIPS.

1096 Allgemein hierzu *Hofmann*, Durchsetzung von Patentrechten, 2013, S. 21 ff.; *Petzold*, Schutz des geistigen Eigentums, 2012, S. 44.

1097 So auch *Hofmann*, Durchsetzung von Patentrechten, 2013, S. 29.

1098 Ebd.

geregelt, sodass für die Mitgliedstaaten der WTO erhebliche Auslegungsspielräume entstehen.[1099]

Für die Patentrechtsdurchsetzung in China hat der Patentrechtsinhaber die Möglichkeit, sein Recht entweder über ein Gerichtsverfahren oder in einem Verwaltungsverfahren durchzusetzen.[1100] Dieses zweigliedrige System stellt eine Besonderheit des chinesischen Patentrechts dar. Das Gerichtsverfahren wird vollumfänglich über formal unabhängige Zivil- und Strafgerichte abgewickelt,[1101] wogegen das Verwaltungsverfahren durch die staatlichen Behörden erfolgt. Allerdings stößt die Patentrechtdurchsetzung auf erhebliche Mängel, die sich auf rechtliche Defizite im Zivil- und Strafgerichtsverfahren sowie sozioökonomische Gründe zurückführen lassen.[1102]

In den Zivilgerichtsverfahren im Zusammenhang mit Patentverletzungsverfahren ist regelmäßig festzustellen, dass die mit dem Fall betrauten Richter vor ihrer Urteilsfindung ihre Kollegen der nächsthöheren Instanz und einen Sekretär der kommunistischen Partei konsultieren, um die Kassierung des Urteils bei einer Berufung oder Revision zu vermeiden.[1103] Demnach kann von einem funktionierenden und unabhängigen Rechtssystem keine Rede sein.[1104] Hinzu kommt, dass das klagende Unternehmen außerordentlich viele Beweise und Dokumente in beglaubigter Form vorzulegen hat, um eine

---

1099 Die chinesischen Gerichte tendieren entgegen den Gerichten in westlichen Staaten dazu, den Umfang eines Patents sehr weit auszulegen. Dieses führt jedoch aufgrund der nach § 59 Chin. PatG sehr engen Patentauslegung im chinesischen Patentgesetz zu erheblicher Rechtsunsicherheit unter den Unternehmen. Vgl. *Hofmann*, Durchsetzung von Patentrechten, 2013, S. 30 f.

1100 Vgl. *Li*, Intellectual Property Protection, 2014, S. 101; *von Pöllnitz*, Patentschutz, 2007, S. 24; *Petzold*, Schutz des geistigen Eigentums, 2012, S. 61.

1101 Vgl. *Erd/Rebstock*, Produkt- und Markenpiraterie, 2010, S. 66.

1102 Vgl. *Hofmann*, Durchsetzung von Patentrechten, 2013, S. 97.

1103 Vgl. *Erd/Rebstock*, Produkt- und Markenpiraterie, 2010, S. 75; *Hofmann*, Durchsetzung von Patentrechten, 2013, S. 98. Für die zuständigen gerichtlichen Instanzen in China siehe *Petzold*, Schutz des geistigen Eigentums, 2012, S. 68 f.; *von Pöllnitz*, Patentschutz, 2007, S. 28; *Erd/Rebstock*, Produkt- und Markenpiraterie, 2010, S. 66.

1104 So auch *Erd/Rebstock*, Produkt- und Markenpiraterie, 2010, S. 75 ff. Als weiteres Problem in der Urteilsfindung erweist sich die Auswahl von Sachverständigen. So fragen die Gerichte ihre Sachverständigengutachten häufig bei dem SIPO an, das zugleich für die Begutachtung der Patentfähigkeit von Erfindungen im Rahmen des Patenterteilungsverfahrens zuständig ist. Auf diese Weise überprüft das SIPO seine eigene Entscheidung über die Patentzulassung. Vgl. *Hofmann*, Durchsetzung von Patentrechten, 2013, S. 101 f.

realistische Chance auf einen erfolgreichen Abschluss des Patentrechtsverfahrens zu haben.[1105] Demnach hat der Geschädigte hohe und zeitintensive Hürden zu überwinden, um sein Patentrecht vor Gericht durchzusetzen. Dies ist insofern kritisch zu sehen, als der Patentinhaber während der Überwindung dieser Hürden von einstweiligen Maßnahmen in Form einer Unterlassungsverfügung und eines Antrags auf Erlass von Beweissicherungsmaßnahmen nur unzureichend Gebrauch machen kann, da den einstweiligen Maßnahmen von den chinesischen Gerichten aus verschiedensten Gründen nur äußerst selten stattgegeben wird.[1106] Ein weiteres rechtliches Defizit geht von den niedrigen durch die Gerichte zugesprochenen Schadensersatzsummen aus, die bestenfalls die Höhe einer fiktiven Lizenzgebühr für das imitierte Produkt erreichen.[1107] So können die erwarteten Schadensersatzleistungen in den Verkaufspreis der Plagiate einkalkuliert werden, sodass ein Patentverletzer bei einer Verurteilung kaum materielle Einbußen zu befürchten hat.[1108] Darüber hinaus werden Gerichtsurteile gar nicht oder lediglich ungenügend begründet und veröffentlicht. Auf diese Weise sind sie weder transparent noch für zukünftige ähnlich gelagerte Fälle verwendbar.[1109] Hinzu kommt, dass von der

1105 Vgl. *Petzold*, Schutz des geistigen Eigentums, 2012, S. 61 f.; *Hofmann*, Durchsetzung von Patentrechten, 2013, S. 98.

1106 So hat der Patentinhaber regelmäßig eine Sicherheitsleistung in Höhe des möglichen finanziellen Verlustes des Patentverletzers zu erbringen, die in vielen Fällen schlichtweg nicht zu leisten ist. Ferner hat das Gericht binnen 48 Stunden über den Antrag für einstweilige Maßnahmen zu entscheiden, sodass innerhalb dieses kurzen Zeitraums sämtliche Beweise vorliegen müssen, um eine Unterlassungsverfügung zu erwirken. Vgl. *von Pöllnitz*, Patentschutz, 2007, S. 30 f.; *Hofmann*, Durchsetzung von Patentrechten, 2013, S. 102 f. Darüber hinaus kann der Beklagte das Patentverfahren durch einen Antrag auf Einleitung eines Nichtigkeitsverfahrens aussetzen und somit eine mitunter jahrelange Verfahrensverzögerung bewirken. Die Möglichkeit der Verzögerung resultiert aus der sog. „Zirkelproblematik der Klageerhebung" im Rahmen des Nichtigkeitsverfahrens, in welcher der Patentüberprüfungsausschuss seine eigene Entscheidung im Hinblick auf die Patenterteilung mitunter mehrmals überprüft. Allgemein hierzu *Hofmann*, Durchsetzung von Patentrechten, 2013, S. 102 ff., 109 ff.

1107 Vgl. *Petzold*, Schutz des geistigen Eigentums, 2012, S. 70 f.; *Hofmann*, Durchsetzung von Patentrechten, 2013, S. 127.

1108 Allgemein hierzu *Hofmann*, Durchsetzung von Patentrechten, 2013, S. 107 ff.; *Erd/Rebstock*, Produkt- und Markenpiraterie, 2010, S. 65.

1109 Vgl. *Erd/Rebstock*, Produkt- und Markenpiraterie, 2010, S. 75 f.; *Hofmann*, Durchsetzung von Patentrechten, 2013, S. 99 f.

Möglichkeit zur Vernichtung von Plagiaten nur unzureichend Gebrauch gemacht wird.[1110]

Das Strafgerichtsverfahren kann ergänzend zum Zivilgerichtsverfahren erfolgen. Es leidet jedoch unter dem Umstand, dass lediglich Patentanmaßungshandlungen eine strafrechtliche Verfolgung nach sich ziehen, wogegen einfache Patentverletzungshandlungen keine strafrechtliche Relevanz besitzen. Dies ist insofern von Bedeutung, als eine Patentanmaßungshandlung erst mit Überschreitung eines nur selten erreichbaren Schwellenwertes aus dem wirtschaftlichen Vorteil des Schädigers bzw. Nachteil des Geschädigten aus der Patentverletzung vorliegt.[1111] Hinzu kommt, dass die Verwaltungsbehörden strafrechtsrelevante Fälle aufgrund von Eigeninteressen, Lokalprotektionismus und Korruption nur unzureichend an die betreffenden Gerichte weiterleiten.[1112] Demnach haben Patentverletzer nur in Ausnahmefällen mit einer Abschreckungswirkung durch strafrechtliche Folgen zu rechnen.

Ein Ausweichen von den gerichtlichen zu den behördlichen Patentverletzungsverfahren stellt hingegen keinen Ausweg aus den gerichtlichen Defiziten dar, da die Behörden bei der Bearbeitung und in der Entscheidungsfindung infolge fehlender Verfahrensvorschriften einen erheblichen Ermessensspielraum besitzen. So werden einige Patentverletzungen aus Eigeninteresse verschleppt oder erst gar nicht verfolgt.[1113] Darüber hinaus fällt das Strafmaß im Verwaltungsverfahren mit dem maximal dreifachen Betrag des beschlagnahmten Streitwerts äußerst gering aus.[1114] Hinzu kommt, dass ein Tätigwerden durch die Behörden, eine Vollstreckung der behördlichen Entscheidung sowie Schadensersatzforderungen wiederum nur gerichtlich durchsetzbar sind.[1115]

Die sozioökonomischen Gründe führen in China ebenfalls zu einer erheblichen Aufweichung des Patentrechts. So werden die Herstellung und der Vertrieb von Plagiaten in der chinesischen Gesellschaft nach wie vor als Kavaliersdelikt angesehen.[1116] Dies ist nicht zuletzt auf das konfuzianisch geprägte

---

1110 Vgl. *von Pöllnitz*, Patentschutz, 2007, S. 35.

1111 Vgl. *Petzold*, Schutz des geistigen Eigentums, 2012, S. 74, 76.

1112 Allgemein hierzu *Petzold*, Schutz des geistigen Eigentums, 2012, S. 76 f.; *Erd/Rebstock*, Produkt- und Markenpiraterie, 2010, S. 66.

1113 So auch *Hofmann*, Durchsetzung von Patentrechten, 2013, S. 117 f.

1114 Vgl. *Petzold*, Schutz des geistigen Eigentums, 2012, S. 67.

1115 So auch *Hofmann*, Durchsetzung von Patentrechten, 2013, S. 117 ff.; *Petzold*, Schutz des geistigen Eigentums, 2012, S. 67; *von Pöllnitz*, Patentschutz, 2007, S. 37; *Erd/Rebstock*, Produkt- und Markenpiraterie, 2010, S. 64, 93 f.

1116 Allgemein hierzu *Hofmann*, Durchsetzung von Patentrechten, 2013, S. 125 ff.; *Li*, Intellectual Property Protection, 2014, S. 114 f.

Eigentumsverständnis zurückzuführen.[1117] Ferner können die Hersteller und Händler mit dem Vertrieb von Plagiaten erhebliche Kosten im Bereich der Produktentwicklung, Qualitätssicherung und des Marketing sparen und eine große Nachfrage unter den Kunden erwarten.[1118] Die große Akzeptanz und die geringe Sanktionierung von Patentverletzungen führen dabei mitunter zu einer äußerst aggressiven Industriespionage seitens der Patentverletzer.[1119] Hinzu kommt, dass das Patentrecht offensichtlich zur staatlichen Steuerung der Wirtschaftspolitik in China dient, in der insbesondere die Gerichte und die Patentaufsichtsbehörde ihre Urteile und Entscheidungen im Sinne chinesischer Unternehmen treffen.[1120] Zudem behindern Interessenkonflikte infolge der regionalen Selbstverwaltung der einzelnen Provinzen die Bekämpfung von Patentverletzungen. So haben die Provinzen einerseits die Befugnis zur Generierung von Steuereinnahmen. Andererseits unterliegt ihnen zugleich die Patentrechtsdurchsetzung. Dies beinhaltet jedoch einen Interessenkonflikt, da die Sanktionierung von Patentverletzungen regionaler Unternehmen unweigerlich zu Steuereinbußen führt.[1121] Erschwerend kommt hinzu, dass in China der persönliche Kontakt zu Behördenmitarbeitern von außerordentlicher Bedeutung ist und sich die dichten Netzwerke zwischen Lokalregierung und Patentverletzern negativ auf die Verfolgung von Patentverletzungen auswirken.[1122] Darüber hinaus sind Beamte und Richter insbesondere in den abgelegenen Provinzen Chinas nach wie vor anfällig für Korruption.[1123]

1117 Allgemein hierzu *Li*, Intellectual Property Protection, 2014, S. 114 ff.; *Hofmann*, Durchsetzung von Patentrechten, 2013, S. 123 ff.; *Petzold*, Schutz des geistigen Eigentums, 2012, S. 37 f.; *Ahmed*, Marken- und Produktpiraterie, 2011, S. 9 f.

1118 Vgl. *Petzold*, Schutz des geistigen Eigentums, 2012, S. 17 f.; *Hofmann*, Durchsetzung von Patentrechten, 2013, S. 127 f.

1119 Allgemein hierzu *Hofmann*, Durchsetzung von Patentrechten, 2013, S. 136 ff.

1120 Allgemein hierzu *Hofmann*, Durchsetzung von Patentrechten, 2013, S. 129 f.; *Erd/Rebstock*, Produkt- und Markenpiraterie, 2010, S. 75 ff. Allgemein zur Abhängigkeit der Judikative von der Exekutive in China siehe *Hofmann*, Durchsetzung von Patentrechten, 2013, S. 134 ff.; *Petzold*, Schutz des geistigen Eigentums, 2012, S. 36.

1121 Vgl. *Hofmann*, Patent von Patentrechten, 2013, S. 131 f.; *Petzold*, Schutz des geistigen Eigentums, 2012, S. 35 f.

1122 Allgemein hierzu *von Pöllnitz*, Patentschutz, 2007, S. 27 f.; *Hofmann*, Durchsetzung von Patentrechten, 2013, S. 133; *Petzold*, Schutz des geistigen Eigentums, 2012, S. 39 f.

1123 Vgl. *Ahmed*, Marken- und Produktpiraterie, 2011, S. 11; *Hofmann*, Durchsetzung von Patentrechten, 2013, S. 134. Dies wird durch die CPI Rangliste 2020 bestätigt, wonach sich China mit 42 Punkten auf dem 78. Rang befindet (zum

5.3 Bewertung der Faktoren zur Verrechnungspreisermittlung

5.3.1 Auswirkungen der Marktmacht der Automobilhersteller

Die Automobilhersteller bringen in vielfacher Hinsicht ihre Marktmacht gegenüber den Automobilzulieferern zur Geltung. So werden die Zulieferer mit ihren Produktionsgesellschaften für gewöhnlich zur regionalen Präsenz in der Nähe der Hersteller-Produktionsstätten verpflichtet, um einen Auftrag zu erhalten. Diese Besonderheit innerhalb der Industrie ist insofern einzigartig, als die Lieferung und Fakturierung seitens der Zulieferer in aller Regel durch die operativ tätigen Produktionsgesellschaften zu erfolgen hat. Darüber hinaus übernehmen die Gesellschaften häufig die produktionsbezogenen Risiken, wie Überkapazitäten, Forderungsausfälle sowie Qualitätsrisiko, und weisen eine eigene Lagerhaltung sowie einen Vertriebsinnendienst für etwaige Preisnachverhandlungen sowie zur Betreuung der Kunden auf. Dies lässt den Schluss zu, dass das Modell eines Lohn- oder Auftragsfertigers zur Verrechnungspreisgestaltung regelmäßig keine Anwendung findet.[1124] Demnach stellt die vergütungswürdige Nutzungsüberlassung von geistigem Eigentum den Normalfall innerhalb der Automobilzulieferindustrie dar.

Die Automobilhersteller üben zudem einen umfangreichen Preis- und Kostendruck auf ihre Zulieferer aus. Dies kann bereits über die Auftragsvergabe oder erst im Rahmen der laufenden Geschäftsbeziehung erfolgen und ist besonders bei geringinnovativen oder älteren Produkten zu beobachten. Der Druck der Hersteller führt bei den Zulieferern für gewöhnlich zu einem Umsatzrückgang infolge von Preisnachlässen und vereinzelt zu steigenden Kosten durch erhöhte Investitionen in den Bereichen Entwicklung, Produktionsstätten, Anlagen und Maschinen, Logistik und Sonstiges. Der Umsatzrückgang lässt sich indessen nur durch einen erhöhten Mengenausstoß seitens der Zulieferer abfedern, was wiederum eine steigende Wettbewerbsintensität innerhalb der Automobilzulieferindustrie zur Folge hat. Zugleich bleibt eine Reduktion der Stückgewinne in aller Regel unvermeidbar. Insofern findet innerhalb der betreffenden Produktsparte regelmäßig eine Gewinnverlagerung hin zu den Herstellern statt, die schließlich den Kapitalgebern der Autobauer sowie den Endkunden zu Gute kommt. Lediglich bei neuen und hochinnovativen

---

Vergleich: Deutschland mit 80 Punkten auf dem geteilten 9. Rang). Vgl. *Transparency International Deutschland e.V.*, CPI Rangliste, 2020.

1124 Allgemein hierzu BMF-Schreiben vom 13.10.2010, BStBl. I 2010, S. 774 Tz. 203 ff.

Teile- und Systemkomponenten sind die Zulieferer in der Lage, den Preis weitgehend selbständig zu bestimmen.

Der aus der Marktmacht der Automobilhersteller resultierende und über den Produktlebenszyklus hinweg zunehmende Umsatzrückgang der Zulieferer lässt sich für gewöhnlich nicht vollständig durch Prozessoptimierungen ausgleichen. Demnach werden die Zulieferer unweigerlich mit einer sinkenden Stückgewinnmarge für das betreffende Produkt konfrontiert. Gleichzeitig besteht ein Zusammenhang zwischen Innovationen und der Umsatz- und Gewinnsteigerung.[1125] Dagegen lässt sich ein Umsatz- und Gewinnrückgang u.a. mit einer mangelnden Innovationskraft erklären. Somit liegt der Schluss nahe, dass ein auf die Marktmacht der Hersteller beruhender Preis- und Stückgewinnrückgang mittelfristig zu einer Entwertung des geistigen Eigentums führt. Dies erscheint insofern plausibel, als die Automobilindustrie und zugleich ein Großteil der dort getätigten Entwicklungen einen weitgehend autonomen und in sich geschlossenen Markt darstellen. Demnach ist die überwiegende Mehrheit des geistigen Eigentums der Zulieferer in Märkten außerhalb der Automobilindustrie weitgehend wertlos, sodass insoweit ein Ausweichen auf andere Märkte nicht möglich ist. Demnach würde ein fremder Dritter innerhalb der Automobilindustrie vom Lizenzgeber fordern, die Lizenzgebühr fortlaufend an seine Preis- und Gewinnreduzierung anzupassen.[1126]

Die Gewinnverlagerung hin zu den Automobilherstellern kann schließlich dazu führen, dass die Unternehmensmarke und die betreffenden Produktmarken des jeweiligen Herstellers gestärkt werden. Dies erfolgt einerseits aus der steigenden Renditeerwartung der Kapitalgeber oder – unter Weitergabe der Gewinnmarge an den Endkunden – aus einem verbesserten Ruf des Autobauers, beispielsweise im Hinblick auf das Preis-Leistungs-Verhältnis des jeweiligen Produktes. Demnach kann die Marktmacht der Hersteller zu einer partiellen Verlagerung des Wertes von geistigem Eigentum des Zulieferers hin zum geistigen Eigentum des Herstellers führen.

5.3.2 Einfluss des ungenügenden Patentschutzes in China

Der Wert von geistigem Eigentum wird im Wesentlichen davon beeinflusst, inwieweit fremde Dritte von dessen unentgeltlicher Nutzung ausgeschlossen werden können. So lässt sich geistiges Eigentum bereits durch bloße Geheimhaltung schützen. Allerdings stellt die Geheimhaltung allein ein wenig effektives

1125 Allgemein hierzu Kapitel 4.2.1.

1126 So auch BMF-Schreiben vom 14.07.2021, BStBl. I 2021, S. 1098 Tz. 3.39.

Mittel dar. Dies betrifft besonders geringinnovative Produktinnovationen, da sie sich mithilfe der Originalprodukte am Markt recht einfach reproduzieren lassen. Hinzu kommt eine zunehmend aggressive, häufig IT-gestützte Industriespionage, der keine Geheimhaltungsstrategie vollständig gewachsen ist. Demnach gewährt die Anmeldung eines gewerblichen Schutzrechts, verbunden mit verschiedenen Abwehrstrategien,[1127] nach wie vor den effektivsten und zugleich umfangreichsten Schutz von geistigem Eigentum.

Die Anmeldung eines gewerblichen Schutzrechts stößt jedoch in den Ländern an ihre Grenzen, in denen das Schutzrecht nicht durch den jeweiligen Staat garantiert wird. Diesbezüglich rückt neben den Entwicklungsländern vor allem China zunehmend in den Fokus der Öffentlichkeit, da es inzwischen eine der größten Volkswirtschaften darstellt und dort das nach internationalen Standards eingeführte Patentrecht in der Praxis nur äußerst unzureichend durchgesetzt oder zugunsten der einheimischen Unternehmen umgedeutet wird. So gehen Schätzungen davon aus, dass 10–30 % des gesamten chinesischen BIP auf Produkt- und Markenpiraterie zurückzuführen sind.[1128] Gleichzeitig nimmt China jedoch für sich in Anspruch als Marktwirtschaft anerkannt zu werden.

Von dem Problem der Produkt- und Markenpiraterie ist ebenfalls die Automobilindustrie betroffen, wenngleich keine belastbaren Zahlen über Umsatzeinbußen der geschädigten Unternehmen existieren. Für die Automobilindustrie sind die Patentverletzungen in China deshalb so bedeutsam, da im Jahr 2019 fast 30 % der weltweiten Automobilproduktion auf China entfiel. Gleichzeitig standen die entwickelten Volkswirtschaften, in denen das nach internationalen Standards geltende Patentrecht weitgehend zuverlässig durchgesetzt wird, lediglich für etwa 50 % der weltweiten Automobilproduktion. Hierzu zählen die Europäischen Union, die USMCA-Staaten[1129] sowie Japan und Südkorea. Demnach ist ein wesentlicher Anteil an der Automobilproduktion von Patentverletzungen bedroht, da gerade in den Staaten mit unzureichender staatlicher Patentrechtsdurchsetzung eine weit verbreitete Industriespionage existiert.

1127 Allgemein hierzu *Potekhina*, IP Management, 2017, S. 19.

1128 Vgl. *Petzold*, Schutz des geistigen Eigentums, 2012, S. 31.

1129 Vormals NAFTA-Staaten. Das NAFTA wurde mit Wirkung zum 1. Juli 2020 durch das USMCA ersetzt.

Tabelle 53: Automobilproduktion nach Regionen in den Jahren 2019–2022[1130]

Region	2019		2020		2021		2022	
	in Mio. Stk.	Anteil (in %)	in Mio. Stk.	Anteil (in %)	in Mio. Stk.	Anteil (in %)	in Mio. Stk.	Anteil (in %)
Weltweit	90,10	100,00	90,39	100,00	93,01	100,00	95,93	100,00
Europa (EU)	21,37	23,72	21,32	23,58	21,87	23,51	22,01	22,94
Großraum China (GC)	24,94	27,68	25,60	28,32	26,60	28,60	28,05	29,24
Japan / Korea (JK)	13,25	14,71	12,83	14,20	12,55	13,50	12,62	13,15
Mittlerer Osten / Afrika (MOA)	1,99	2,20	2,02	2,24	2,32	2,50	2,63	2,75
Nordamerika (NA)	16,57	18,39	16,27	18,00	16,40	17,63	16,55	17,25
Südamerika (SA)	3,44	3,82	3,65	4,04	3,90	4,19	4,02	4,19
Südostasien (SOA)	8,54	9,48	8,70	9,62	9,37	10,07	10,05	10,48

Es ist jedoch zu beachten, dass sich die Wirtschaftsgüter, die in China und den Entwicklungsländern durch unlautere Mittel hergestellt werden, in den entwickelten Industriestaaten nicht legal auf den Markt bringen lassen. So verbietet ein gewerbliches Schutzrecht sowohl die Produktion als auch den Vertrieb von Fälschungen, Nachahmungen und Plagiaten.[1131] Demnach müssen die Wirtschaftsgüter ebenfalls mit dem Patentrecht des Vertriebslandes konform sein. Diesbezüglich ist jedoch festzustellen, dass sich der Absatzmarkt in der Automobilindustrie in ähnlicher Weise global verteilt wie die Automobilproduktion. Beispielsweise werden im Jahr 2019 etwa 30 % der weltweit produzierten Automobile in China vertrieben. Von diesen Autos werden wiederum etwa 95 % in China selbst hergestellt. Gleichzeitig werden im Jahr 2019 nur knapp unter 50 % der Automobile in den entwickelten Volkswirtschaften abgesetzt.[1132]

1130 Quelle: eigene Darstellung, Daten: IHS Markit (Engine Production Forecast, Stand: 9/2019). Ähnlich auch *Statista*, Automobilproduktion, 2018, S. 23.

1131 Vgl. u.a. § 9 PatG.

1132 Quelle: IHS Markit (Regional Overview, Stand: 2/2019). Diese Daten stimmen mit der Geschäftsstrategie in der Automobilindustrie, wonach die Automobilproduktion möglichst in der Region des Absatzmarktes erfolgt, überein.

Tabelle 54: Vertriebsmärkte für Automobile nach Regionen in den Jahren 2019–2022[1133]

Region	2019		2020		2021		2022	
	in Mio. Stk.	Anteil (in %)	in Mio. Stk.	Anteil (in %)	in Mio. Stk.	Anteil (in %)	in Mio. Stk.	Anteil (in %)
Weltweit	90,47	100,00	90,99	100,00	93,44	100,00	96,23	100,00
Europa (EU)	20,35	22,49	20,31	22,32	20,74	22,20	21,19	22,02
Großraum China (GC)	25,86	28,58	26,34	28,95	27,49	29,42	28,70	29,82
Japan / Korea (JK)	6,94	7,67	6,73	7,40	6,56	7,02	6,48	6,73
Mittlerer Osten / Afrika (MOA)	3,79	4,19	4,09	4,49	4,58	4,91	5,19	5,40
Nordamerika (NA)	20,09	22,21	19,79	21,75	19,71	21,09	19,62	20,39
Südamerika (SA)	4,56	5,04	4,74	5,21	4,91	5,25	5,09	5,29
Südostasien (SOA)	8,88	9,82	8,99	9,88	9,45	10,11	9,96	10,35

Tabelle 55: Produktions-Vertriebs-Matrix für Leichtfahrzeuge im Jahr 2019[1134]

2019		Produktionsregion (in %)						
		EU	GC	JK	MOA	NA	SA	SOA
Vertriebsregion (in %)	**Europa (EU)**	85,7	0,3	7,0	3,0	2,6	0,0	0,9
	Großraum China (GC)	2,4	95,1	1,5	0,0	0,9	0,0	0,1
	Japan / Korea (JK)	7,6	0,0	89,9	0,5	1,6	0,0	0,4
	Mittlerer Osten / Afrika (MOA)	12,5	3,1	17,0	35,2	4,1	0,0	9,1
	Nordamerika (NA)	7,1	0,8	15,3	0,1	74,6	0,6	1,6
	Südamerika (SA)	3,7	3,5	5,3	0,0	7,3	70,5	2,5
	Südostasien (SOA)	3,0	0,3	7,7	0,3	0,9	0,1	87,7

Das Problem der Patentverletzungen bleibt in der Automobilindustrie demnach unabhängig von der Wirkungsweise der gewerblichen Schutzrechte unverändert bestehen. Somit wird deutlich, dass insbesondere die Patentverletzungen in China einen wertmindernden Faktor für geistiges Eigentum in der Automobilindustrie darstellen können. So gehen die Patentverletzungen

1133 Quelle: eigene Darstellung, Daten: IHS Markit (Autoinsight, Overviews: Europe Overview – Sales/Demand Overview, Stand: 9/2019).

1134 Quelle: eigene Darstellung, Daten: IHS Markit (Regional Overview, Stand: 2/2019).

regelmäßig mit einer erhöhten Wettbewerbsintensität einher. Dies resultiert einerseits aus der Zunahme der Marktteilnehmer und andererseits aus der häufig zu beobachtenden Penetrationsstrategie der Patentverletzer. Infolgedessen werden die geschädigten Unternehmen mit Umsatz- und Gewinneinbußen konfrontiert, die zur Entwertung des geistigen Eigentums führen. Ist schließlich eine Entwertung des geistigen Eigentums nachweisbar, sollte sich dies in der Lizenzvergütung widerspiegeln.

5.4 Analyse der Verrechnungspreisermittlung nach der geschäftsvorfallbezogenen Gewinnaufteilungsmethode

5.4.1 Allgemeine Anwendbarkeit des Verrechnungspreises

Die Automobilindustrie ist besonders von dem Merkmal geprägt, dass die Zulieferer ihre Produktionsgesellschaften für gewöhnlich in der Region der Hersteller-Produktionsstätten zu errichten haben, um für einen Auftrag berücksichtigt zu werden. Die Funktionen dieser Gesellschaften gehen dabei weit über die Funktionsausübung eines Auftragsfertigers hinaus. Allerdings sind die Funktionsausübung und die Risikoübernahme nicht derart umfassend, um eine funktional selbständige Geschäftseinheit anzunehmen. Demnach handelt es sich bei diesen Produktionsgesellschaften regelmäßig um Hybridunternehmen.

Hinsichtlich der Vergütung dieser Gesellschaften ist ihre Einbettung in die geschäftsvorfallbezogene Gewinnaufteilungsmethode zu bevorzugen. Die Preisvergleichsmethode wird mangels ausreichend verfügbarer Fremdvergleichspreise in aller Regel nicht anwendbar sein. Dabei ist für nahezu jeden Geschäftsvorfall anzunehmen, dass er unter Einbeziehung eines Strategieträgers erfolgt, der vorzugsweise anhand der geschäftsvorfallbezogenen Gewinnaufteilungsmethode zu vergüten ist. Demnach lässt sich die Entlohnung eines Hybridunternehmens in die Berechnung der Vergütung des Strategieträgers nach der geschäftsvorfallbezogenen Gewinnaufteilungsmethode einbeziehen, soweit die Gewinnaufteilung anhand eines funktionsbasierten Aufteilungsschlüssels erfolgt. Diesbezüglich bieten sich insbesondere die Restgewinnanalyse und die Beitragsanalyse an. So basiert die Restgewinnanalyse auf einer funktionalen, zumeist auf den (eingeschränkten) Fremdvergleichsgrundsatz gestützten Gewinnaufteilung, wobei der verbleibende Residualgewinn dem Lizenzgeber zukommt. Die Beitragsanalyse greift indessen auf den geleisteten Beitrag zurück. Dabei können die beiden Methoden durch das DEMPE-Funktionskonzept gezielt unterstützt werden, sodass die einzelnen Funktionen möglichst wertschöpfungsbasiert vergütet werden.[1135] Insofern ähnelt diese Vergütung der planrechnungsbasierten Verrechnungspreisbestimmung auf Grundlage einer Wertschöpfungsanalyse.[1136] Der Unterschied besteht jedoch darin, dass direkt die Vergütungen sämtlicher Funktionsausübungen und Risikoübernahmen eines Geschäftsvorfalls sowie deren Kontrolle, anstatt lediglich die Vergütung der Funktionen und Risiken des Hybridunternehmens festgelegt werden. Demnach erscheint die Hinzuziehung von Planrechnungen spätestens seit der Entwicklung des DEMPE-Funktionskonzepts zur Unterstützung der geschäftsvorfallbezogenen Gewinnaufteilungsmethode überholt zu sein. Dies wird inzwischen auch von der deutschen Finanzverwaltung anerkannt, indem sie das Konzept der Hybridunternehmen und den damit verbundenen Rückgriff auf Planrechnungen mit Veröffentlichung des BMF-Schreibens vom 14.07.2021[1137] nicht weiterverfolgt.

Wenn zur Ermittlung eines Verrechnungspreises für die Nutzung von geistigem Eigentum schließlich auf die geschäftsvorfallbezogene Gewinnaufteilungsmethode zurückgegriffen wird, werden die besonderen Faktoren innerhalb der Automobilzulieferindustrie in der Verrechnungspreisbestimmung grundsätzlich ausreichend berücksichtigt, da es sich um marktorientierte Verrechnungspreismethoden handelt. Allerdings unterliegt die Verrechnungspreisbestimmung nach der geschäftsvorfallbezogenen Gewinnaufteilungsmethode ähnlichen Problemen wie die allgemeine Verrechnungspreisermittlung.[1138] Beispielsweise können sich von den Herstellern geforderte Savings oder eine plötzliche Reduzierung des Warenabrufs unmittelbar auf den Gewinn und somit auf die Lizenzgebühr niederschlagen, obwohl sie keinen unmittelbaren Zusammenhang mit dem Wert des zu vergütenden geistigen Eigentums aufweisen. Die Ursache ist darin zu sehen, dass sich die Kostenentwicklung für gewöhnlich erst allmählich einer derartigen Umsatzentwicklung anpasst. So ist es denkbar, dass Savings, die von einem Automobilhersteller gefordert werden, zu einer Umsatzreduzierung von 5 % und mehr führen, bei gleichzeitiger vorübergehend vollständiger Abschmelzung des Gewinns. Durch die Bindung an den Gewinn wird die Lizenzierung jedoch von operativen Gewinnschwankungen abhängig gemacht, sodass der Lizenzgeber neben dem Risiko für die Entwicklungsleistung des geistigen Eigentums in gleicher Weise wie der Lizenznehmer am operativen Risiko im Zusammenhang mit

---

1135 So auch *Hug*, Expert Focus 2019, S. 590 f.; *Puls/Heravi*, IStR 2018, S. 725.

1136 Für eine planrechnungsbasierte Verrechnungspreisbestimmung siehe *Borstell/Hülster* in: Vögele et al., Verrechnungspreise, 2015, Kap. M Rz. 22 f.

1137 Vgl. BMF-Schreiben vom 14.07.2021, BStBl. I 2021, S. 1098.

1138 Allgemein hierzu Kapitel 4.2.4.1.

der Produktion und dem Vertrieb des produzierten Gutes partizipiert. Ein fremder Dritter würde ein derartiges Risiko wohl nicht dulden.

Dieses Problem lässt sich insofern beherrschen, als zur Verrechnungspreisbestimmung auf die Modifizierung der geschäftsvorfallbezogenen Gewinnaufteilungsmethode[1139] zurückgegriffen wird.[1140] Dabei wird die Lizenzgebühr langfristig nicht an den Gewinn, sondern vielmehr an den Umsatz gebunden, sodass das operative Risiko weitgehend beim Produktionsunternehmen verbleibt. Diesbezüglich ist jedoch zu beachten, dass die Auswirkungen der Marktmacht der Automobilhersteller oder von Patentverletzungen im Einzelfall sogar zu einer Neuberechnung oder gar zur Aufhebung der Lizenzgebühr führen können. So ist es denkbar, dass vom Hersteller geforderte Savings die Produktion des betreffenden Gutes derart unrentabel werden lassen, dass sie unter Berücksichtigung der bestehenden Lizenzgebühr langfristig nicht mehr profitabel ist. In diesem Fall wäre eine Neuberechnung der Lizenzgebühr erforderlich.[1141] Indessen können insbesondere Patentverletzungen letztendlich dazu führen, dass das geistige Eigentum vollständig wertlos wird und die Lizenzgebühr vollumfänglich aufzuheben ist.

5.4.2 Relativer Wertschöpfungsbeitrag von Innovationen und Marken am geistigen Eigentum

Der Verrechnungspreis für geistiges Eigentum wird grundsätzlich über die geschäftsvorfallbezogene Gewinnaufteilungsmethode bestimmt. Dabei wird ein absoluter Gesamtwert für das geistige Eigentum berechnet, der sich über eine Wertschöpfungsanalyse in seine Bestandteile, bestehend aus Produktinnovationen, Prozessinnovationen und Marken aufteilen lässt. Darüber hinaus sind ebenfalls die entsprechenden Routinetätigkeiten zu vergüten. Der absolute Wert des geistigen Eigentums ist allgemeinhin von den Kennzahlen des betreffenden Geschäftsvorfalls abhängig. Allerdings führen besondere Faktoren in der Automobilzulieferindustrie dazu, dass der relative Beitrag der Produktinnovationen, Prozessinnovationen, Marken und Routinetätigkeiten zur Gesamtwertschöpfung in anderer Weise als in anderen Branchen zu gewichten ist. Dies wird im Folgenden weiter vertieft.

Der Automobilmarkt lässt sich im Wesentlichen in sieben regionale Absatzmärkte einteilen. Dabei wird nach den Märkten Europa, Großraum China,

1139 Allgemein hierzu Kapitel 4.2.4.2.6.

1140 Für ein Anwendungsbeispiel siehe Kapitel 4.5.

1141 Allgemein hierzu Kapitel 4.2.4.2.6.4.

Japan/Korea, Afrika/Mittlerer Osten, Nordamerika, Südamerika und Südasien differenziert. Von diesen Märkten sind jedoch die Vertriebsregionen Südamerika sowie Afrika/Mittlerer Osten von untergeordneter Bedeutung. Gleichzeitig wird die Automobilproduktion von Unternehmen aus Europa, Japan/Korea und Nordamerika beherrscht, wenngleich die großen Hersteller mit Produktionsstätten in sämtlichen Regionen vertreten sind. Zudem nehmen Autobauer aus dem Großraum China einen zunehmenden Stellenwert in der Produktion ein. In gleicher Weise verteilen sich die Automobilzulieferer auf die einzelnen Regionen. So stammen die Zulieferer im Wesentlichen aus Europa, Japan/Korea und Nordamerika und betreiben Niederlassungen in sämtlichen Regionen der Welt. Demnach existieren in der Zulieferindustrie weitgehend geschlossenen Märkte. Dies ist unweigerlich mit einer Entwertung des geistigen Eigentums verbunden, da den Zulieferern die fremden Märkte nicht uneingeschränkt offenstehen. Diese Besonderheit wird jedoch bereits in der Verrechnungspreisbestimmung anhand der geschäftsvorfallbezogenen Gewinnaufteilungsmethode berücksichtigt. Zudem wirken sich die weitgehend geschlossenen Märkte in gleicher Weise auf die Routinetätigkeiten aus, sodass sich auch der relative Wertschöpfungsbeitrag von Innovationen, Marken und Routinetätigkeiten an der Gesamtwertschöpfung insofern nicht verändert.

Erfahrungsgemäß gestaltet sich die Etablierung des Produktes eines Herstellers im Vertriebsmarkt einer Region, die von den dort ansässigen Autobauern beherrscht wird, als äußerst langwierig und schwierig. So ist es für die europäischen Hersteller mit großen Anstrengungen verbunden, sich in den Märkten Großraum China, Japan/Korea, Nordamerika und Südasien festzusetzen. Um in diesen Regionen dennoch Fuß zu fassen, entwickeln die Hersteller ihre bestehenden Modelle im Bedarfsfall nach den individuellen Bedürfnissen der Kunden in den betreffenden Regionen weiter und verknüpfen sie mit intensiven Vertriebsanstrengungen. Dabei erfordern die regionalen Produktmarken der Hersteller zusätzliche Entwicklungsleistungen ihrer Zulieferer. Diesbezüglich wird eine bereits existierende Entwicklung in aller Regel weiterentwickelt und an die regionalen Bedürfnisse der Endkunden angepasst. Diese Verbindung zwischen Hersteller und Zulieferer wird insofern noch zusätzlich intensiviert, als die Autobauer ihre Aufträge in aller Regel über weltweit geltende Rahmenvereinbarungen vergeben, die über zentrale Einkaufs- bzw. Vertriebsabteilungen der Hersteller und Zulieferer ausverhandelt werden. Den dezentralen Konzerngesellschaften unterliegen indessen die Durchführung von regionalen Nachverhandlungen sowie die laufende Lieferabwicklung. Demnach kann dieses praktizierte Global Sourcing der Hersteller mit einer Entwertung der

Marken einhergehen, indem sich die Wertschöpfung stärker auf Routinetätigkeiten wie den Vertrieb der lokalen Konzernmitglieder verlagert.

Für die Zulieferer erscheint es ungleich komplizierter, den Hersteller einer anderen Region als Kunden zu gewinnen. So bevorzugen die Autobauer bei der Auftragsvergabe regelmäßig die Zulieferer aus ihrer eigenen Region.[1142] Demnach ist die Konzentration der marktbeherrschenden Hersteller und Zulieferer auf dieselben Regionen keinem Zufall geschuldet. Die Zulieferer versuchen diesem Umstand insofern zu begegnen, als sie durch den Einsatz lokaler Key-Account Manager einen Zugang zu den Herstellern anderer Regionen anstreben. Somit wird der Vertrieb noch weiter auf die lokalen Konzerngesellschaften verlagert. Diese Strategie fußt auf der Annahme, dass die lokalen Key-Account Manager mit den örtlichen Gegebenheiten, Rahmenbedingungen und der Kultur wesentlich besser vertraut sind und infolgedessen bei den regionalen Herstellern größere Erfolge erzielen können. Ist eine intensive Geschäftsbeziehung zu einem Autobauer erst einmal aufgebaut, können die Vertragsverhandlungen vornehmlich wieder über die zentrale Vertriebsabteilung abgewickelt werden. Dies ist jedoch regelmäßig erst nach vielen Jahren möglich. Gleichzeitig agieren die Konzernmitglieder in der Zulieferindustrie häufig auch im Übrigen weitgehend autark. Dies ist nicht zuletzt auf die Verpflichtung zur weltweiten regionalen Präsenz zurückzuführen. Demnach sind die weitgehende Eigenständigkeit der operativen Gesellschaften sowie die regionale Präsenz unmittelbar mit einer Erhöhung des relativen Wertschöpfungsbeitrags der Marken am gesamten geistigen Eigentum verbunden, da sich vielmehr die regionale Präsenz als die Innovationen für die Erschließung neuer Märkte verantwortlich zeigt. Gleichzeitig werden durch die regionale Präsenz die Routinetätigkeiten wie der regionale Vertrieb gestärkt. Die überdurchschnittliche Bedeutung des Vertriebs in der Automobilindustrie wird auch durch eine umfassende Auswertung der Renditekennzahlen für die Vertriebsfunktion durch *Schwarz/Stein* bestätigt.[1143] Demnach ist die Rendite im Vertrieb innerhalb der Automobilindustrie um fast 40 % höher als im branchenübergreifenden Durchschnitt, wogegen die Produktionsfunktion mit einer durchschnittlichen Rendite vergütet wird.[1144]

Die Automobilindustrie ist von einer großen Marktmacht der Automobilhersteller geprägt. Dies spiegelt sich insbesondere in den Savings, die den

---

1142 Dies ist besonders bei den Herstellern der Region Japan/Korea zu beobachten.

1143 Vgl. *Schwarz/Stein*, Verrechnungspreise, 2018, S. 171 ff.

1144 Vgl. *Schwarz/Stein*, Verrechnungspreise, 2018, S. 155, 185.

Herstellern flächendeckend gewährt werden, wider. Die Marktmacht der Hersteller ist jedoch regelmäßig mit einem Umsatz- und Gewinnrückgang seitens der Zulieferer verbunden. Dies hat wiederum einen unmittelbaren negativen Einfluss auf den Wert der Produkt- und Prozessinnovationen. Der absolute Wert der Marken wird indessen nicht beeinflusst, da die den Markenwert beeinflussenden Faktoren in keiner Weise beeinträchtigt werden. Auf diese Weise steigt jedoch der relative Anteil der Marken an der Gesamtwertschöpfung. Der relative Wertschöpfungsbeitrag der Routinetätigkeiten kann indessen insofern sinken, als die Marktmacht der Hersteller auf ein unzureichendes Management oder schlechte Verhandlungen des Vertriebs über die Höhe von Savings etc. zurückzuführen ist.

Ferner äußert sich der Einfluss der Hersteller darin, dass die Innovationsrisiken zunehmend von den Zulieferern zu übernehmen sind. Dies ist wiederum in aller Regel mit einem erhöhten Innovationserfolg seitens der Zulieferer verbunden. Insofern nimmt der relative Wertschöpfungsbeitrag der Innovationen zur Gesamtwertschöpfung zu, wogegen sich der Anteil der Marken reduziert. Die Innovationsfähigkeit kann zudem durch F&E-Kooperationen gesteigert werden, wenngleich die Kooperationen den Innovationserfolg nicht garantieren können. Die Zulieferer werden jedoch immer wieder mit der Missachtung von Schutzrechten konfrontiert, die insbesondere im chinesischen Markt zu beobachten ist. Die Verletzung der Schutzrechte geht regelmäßig mit einer Entwertung des gesamten geistigen Eigentums einher. Dies kann sogar dazu führen, dass sich der relative Wertschöpfungsanteil der Routinetätigkeiten erhöht.

Die bisherigen Ausführungen verdeutlichen, dass einige spezifische Merkmale der Automobilzulieferindustrie den Verrechnungspreis für geistiges Eigentum beeinflussen können. Dabei wirken sich die Einflussfaktoren in unterschiedlichem Maße auf die Vergütung der einzelnen Bestandteile des geistigen Eigentums aus. Im Einzelnen können die Faktoren in folgender Weise den relativen Wertschöpfungsbeitrag von Innovationen, Marken und Routinetätigkeiten zum gesamten geistigen Eigentum beeinflussen:

- Verschiebung der Wertschöpfung innerhalb des geistigen Eigentums von Innovationen auf Marken und umgekehrt sowie
- Verlagerung der Wertschöpfung von geistigem Eigentum auf die Routinetätigkeiten und umgekehrt.

Ein Überblick über die Verschiebung des relativen Wertschöpfungsbeitrags von Innovationen, Marken und Routinetätigkeiten infolge der Einflussfaktoren innerhalb der Zulieferindustrie ist der folgenden Übersicht zu entnehmen:

Tabelle 56: Einfluss ausgewählter Faktoren der Automobilzulieferindustrie auf relativen Wertschöpfungsbeitrag von Innovationen, Marken und Routinetätigkeiten

Einflussfaktor	**Zunahme (+) und Abnahme (–) des relativen Wertschöpfungsbeitrags**			
	Produkt-innovation	**Prozess-innovation**	**Marke**	**Routinetätigkeit**
Regional weitgehend geschlossene Märkte				
Global Sourcing der Hersteller			–	+
relative Eigenständigkeit der operativen Gesellschaft[1145]	(–)	(–)	(+)	(+)
regionale Präsenz	–	–	+	(+)
Marktmacht der Hersteller	–	–	+	(–)
Übernahme von Innovationsrisiken	+	+	–	
F&E-Kooperation	(+)	(+)	(–)	
Missachtung von Schutzrechten	–	–	–	(+)

Die Ergebnisse der Tabelle 56 können die Ermittlung der Lizenzgebühren für das geistige Eigentum in der Automobilzulieferindustrie anhand der geschäftsvorfallbezogenen Gewinnaufteilungsmethode unterstützen. Dabei lassen sie sich insbesondere in die Wertschöpfungsanalyse zur Aufteilung des Gesamtgewinns auf die Produktinnovationen, Prozessinnovationen, Marken und Routinetätigkeiten einbeziehen. Dies kann insofern erfolgen, als der Beitrag der Innovationen, Marken und Routinetätigkeiten auf den Unternehmenserfolg in Abhängigkeit von der individuellen Ausprägung der Einflussfaktoren stärker oder schwächer gewichtet wird. Auf diese Weise lässt sich das geistige Eigentum über die Wertschöpfungsanalyse gezielter in seine einzelnen Bestandteile einteilen.

1145 Obwohl der relative Anteil der Marken an der Gesamtwertschöpfung steigt, kann die Lizenzgebühr für das geistige Eigentum sinken, da die operative Konzerngesellschaft mit zunehmender Eigenständigkeit regelmäßig einen größeren Eigenbeitrag zur Schaffung der Prozessinnovationen und Marken leistet.

5.4.3 Besonderheiten in der Lizenzierung von Prozessinnovationen und Marken

In der Automobilzulieferindustrie kommt der Lizenzierung von Innovationen eine besondere Bedeutung zu. Dies liegt nicht zuletzt darin begründet, dass in der Zulieferindustrie infolge des von den Automobilherstellern praktizierten Global Sourcing eine weitgehend zentralisierte Forschung und Entwicklung, bei gleichzeitiger dezentraler Produktion mit einem mitunter operativen Vertrieb vorliegt. Darüber hinaus ist unter den Zulieferern ein äußerst großer Wettbewerb zu beobachten, der durch die Marktmacht der Hersteller noch intensiviert wird. Gleichzeitig stellt die Automobilindustrie eine sehr alte Branche dar. Demnach erscheint es in der Zulieferindustrie in besonderem Maße erforderlich, die Produkt- und Prozessinnovationen sowie die Marken genau zu identifizieren, um eine angemessene Lizenzgebühr für das geistige Eigentum bestimmen zu können.

Der große Wettbewerbsdruck innerhalb der Zulieferindustrie, der im Wesentlichen infolge der Marktmacht der Hersteller entsteht, erhöht die Bedeutung der Innovationen in besonderem Maße. Darüber hinaus überlassen die Hersteller den Zulieferern zunehmend die Forschung und Entwicklung mit der Intention, ihnen die Innovationsrisiken zu übertragen. Diesem Zustand begegnen die Zulieferer vielfach mit F&E-Kooperationen. Dabei wird der Fokus auf die Prozessinnovationen gelegt, da sie von den Herstellern besonders nachgefragt werden.[1146] Infolgedessen können die Zulieferer ein außerordentliches Innovationspotenzial erreichen, das bei Entwicklungs- und Technologiespezialisten besonders ausgeprägt ist. Somit kommt den Prozessinnovationen häufig ein überdurchschnittlicher Anteil am geistigen Eigentum zu. Infolge der weltweiten regionalen Präsenz vieler Zulieferer sowie der relativen Eigenständigkeit ihrer operativ tätigen Konzerngesellschaften werden die Prozessinnovationen jedoch regelmäßig in nennenswertem Umfang von diesen operativen Konzernmitgliedern selbst geschaffen. Demnach wird es häufig erforderlich sein, die Wertschöpfungsbeiträge der Konzernmitglieder über eine Wertschöpfungsanalyse zu identifizieren, um die zuvor ermittelte Lizenzgebühr um den Wertschöpfungsbeitrag des Lizenznehmers an den Prozessinnovationen zu kürzen.[1147] Nur auf diese Weise lässt sich ein fremdvergleichskonformer Verrechnungspreis für die Produkt- und Prozessinnovationen in der Automobilzulieferindustrie ermitteln.

1146 Vgl. *Bratzel et al.*, Automobilzulieferer, 2015, S. 130.

1147 Allgemein hierzu Kapitel 4.3.4.3.1. Für ein Anwendungsbeispiel siehe Kapitel 4.5.

Die weitgehend zentralisierte Einholung von Aufträgen seitens der Zulieferer wirkt sich ferner auf die Verrechnungswürdigkeit der Marke aus. So profitieren die lokalen Produktions- und Vertriebsgesellschaften aufgrund der weltweiten und zentralisierten Auftragsvergabe nur in geringem Maße von der Unternehmens- und Produktmarke der Muttergesellschaft. Dies ist darauf zurückzuführen, dass ein Konzernunternehmen aus einer Marke in erster Linie über selbständige Vertriebsaktivitäten hinsichtlich einer erfolgreichen Kundengewinnung seinen Nutzen zieht. Da die Kunden in der Automobilzulieferindustrie jedoch vornehmlich durch die Muttergesellschaft gewonnen werden, profitieren die lokalen Konzernunternehmen nur unwesentlich von der Marke. Die anschließende Überlassung der Kundenaufträge an die Produktions- und Vertriebsgesellschaften ist indessen nicht über eine Markenlizenz, sondern vielmehr über eine Vertriebsunterstützung zu vergüten.

Der Umstand, dass die einzelnen Regionen im Wesentlichen in sich geschlossene Märkte darstellen, und die damit verbundene Dezentralisierung der Vertriebsaktivitäten gegenüber den Herstellern einer anderen Region beeinflussen ebenfalls die Lizenzierung der Marke. So treten die lokalen Key-Account Manager zwar mit der zentralen Unternehmensmarke des Zulieferers gegenüber den Autobauern auf.[1148] Der Zugang zu den Herstellern und eine etwaige Auftragsvergabe sind jedoch vornehmlich auf die operativen Vertriebsaktivitäten und nur unwesentlich auf die Unternehmensmarke zurückzuführen. Ferner ist die Schaffung der Marke vordergründig den Aktivitäten der lokalen Konzerngesellschaften zuzurechnen, soweit die Unternehmensmarke die Kundengewinnung beeinflusst. Aufgrund dessen erscheint eine Vergütung der Marke in der Automobilzulieferindustrie nur in geringfügigem Umfang angemessen zu sein, da in der Regel eine Reduzierung der Lizenzvergütung anhand der in Kapitel 4.4.4.2 vorgestellten Modifizierung vorzunehmen ist.[1149]

1148 Produktmarken sind in der Zulieferindustrie indessen von untergeordneter Bedeutung.

1149 Für ein Anwendungsbeispiel siehe Kapitel 4.5.

6 Fazit und Ausblick

Die Untersuchungsergebnisse dieser Arbeit können in folgender Weise zusammengefasst werden:

(i) Die Vergütung zur Nutzung von geistigem Eigentum, das der Fertigung eines Erzeugnisses dient, lässt sich vorzugsweise in Anlehnung an den Marktpreis dieses Gutes bestimmen und fortentwickeln. Die Kosten zur Fertigung des Erzeugnisses bilden indessen keine angemessene Grundlage zur Festlegung einer Lizenzgebühr. Der Gewinn, der mithilfe des produzierten Gutes erzielt wird und der geschäftsvorfallbezogenen Gewinnaufteilungsmethode als Berechnungsgrundlage dient, ist nur eingeschränkt zur Ermittlung einer Lizenzgebühr geeignet.

(ii) Zur Bestimmung einer Lizenz für die Nutzung von geistigem Eigentum ist in aller Regel auf die geschäftsvorfallbezogene Gewinnaufteilungsmethode als „Ultima Ratio" zurückzugreifen. Als Methode zur Gewinnaufteilung ist dabei die Restgewinnanalyse zu empfehlen. Diesbezüglich kommt der Aufteilung des geistigen Eigentums in Produktinnovationen, Prozessinnovationen und Marken eine besondere Bedeutung zu. Hierzu empfiehlt es sich, eine Wertschöpfungsanalyse vorzunehmen. Die Analyse kann durch die Einbeziehung der herausgearbeiteten Auswirkungen der (Erfolgs-)Faktoren auf den Verrechnungspreis im Business-to-Business Markt und in der Automobilzulieferindustrie unterstützt werden.

(iii) Die geschäftsvorfallbezogene Gewinnaufteilungsmethode führt im Zeitablauf zu ungenauen Ergebnissen, da Gewinnbestandteile in die Vergütung einfließen können, die nicht dem geistigen Eigentum zuzurechnen sind. Dieses Problem lässt sich insofern lösen, als die mithilfe der geschäftsvorfallbezogenen Gewinnaufteilungsmethode berechnete Lizenzgebühr zu einem angemessenen Zeitpunkt über einen Lizenzsatz an die erzielten Umsätze gebunden und fortentwickelt wird. Der dadurch ermittelte Lizenzsatz ist schließlich so lange fortzuführen, bis ein Grund zu seiner Aufhebung eintritt.

(iv) Die Lizenzgebühr für die Nutzung von geistigem Eigentum ist in die Intercompany-Preise einzubeziehen. Dabei führt eine Veränderung der Lizenzhöhe dazu, dass der produktbezogene Verrechnungspreis, der zuvor anhand der Kostenaufschlagsmethode festgelegt worden ist, nachträglich zu korrigieren ist. Die Korrektur des Verrechnungspreises für das betreffende Gut wirkt sich wiederum auf die Lizenzhöhe aus. Dieser

Zirkelschluss lässt sich mithilfe einer Formel zur Bestimmung der Lizenzgebühr, die in den Intercompany-Preisen zu berücksichtigen ist, lösen.

(v) Grundsätzlich wird ein Verrechnungspreis für die Nutzung von geistigem Eigentum im Business-to-Business Markt nicht anders bestimmt als im Business-to-Consumer Markt. Allerdings unterliegen die Prozessinnovationen und Marken im Industriegütermarkt der Besonderheit, dass sie regelmäßig mitunter vom Lizenznehmer geschaffen werden. Soweit sich jedoch der Lizenznehmer für die Generierung des geistigen Eigentums verantwortlich zeigt, erscheint eine Vergütung gegenüber dem Lizenzgeber unangebracht. Demnach ist der Anteil des geistigen Eigentums, der sich auf den Lizenznehmer zurückführen lässt, aus der Lizenzgebühr herauszurechnen. Diesbezüglich kann sich einer Wertschöpfungsanalyse zur Schaffung der Prozessinnovationen oder Markenwerte bedient werden.

(vi) Allgemeinhin bestehen bei der Bestimmung eines Verrechnungspreises für die Nutzung von geistigem Eigentum in der Automobilzulieferindustrie keine Besonderheiten gegenüber anderen Industriezweigen. Allerdings können sich die besonderen Merkmale der Zulieferindustrie auf den Gesamtwert oder die Zusammensetzung des geistigen Eigentums auswirken. Dies kann wiederum zu veränderten Korrekturbeträgen in der Reduzierung der Lizenzgebühren für Prozessinnovationen und Marken, die infolge der Beteiligung des Lizenznehmers an deren Wertschöpfung erforderlich wird, führen. Zudem erscheint der Wert einer Marke aufgrund der besonders engen Beziehung zu den Herstellern unter den Zulieferern regelmäßig geringer ausgeprägt als in anderen Industriezweigen. Ferner agieren viele operative Konzerngesellschaften in der Zulieferindustrie weitgehend selbständig, sodass sie in aller Regel einen überdurchschnittlichen Beitrag zur Schaffung von Prozessinnovationen und Marken leisten. Diese Besonderheiten sind in der Verrechnungspreisermittlung zu berücksichtigen.

(vii) Die Wertschöpfungsanalyse, die unter Anwendung der geschäftsvorfallbezogenen Gewinnaufteilungsmethode sowohl die Restgewinnanalyse als auch die Beitragsanalyse unterstützen kann, bedarf einer weiterführenden Forschung. Diesbezüglich wäre es wünschenswert, wenn die Wertschöpfungsbeiträge der regelmäßig identifizierbaren Funktionen und Risiken innerhalb des Business-to-Business Marktes intensiver auf ihren individuellen Beitrag zur Gesamtwertschöpfung hin untersucht werden, um die subjektiven Einflussmöglichkeiten auf das Ergebnis der

Wertschöpfungsanalyse zu reduzieren. Dies würde schließlich dazu beitragen, die bestehenden Unsicherheiten im Zusammenhang mit der Wertschöpfungsanalyse und somit das Konfliktpotenzial mit der Finanzverwaltung zu reduzieren und zugleich die Akzeptanz des DEMPE-Funktionskonzepts zu stärken.

Quellenverzeichnis

Nationale Gesetze

AktG, Aktiengesetz in der Fassung der Bekanntmachung vom 6. September 1965 (BGBl. I 1965, S. 1089), zuletzt geändert durch Gesetz vom 10. August 2021 (BGBl. I 2021, S. 3436).

AO, Abgabenordnung in der Fassung der Bekanntmachung vom 1. Oktober 2002 (BGBl. I 2002, S. 3866; 2003 S. 61), zuletzt geändert durch Gesetz vom 8. September 2021 (BGBl. I 2021, S. 4303).

AStG, Gesetz über die Besteuerung bei Auslandsbeziehungen (Außensteuergesetz) in der Fassung der Bekanntmachung vom 8. September 1972 (BGBl. I 1972, S. 1713), zuletzt geändert durch Gesetz vom 25. Juni 2021 (BGBl. I 2021, S. 2050).

BEPS-Umsetzungsgesetz, Gesetz zur Umsetzung der Änderungen der EU-Amtshilferichtlinie und von weiteren Maßnahmen gegen Gewinnkürzungen und -verlagerungen (Base Erosion and Profit Shifting-Umsetzungsgesetz) in der Fassung der Bekanntmachung vom 20. Dezember 2016 (BGBl. I 2016, S. 3000).

Chin. PatG, Zhonghua renmin gongheguo zhuanlifa (Patentgesetz der VR China) in der ab 1. April 1985 geltenden Fassung (Erlass vom 12. März 1984), zuletzt geändert mit der ab 1. Oktober 2009 geltenden Fassung (Erlass am 3. Dezember 2008).

EGAO, Einführungsgesetz zur Abgabenordnung (Einführungsgesetz-Abgabenordnung) in der Fassung der Bekanntmachung vom 14. Dezember 1976 (BGBl. I 1976, S. 3341), zuletzt geändert durch Gesetz vom 25. Juni 2021 (BGBl. I 2021, S. 2056).

EStG, Einkommensteuergesetz in der Fassung der Bekanntmachung vom 8. Oktober 2009 (BGBl. I 2009, S. 3366, ber. S. 3862), zuletzt geändert durch Gesetz vom 20. August 2021 (BGBl. I 2021, S. 3932).

GewStG, Gewerbesteuergesetz in der Fassung der Bekanntmachung vom 15. Oktober 2002 (BGBl. I 2002, S. 4167), zuletzt geändert durch Gesetz vom 25. Juni 2021 (BGBl. I 2021, S. 2050).

GG, Grundgesetz für die Bundesrepublik Deutschland in der Fassung der Bekanntmachung vom 23. Mai 1949 (BGBl. I 1949, S. 1), zuletzt geändert durch Gesetz vom 29. September 2020 (BGBl. I 2020, S. 2048).

HGB, Handelsgesetzbuch in der Fassung der Bekanntmachung vom 10. Mai 1897 (RGBl. I 1897, S. 219), zuletzt geändert durch Gesetz vom 10. August 2021 (BGBl. I 2021, S. 3436).

KStG, Körperschaftsteuergesetz in der Fassung der Bekanntmachung vom 15. Oktober 2002 (BGBl. I 2002, S. 4144), zuletzt geändert durch Gesetz vom 25. Juni 2021 (BGBl. I 2021, S. 2056).

PatG, Patentgesetz in der Fassung der Bekanntmachung vom 16. Dezember 1980 (BGBl. I 1981, S. 1), zuletzt geändert durch Gesetz vom 30. August 2021 (BGBl. I 2021, S. 4074).

TRIPS, Übereinkommen über handelsbezogene Aspekte der Rechte des geistigen Eigentums (TRIPS-Übereinkommen) in der Fassung der Bekanntmachung vom 15. April 1994 (BGBl. II 1994, S. 1730), zuletzt geändert durch Änderung vom 6. Dezember 2005 (ABl. 2007 Nr. L 311, S. 37).

UrhG, Urheberrechtsgesetz in der Fassung der Bekanntmachung 9. Septembers 1965 (BGBl. I 1965, S. 1273), zuletzt geändert durch Gesetz vom 23. Juni 2021 (BGBl. I 2021, S. 1858).

UWG, Gesetz gegen den unlauteren Wettbewerb (Unlauterer Wettbewerbs-Gesetz) in der Fassung der Bekanntmachung vom 3. Juli 2004 (BGBl. I 2004, S. 1414), zuletzt geändert durch Gesetz vom 10. August 2021 (BGBl. I 2021, S. 3504).

OECD-Musterabkommen und völkerrechtliche Verträge

DBA D-CN, Abkommen zwischen der Bundesrepublik Deutschland und der Volksrepublik China zur Vermeidung der Doppelbesteuerung und zur Verhinderung der Steuerverkürzung auf dem Gebiet der Steuern vom Einkommen und vom Vermögen in der Fassung der Bekanntmachung vom 29. Dezember 2015 (BGBl. II 2015, S. 1647).

DTA NL-IE, Convention between the government of the Kingdom of the Netherlands and the government of Ireland for the avoidance of double taxation and the prevention of fiscal evasion with respect to taxes on income and capital of February 11th 1969.

OECD-MA, OECD-Musterabkommen 2017 zur Beseitigung der Doppelbesteuerung sowie der Steuerverkürzung und -umgehung auf dem Gebiet der Steuern vom Einkommen und vom Vermögen in der Fassung der Bekanntmachung vom 21. November 2017.

Rechtsverordnungen

FVerlV, Verordnung zur Anwendung des Fremdvergleichsgrundsatzes nach § 1 Abs. 1 des Außensteuergesetzes in Fällen grenzüberschreitender Funktionsverlagerungen (Funktionsverlagerungsverordnung) vom 12. August 2008 (BGBl. I 2008, S. 1680), zuletzt geändert durch Gesetz vom 26. Juni 2013 (BGBl. I 2013, S. 1809).

GAufzV, Verordnung zu Art, Inhalt und Umfang von Aufzeichnungspflichten im Sinne des § 90 Abs. 3 der Abgabenordnung (Gewinnabgrenzungsaufzeichnungs-Verordnung) vom 12. Juli 2017 (BGBl. I 2017, S. 2367).

Verwaltungsanweisungen

Bundesministerium der Finanzen (BMF)

Datum	Aktenzeichen	Quelle
12.05.1998	IV C 6 – S 1301 – 18/98	DStR 1998, S. 1012
24.12.1999	IV B 4 – S 1300 – 111/99	BStBl. I 1999, S. 1076
12.04.2005	IV B 4 – S 1341 – 1/05	BStBl. I 2005, S. 570
13.07.2006	IV B 6 – S 1300 – 340/06	BStBl. I 2006, S. 461
13.10.2010	IV B 5 – S 1341/08/10003	BStBl. I 2010, S. 774
23.05.2016	IV A 3 - S 0324/15/10001	BStBl. I 2016, S. 490
11.07.2017	IV B 5 – S 1300/16/10010-002	BStBl. I 2017, S. 974
05.07.2018	IV B 5 – S 1341/0:003	BStBl. I 2018, S. 743
17.01.2019	IV B 2 – S 1301/07/10017-10	BStBl. I 2019, S. 31
18.02.2021	IV B 2 - S 1301/07/10017-12	BStBl. I 2021, S. 265
14.07.2021	IV B 5 - S 1341/19/10017:001	BStBl. I 2021, S. 1098

Amtliche Drucksachen

BT-Drucks. 18/9536, Drucksache des Deutschen Bundestages 18/9536 vom 05.09.2016: Entwurf eines Gesetzes zur Umsetzung der Änderungen der EU-Amtshilferichtlinie und von weiteren Maßnahmen gegen Gewinnkürzungen und -verlagerungen.

Rechtsprechungsverzeichnis

Bundesfinanzhof (BFH)

Datum	Aktenzeichen	Quelle
Urteil v. 02.02.1960	I 194/59	BB 1960, S. 731
Urteil v. 30.07.1965	VI 288/63 U	BStBl. III 1965, S. 613
Urteil v. 26.02.1970	I R 42/68	BStBl. II 1970, S. 419
Urteil v. 25.05.1970	I R 146/68	BStBl. II 1970, S. 755
Urteil v. 15.01.1974	VIII R 63/68	BStBl. II 1974, S. 606
Urteil v. 27.11.1974	I R 250/72	BStBl. II 1975, S. 306
Urteil v. 24.02.1976	VIII R 155/71	BStBl. II 1977, S. 265
Urteil v. 29.07.1976	VIII R 142/73	BStBl. II 1977, S. 263
Urteil v. 09.11.1977	I R 254/75	BStBl. II 1978, S. 195
Urteil v. 26.05.1982	I R 16/78	BStBl. II 1982, S. 583
Urteil v. 06.10.1982	I R 121/79	BStBl. II 1983, S. 34
Urteil v. 21.08.1985	I R 63/80	BStBl. II 1986, S. 4
Beschluss v. 09.07.1986	I B 36/86	BStBl. II 1986, S. 487
Urteil v. 11.09.1987	VI R 19/84	BStBl. II 1987, S. 856
Urteil v. 27.01.1988	I R 241/83	BStBl. II 1988, S. 574
Urteil v. 28.04.1988	V R 95, 96/83	BStBl. II 1988, S. 748
Urteil v. 15.02.1989	X R 16/86	BStBl. II 1989, S. 462
Urteil v. 17.10.1990	I R 182/87	BStBl. II 1991, S. 136
Urteil v. 23.06.1993	I R 72/92	BStBl. II 1993, S. 801
Urteil v. 06.10.1993	I R 32/93	BStBl. II 1994, S. 113
Urteil v. 13.07.1994	I R 120/93	BStBl. II 1995, S. 129
Urteil v. 15.03.1995	I R 98/94	BStBl. II 1995, S. 580
Urteil v. 17.05.1995	I B 183/94	BStBl. II 1995, S. 781
Urteil v. 20.12.1995	I R 57/94	BStBl. II 1996, S. 261
Urteil v. 31.07.1996	XI R 78/95	BStBl. II 1996, S. 625
Urteil v. 19.01.2000	I R 94/97	BStBl. II 2001, S. 222
Urteil v. 09.08.2000	I R 12/99	BStBl. II 2001, S. 140
Urteil v. 20.12.2000	I R 50/00	BStBl. II 2001, S. 381
Urteil v. 17.10.2001	I R 103/00	BStBl. II 2004, S. 171
Urteil v. 20.03.2002	I R 63/99	BStBl. II 2003, S. 50
Urteil v. 25.02.2004	I R 42/02	BStBl. II 2005, S. 14

Datum	Aktenzeichen	Quelle
Urteil v. 07.07.2004	X R 24/03	BStBl. II 2004, S. 975
Urteil v. 06.04.2005	I R 22/04	BStBl. II 2007, S. 658
Urteil v. 29.01.2008	I R 26/06	BStBl. II 2008, S. 978
Urteil v. 02.09.2009	I R 111/08	BStBl. II 2010, S. 387
Urteil v. 10.06.2015	I R 79/13	DStR 2015, S. 2222
Urteil v. 21.01.2016	I R 22/14	BStBl. II 2017, S. 336
Urteil v. 27.11.2019	I R 40/19	BB 2020, S. 2528

Europäischer Gerichtshof (EuGH)

Datum	Aktenzeichen	Quelle
Urteil v. 12.05.1998	C-336/96	DStRE 1998, S. 445
Urteil v. 21.11.2002	C-436/00	IStR 2003, S. 23
Urteil v. 12.09.2006	C-196/04	IStR 2006, S. 670
Urteil v. 03.10.2006	C-290/04	IStR 2006, S. 743
Urteil v. 15.02.2007	C-345/04	IStR 2007, S. 212
Urteil v. 21.07.2011	C-397/09	IStR 2011, S. 766
Urteil v. 20.12.2017	C-504/16, C-613/16	BB 2018, S. 672
Urteil v. 31.05.2018	C-382/16	BB 2018, S. 1429

Bundesverfassungsgericht (BVerfG)

Datum	Aktenzeichen	Quelle
Urteil v. 15.12.2015	BvL 1/12	NJW 2016, S. 1295

Bundesgerichtshof (BGH)

Datum	Aktenzeichen	Quelle
Urteil v. 15.03.1973	KZR 11/72	GRUR 1974, S. 40
Urteil v. 30.09.1981	IVa ZR 127/80	NJW 1982, S. 575
Urteil v. 16.07.2002	X ZR 27/01	NJW 2002, S. 3323

Finanzgericht des Saarlandes (FG Saarland)

Datum	Aktenzeichen	Quelle
Urteil v. 18.12.1996	1 K 257/94	EFG 1997, S. 485

Literaturverzeichnis

ACEA [zit.: Pocket Guide, 2020]: The Automobile Industry Pocket Guide 2020/2021, Brüssel 2020.

Achatz, M. (Hrsg.) [zit.: Achatz, Internationales Steuerrecht, 2013]: Internationales Steuerrecht - 37. Jahrestagung der Deutschen Steuerjuristischen Gesellschaft e.V. Linz, 10. und 11. September 2012, Köln 2013.

Ahlert, D./Kenning, P. [zit.: Handelsmarketing, 2007]: Handelsmarketing - Grundlagen der marktorientierten Führung von Handelsbetrieben, Heidelberg 2007.

Ahmed, A. [zit.: Marken- und Produktpiraterie, 2011]: Die Bekämpfung der Marken- und Produktpiraterie in China - Aktuelle Schutzkonzepte innerhalb des betriebswirtschaftlichen Wertschöpfungsprozesses, Hamburg 2011.

Ahrens, S. [zit.: Geistiges Eigentum und Wettbewerbsrecht, 2016]: Geistiges Eigentum und Wettbewerbsrecht, 2. Auflage, Wiesbaden 2016.

Akintoye, A./Goulding, J./Zawdie, G. (Hrsg.) [zit.: Akintoye et al., Process Improvement, 2012]: Construction Innovation and Process Improvement, Chichester, West Sussex 2012, S. 95–123.

Albers, S./Gassmann, O. (Hrsg.) [zit.: Albers/Gassmann, Technologie- und Innovationsmanagement, 2011]: Handbuch Technologie- und Innovationsmanagement, 2. Auflage, Wiesbaden 2011.

Alexander, N. S./Bick, G./Abratt, R./Bendixen, M. [zit.: SAJBM 2009]: Impact of branding and product augmentation on decision making in the B2B market, in: SAJBM 2009, Vol. 40 (1), S. 1–20.

Alpert, F./Kamins, M. [zit.: JAMS 1994]: Pioneer Brand Advantage and Customer Behavior: A Conceptual Framework and Propositional Inventory, in: JAMS 1994, Vol. 22 (3), S. 244–253.

Andresen, U. [zit.: IStR 2004]: Zwangsrabatte und Verrechnungspreisanpassungen in der Pharmaindustrie - Anpassungsbedarf oder -notwendigkeit bei internationalen Pharmakonzernen mit Vertriebsgesellschaften in Deutschland, in: IStR 2004, S. 355–360.

Backhaus, K./Gausling, P. in: Backhaus, K./Voeth, M. [zit.: Backhaus/Voeth, B2B-Marketing, 2015]: Handbuch Business-to-Business-Marketing, 2. Auflage, Wiesbaden 2015, S. 365–383.

Backhaus, K./Steiner, M./Lügger, K. [zit.: IMM 2011]: To invest, or not to invest, in brands? Drivers of brand relevance in B2B markets, in: IMM 2011, Vol. 40 (7), S. 1082–1092.

Backhaus, K./Voeth, M. (Hrsg.) [zit.: Backhaus/Voeth, B2B-Marketing, 2015]: Handbuch Business-to-Business-Marketing, 2. Auflage, Wiesbaden 2015.

Backhaus, K./Voeth, M. [zit.: Marketing, 2010]: Internationales Marketing, 6. Auflage, Stuttgart 2010.

Bader, A. [zit.: Steuergestaltung, 1998]: Steuergestaltung mit Holdinggesellschaften, Herne/Berlin 1998.

Bangemann, C./Köth, C. [zit.: Automobil Industrie 2017]: Die Transformation nimmt Fahrt auf, in: Automobil Industrie 2017, Nr. 206, S. 14–18.

Bauer, D. [zit.: IStR 2006]: Verrechnungspreise zwischen mehreren Konzernstrategieträgern – Plädoyer für einen veranlassungsorientierten Profit-Split, in: IStR 2006, S. 320–324.

Baumgarth, C. in: Backhaus, K./Voeth, M. [zit.: Backhaus/Voeth, B2B-Marketing, 2015]: Handbuch Business-to-Business-Marketing, 2. Auflage, Wiesbaden 2015, S. 385–414.

Baumhoff, H. [zit.: IStR 1996]: Die Behandlung der Kostenaufschlagsmethode im neuen OECD-Bericht zu den Verrechnungspreisen – Betriebswirtschaftliche Anmerkungen zur Bestimmung der relevanten Kosten, in: IStR 1996, S. 53–55.

Baumhoff, H. [zit.: IStR 2000]: Die Verrechnung von Leistungen zwischen verbundenen Unternehmen mit Hilfe von Konzernumlagen (Teil I), in: IStR 2000, S. 693–704.

Baumhoff, H. in: Flick, H./Wassermeyer, F./Baumhoff, H./Schönfeld, J. [zit.: Flick et al., Außensteuerrecht, 2019]: Außensteuerrecht – Kommentar, Bd. I, Erg.-Lfg. 89, Köln 6/2019, § 1 AStG Anm. 1–27.

Baumhoff, H. in: Wassermeyer, F./Baumhoff, H. [zit.: Wassermeyer/Baumhoff, Verrechnungspreise, 2014]: Verrechnungspreise international verbundener Unternehmen, Köln 2014, Rz. 1.1–1.37.

Baumhoff, H. in: Wassermeyer, F./Baumhoff, H. [zit.: Wassermeyer/Baumhoff, Verrechnungspreise, 2014]: Verrechnungspreise international verbundener Unternehmen, Köln 2014, Rz. 5.1–5.81.

Baumhoff, H. in: Wassermeyer, F./Baumhoff, H. [zit.: Wassermeyer/Baumhoff, Verrechnungspreise, 2014]: Verrechnungspreise international verbundener Unternehmen, Köln 2014, Rz. 6.326–6.416.

Baumhoff, H./Ditz, X./Greinert, M. [zit.: DStR 2005]: Die Dokumentation internationaler Verrechnungspreise nach den Verwaltungsgrundsätze-Verfahren, in: DStR 2005, S. 1549–1556.

Baumhoff, H./Greinert, M. [zit.: Ubg 2009]: Angemessene Lizenzsätze bei grenzüberschreitenden Funktionsverlagerungen, in: Ubg 2009, S. 544–548.

Baumhoff, H./Liebchen, D. in: Flick, H./Wassermeyer, F./Baumhoff, H./Schönfeld, J. [zit.: Flick et al., Außensteuerrecht, 2019]: Außensteuerrecht – Kommentar, Bd. I, Erg.-Lfg. 89, Köln 6/2019, § 1 AStG Anm. 1–27.

Baumhoff, H./Liebchen, D. in: Mössner, J. et al. [zit.: Mössner et al., Steuerrecht, 2018]: Steuerrecht international tätiger Unternehmen, 5. Auflage, Köln 2018, Rz. 4.1–4.623.

Bausback, N. [zit.: Positionierung, 2007]: Positionierung von Business-to-Business Marken – Konzeption und empirische Analyse zur Rolle von Rationalität und Emotionalität, Wiesbaden 2007.

BDI/EY/VDA [zit.: BEPS, 2015]: OECD/G20-Projekt BEPS – Analyse und Empfehlungen für eine Umsetzung in Deutschland, Bonn 2015.

Becker, H. [zit.: Automobilindustrie, 2010]: Darwins Gesetz in der Automobilindustrie – Warum deutsche Hersteller zu den Gewinnern zählen, Berlin/Heidelberg 2010.

Becker, K. in: Haase, F. [zit.: Haase, AStG/DBA, 2016]: Außensteuergesetz, Doppelbesteuerungsabkommen, 3. Auflage, Heidelberg 2016, Art. 25 OECD-MA Rz. 1–102.

Becker, K. in: Haase, F. [zit.: Haase, AStG/DBA, 2016]: Außensteuergesetz, Doppelbesteuerungsabkommen, 3. Auflage, Heidelberg 2016, Art. 9 OECD-MA Rz. 1–81.

Beermann, F. [zit.: BB 2017]: Das neue BMF-Schreiben zur Namensnutzung im Konzern – Pflicht zur Lizenzierung?, in: BB 2017, S. 1431–1436.

Bendixen, M./Bukasa, K./Abratt, R. [zit.: IMM 2004]: Brand equity in the business-to-business market, in: IMM 2004, Vol. 33 (5), S. 371–380.

Berger, J. [zit.: Verrechnungspreisdokumentation, 2017]: Neue Verrechnungspreisdokumentation der OECD – Auswirkungen des Country-by-Country-Reports auf die deutsche Unternehmenspraxis, Wiesbaden 2017.

Bergmann, S./Tiwari, R. [zit.: Innovationspfade, 2017]: Innovationspfade in der deutschen Automobilzulieferindustrie: Eine Untersuchung aus der Frugalitätsperspektive, Working Paper No. 97, Hamburg 2017.

Berndt, R. (Hrsg.) [zit.: Berndt, Management-Konzepte, 2006]: Management-Konzepte für kleine und mittlere Unternehmen, Berlin/Heidelberg 2006.

Bernhardt, L./van der Ham, S./Dworaczek, M./Herda, E. in: Vögele, A./Borstell, T./Bernhardt, L. [zit.: Vögele et al., Verrechnungspreise, 2020]: Verrechnungspreise – Betriebswirtschaft, Steuerrecht, 5. Auflage, München 2020, Kap. O Rz. 169–269.

Bianchini, S./Pellegrino, G./Tamagni, F. [zit.: ICC 2018]: Innovation complementarities and firm growth, in: ICC 2018, Vol. 27 (4), S. 657–676.

Binckebanck, L./Hölter, A./Tiffert, A. (Hrsg.) [zit.: Binckebanck et al., Führung, 2013]: Führung von Vertriebsorganisationen – Strategie, Koordination, Umsetzung, Wiesbaden 2013.

Bittner, T. in: Dawid, R. [zit.: Dawid, Verrechnungspreise, 2016]: Verrechnungspreise – Grundlagen und Praxis, 2. Auflage, Wiesbaden 2016, S. 107–162.

Bleicher, K. [zit.: Management, 2011]: Das Konzept Integriertes Management – Visionen, Missionen, Programme, 8. Auflage, Frankfurt am Main 2011.

Blusz, P. in: Kanzler, H./Kraft, G./Bäuml, S. [zit.: Kanzler et al., EStG, 2017]: Einkommensteuergesetz – Kommentar, Herne 2017, § 1 EStG Rn. 1–102.

Böcker, H. [zit.: StBp 1991]: Steuerliche Prüfung und Behandlung von Lizenzzahlungen an verbundene ausländische Unternehmen, in: StBp 1991, S. 73–83.

Böcker, H. [zit.: StBp 2008]: Aktuelle Erfahrungen bei der Prüfung von Kostenumlageverträgen mit ausländischen verbundenen Unternehmen, in: StBp 2008, S. 8–12.

Bodenmüller, R. [zit.: Steuerplanung, 2004]: Steuerplanung bei Funktionsverlagerungen ins Ausland – Ertragssteuerliche Folgen, Strategien und Modelle, Düsseldorf 2004.

Borstell, T. in: Vögele, A./Borstell, T./Engler, G. [zit.: Vögele et al., Verrechnungspreise, 2015]: Verrechnungspreise – Betriebswirtschaft, Steuerrecht, 4. Auflage, München 2015, Kap. C Rz. 1–139.

Borstell, T./Dworaczek, M. in: Vögele, A./Borstell, T./Bernhardt, L. [zit.: Vögele et al., Verrechnungspreise, 2020]: Verrechnungspreise – Betriebswirtschaft, Steuerrecht, 5. Auflage, München 2020, Kap. B Rz. 1–220.

Borstell, T./Hülster, T. in: Vögele, A./Borstell, T./Engler, G. [zit.: Vögele et al., Verrechnungspreise, 2015]: Verrechnungspreise – Betriebswirtschaft, Steuerrecht, 4. Auflage, München 2015, Kap. M, Rz. 1–386.

Bozza-Bodden, N. in: Schönfeld, J./Ditz, X. [zit.: Schönfeld/Ditz, DBA, 2013]: Doppelbesteuerungsabkommen - Kommentar, Köln 2013, Art. 12 OECD-MA Rz. 1–303.

Brähler, G. [zit.: Internationales Steuerrecht, 2014]: Internationales Steuerrecht – Grundlagen für Studium und Steuerberaterprüfung, 8. Auflage, Wiesbaden 2014.

Bratzel, S./Retterath, G./Hauke, N. [zit.: Automobilzulieferer, 2015]: Automobilzulieferer in Bewegung – Strategische Herausforderungen für mittelständische Unternehmen in einem turbulenten Umfeld, Baden-Baden 2015.

Brem, M./Tucha, T. [zit.: IStR 2006]: Dokumentation von Verrechnungspreisen: Zur Strukturierung der Angemessenheitsanalyse, in: IStR 2006, S. 499–504.

Breuer, C. in: David, H./Breuer, C. [zit.: David/Breuer, Wettbewerbsrecht, 2016]: Gesellschaftsrecht – Wettbewerbsrecht, 3. Auflage, Baden-Baden 2016, Rn. 1–676.

Britschgi, E. in: Berndt, R. [zit.: Berndt, Management-Konzepte, 2006]: Management-Konzepte für kleine und mittlere Unternehmen, Berlin/Heidelberg 2006, S. 231–241.

Broemel, K. [zit.: Steuerplanung, 2016]: Steuerplanung bei internationaler Forschung und Entwicklung – Standortwahl für grenzüberschreitende Auftragsforschung in einem quantitativen Simulationsmodell, Wiesbaden 2016.

Brown, B. P./Zablah, A./Bellenger, D./Johnston, W. [zit.: IJRM 2011]: When do B2B brands influence the decision making of organizational buyers? An examination of the relationship between purchase risk and brand sensivity, in: IJRM 2011, Vol. 28 (3), S. 194–204.

Brown, S. [zit.: Technovation 2011]: Managing process technology – further empirical evidence from manufacturing plants, in: Technovation 2011, S. 467–478.

Brüninghaus, D./Bodenmüller, R. [zit.: DStR 2009]: Tatbestandsvoraussetzungen der Funktionsverlagerung, in: DStR 2009, S. 1285–1290.

Budt, M./Lügger, K. in: Binckebanck, L./Hölter, A./Tiffert, A. [zit.: Binckebanck et al., Führung, 2013]: Führung von Vertriebsorganisationen – Strategie, Koordination, Umsetzung, Wiesbaden 2013, S. 67–90.

Büge, O. in: Gosch, D./Kroppen, H./Grotherr, S. [zit.: Gosch et al., DBA, 2019]: DBA-Kommentar, Bd. I, Erg.-Lfg. 35, Herne 3/2019, Art. 2 OECD-MA Anm. 1–44.

Busse von Colbe, W./Coenenberg, A./Kajüter, P./Linnhoff, U./Pellens, B. [zit.: Betriebswirtschaft für Führungskräfte, 2011]: Betriebswirtschaft für Führungskräfte – Eine Einführung für Ingenieure, Naturwissenschaftler, Juristen und Geisteswissenschaftler, 4. Auflage, Stuttgart 2011.

Caspar, M./Hecker, A./Sabel, T. [zit.: Markenrelevanz, 2002]: Arbeitspapier Nr. 4: Markenrelevanz in der Unternehmensführung – Messung, Erklärung und empirische Befunde für B2B-Märkte, Münster 2002.

Castedello, M./Klingbeil, C./Schröder, J. [zit.: WPg 2006]: IDW RS HFA 16: Bewertungen bei der Abbildung von Unternehmenserwerben und bei Werthaltigkeitsprüfungen nach IFRS, in: WPg 2006, S. 1028–1036.

Cipurek, M./Kellerhoff, P. [zit.: VDI Nachrichten 2016]: Ärger in der Zweckgemeinschaft, in: VDI Nachrichten 2016, Nr. 35, S. 10.

Coenenberg, A. G./Fischer, T. M./Günter T. [zit.: Kostenrechnung, 2012]: Kostenrechnung und Kostenanalyse, 8. Auflage, Stuttgart 2012.

Coenenberg, A./Haller, A./Schultze, W. [zit.: Jahresabschluss, 2016]: Jahresabschluss und Jahresabschlussanalyse – Betriebswirtschaftliche, handelsrechtliche, steuerrechtliche und internationale Grundlagen – HGB, IAS/IFRS, US-GAAP, DRS, 24. Auflage, Stuttgart 2016.

Cordes, M. [zit.: Aufzeichnungspflichten, 2009]: Steuerliche Aufzeichnungspflichten bei internationalen Verrechnungspreisen, Düsseldorf 2009.

Cordes, M. in: Wassermeyer, F./Baumhoff, H. [zit.: Wassermeyer/Baumhoff, Verrechnungspreise, 2014]: Verrechnungspreise international verbundener Unternehmen, Köln 2014, Rz. 8.1–8.201.

Dannecker, G. [zit.: Steuerhinterziehung, 1984]: Steuerhinterziehung im internationalen Wirtschaftsverkehr, Köln 1984.

David, H./Breuer, C. (Hrsg.) [zit.: David/Breuer, Wettbewerbsrecht, 2016]: Gesellschaftsrecht – Wettbewerbsrecht, 3. Auflage, Baden-Baden 2016.

Dawid, R. (Hrsg.) [zit.: Dawid, Verrechnungspreise, 2016]: Verrechnungspreise – Grundlagen und Praxis, 2. Auflage, Wiesbaden 2016.

Debatin, H. [zit.: DB 1985]: System und Auslegung der Doppelbesteuerungsabkommen, in: DB 1985, Beilage Nr. 23/85 zu Heft 39, S. 1–8.

Del Monte, A./Papagni, E. [zit.: RP 2003]: R&D and the growth of firms: empirical analysis of a panel of Italian firms, in: RP 2003, Vol. 32 (6), S. 1003–1014.

Deschryvere, M. [zit.: Small Bus Econ 2014]: R&D, firm growth and the role of innovation persistence: an analysis of Finnish SMEs and large firms, in: Small Bus Econ 2014, Vol. 43 (4), S. 767–785.

Diez, W. [zit.: Automobilmarketing, 2009]: Automobil-Marketing – Navigationssystem für neue Absatzstrategien, 5. Auflage, Landsberg am Lech 2006.

Diller, H. [zit.: Preispolitik, 2008]: Preispolitik, 4. Auflage, Stuttgart 2008.

Diller, H./Herrmann, A. (Hrsg.) [zit.: Diller/Herrmann, Preispolitik, 2003]: Handbuch Preispolitik – Strategien, Planung, Organisation, Umsetzung, Wiesbaden 2003.

Ditz, X. [zit.: IStR 2009]: Praxisfall einer Verrechnungspreisprüfung und Funktionsverlagerung, in: IStR 2009, S. 421–424.

Ditz, X. in: Müller, W./Rödder, T. [zit.: Müller/Rödder, Beck'sches Handbuch, 2009]: Beck'sches Handbuch der AG – Gesellschaftsrecht, Steuerrecht, Börsengang, 2. Auflage, München 2009, § 16 Rn. 176–241.

Ditz, X. in: Schönfeld, J./Ditz, X. [zit.: Schönfeld/Ditz, DBA, 2013]: Doppelbesteuerungsabkommen - Kommentar, Köln 2013, Art. 9 OECD-MA Rz. 1–187.

Ditz, X. in: Wassermeyer, F./Baumhoff, H. [zit.: Wassermeyer/Baumhoff, Verrechnungspreise, 2014]: Verrechnungspreise international verbundener Unternehmen, Köln 2014, Rz. 6.1–6.86.

Donnevert, T. [zit.: Markenrelevanz, 2009]: Markenrelevanz – Messung, Konsequenzen und Determinanten, Wiesbaden 2009.

Dorfmueller, P. in: Gosch, D./Kroppen, H./Grotherr, S. [zit.: Gosch et al., DBA, 2019]: DBA-Kommentar, Bd. I, Erg.-Lfg. 35, Herne 3/2019, Art. 12 OECD-MA Anm. 1–126.

Dorn, K. in: Haase, F. [zit.: Haase, AStG/DBA, 2016]: Außensteuergesetz, Doppelbesteuerungsabkommen, 3. Auflage, Heidelberg 2016, Art. 23A OECD-MA Rz. 1–115.

Dörschell, A./Ihlau, S./v. Lackum, P. [zit.: WPg 2010]: Die Wertermittlung für kundenorientierte immaterielle Vermögenswerte – Bewertungsgrundsätze und Vorgehen am Beispiel der Residualwertmethode, in: WPg 2010, S. 978–988.

Douven, S. [zit.: Markenwirkung, 2009]: Markenwirkung in der Automobilzulieferindustrie – Ein interkultureller Vergleich unter Berücksichtigung alternativer Marketingorientierungen, Wiesbaden 2009.

Driesch, D./Riese, J./Schlüter, J./Senger, T. (Hrsg.) [zit.: Driesch et al., IFRS-Handbuch, 2016]: Beck´sches IFRS-Handbuch – Kommentierung der IFRS/IAS, 5. Auflage, München 2016.

Duncker, C. [zit.: ASW 2012]: Sind Unternehmensmarken automatisch Dachmarken?, in: ASW 2012, Vol. 55 (6), S. 46–50.

Dürrfeld, A./Wingendorf, P. [zit.: IStR 2005]: Lizenzierung von Markenrechten im Konzern, in: IStR 2005, S. 464–468.

Ebel, B./Hofer, N./Al-Sibai, J. (Hrsg.) [zit.: Ebel et al., Automotive Management, 2004]: Automotive Management – Strategie und Marketing in der Automobilwirtschaft, Berlin/Heidelberg 2004.

Eggert, A. [zit.: BB 2019]: BMF-Schreiben zur Hornbach-Entscheidung des EuGH: nicht fremdübliche Sanierungsmaßnahmen innerhalb der EU, in: BB 2019, S. 417–420.

Egmond, E. in: Akintoye, A./Goulding, J./Zawdie, G. [zit.: Akintoye et al., Process Improvement, 2012]: Construction Innovation and Process Improvement, Chichester, West Sussex 2012.

Eigelshoven, A. in: Vogel, K./Lehner, M. [zit.: Vogel/Lehner, DBA, 2021]: DBA – Doppelbesteuerungsabkommen, 7. Auflage, München 2021, Art. 9 OECD-MA Rn. 1–189.

Eigelshoven, A./Nientimp. A. [zit.: DB 2005]: Die Dokumentation angemessener Verrechnungspreise nach den Verwaltungsgrundsätze-Verfahren: Eine kritische Analyse, in: DB 2005, S. 1184–1189.

Eilers, S. in: Wassermeyer F. [zit.: Wassermeyer, Doppelbesteuerung, 2019]: Doppelbesteuerung – Kommentar, Bd. I, Erg.-Lfg. 145, München 3/2019, Art. 25 OECD-MA Anm 1–87.

Einsporn, T. [zit.: Unternehmenserfolg, 1999]: Unternehmenserfolg durch Patente, Köln 1999.

Eisert, R./Schaal, S. [zit.: WiWo 2016]: Auf Kante genäht, in: WiWo 2016, Nr. 35, S. 35–36.

Engler, G. [zit.: IStR 2009]: Änderung von Verrechnungspreisen in der Rezession, in: IStR 2009, S. 685–691.

Engler, G./Gotsis, D. in: Vögele, A./Borstell, T./Engler, G. [zit.: Vögele et al., Verrechnungspreise, 2015]: Verrechnungspreise – Betriebswirtschaft, Steuerrecht, 4. Auflage, München 2015, Kap. O, Rz. 441–700.

Engler, G./Kachur, C. in: Vögele, A./Borstell, T./Engler, G. [zit.: Vögele et al., Verrechnungspreise, 2015]: Verrechnungspreise – Betriebswirtschaft, Steuerrecht, 4. Auflage, München 2015, Kap. O, Rz. 1–250.

Engler, G./Wellmann, R. in: Vögele, A./Borstell, T./Engler, G. [zit.: Vögele et al., Verrechnungspreise, 2015]: Verrechnungspreise – Betriebswirtschaft, Steuerrecht, 4. Auflage, München 2015, Kap. N, Rz. 1–140.

Englisch, J. in: Tipke, K./Lang, J. [zit.: Tipke/Lang, Steuerrecht, 2015]: Steuerrecht, Köln 2015, § 5 Rz. 1–153.

Erb, T./Eyck, K./Jonas, M./Thomas, I. in: Driesch, D./Riese, J./Schlüter, J./Senger, T. [zit.: Driesch et al., IFRS-Handbuch, 2016]: Beck'sches IFRS-Handbuch – Kommentierung der IFRS/IAS, 5. Auflage, München 2016, § 27 Rn. 1–158.

Erd, R./Rebstock, M. [zit.: Produkt- und Markenpiraterie, 2010]: Produkt- und Markenpiraterie in China, Aachen 2010.

Erler, F. [zit.: Downstream-Risiken, 2015]: Downstream-Risiken in der automobilen Wertschöpfungskette: Instrument zur Risikobewältigung in der Kundenbeziehung von Automobilzulieferern, Chemnitz 2015.

Fassnacht, M. in: Diller, H./Herrmann, A. [zit.: Diller/Herrmann, Preispolitik, 2003]: Handbuch Preispolitik – Strategien, Planung, Organisation, Umsetzung, Wiesbaden 2003, S. 483–502.

Finsterwalder, O. [zit.: DStR 2005]: Einkunftsabgrenzung bei grenzüberschreitenden Geschäftsbeziehungen – Das BMF-Schreiben „Verwaltungsgrundsätze-Verfahren", in: DStR 2005, S. 765–770.

Finsterwalder, O. [zit.: IStR 2006]: Bemessung von Verrechnungspreisen bei grenzüberschreitenden Know-how-Überlassungen im Konzern, in: IStR 2006, S. 355–360.

Fischer, K. [zit.: WiWo 2016]: Deutschlands Steueroase, in: WiWo 2016, Nr. 44, S. 68–70.

Fischer, M./Himme, A. in: Albers, S./Gassmann, O. [zit.: Albers/Gassmann, Technologie- und Innovationsmanagement, 2011]: Handbuch Technologie- und Innovationsmanagement, 2. Auflage, Wiesbaden 2011, S. 419–436.

Fischer, M./Himme, A./Albers, S. [zit.: ZfB 2007]: Pionier, Früher Folger oder Später Folger: Welche Strategie verspricht den größten Erfolg?, in: ZfB 2007, S. 539–573.

Fischer, W./Looks, C./im Schlaa, S. [zit.: BB 2010]: Dokumentationspflichten für Verrechnungspreise – Aktuelle Erfahrungen mit der Betriebsprüfung und zukünftige Entwicklungen, in: BB 2010, S. 157–162.

Fleischer, H./Goette, W. (Hrsg.) [zit.: Fleischer/Goette, MüKo GmbHG, 2018]: Münchener Kommentar zum GmbHG, 3. Auflage, München 2018.

Flick, H./Wassermeyer, F./Baumhoff, H./Schönfeld, J. (Hrsg.) [zit.: Flick et al., Außensteuerrecht, 2019]: Außensteuerrecht – Kommentar, Bd. I, Erg.-Lfg. 89, Köln 6/2019.

Flörecke, K. [zit.: AW 2017]: Pleiten, Pech und Paukenschläge, in: AW 2017, Nr. 3, S. 50.

Flüchter, K. in: Schönfeld, J./Ditz, X. [zit.: Schönfeld/Ditz, DBA, 2013]: Doppelbesteuerungsabkommen - Kommentar, Köln 2013, Art. 25 OECD-MA Rz. 1–237.

Fraß, A. [zit.: Automobilzulieferindustrie, 2012]: Automobilzulieferindustrie in Deutschland, München 2012.

Freidank, C. [zit.: Kostenrechnung, 2001]: Kostenrechnung – Einführung in die begrifflichen, theoretischen, verrechnungstechnischen sowie planungs- und kontrollorientierten Grundlagen des innerbetrieblichen Rechnungswesens und einem Überblick über neuere Konzepte des Kostenmanagements, 7. Auflage, München 2001.

Fritsch, M./Meschede, M. [zit.: Review of Industrial Organization 1998]: Product innovation, process innovation and size, in: Review of Industrial Organization 1998, Vol. 19 (3), S. 335–350.

Frotscher, G. in: Frotscher, G./Geurts, M. [zit.: Frotscher/Geurts, EStG, 2019]: Einkommensteuergesetz – Kommentar, Bd. 6, Erg.-Lfg. 212, Freiburg 8/2019, § 50g EStG Anm. 1–74.

Frotscher, G./Geurts, M. (Hrsg.) [zit.: Frotscher/Geurts, EStG, 2019]: Einkommensteuergesetz – Kommentar, Bd. 6, Erg.-Lfg. 212, Freiburg 8/2019.

Fuchs, G./Paxmann, S. [zit.: Businessplan, 2010]: Der unternehmensinterne Businessplan – Neue Geschäftsmöglichkeiten entdecken, präsentieren, durchsetzen, Frankfurt 2010.

Gabler Wirtschaftslexikon [zit.: Nutzungsrecht, 2018]: Nutzungsrecht, abrufbar unter: https://wirtschaftslexikon.gabler.de/definition/nutzungsrecht-42079/version-265433, Stand: 11.02.2021.

Gaffron, F. in: Haase, F. [zit.: Haase, AStG/DBA, 2016]: Außensteuergesetz, Doppelbesteuerungsabkommen, 3. Auflage, Heidelberg 2016, Art. 3 OECD-MA Rz. 1–145.

Gassmann, O. [zit.: F&E-Management, 1997]: Internationales F&E-Management – Potenziale und Gestaltungskonzepte transnationaler F&E-Projekte, München 1997.

Gemünden, H./Kaluza, B./Pleschak, F. in: Gemünden, H./Pleschak, F. [zit.: Gemünden/Pleschak, Innovationsmanagement, 1992]: Innovationsmanagement und Wettbewerbsfähigkeit – Erfahrungen aus den alten und neuen Bundesländern, Wiesbaden 1992, S. 33–54.

Gemünden, H./Pleschak, F. (Hrsg.) [zit.: Gemünden/Pleschak, Innovationsmanagement, 1992]: Innovationsmanagement und Wettbewerbsfähigkeit – Erfahrungen aus den alten und neuen Bundesländern, Wiesbaden 1992.

Gerpott, T. [zit.: Innovationsmanagement, 2005]: Strategisches Technologie- und Innovationsmanagement, 2. Auflage, Stuttgart 2005.

Gerster, M. [zit.: AW 2016]: Eine bedrohte Art, in: AW 2016, Nr. 8, S. 3.

Geurts, M. in: Frotscher, G./Geurts, M. [zit.: Frotscher/Geurts, EStG, 2019]: Einkommensteuergesetz – Kommentar, Bd. 5, Erg.-Lfg. 212, Freiburg 8/2019, § 34c EstG Anm 1–182a.

Gloria, C. [zit.: Verständigungsverfahren, 1988]: Das steuerliche Verständigungsverfahren und das Recht auf diplomatischen Schutz, Berlin 1988.

Golovko, E./Valentini, G. [zit.: GSJ 2014]: Selective Learning-by-Exporting – Firm Size and Product versus Process Innovation, in: GSJ 2014, Vol. 4 (3), S. 161–180.

Gomez, J./Salazar, I./Vargas, P. [zit.: PLOS ONE 2016]: Sources of Information as Determinants of Product and Process Innovation, in: PLOS ONE, Vol. 11 (4), S. 1–15.

Gomez, M./Fernandes, T./Brandao, A. [zit.: JBIM 2016]: Determinants of brand relevance in a B2B service purchasing context, in: JBIM 2016, Vol. 31 (2), S. 193–204.

Gosch, D. (Hrsg.) [zit.: Gosch, KStG, 2015]: Körperschaftsteuergesetz – Kommentar, 3. Auflage, München 2015.

Gosch, D. [zit.: IStR 2008]: Über das Treaty Overriding – Bestandsaufnahme, Verfassungsrecht, Europarecht, in: IStR 2008, S. 413–421.

Gosch, D. in: Kirchhof, P. [zit.: Kichhof, EStG, 2017]: Einkommensteuergesetz – Kommentar, 16. Auflage, Köln 2017, § 34c EStG Rn. 1–37.

Gosch, D. in: Kirchhof, P. [zit.: Kichhof, EStG, 2017]: Einkommensteuergesetz – Kommentar, 16. Auflage, Köln 2017, § 50d EStG Rn. 1–53.

Gosch, D. in: Kirchhof, P. [zit.: Kichhof, EStG, 2017]: Einkommensteuergesetz – Kommentar, 16. Auflage, Köln 2017, § 50g EStG Rn. 1–21.

Gosch, D. in: Kirchhof, P. [zit.: Kichhof, EStG, 2017]: Einkommensteuergesetz – Kommentar, 16. Auflage, Köln 2017, § 1 EStG Rn. 1–31.

Gosch, D./Kroppen, H./Grotherr, S. (Hrsg.) [zit.: Gosch et al., DBA, 2019]: DBA-Kommentar, Bd. I, Erg.-Lfg. 35, Herne 3/2019.

Gramlich, S./Ionescu, E./Kirchner, E./Schäfer, K./Schork, S. [zit.: Produktinnovation, 2018]: Vom Material zur Produktinnovation – Eine kritische Betrachtung der Innovationskette, Wiesbaden 2018.

Greil, S. [zit.: DStZ 2016]: Fremdvergleich bei grenzüberschreitenden Geschäftsvorfällen zwischen verbundenen Unternehmen, in: DStZ 2016, S. 910–922.

Greil, S./Schilling, D. [zit.: DK 2016]: Grenzüberschreitende Konzernfinanzierungen und fremdübliche Zinssätze – Entwicklung eines Zweistufenkonzepts, in: DK 2016, S. 329–337.

Greinert, M. in: Wassermeyer, F./Baumhoff, H. [zit.: Wassermeyer/Baumhoff, Verrechnungspreise, 2014]: Verrechnungspreise international verbundener Unternehmen, Köln 2014, Rz. 5.82–5.137.

Greinert, M. in: Wassermeyer, F./Baumhoff, H. [zit.: Wassermeyer/Baumhoff, Verrechnungspreise, 2014]: Verrechnungspreise international verbundener Unternehmen, Köln 2014, Rz. 6.547–6.605.

Greinert, M./Overesch, M./Stoltenberg, J./Streibel, M./Wenisch, A./Wilmanns, J. [zit.: Ubg 2020]: Folgen der DEMPE-Konzeption für die steuerliche Erfolgsabgrenzung bie der Nutzung von immateriellen Werten, in: Ubg 2020, S. 523–531.

Grochowski, E./Schröter, S./Spahr, R./Güc, Ö./Krög, C./Ohlhausen, P. [zit.: Kooperationsmodelle, 2015]: Kooperationsmodelle für interdisziplinäre, interorganisationale Entwicklung in der Automobilindustrie, Stuttgart 2015.

Groß, M. [zit.: BB 1998]: Aktuelle Lizenzgebühren in Patentlizenz-, Know-how- und Computerprogrammlizenz-Verträgen, in: BB 1998, S. 1321–1323.

Großklaus, R. [zit.: Markterfolg, 2008]: Von der Produktidee zum Markterfolg – Innovationen planen, einführen und erfolgreich managen, 2. Auflage, Wiesbaden 2008.

Grotherr, S. in: Gosch, D./Kroppen, H./Grotherr, S. [zit.: Gosch et al., DBA, 2019]: DBA-Kommentar, Bd. I, Erg.-Lfg. 35, Herne 3/2019, 23A/B OECD-MA/Art. 22 VHG-DBA/Art. 5 MLI, Anm. 1–343.

Grottel, B./Schmidt, S./Schubert, J./Winkeljohann, N. (Hrsg.) [zit.: Grottel et al., Bilanz-Kommentar, 2016]: Beck´scher Bilanz-Kommentar – Handels- und Steuerbilanz, §§ 238 bis 339, 342 bis 342e HGB, 10. Ausgabe, München 2016.

Haas, A. in: Diller, H./Herrmann, A. [zit.: Diller/Herrmann, Preispolitik, 2003]: Handbuch Preispolitik – Strategien, Planung, Organisation, Umsetzung, Wiesbaden 2003, S. 213–238.

Haas, W. in: Achatz, M. [zit.: Achatz, Internationales Steuerrecht, 2013]: Internationales Steuerrecht – 37. Jahrestagung der Deutschen Steuerjuristischen Gesellschaft e.V. Linz, 10. und 11. September 2012, Köln 2013, S. 285–295.

Haase, F. (Hrsg.) [zit.: Haase, AStG/DBA, 2016]: Außensteuergesetz, Doppelbesteuerungsabkommen, 3. Auflage, Heidelberg 2016.

Haase, F. in: Haase, F. [zit.: Haase, AStG/DBA, 2016]: Außensteuergesetz, Doppelbesteuerungsabkommen, 3. Auflage, Heidelberg 2016, Einleitung Kap. II Rz. 1–161.

Habisch, S. in: Wilmanns, J. [zit.: Wilmanns, Verrechnungspreise, 2018]: Verrechnungspreise und Außensteuerrecht – Reflexionen und Ausblick, München 2018, S. 123–135.

Hagen, J. [zit.: StBp 2005]: Mitwirkungs- und Aufzeichnungspflichten des Steuerpflichtigen bei Sachverhalten mit Auslandsbezug und Rechtsfolgen bei Pflichtverletzung, in: StBp 2005, S. 33–39.

Haneda, S./Ito, K. [zit.: RP 2018]: Organizational and human resource management and innovation – Which management practices are linked to product and/or process innovation?, in: RP 2018, Vol. 47 (1), S. 194–208.

Hanken, J./Kleinhietpaß, G. [zit.: Verrechnungspreise, 2014]: Verrechnungspreise – Im Spannungsfeld von Controlling und Steuern, Freiburg/München 2014.

Happe, V./Horn, G./Otto, K. [zit.: Wirtschaftslexikon, 2012]: Das Wirtschaftslexikon, 2. Auflage, Bonn 2012.

Hatch, M./Schultz, M. [zit.: HBR 2001]: Are the Strategic Stars Aligned for Your Corporate Brand?, in: HBR 2001, Vol. 79 (2), S. 128–134.

Heidecke, B./Schmidtke, R./Wilmanns, J. (Hrsg.) [zit.: Heidecke et al., Verrechnungspreise, 2017]: Funktionsverlagerung und Verrechnungspreise – Rechtsgrundlagen, Bewertungen, Praxistipps, Wiesbaden 2017.

Heinicke, W. in: Weber-Grellet, H. [zit.: Weber-Grellet, EStG, 2016]: Einkommensteuergesetz – Schmidt Kommentar, 35. Auflage, München 2016, § 34c EStG Rn. 1–35.

Hellebrand, O. [zit.: GRUR 2001]: Gewinn und Lizenzgebühr: Gibt es einen quantifizierbaren Zusammenhang?, in: GRUR 2001, S. 678–683.

Henderson, B. [zit.: Erfahrungskurve, 1984]: Die Erfahrungskurve in der Unternehmensstrategie, 2. Auflage, Frankfurt a.M./New York 1984.

Herlinghaus, A. [zit.: IStR 2010]: Gedanken zum abkommensrechtlichen Schiedsverfahren nach Art. 25 Abs. 5 OECD-MA, in: IStR 2010, S. 125–130.

Herrmann, C./Heuer, G./Raupach, A. (Hrsg.) [zit.: Herrmann et. al., EStG/KStG, 2019]: Einkommensteuer- und Körperschaftsteuergesetz – Kommentar, Bd. I, Erg.-Lfg. 293, Köln 9/2019.

Herrmann, H. in: Diller, H./Herrmann, A. [zit.: Diller/Herrmann, Preispolitik, 2003]: Handbuch Preispolitik – Strategien, Planung, Organisation, Umsetzung, Wiesbaden 2003, S. 719–738.

Herzig, N. [zit.: WPg 1998]: Globalisierung und Besteuerung, in: WPg 1998, S. 280–296.

Heurung, R./Löckener, R./Paczkowski, K. [zit.: IStR 2018]: Zeitpunkt der Verrechnungspreisbestimmung: Implementierung in eine konzerninterne Verrechnungspreisrichtlinie anhand steuerrechtlicher Unternehmenscharakteristika, in: IStR 2018, S. 371–377.

Hey, J./Schreiber, U./Pönnighaus, F./Bierbrauer, F. [zit.: ifo Schnelldienst 2013]: Steueroasen und legale Steuervermeidung: Wie kann größere Steuergerechtigkeit erreicht werden?, in: ifo Schnelldienst 2013, Nr. 11, S. 3–13.

Hines, J. [zit.: JEP 2010]: Treasure Islands, in: JEP 2010, Vol. 24 (4), S. 103–126.

Hintzen, B. [zit.: Zwischenholding, 1997]: Die deutsche Zwischenholding als Gegenstand der internationalen Steuerplanung, Frankfurt 1997.

Hofacker, M. in: Haase, F. [zit.: Haase, AStG/DBA, 2016]: Außensteuergesetz, Doppelbesteuerungsabkommen, 3. Auflage, Heidelberg 2016, § 1 AStG Rz. 1–446.

Hoffmann, M./Richter, T. [zit.: Geistiges Eigentum in der Betriebspraxis, 2017]: Geistiges Eigentum in der Betriebspraxis, 2. Auflage, Wiesbaden 2017.

Hofmann, P. [zit.: Durchsetzung von Patentrechten, 2013]: die Durchsetzung von Patentrechten in der Volksrepublik China und der Republik Korea, Frankfurt am Main 2013.

Homburg, S. [zit.: Steuerlehre, 2015]: Allgemeine Steuerlehre, 7. Auflage, München 2015.

Honarmandi, Z./Sepasi, S./Azar, A. [zit.: IJMS 2019]: Comparing the Impact of Brand Value on Corporate Profit in B2B and B2C Businesses: A Case Study, in: IJMS 2019, Vol. 12 (1) S. 121–147.

Hudetz, K./Kaapke, A. [zit.: Handelsmanagement, 2009]: Lexikon Handelsmanagement – Controlling, Führung, Marketing, Frankfurt am Main 2009.

Hug, T. [zit.: Expert Focus 2019]: Das DEMPE-Funktionskonzept am Beispiel der Konzernmarke – Einordnung, Inhalt, Wirkung und Ausblick, in: Expert Focus 2019, S. 589–594.

Hülshorst, J./Mank, K. in: Kroppen, H./Rasch, S. [zit.: Kroppen/Rasch, Verrechnungspreise, 2019]: Handbuch Internationale Verrechnungspreise, Bd. II, Erg.-Lfg. 29, Köln 8/2019, OECD-Kap. II Anm. 1–258.

Hummel, L. in: Gosch, D. [zit.: Gosch, KStG, 2015]: Körperschaftsteuergesetz – Kommentar, 3. Auflage, München 2015, § 1 KStG Rz. 1–134.

Hung Vo, P. [zit.: Industrie 4.0, 2016]: Die Automobilindustrie und die Bedeutung innovativer Industrie 4.0 Technologien, Hamburg 2016.

Hutton, J. [zit.: Journal of Product & Brand Management 1997]: A study of brand equity in an organizational-buying context, in: Journal of Product & Brand Management 1997, Vol. 6 (6), S. 428–439.

IDW [zit.: FN-IDW 2011]: IDW Standard: Grundsätze zur Bewertung immaterieller Vermögenswerte (IDW S 5), in: FN-IDW 2011, S. 467–484.

Ismer, R. in: Vogel, K./Lehner, M. [zit.: Vogel/Lehner, DBA, 2021]: DBA – Doppelbesteuerungsabkommen, 7. Auflage, München 2021, Art. 23A, 23B OECD-MA Rn. 1–268.

Ismer, R./Piotrowski, S. in: Vogel, K./Lehner, M. [zit.: Vogel/Lehner, DBA, 2021]: DBA – Doppelbesteuerungsabkommen, 7. Auflage, München 2021, Art. 25 OECD-MA Rn. 1–454.

Ivens, B. in: Diller, H./Herrmann, A. [zit.: Diller/Herrmann, Preispolitik, 2003]: Handbuch Preispolitik – Strategien, Planung, Organisation, Umsetzung, Wiesbaden 2003, S. 155–176.

Jacobs, J. [zit.: Produktlebenszyklusorientiertes Controlling, 2011]: Produktlebenszyklusorientiertes Controlling am Beispiel des produktbezogenen Businessplans, Köln 2011.

Jacobs, O. [zit.: Internationale Unternehmensbesteuerung, 2016]: Internationale Unternehmensbesteuerung – Deutsche Investitionen im Ausland, ausländische Investitionen im Inland, 8. Auflage, München 2016.

Jaensch, G. [zit.: DB 1972]: Innerbetriebliche Verrechnungspreise im Blickwinkel von Theorie und Praxis, in: DB 1972, S. 1301–1307.

Janz, N./Lööf, H./Peters, B. [zit.: Problems and Perspectives in Management 2004]: Firm Level Innovation and Productivity – Is there a Common Story Across Countries?, in: Problems and Perspectives in Management 2004, Vol. 2 (2), S. 184–204.

Jefferson, G./Huamao, B./Xiaojing, G./Xiaoyun, Y. [zit.: Econ Innovat New Tech 2006]: R&D Performance in Chinese Industry, in: Econ Innovat New Tech 2006, Vol. 15 (4–5), S. 345–366.

Jochimsen, C./Zinowski, T./Schraud, A. [zit.: IStR 2017]: Die Lizenzschranke nach § 4j EStG – Ein Gesellenstück des Gesetzgebers, in: IStR 2017, S. 593–601.

Jörgl, T. [zit.: Logistik heute 2016]: Beziehungskrise, in: Logistik heute 2016, Nr. 10, S. 26–30.

Käbisch, V./Strunk, G. in: Strunk, G./Kaminski, B./Köhler, S. [zit.: Strunk et al., AStG/DBA, 2019]: Außensteuergesetz, Doppelbesteuerungsabkommen, Bd. 1, Erg.-Lfg. 53, Bonn 6/2019, Art. 12 OECD-MA Anm. 1–157.

Kanzler, H. in: Kanzler, H./Kraft, G./Bäuml, S. [zit.: Kanzler et al., EStG, 2017]: Einkommensteuergesetz - Kommentar, Herne 2017, § 2 EStG Rn. 1–395.

Kanzler, H./Kraft, G./Bäuml, S. (Hrsg.) [zit.: Kanzler et al., EStG, 2017]: Einkommensteuergesetz - Kommentar, 2. Auflage, Herne 2017.

Kaut, M./Freudenberg, M./Foth, G. [zit.: BB 2007]: Verrechnungspreismethodik: Ausgleichszahlung als Instrument der Ergebnissteuerung bei Routineunternehmen, in: BB 2007, S. 1665–1669.

Keßler, M. [zit.: Wandel, 2018]: Wandel in der Automobilindustrie? Megatrends und ihr Einfluss auf die Machtstrukturen zwischen OEMs und Tier1-Lieferanten, Leipzig 2018.

Kirchhof, P. (Hrsg.) [zit.: Kichhof, EStG, 2017]: Einkommensteuergesetz - Kommentar, 16. Auflage, Köln 2017.

Kirchhof, P. in: Kirchhof, P. [zit.: Kichhof, EStG, 2017]: Einkommensteuergesetz - Kommentar, 16. Auflage, Köln 2017, § 2 EStG Rn. 1–136.

Klein, T. [zit.: IStR 1995]: OECD-Verrechnungspreis-Richtlinien: In der Praxis eher hilfreich als behindernd, in: IStR 1995, S. 546–550.

Klomp, L./van Leeuwen, G. [zit.: IJEB 2001]: Linking Innovation and Firm Performance: A New Approach, in: IJEB 2001, Vol. 8 (3), S. 343–364.

Kluge, V. [zit.: Steuerrecht, 2000]: Das Internationale Steuerrecht – Gemeinschaftsrecht, Außensteuerrecht, Abkommensrecht, 4. Auflage, München 2000.

Kofler, G. in: Schaumburg, H./Englisch, J. [zit.: Schaumburg/Englisch, Europäisches Steuerrecht, 2015]: Europäisches Steuerrecht, Köln 2015, Rz. 15.1–15.38.

Koporcic, N./Resetar, Z./Tolusic, Z. [zit.: Ekonomski vjesnik/Econviews 2017]: The importance of corporate brands for decision making in the business-to-business context, in: Ekonomski vjesnik/Econviews 2017, Vol. 30 (2), S. 429–440.

Körner, A. in: Schönfeld, J./Ditz, X. [zit.: Schönfeld/Ditz, DBA, 2013]: Doppelbesteuerungsabkommen - Kommentar, Köln 2013, Art. 11 OECD-MA Rz. 1–214.

Kost, O./Weidlich, F. [zit.: TPI 2020]: Möglichkeiten zur Operationalisierung einer DEMPE-Analyse, in: TPI 2020, S. 234–241.

Kotler, P./Pfoertsch, W. [zit.: B2B, 2006]: B2B Brand Management, Berlin 2006.

Kotler, P./Pfoertsch, W. [zit.: JBIM 2007]: Being known or being one of many: the need for brand management for business-to-business (B2B) companies, in: JBIM 2007, Vol. 22 (6), S. 357–362.

Kowallik, A. [zit.: DB 2015]: Das interne Kontrollsystem für Steuern, in: DB 2015, S. 2774–2783.

Kraft, G. (Hrsg.) [zit.: Kraft, AStG, 2019]: AStG – Außensteuergesetz, 2. Auflage, München 2019.

Kraft, G. in: Kanzler, H./Kraft, G./Bäuml, S. [zit.: Kanzler et al., EStG, 2017]: Einkommensteuergesetz – Kommentar, Herne 2017, § 49 EStG Rn. 1–247.

Kraft, G. in: Kraft, G. [zit.: Kraft, AStG, 2019]: AStG – Außensteuergesetz, 2. Auflage, München 2019, § 1 AStG Rz. 1–913.

Krause, D. [zit.: Innovationsprozesse, 2004]: Macht und Vertrauen in Innovationsprozessen – Ein empirischer Beitrag zu einer Theorie der Führung, 2. Auflage, Wiesbaden 2010.

Kreis, H. [zit.: Erfolgswirksamkeit, 2010]: Quantitative Analysen zur Erfolgswirksamkeit von F&E und Marketing, Berlin 2010.

Kriener, M. [zit.: LMd 2017]: China elektrisiert, in: LMd 2017, No. 2, S. 20–21.

Kromer, C./Pumpler, R./Henschel, K. [zit.: BB 2013]: Tax Compliance, in: BB 2013, S. 791–803.

Kroppen, H./Rasch, S. (Hrsg.) [zit.: Kroppen/Rasch, Verrechnungspreise, 2019]: Handbuch Internationale Verrechnungspreise, Bd. II, Erg.-Lfg. 29, Köln 8/2019.

Kuckhoff, H./Schreiber, R. [zit.: IStR 1999]: Grenzüberschreitende Funktionsverlagerung aus Sicht der Betriebsprüfung (Teil I), in: IStR 1999, S. 321–330.

Kunert, M./Strothenke, S. [zit.: StuB 2017]: Verrechnungspreisdokumentation 2.0 – Neue Dokumentationsanforderungen zum Country-by-Country-Reporting und zur GAufzV – Anmerkungen zum BMF-Schreiben vom 11.7.2017, in: StuB 2017, S. 772–776.

Kussmaul, H. [zit.: RIW 1987]: Angemessene Verrechnungspreise im internationalen Konzernbereich, in: RIW 1987, S. 679–693.

Kyrer, A. [zit.: Wirtschaftslexikon, 2017]: Wirtschaftslexikon, 4. Auflage, München/Wien 2017.

Lachnit, L./Müller, S. [zit.: Bilanzanalyse, 2017]: Bilanzanalyse – Grundlagen, Einzel- und Konzernabschlüsse, HGB- und IFRS-Abschlüsse, Unternehmensbeispiele, 2. Auflage, Wiesbaden 2017.

Lahn, S. [zit.: Businessplan, 2015]: Der Businessplan in Theorie und Praxis – Überlegungen zu einem zentralen Instrument der deutschen Gründungsförderung, Wiesbaden 2015.

Lang, L. in: Ebel, B./Hofer, N./Al-Sibai, J. [zit.: Ebel et al., Automotive Management, 2004]: Automotive Management – Strategie und Marketing in der Automobilwirtschaft, Berlin/Heidelberg 2004, S. 313–323.

Lang, M. [zit.: IStR 2002]: Die Vermeidung der Doppelbesteuerung und der doppelten Nichtbesteuerung als DBA-Auslegungsmaxime?, in: IStR 2002, S. 609–613.

Lay, G. [zit.: PI-Mitteilungen 1997]: Prozessinnovationen als Schlüssel zu innovativen Produkten – Mit neuen Produktionskonzepten in Wachstumsmärkte, in: PI-Mitteilungen 1997, Nr. 7, S. 1–13.

Lehner, M. [zit.: FR 2011]: DBA-Politik der Bundesregierung, in: FR 2011, S. 1087–1091.

Lehner, M. [zit.: StuW 1998]: Wettbewerb der Steuersysteme im Spiegel europäischer und US-amerikanischer Steuerpolitik, in: StuW 1998, S. 159–173.

Lehner, M. in: Vogel, K./Lehner, M. [zit.: Vogel/Lehner, DBA, 2021]: DBA – Doppelbesteuerungsabkommen, 7. Auflage, München 2021, Grundlagen Rn. 1–230.

Lenz, M./Fischer, W., Schmidt, M. [zit.: BB 2005]: Verwaltungsgrundsätze-Verfahren – Konsequenzen für die Dokumentation von Verrechnungspreisen, in: BB 2005, S. 1255–1259.

Leube, H., Grellier, A. [zit.: M&A Review 2017]: High Tech Companies – Auswirkungen der digitalen Disruption auf M&A-Aktivitäten, in: M&A Review 2017, No. 4, S. 123–127.

Leupertz, S./Halfmeier, C. in: Prütting, H./Wegen, G./Weinreich, G. [zit.: Prütting et al., BGB, 2014]: BGB – Kommentar, 9. Auflage, Köln 2014, Vor § 631 bis 651 BGB Rn. 1–31.

Levedag, C. in: Rödder, T./Herlinghaus, A./Neumann, R. [zit.: Rödder et al., KStG, 2015]: Körperschaftsteuergesetz – Kommentar, Köln 2015, § 1 KStG Rz. 1–124.

Li, L. [zit.: Intellectual Property Protection, 2014]: Intellectual Property Protection of Traditional Cultural Expressions – Folklore in China, Heidelberg et al. 2014.

Lichtenstein, D./Bloch, P./Black, W. [zit.: JCR 1988]: Correlates of Price Acceptability, in: JCR 1988, Vol. 15 (2), S. 243–252.

Liebchen, D. in: Schönfeld, J./Ditz, X. [zit.: Schönfeld/Ditz, DBA, 2013]: Doppelbesteuerungsabkommen - Kommentar, Köln 2013, Art. 25 OECD-MA Rz. 238–487.

Lieberman, M./Montgomery, D. [zit.: SMJ 1988]: First-Mover Advantages, in: SMJ 1988, Summer Special Issue, Vol. 9, S. 41–58.

Liebert, N. [zit.: Steuergerechtigkeit, 2011]: Steuergerechtigkeit in der Globalisierung – Wie die steuerpolitische Umverteilung von unten nach oben gestoppt werden kann, Münster 2011.

Lischka, J. [zit.: Prozessinnovationen, 2011]: Management von Prozessinnovationen – Ein empirisch gestütztes Erfolgsfaktorenmodell, Wiesbaden 2011.

Liu, Y./Foscht, T./Eisingerich, A./Tsai, H. [zit.: IMM 2018]: Strategic management of product and brand extensions: Extending corporate brands in B2B vs. B2C markets, in: IMM 2018, Vol. 71, S. 147–159.

Lunzer, G. [zit.: AK Wien 2015]: Steuerflucht und Steueroasen, in: AK Wien 2015, Nr. 2, S. 5–8.

Maier, F. [zit.: Innovationsmanagement, 1995]: Die Integration wissens- und modellbasierter Konzepte zur Entscheidungsunterstützung im Innovationsmanagement, Berlin 1995.

Mansfield, E./Schwartz, M./Wagner, S. [zit.: EJ 1981]: Imitation Costsand Patents: An Empirical Study, in: EJ 1981, Vol. 91 (364), S. 907–918.

Masuch, W. [zit.: AG 1986]: Möglichkeiten und Grenzen für die Vereinbarung von Verrechnungspreisen zwischen deutschen und amerikanischen Gesellschaften eines Konzerns, in: AG 1986, S. 154–159.

Masuch, W. [zit.: ZfbF 1986]: Verrechnungspreise zwischen deutschen und amerikanischen Gesellschaften eines Konzerns, in: ZfbF 1986, S. 805–811.

Mayer, D. [zit.: Wechselverhalten, 2009]: Wechselverhalten von industriellen Nachfragern – Empirische Untersuchung der Markenbindung im Industriegüterbereich, Wiesbaden 2009.

McQuiston, D. [zit.: IMM 2004]: Successful branding of a commodity product: The case of RAEX LASER steel, in: IMM 2004, Vol. 33 (4), S. 345–354.

Meckes, R./Gehring, M. [zit.: marketingjournal 2006]: Preis und Marke in der Automobilindustrie, in: marketingjournal 2006, Vol. 39 (Sonderheft „Automobilmarketing"), S. 26–29.

Meffert, H./Burmann, C./Kirchgeorg, M. [zit.: Marketing, 2015]: Marketing – Grundlagen marktorientierter Unternehmensführung – Konzepte, Instrumente, Praxisbeispiele, 12. Auflage, Wiesbaden 2015.

Menck, T. [zit.: StBp 1995]: Die Prüfung der internationalen Gewinnabgrenzung nach der „Schiedsstellenkonvention" der EU, in: StBp 1995, S. 169–176.

Meyborn, P. [zit.: Die Bank 2015]: Kapitalkosten ermöglichen Wettbewerbsvorteile, in: Die Bank 2015, No. 10, S. 44–48.

Mitchell, P./King, J./Reast, J. [zit.: IMM 2001]: Brand Values Related to Industrial Products, in: IMM 2001, Vol. 30 (5), S. 415–425.

Mohr, G. [zit.: Bestimmungsgründe, 1977]: Bestimmungsgründe für die Verbreitung von neuen Technologien, Berlin 1977.

Mössner, J. et al. (Hrsg.) [zit.: Mössner et al., Steuerrecht, 2018]: Steuerrecht international tätiger Unternehmen, 5. Auflage, Köln 2018.

Mudambi, S. [zit.: IMM 2002]: Branding importance in business-to-business markets – Three buyer clusters, in: IMM 2002, Vol. 31 (6), S. 525–533.

Müller, J./Sureth, C./Läufer, C. [zit.: WPg 2010]: Mögliche Fallstricke einer Optimierung unternehmerischer Investitionsentscheidungen auf der Grundlage der Konzernsteuerquote, in: WPg 2010, S. 1028–1034.

Müller, W./Rödder, T. (Hrsg.) [zit.: Müller/Rödder, Beck'sches Handbuch, 2009]: Beck'sches Handbuch der AG – Gesellschaftsrecht, Steuerrecht, Börsengang, 2. Auflage, München 2009.

Musil, A. [zit.: Deutsches Treaty Overriding, 2000]: Deutsches Treaty Overriding und seine Vereinbarkeit mit Europäischem Gemeinschaftsrecht, Berlin 2000.

Musil, A. in: Herrmann, C./Heuer, G./Raupach, A. [zit.: Herrmann et al., EStG/KStG, 2019]: Einkommensteuer- und Körperschaftsteuergesetz – Kommentar, Bd. I, Erg.-Lfg. 293, Köln 9/2019, § 2 EStG Anm. 1–950.

Nagl, A. [zit.: Businessplan, 2015]: Der Businessplan – Geschäftspläne professionell erstellen – Mit Checklisten und Fallbeispielen, 8. Auflage, Wiesbaden 2015.

Nestler, A. [zit.: BB 2008]: Ermittlung von Lizenzentgelten, in: BB 2008, S. 2002–2006.

Nestler, A. [zit.: BB 2013]: Angemessene Lizenzbewertung anhand der Profit-Split-Methode: Was man von der Knoppe-Formel lernen kann, in: BB 2013, S. 2027–2029.

Nientimp, A./Braun, M./Beumer, T. [zit.: BB 2019]: Steuerliche Relevanz von Verrechnungspreisen bei KMU, in: BB 2019, S. 156–161.

Nientimp, A./Tomson, S. [zit.: IStR 2009]: Das verbindliche Schiedsverfahren nach dem neuen OECD-MA, in: IStR 2009, S. 615–619.

o.V. [zit.: Markt&Technik 2018]: Produktpiraterie – China ist größter Plagiator im Maschinenbau, in: Markt&Technik 2018, Nr. 24, S. 15.

OECD [zit.: Aktionsplan, 2014]: Aktionsplan zur Bekämpfung der Gewinnverkürzung und Gewinnverlagerung, Paris 2014.

OECD [zit.: BEPS, 2015]: OECD/G20 Base Erosion and Profit Shifting Project – Explanatory Statement, Paris 2015.

OECD [zit.: Model Tax Convention, 2014]: Commentaries on the Articles of the Model Tax Convention, Paris 2014.

OECD [zit.: Technology, 1968]: Gaps in Technology – General Report, Paris 1968.

OECD [zit.: Verrechnungspreisleitlinien, 2010]: OECD - Verrechnungspreisleitlinien für multinationale Unternehmen und Steuerverwaltungen, Paris 2010.

OECD [zit.: Verrechnungspreisleitlinien, 2017]: OECD-Verrechnungspreisleitlinien für multinationale Unternehmen und Steuerverwaltungen, Paris 2017 [ergänzt um *OECD*, Revised Guidance on the Application of the Transactional Profit Split Method – Inclusive Framework on BEPS: Action 10, Paris 2018].

Owens, J. [zit.: IStR 2007]: Die Vorschläge der OECD zur Verbesserung des Verfahrens zur Beilegung von Streitigkeiten im Zusammenhand mit DBA, in: IStR 2007, S. 472–474.

Parisi, M./Schiantarelli, F./Sembenelli, A. [zit.: EER 2006]: Productivity, innovation and R&D – Micro evidence for Italy, in: EER 2006, S. 2037–2061.

Pepels, W. [zit.: Produktmanagement, 2016]: Produktmanagement, 7. Auflage, Berlin 2016.

Petzold, R. [zit.: Schutz des geistigen Eigentums, 2012]: Schutz des geistigen Eigentums in der VR China – Überblick zu den Handlungsmöglichkeiten und Grenzen bei der Sicherung und Durchsetzbarkeit geistiger Eigentumsrechte, Hamburg 2012.

Pfäfflin, H./Schwarz-Kocher, M. [zit.: Automobilzulieferindustrie, 2017]: Perspektiven für die deutschen Produktionswerke der Automobilzulieferindustrie, Heft 1/2017, Stuttgart 2017.

Potekhina, A. [zit.: IP Management, 2017]: An Alternative Perspective on IP Management. Empirical Evidence from MNCs′ Practices in China, Berlin 2017.

Prechtl, H. [zit.: Preispolitik, 2014]: Preispolitik – Behavioral Pricing und Preissysteme, 2. Auflage, München 2014.

Prütting, H./Wegen, G./Weinreich, G. (Hrsg.) [zit.: Prütting et al., BGB, 2014]: BGB – Kommentar, 9. Auflage, Köln 2014.

Puls, M. in: Wassermeyer, F./Baumhoff, H. [zit.: Wassermeyer/Baumhoff, Verrechnungspreise, 2014]: Verrechnungspreise international verbundener Unternehmen, Köln 2014, Rz. 4.1–4.74.

Puls, M./Heravi, S. [zit.: IStR 2018]: DEMPE-Funktionen und wirtschaftliches Eigentum an immateriellen Werten – Plädoyer für eine differenzierte Betrachtung, in: IStR 2018, S. 721–728.

PwC [zit.: Industriestudie, 2001]: Industriestudie – Praxis von Markenbewertung und Markenmanagement in deutschen Unternehmen, 2. Auflage, Frankfurt am Main 2001.

PwC [zit.: Innovation, 2015]: Innovation – Deutsche Wege zum Erfolg, abrufbar unter: https://www.pwc.de/de/publikationen/paid_pubs/pwc_innovati on_-_deutsche_wege_zum_erfolg_2015.pdf, Stand: 26.04.2018.

Rasch, S. in: Gosch, D./Kroppen, H./Grotherr, S. [zit.: Gosch et al., DBA, 2019]: DBA-Kommentar, Bd. I, Erg.-Lfg. 35, Herne 3/2019, Art. 9 OECD-MA Anm. 1–255.

Raupach, A. [zit.: StuW 1990]: Die Bemessung von Konzernumlagen mit oder ohne Gewinnaufschlag im Hinblick auf die Organisation multinationaler Konzerne, in: StuW 1990, S. 397–403.

Reeg, M. [zit.: Liefer- und Leistungsbeziehungen, 1998]: Liefer- und Leistungsbeziehungen in der deutschen Automobilindustrie – Strukturelle Veränderungen aus unternehmerischer und wirtschaftspolitischer Sicht, Berlin 1998.

Rehfeld, L. in: Herrmann, C./Heuer, G./Raupach, A. [zit.: Herrmann et. al., EStG/KStG, 2019]: Einkommensteuer- und Körperschaftsteuergesetz – Kommentar, Bd. I, Erg.-Lfg. 293, Köln 9/2019, § 50g EStG Anm. 1–21.

Reiche, F. in: Haase, F. [zit.: Haase, AStG/DBA, 2016]: Außensteuergesetz, Doppelbesteuerungsabkommen, 3. Auflage, Heidelberg 2016, § 7 AStG Rz. 1–175.

Reichert, J./Weller, M. in: Fleischer, H./Goette, W. [zit.: Fleischer/Goette, MüKo GmbHG, 2018]: Münchener Kommentar zum GmbHG, 3. Auflage, München 2018, § 14 Rn. 1–135.

Reimann, A. [zit.: WiWo 2018]: Basar brutal, in: WiWo 2018, Nr. 30, S. 54–57.

Reinecke, S./Hahn, S. in: Diller, H./Herrmann, A. [zit.: Diller/Herrmann, Preispolitik, 2003]: Handbuch Preispolitik – Strategien, Planung, Organisation, Umsetzung, Wiesbaden 2003, S. 333–356.

Reith, T. [zit.: Internationales Steuerrecht, 2004]: Internationales Steuerrecht – Handbuch zum Doppelbesteuerungs- und Außensteuerrecht und zu Gestaltungen grenzüberschreitender Investitionen, München 2004.

Richter, L./Hontheim, S. [zit.: DB 2013]: Double Irish with a Dutch Sandwich: Pikante Steuergestaltung der US-Konzerne, in: DB 2013, S. 1260–1264.

Rieke, S. [zit.: Spannungsfeld, 2015]: Verrechnungspreise im Spannungsfeld zwischen Konzernsteuerung und internationalem Steuerrecht, Wiesbaden 2015.

Robinson, W./Fornell, C. [zit.: JMR 1985]: Sources of Market Pioneer Advantages in Customer Goods Industries, in: JMR 1985, Vol. 22 (3), S. 305–317.

Rödder, T./Herlinghaus, A./Neumann, R. (Hrsg.) [zit.: Rödder et al., KStG, 2015]: Körperschaftsteuergesetz – Kommentar, Köln 2015.

Rose, G./Watrin, C. [zit.: Internationales Steuerrecht, 2016]: Internationales Steuerrecht – Doppelbesteuerung, Minderbesteuerung, Europarecht, 7. Auflage, Berlin 2016.

Roth, S. [zit.: Innovationsfähigkeit, 2009]: Innovationsfähigkeit im globalen Hyperwettbewerb – Zum Bedarf strategischer Neuausrichtung der Automobilzulieferindustrie, Düsseldorf 2009.

Rudolf, M. [zit.: Treaty Shopping, 2012]: Treaty-Shopping und Gestaltungsmissbrauch: insbesondere zu den fortentwickelten Missbrauchsvorbehalten des § 42 AO, des § 50d Abs. 3 EStG und der "Limitation on Benefits"-Klausel des Art. 28 DBA-USA, zugleich ein Beitrag zur Identifizierung und Bewältigung kollidierender Missbrauchsmaßstäbe im deutschen, europäischen und internationalen Steuerrecht, Köln 2012.

Rupp, T. in: Haase, F. [zit.: Haase, AStG/DBA, 2016]: Außensteuergesetz, Doppelbesteuerungsabkommen, 3. Auflage, Heidelberg 2016, § 20 AStG Rz. 1–182.

Rupp, T./Knies, J./Ott, J./Faust, T. [zit.: Steuerrecht, 2014]: Internationales Steuerrecht, Bd. 14, 3. Auflage, Stuttgart 2014.

Russwurm, S. in: Sendler, U. [zit.: Sendler, Zukunft, 2013]: Industrie 4.0 – Beherrschung der industriellen Komplexität mit SysLM, Berlin/Heidelberg 2013, S. 21–35.

Salomo, S./Cratzius, M. [zit.: JBE 2005]: Integration von Marketing und Fertigung als Erfolgsfaktoren der Neuproduktentwicklung – Die moderierende Wirkung des Innovationsgrades, in: JBE 2005, Vol. 75 (1), S. 71–95.

Sarin, S. [zit.: Vikalpa 2014]: Relevance and Creation of Strong Brands for B2B Markets, in: Vikalpa 2014, Vol. 39 (4), S. 91–100.

Saringer, M. [zit.: AK Wien 2015]: EU-Aktionsplan für faire und effiziente Konzernbesteuerung, in: AK Wien 2015, Nr. 4, S. 29–31.

Schade, D. [zit.: Anti-Treaty-Shopping-Regelung, 2013]: Die deutsche Anti-Treaty-Shopping-Regelung des § 50d Abs. 3 EStG – Zu den Grenzen und dem Bedürfnis nach einer spezialgesetzlichen Regelung, Berlin 2013.

Schallmo, D./Brecht, L. [zit.: Prozessinnovation, 2017]: Prozessinnovation erfolgreich anwenden – Grundlagen und methodisches Vorgehen: Ein Management- und Lehrbuch mit Aufgaben und Fragen, 2. Auflage, Berlin 2017.

Schaumburg, H. (Hrsg.) [zit.: Schaumburg, Steuerrecht, 2017]: Internationales Steuerrecht – Außensteuerrecht, Doppelbesteuerungsrecht, 4. Auflage, Köln 2017.

Schaumburg, H. [zit.: StuW 2005]: Steuerliche Leistungsfähigkeit und europäische Grundfreiheiten im Internationalen Steuerrecht, in: StuW 2005, S. 306–316.

Schaumburg, H. in: Schaumburg, H. [zit.: Schaumburg, Steuerrecht, 2017]: Internationales Steuerrecht – Außensteuerrecht, Doppelbesteuerungsrecht, 4. Auflage, Köln 2017, Rz. 15.1–15.10.

Schaumburg, H. in: Schaumburg, H. [zit.: Schaumburg, Steuerrecht, 2017]: Internationales Steuerrecht – Außensteuerrecht, Doppelbesteuerungsrecht, 4. Auflage, Köln 2017, Rz. 13.1–13.246.

Schaumburg, H. in: Schaumburg, H. [zit.: Schaumburg, Steuerrecht, 2017]: Internationales Steuerrecht – Außensteuerrecht, Doppelbesteuerungsrecht, 4. Auflage, Köln 2017, Rz. 5.1–5.39.

Schaumburg, H. in: Schaumburg, H. [zit.: Schaumburg, Steuerrecht, 2017]: Internationales Steuerrecht – Außensteuerrecht, Doppelbesteuerungsrecht, 4. Auflage, Köln 2017, Rz. 18.1–18.256.

Schaumburg, H. in: Schaumburg, H. [zit.: Schaumburg, Steuerrecht, 2017]: Internationales Steuerrecht – Außensteuerrecht, Doppelbesteuerungsrecht, 4. Auflage, Köln 2017, Rz. 17.1–17.41.

Schaumburg, H./Englisch, J. (Hrsg.) [zit.: Schaumburg/Englisch, Europäisches Steuerrecht, 2015]: Europäisches Steuerrecht, Köln 2015.

Schaumburg, H./Häck, N. in: Schaumburg, H. [zit.: Schaumburg, Steuerrecht, 2017]: Internationales Steuerrecht – Außensteuerrecht, Doppelbesteuerungsrecht, 4. Auflage, Köln 2017, Rz. 19.1–19.567.

Scheier, C./Held, D. [zit.: Marken, 2009]: Was Marken erfolgreich macht – Neuropsychologie in der Markenführung, 2. Auflage, Planegg/München 2009.

Schildbach, T./Homburg, C. [zit.: Kosten- und Leistungsrechnung, 2009]: Kosten- und Leistungsrechnung, 10. Auflage, Stuttgart 2009.

Schmidt, C./Blöchle, D. in: Strunk, G./Kaminski, B./Köhler, S. [zit.: Strunk et al., AStG/DBA, 2019]: Außensteuergesetz, Doppelbesteuerungsabkommen, Bd. 1, Erg.-Lfg. 53, Bonn 6/2019, Art. 23A/B OECD-MA Anm. 1–246.

Schmidtke, R./Tränka, P. in: Heidecke, B./Schmidtke, R./Wilmanns, J. [zit.: Heidecke et al., Verrechnungspreise, 2017]: Funktionsverlagerung und Verrechnungspreise – Rechtsgrundlagen, Bewertungen, Praxistipps, Wiesbaden 2017, S. 419–452.

Schmitt, U. [zit.: IStR 2017]: Die Überlassung des Konzernnamens aus Sicht der Prüfungspraxis, in: IStR 2017, S. 311–315.

Schmitz, S. in: Strunk, G./Kaminski, B./Köhler, S. [zit.: Strunk et al., AStG/DBA, 2019]: Außensteuergesetz, Doppelbesteuerungsabkommen, Bd. 2, Erg.-Lfg. 53, Bonn 6/ 2019, Art. 25 OECD-MA Anm. 1–119.

Schmitz, W. [zit.: VDI Nachrichten 2017]: Mobil – nur anders, in: VDI Nachrichten 2017, Nr. 10, S. 28–29.

Schneider, U. in: Diller, H./Herrmann, A. [zit.: Diller/Herrmann, Preispolitik, 2003]: Handbuch Preispolitik – Strategien, Planung, Organisation, Umsetzung, Wiesbaden 2003, S. 93–114.

Schnurpfeil, K. [zit.: Markt und Mittelstand 2016]: Zulieferer aus der Distanz, in: Markt und Mittelstand 2016, Nr. 3, S. 68–70.

Schömann, S. [zit.: Produktentwicklung, 2012]: Produktentwicklung in der Automobilindustrie – Managementkonzepte vor dem Hintergrund gewandelter Herausforderungen, Wiesbaden 2012.

Schön, W. [zit.: DStJG 2000]: Der Wettbewerb der europäischen Steuerordnungen als Rechtsproblem, in: DStJG 2000, S. 191–226.

Schön, W. [zit.: StuW 2015]: Konzerninterne Risikoallokation und internationales Steuerrecht, in: StuW 2015, S. 69–89.

Schönfeld, J./Ditz, X. (Hrsg.) [zit.: Schönfeld/Ditz, DBA, 2013]: Doppelbesteuerungsabkommen - Kommentar, Köln 2013.

Schönfeld, J./Häck, N. in: Schönfeld, J./Ditz, X. [zit.: Schönfeld/Ditz, DBA, 2013]: Doppelbesteuerungsabkommen - Kommentar, Köln 2013, Systematik Rz. 1–177.

Schreiber, R. [zit.: Stbg 2003]: Aufzeichnungspflichten für internationale Verrechnungspreise – Notwendigkeit und Zweifelsfragen, in: Stbg 2003, S. 474 – 488.

Schreiber, R. in: Kroppen, H.-K./Rasch, S. [zit.: Kroppen/Rasch, Verrechnungspreise, 2019]: Handbuch Internationale Verrechnungspreise, Bd. I, Erg.-Lfg. 29, Köln 8/2019, VerwGr.Verf Anm. 1–403.

Schrock, B. in: Haase, F. [zit.: Haase, AStG/DBA, 2016]: Außensteuergesetz, Doppelbesteuerungsabkommen, 3. Auflage, Heidelberg 2016, Art. 23B OECD-MA Rz. 1–77.

Schubert, W./Pastor, C. in: Grottel, B./Schmidt, S./Schubert, J./Winkeljohann, N. [zit.: Grottel et al., Bilanz-Kommentar, 2016]: Beck'scher Bilanz-Kommentar – Handels- und Steuerbilanz, §§ 238 bis 339, 342 bis 342e HGB, 10. Ausgabe, München 2016, § 255 HGB Rn. 330–526.

Schwarz, C./Stein, S. [zit.: DB 2017]: Industrie 4.0: Quantifizierung von Wertschöpfungsbeiträgen in digitalen Netzwerken – Eine Analyse aus Verrechnungspreissicht, in: DB 2017, S. 1525–1530.

Schwarz, C./Stein, S. [zit.: Verrechnungspreise, 2018]: Quantitative Verrechnungspreise – Wertschöpfung im Unternehmen verstehen, Verrechnungspreise aktiv gestalten und benchmarken, Weinheim 2018.

Schwenke, M./Greil, S. in: Wassermeyer, F. [zit.: Wassermeyer, Doppelbesteuerung, 2019]: Doppelbesteuerung – Kommentar, Bd. I, Erg.-Lfg. 145, München 3/2019, Art. 9 OECD-MA Anm. 1–475.

Schwingenschlögl, T./Gotwald, A. [zit.: Bewertungsmethoden für Patente, 2008]: Wirtschaftliche Bewertungsmethoden für Patente – Patentbewertung für die Praxis, Wien 2008.

Sebastian, K./Maessen, A. in: Diller, H./Herrmann, A. [zit.: Diller/Herrmann, Preispolitik, 2003]: Handbuch Preispolitik – Strategien, Planung, Organisation, Umsetzung, Wiesbaden 2003, S. 49–68.

Seeck, H./Diehl, M. [zit.: International Journal of Human Resource Management 2017]: A literature review on HRM and innovation – taking stock and future directions, in: International Journal of Human Resource Management 2017, Vol. 28 (6), S. 913–944.

Sendler, U. (Hrsg.) [zit.: Sendler, Zukunft, 2013]: Industrie 4.0 – Beherrschung der industriellen Komplexität mit SysLM, Berlin/Heidelberg 2013.

Simon, H./Fassnacht, M. [zit.: Preismanagement, 2009]: Preismanagement – Strategie, Analyse, Entscheidung, Umsetzung, 3. Auflage, Wiesbaden 2009.

Singler, A. [zit.: Businessplan, 2014]: Businessplan, 4. Auflage, Freiburg 2014.

Situm, M./Vogt, T./Sorrentino, G. [zit.: WPg 2017]: Wie relevant ist der Markenwert? – Eine empirische Analyse aus der Sicht von Wirtschaftsprüfern und Steuerberatern, in: WPg 2017, S. 645–652.

Smolny, W./Schneeweis, T. [zit.: JBNST 1999]: Innovation, Wachstum und Beschäftigung: Eine empirische Untersuchung auf der Basis des Ifo-Unternehmenspanels, in: JBNST 1999, Vol. 218 (3–4), S. 453–472.

Statista [zit.: Aspekte Autokauf, 2017]: Welche dieser Aspekte sind Ihnen beim Autokauf besonders wichtig?, abrufbar unter: https://de.statista.com/statistik/daten/studie/715597/umfrage/umfrage-zu-den-wichtigsten-kaufkriterien-beim-autokauf-in-deutschland/, Stand: 27.09.2021.

Statista [zit.: Automobilindustrie, 2019]: Trends in der Automobilindustrie, Hamburg 2019.

Statista [zit.: Markenwert Automarken, 2021]: Ranking der nach Markenwert wertvollsten Automarken weltweit (Stand: Mai 2021; in Millionen US-Dollar), abrufbar unter: https://de.statista.com/statistik/daten/studie/195548/umfrage/markenwerte-der-wertvollsten-automarken-weltweit/, Stand: 27.09.2021.

Statista [zit.: Pkw-Dichte, 2015]: Pkw-Dichte in ausgewählten weltweiten Ländern im Jahr 2015, abrufbar unter: https://de.statista.com/statistik/daten/studie/569130/umfrage/pkw-dichte-in-ausgewaehlten-laendern, Stand: 27.09.2021.

Stein, S./Schwarz, C./Burger, S. [zit.: IStR 2020]: Die Besteuerung immaterieller Werte in multinationalen Unternehmensgruppen – Eine Analyse des Referentenentwurfs für ein ATADUmsG, in: IStR 2020, S. 83–89.

Stein, S./Schwarz, C./Holinski, N. [zit.: DStR 2017]: Funktionales Eigentum und Wertschöpfungsbeitragsanalysen: Steuerliche Erfolgsermittlung bei immateriellen Werten mithilfe betriebswirtschaftlicher Konzepte, in: DStR 2017, S. 118–125.

Strunk, G./Kaminski, B./Köhler, S. (Hrsg.) [zit.: Strunk et al., AStG/DBA, 2019]: Außensteuergesetz, Doppelbesteuerungsabkommen, Bd. 1, Erg.-Lfg. 53, Bonn 6/2019.

Sureth, C./Halberstadt, A./Bischoff, D. [zit.: StuW 2009]: Der Einfluss von Internationalisierung, Vermögens- und Kapitalstruktur auf die Konzernsteuerquote im Branchenvergleich, in: StuW 2009, S. 50–62.

Thom, N. [zit.: Grundlagen, 1980]: Grundlagen des betrieblichen Innovationsmanagements, 2. Auflage, Königstein/Ts. 1980.

Thome, C. [zit.: Erfolgsfaktoren, 2012]: Elemente und Erfolgsfaktoren des Produktinnovationsmanagements im Maschinen- und Anlagenbau – Entwicklung eines Bezugsrahmens unter Berücksichtigung der Spezifika kleiner und mittlerer Unternehmen, Stuttgart 2012.

Thommen, J. [zit.: Betriebswirtschaft, 2008]: Lexikon der Betriebswirtschaft – Managementkompetenz von A bis Z, 4. Auflage, Zürich 2008.

Tiede, K. in: Herrmann, C./Heuer, G./Raupach, A. [zit.: Herrmann et al., EStG/KStG, 2019]: Einkommensteuer- und Körperschaftsteuergesetz – Kommentar, Bd. I, Erg.-Lfg. 293, Köln 9/2019, § 1 EStG Anm. 1–345.

Tipke, K./Lang, J. (Hrsg.) [zit.: Tipke/Lang, Steuerrecht, 2015]: Steuerrecht, Köln 2015.

Transparency International Deutschland E. V. [zit.: CPI Rangliste, 2020]: CPI 2020 – Tabellarische Rangliste, abrufbar unter: https://www.transparency.de/cpi/cpi-2020/cpi-2020-tabellarische-rangliste/, Stand: 27.09.2021.

Uhlaner, L./van Stel, A./Duplat, V./Zhou, H. [zit.: Small Bus Econ 2013]: Disentangling the effects of organizational capabilities, innovation and firm size on SME sales growth, in: Small Bus Econ 2013, Vol. 41 (3), S. 581–607.

Vahrenkamp, R. [zit.: Produktionsmanagement, 2008]: Produktionsmanagement, 6. Auflage, München 2008.

Vahs, D. [zit.: Organisation, 2019]: Organisation – Ein Lehr- und Managementbuch, 10. Auflage, Stuttgart 2019.

Vahs, D./Brem, A. [zit.: Innovationsmanagement, 2015]: Innovationsmanagement – Von der Idee zur erfolgreichen Vermarktung, 5. Auflage, Stuttgart 2015.

Vahs, D./Schmitt, J. [zit.: zfo 2010]: Innovationspotenziale ausschöpfen – Organisation und Innovationskultur als Schlüssel zum Innovationserfolg, in: zfo 2010, Vol. 79 (1), S. 4–11.

van Lück, K. [zit.: BB 2017]: Verrechnungspreisdokumentation und Country-by-Country Reporting – erhöhte Anforderungen an multinationale Unternehmen, in: BB 2017, S. 2524–2528.

VDA [zit.: Jahresbericht, 2020]: Jahresbericht 2020 – Die Automobilindustrie in Daten und Fakten, Berlin 2020.

Vogel, K. [zit.: StuW 1993]: Harmonisierung des Internationalen Steuerrechts in Europa als Alternative zur Harmonisierung des (materiellen) Körperschaftsteuerrechts, in: StuW 1993, S. 380–388.

Vogel, K./Lehner, M. (Hrsg.) [zit.: Vogel/Lehner, DBA, 2021]: DBA – Doppelbesteuerungsabkommen, 7. Auflage, München 2021.

Vögele, A./ Freytag, U. [zit.: IStR 2000]: Kernbereiche der neuen Prüfungsgrundsätze zu Kostenumlagen – Poolkonzept, Aktivierung, Quellensteuer und Eintritts-Austrittszahlungen, in: IStR 2000, S. 249–253.

Vögele, A./Borstell, T./Bernhardt, L. (Hrsg.) [zit.: Vögele et al., Verrechnungspreise, 2020]: Verrechnungspreise – Betriebswirtschaft, Steuerrecht, 5. Auflage, München 2020.

Vögele, A./Borstell, T./Engler, G. (Hrsg.) [zit.: Vögele et al., Verrechnungspreise, 2015]: Verrechnungspreise – Betriebswirtschaft, Steuerrecht, 4. Auflage, München 2015.

Vögele, A./Dettmann, G./Peters, F. in: Vögele, A./Borstell, T./Bernhardt, L. [zit.: Vögele et al., Verrechnungspreise, 2020]: Verrechnungspreise – Betriebswirtschaft, Steuerrecht, 5. Auflage, München 2020, Kap. H Rz. 491–528.

Vögele, A./Raab, J./Braukmann, T. in: Vögele, A./Borstell, T./Bernhardt, L. [zit.: Vögele et al., Verrechnungspreise, 2020]: Verrechnungspreise – Betriebswirtschaft, Steuerrecht, 5. Auflage, München 2020, Kap. C Rz. 1–524.

Vögele, A./Scholz, C./Hoffmann, K. [zit.: IStR 2001]: Kostenumlageverträge: Verursachungsgerechte Umlage von administrativen Dienstleistungen und Management Services, in: IStR 2001, S. 94–96.

Vögele, A./Vögele, J. in: Vögele, A./Borstell, T./Engler, G. [zit.: Vögele et al., Verrechnungspreise, 2015]: Verrechnungspreise – Betriebswirtschaft, Steuerrecht, 4. Auflage, München 2015, Kap. E, Rz. 1–250.

Vögele, A./Witt, W. in: Vögele, A./Borstell, T./Engler, G. [zit.: Vögele et al., Verrechnungspreise, 2015]: Verrechnungspreise – Betriebswirtschaft, Steuerrecht, 4. Auflage, München 2015, Kap. G, Rz. 1–63.

Vögele, G./Raab, J. in: Vögele, A./Borstell, T./Engler, G. [zit.: Vögele et al., Verrechnungspreise, 2015]: Verrechnungspreise – Betriebswirtschaft, Steuerrecht, 4. Auflage, München 2015, Kap. D, Rz. 1–524.

Voigt, K. [zit.: Industrielles Management, 2008]: Industrielles Management – Industriebetriebslehre aus prozessorientierter Sicht, Berlin/Heidelberg 2008.

Voigt, K. in: Diller, H./Herrmann, A. [zit.: Diller/Herrmann, Preispolitik, 2003]: Handbuch Preispolitik – Strategien, Planung, Organisation, Umsetzung, Wiesbaden 2003, S. 691–718.

von Pannwitz, K. in: Haase, F. [zit.: Haase, AStG/DBA, 2016]: Außensteuergesetz, Doppelbesteuerungsabkommen, 3. Auflage, Heidelberg 2016, Art. 12 OECD-MA Rz. 1–201.

von Pöllnitz, H. [zit.: Patentschutz, 2007]: Patentschutz in der Volksrepublik China aus der Sicht eines deutschen Technologieunternehmens, Working Paper No. 2007/1, Jena 2007.

Waschbusch, G./Rolle, A./Biewer, J. [zit.: BFuP 2017]: Überlegungen zur Zweckadäquanz der aufsichtsrechtlichen Eigenmittelunterlegung im Kreditgewerbe, in: BfuP 2017, S. 206–227.

Wassermeyer F. (Hrsg.) [zit.: Wassermeyer, Doppelbesteuerung, 2019]: Doppelbesteuerung – Kommentar, Bd. I, Erg.-Lfg. 145, München 3/2019.

Wassermeyer, F. [zit.: DB 2007]: Modernes Gesetzgebungsniveau am Beispiel des Entwurfs zu § 1 AStG, in: DB 2007, S. 535–539.

Wassermeyer, F. [zit.: WPg 2002]: Aktuelle Rechtsprechung des I. Senats des BFH – Inhalt und Auswirkungen, in: WPg 2002, S. 10–16.

Wassermeyer, F. in: Flick, H./Wassermeyer, F./Baumhoff, H./Schönfeld, J. [zit.: Flick et al., Außensteuerrecht, 2019]: Außensteuerrecht – Kommentar, Bd. I, Erg.-Lfg. 89, Köln 6/2019, § 1 AStG Anm. 31–154.

Wassermeyer, F. in: Flick, H./Wassermeyer, F./Baumhoff, H./Schönfeld, J. [zit.: Flick et al., Außensteuerrecht, 2019]: Außensteuerrecht – Kommentar, Bd. I, Erg.-Lfg. 89, Köln 6/2019, § 1 AStG Anm. 501–550.

Wassermeyer, F. in: Wassermeyer, F. [zit.: Wassermeyer, Doppelbesteuerung, 2019]: Doppelbesteuerung – Kommentar, Bd. I, Erg.-Lfg. 145, München 3/ 2019, vor Art. 1 OECD-MA Anm. 1–159.

Wassermeyer, F./Baumhoff, H. (Hrsg.) [zit.: Wassermeyer/Baumhoff, Verrechnungspreise, 2014]: Verrechnungspreise international verbundener Unternehmen, Köln 2014.

Wassermeyer, F./Schwenke, M./Krabbe, H./Hardt, C./Drüen, K. in: Wassermeyer, F. [zit.: Wassermeyer, Doppelbesteuerung, 2019]: Doppelbesteuerung – Kommentar, Bd. I, Erg.-Lfg. 145, München 3/ 2019, vor Art. 1 OECD-MA Anm. 1–190.

Weber-Grellet, H. (Hrsg.) [zit.: Weber-Grellet, EStG, 2016]: Einkommensteuergesetz – Schmidt Kommentar, 35. Auflage, München 2016.

Webster, F./Keller, K. [zit.: JBM 2004]: A roadmap for branding in industrial markets, in: JBM 2004, Vol. 11 (5), S. 388–402.

Weggenmann, H. in: Flick, H./Wassermeyer, F./Baumhoff, H./Schönfeld, J. [zit.: Flick et al., Außensteuerrecht, 2019]: Außensteuerrecht – Kommentar, Bd. IV, Erg.-Lfg. 89, Köln 6/2019, § 34c EStG Anm. 701–823.

Weichenrieder, A./Schneider, F./Walter-Borjans, N./Meister, M./Hakelberg, L./Rixen, T./Werner, J. [zit.: ifo Schnelldienst 2016]: Panama Papers: Steueroasen im Visier – was ist noch legal, welche Mittel wirken gegen Missbrauch?, in: ifo Schnelldienst 2016, Nr. 11, S. 3–21.

Weis, H. [zit.: Marketing, 2009]: Marketing, 15. Auflage, Ludwigshafen 2009.

Wellens, L./van der Ham, S. [zit.: DB 2012]: Charakterisierung von Geschäftseinheiten im Transfer Pricing-Umfeld, in: DB 2012, S. 1534–1538.

Werra, M. [zit.: IStR 2005]: Zweifelsfragen bei der Dokumentation von Verrechnungspreisen – zum Entwurf der Verwaltungsgrundsätze-Verfahren zur Einkunftsabgrenzung zwischen internationalen Unternehmen, in: IStR 2005, S. 19–23.

Wiedemann, R./von Oheimb, C./Schögel, M./Jokisch, M. [zit.: Marketing Review St. Gallen 2010]: Erfolgsfaktor Marke – Die Marketinglogik der BMW-Group, in: Marketing Review St. Gallen 2010, Vol. 27 (6), S. 38–43.

Wilmanns, J. (Hrsg.) [zit.: Wilmanns, Verrechnungspreise, 2018]: Verrechnungspreise und Außensteuerrecht – Reflexionen und Ausblick, München 2018.

Winkelmann, P. [zit.: Marketing und Vertrieb, 2010]: Marketing und Vertrieb – Fundamente für die Marktorientierte Unternehmensführung, 7. Auflage, München 2010.

Winnefeld, R. [zit.: Bilanz-Handbuch, 2015]: Bilanz-Handbuch – Handels- und Steuerbilanz, rechtsformspezifisches Bilanzrecht, bilanzielle Sonderfragen, Sonderbilanzen, IAS/IFRS-Rechnungslegung, 5. Auflage, München 2015.

Winterhagen, J. [zit.: AW 2017]: Strukturwandel trifft die kleinen Zulieferer, in: AW 2017, Nr. 5, S. 12.

Wöhe, G. [zit.: Betriebswirtschaftslehre, 2016]: Einführung in die Allgemeine Betriebswirtschaftslehre, 26. Auflage, München 2016.

Wolters, H. [zit.: Automobilindustrie, 1999]: Die Zukunft der Automobilindustrie – Herausforderungen und Lösungsansätze für das 21. Jahrhundert, Wiesbaden 1999.

Zech, T. [zit.: IStR 2011]: Funktionsverlagerung auf einen Eigenproduzenten und auf ein Routineunternehmen – Anmerkungen zum Beitrag von Ditz, in diesem Heft S. 125, in: IStR 2011, S. 131–137.

Zenthöfer, W. [zit.: Einkommensteuer, 2016]: Einkommensteuer, 12. Auflage, Stuttgart 2016.

Zinkl, W. [zit.: Innovationskraft, 2007]: Erfolg durch Innovationskraft, Zürich, 2007.

Zißler, M. [zit.: Auftragsforschung, 2011]: Technologietransfer durch Auftragsforschung – Empirische Analyse und praktische Empfehlungen, Wiesbaden 2011.

Register

Internationale Steuerlehre, Steuerrecht und Wirtschaftsprüfung

Herausgegeben von Rainer Heurung, Gerd Morgenthaler und Andreas Dutzi

Band 1	Markus Gsödl: Entstrickungstatbestände des Einkommen- und Körperschaftsteuergesetzes. Eine Analyse unter dem Aspekt der Gerechtigkeit. 2010.
Band 2	Philipp Seidel: Ertragsbesteuerung periodischer Auslandseinkünfte aus Direktinvestitionen. 2011.
Band 3	Hans-Jürgen Lappat: Die in- und ausländische Besteuerung schweizerischer Betriebsstätten deutscher Personenhandelsgesellschaften. 2011.
Band 4	Jens Kalbitzer: Wegzugsbesteuerung nach § 6 AStG. Betriebswirtschaftliche Analyse und Gestaltungsempfehlungen. 2012.
Band 5	Bastian Thiedemann: Die Entwicklung einer modernen, europarechtskonformen und zukunftsweisenden Gruppenbesteuerung für Deutschland. Eine Untersuchung insbesondere unter gemeinschaftsrechtlichen und steuersystematischen Gesichtspunkten. 2013.
Band 6	Michael Fritz: Ermittlung von Umtauschverhältnissen im Rahmen von grenzüberschreitenden Verschmelzungstatbeständen. 2015.
Band 7	Markus Schneider: Steuerliches Verrechnungspreis-Risikomanagement im internationalen Konzern. Analyse und Bewertung von Instrumenten zur Begegnung steuerlicher Verrechnungspreisrisiken. 2016.
Band 8	Ariane Bresgen: Qualifikationskonflikte bei Personengesellschaften im Internationalen Steuerrecht. Eine Analyse der abkommensrechtlichen Behandlung von grenzüberschreitend gezahlten Sondervergütungen bei Mitunternehmerschaften. 2016.
Band 9	Katja Fröhr: Der internationale Erbfall Deutschland-Schweiz. Eine rechtsvergleichende und ökonomische Analyse der erbschaftsteuerlichen Regelungen im Lichte aktueller Entwicklungen. 2016.
Band 10	Bastian Rausch: Rechnungslegung in wirtschaftlichen Krisenzeiten. Eine empirische Analyse der bilanzpolitischen Einflussnahme mittelständischer Unternehmen vor einer Insolvenz. 2017.
Band 11	Corinna Tigges: Ergänzungstatbestände in der Grunderwerbsteuer. Möglichkeiten einer Neukonzeption unter Berücksichtigung steuersystematischer, betriebswirtschaftlicher und administrativer Anforderungen. 2018.
Band 12	Henrik Sundheimer: Entscheidungswirkungen der Besteuerung von (im Ausland ansässigen) Gesellschaftern deutscher Personengesellschaften vor dem Hintergrund von § 50i EStG. 2019.
Band 13	Sinja Kollmann: Möglichkeiten und Grenzen des Anwendungsbereichs der umsatzsteuerlichen Organschaft unter besonderer Berücksichtigung europäischer Einflüsse. 2020.
Band 14	Franziska Ferdinand: Die rechtsformspezifische Anwendung der ertragsteuerlichen Vorschriften zur Steuerfreiheit von Sanierungserträgen. 2022.
Band 15	Ralph Löckener: Verrechnungspreise für die Nutzung von geistigem Eigentum im Business-to-Business Markt am Beispiel der Automobilzulieferindustrie. 2023

www.peterlang.com

www.ingramcontent.com/pod-product-compliance
Ingram Content Group UK Ltd.
Pitfield, Milton Keynes, MK11 3LW, UK
UKHW021831290926
8980IPUK00004B/385

9 783631 892053